Spatial Expeditions

Editorial

Expeditionen werden meist assoziiert mit Reisen zu noch nicht erforschten Erdteilen und Regionen: Nord- und Südpol, die höchsten Gipfel der Erde, die Tiefsee, Urwälder und Wüsten. Für den Entschluss, in unbekanntes Terrain vorzudringen, sind Neugier, Unerschrockenheit und die Offenheit, Unerwartetem zu begegnen, die wichtigsten Voraussetzungen. Die Expedition selbst ist hingegen ein konkreter Vorgang, der präzise Planung, praktisches Denken und pragmatisches Vorgehen verlangt und dem die direkte Erfahrung eingeschrieben ist. Ergebnisse einer Expedition sind abhängig von der Art des Umgangs mit ihrem Verlauf. Dadurch entstehen Diskrepanzen zwischen Karte und Weg, Vorstellung und Realität. Mit jeder Expedition werden neue Daten erhoben, wird Wissen generiert oder korrigiert.

In *GAM.13 Spatial Expeditions* wird mittels der Methode der Expedition der Fokus nicht auf ferne, unbekannte Räume, sondern auf den uns umgebenden, gebauten Raum gelenkt, den es allerdings mit geändertem Blickwinkel und/oder ungewohnter Sichtweise neu zu entdecken gilt. Dabei sind es vor allem die nicht-visuellen Zugänge, die uns erfolgversprechend scheinen, Neues im scheinbar Bekannten zu entdecken. Die Wahrnehmung von Raum mit all unseren Sinnen bildet u.a. die Basis phänomenologischer Forschung. Man möchte daher meinen, dass raumphänomenologische Überlegungen einen zentralen Bestandteil nicht nur jeder Analyse von Architektur, sondern auch jeder architektonischen Entwurfsentscheidung bilden. Über die physisch erfahrbaren Eigenschaften von Raum und seine atmosphärischen Qualitäten findet dennoch innerhalb der Architekturdisziplin kein kontinuierlicher Diskurs statt, wie man es aus anderen Disziplinen sehr wohl kennt. Peter Zumthors paradigmatische Schriften *Architektur Denken* oder *Atmosphären*, die ein raumphänomenologisches Verständnis von Architektur ins Zentrum rücken, gehören zu den wenigen Ausnahmen. In der aktuellen wissenschaftlichen Auseinandersetzung dominieren vielmehr die Stimmen nicht gestaltender Disziplinen. Architektonische Diskurse zu Raumerfahrung und Atmosphäre bleiben meist auf das Virtuelle beschränkt, in dem die Orte des Erfahrens immer fiktiv bleiben. Die Fokussierung auf den simulierten Raum wirft aber zwangsläufig die Frage nach der Bedeutung von realen Räumen und deren Entdeckung in einer bereits kartografierten Welt auf.

Diese Feststellungen nehmen wir zum Anlass, elementare Parameter der Raumwahrnehmung zurück ins Zentrum einer Betrachtung von Architektur zu stellen, die Rückschlüsse auf die eigentliche Raumgestaltung bereithalten. Die Methode der Expedition ermöglicht dabei einen experimentellen Umgang und bietet die Chance, neue Erkenntnisse und Sichtweisen auf den gebauten Raum sowie auf Praktiken seiner Erkundung zu gewinnen.

Wenn wir von Bekanntem sprechen, so meinen wir etwas, was uns vertraut und geläufig ist. Konzentrieren wir unser Denken auf eine nicht so beachtete Stelle im uns Vertrauten, kann dies neue Erkenntnissen oder Änderungen im Umgang mit der Materie bewirken.

Im ersten Abschnitt – **Reading Environments** – nähern wir uns daher bereits Bekanntem in ungewohnter Weise an. **Karen van den Berg** und **Christina Buck** geben einen kurzen Überblick über den Raumbegriff, wie dieser in den verschiedenen Disziplinen verhandelt wird und stellen eine Reihe experimenteller Raumerkundungen in der Architektur vor. **Eric Ellingsen** lädt ein, ihn auf einer seiner Expeditionen durch die griechische Stadt Thessaloniki zu begleiten und mit ihm die eigene, gewöhnliche Wahrnehmung gehörig durcheinander zu bringen. Für die gewöhnliche Raumwahrnehmung sind ephemere Elemente wie Schall und Geruch von entscheidender Bedeutung, werden aber in der Regel ausgeblendet. **Irmgard Frank** geht dem Geruch raumkonstituierender Materialien nach und verleiht ihnen dadurch erhöhte Aufmerksamkeit. **Sam Auinger** und **Dietmar Offenhuber** erkunden das akustische Profil von Städten, machen uns auf die oft unterschwellig vorhandenen Geräuschkulissen aufmerksam und sensibilisieren damit auf die auditiven Qualitäten von Raum und Ort. **Gabi Schillig** verweist schließlich auf die Kraft vorhandener Räume, die mittels künstlerischer Interventionen zu dialogischen Räumen werden und damit RaumnutzerInnen zur Interaktion mit diesen auffordern.

Expeditionen sind außerdem Reisen ins Unbekannte mit dem Ziel, Neues zu entdecken. Die Ungewissheit dessen, was einen erwartet, die Bereitschaft, Umwege in Kauf zu nehmen und Rückschläge einzustecken wird aufgewogen durch die Chance, Zukunftsweisendes zu erschließen. Im zweiten Teil von *GAM.13* – **Exploring Terrains** – wird mit unterschiedlichen Werkzeugen und Denkansätzen Unerforschtem nachgegangen. Im von **Claudia Gerhäusser** mit **Sebastian Behmann** geführten Interview steht der experimentelle Zugang des Studio Other Spaces im Zentrum. Dieser wird anhand eines Projektes im Ilulissat Eisfjord deutlich gemacht, der die entwerfenden ArchitektInnen mit völlig neuen Bedingungen konfrontiert hat. **Neeraj Bhatia** nutzt den ephemeren Baustoff Luft und deren Temperatur. Er erzeugt Raum ohne physisch gebautes Äquivalent und choreografiert darin Interaktionen der Menschen. In der Wechselwirkung von Mensch und Temperaturzonen entstehen auch Wechselwirkungen von Mensch zu Mensch. Angesichts eines Paradigmenwechsels im Verhältnis von Natur und Mensch hin zu einem Verständnis zweier sich gegenseitig beeinflussender Systeme stehen wir vor neuen Herausforderungen im Bauen. **Klaus K. Loenhart** führt anhand des österreichischen EXPO Pavillons in Mailand 2015 aus, mit welchen technischen Mitteln die gewünschte Raumatmosphäre erzeugt wurde und welche neuen Erkenntnisse für das Leben im Anthropozän daraus gewonnen werden konnten. **Samuel Zwerger** beschreibt ein zu seiner Zeit zukunftsweisendes Projekt des Musikers Iannis Xenakis. Der 1958 für die EXPO in Brüssel entstandene Philips-Pavillon war eine entwerferische Expedition, durch die musikalische Notation in architektonische Form gebracht wurde. Und **Philippe Rahm** entwickelt mit dem Fokus auf klimatische Anforderungen an den Raum neue Raumkonstellationen, die auch den NutzerInnen eine Expedition in Unbekanntes abverlangen. Neu erscheint uns ebenso die Art und Weise, wie die Künstler- und Architektengruppe **Numen/For Use** Räume bildet. Ohne Konstruktion und mit weichem Material lässt sie statisch belastbare und begehbare Räume ohne Bodenkontakt entstehen.

Der dritte und letzte Teil von *GAM.13* – **Mapping Transitions** – dokumentiert Expeditionen, die Veränderungen thematisieren und damit nicht festgeschrieben sind. Sie berichten von Entdeckungen, die sich nicht auf den ersten Blick erschließen, sondern von einem Zustand in einen anderen führen. Das schließt auch mehrdeutige und widersprüchliche Qualitäten von Räumen ein. **Malcolm McCullough** widmet sich neuen Praktiken räumlichen Vorstellungsvermögens und untersucht, inwiefern sich gebauter Raum durch „ambiente" Information, wie sie in einer durch Medien erlebten Welt erzeugt wird, verändert hat. Damit vermutet er eine raumphänomenologische Entwicklung, die in Zukunft den architektonischen Entwurf zu beschäftigen hat. **Franziska Hederer** analysiert Veronika Mayerböcks Licht- und Sound-Performances mit und im Raum, die von deren Ausbildung zur Architektin geprägt und mit ihrer tänzerischen Praxis verwoben sind. **Shreepad Joglekars** Fotoessay lässt uns an der Expedition in ein US-Truppenübungsdorf teilhaben, in dem Fiktionen real sind und das Reale fiktiv wird. **Marta Traquino** transferiert eine Wohnung in Lissabon durch künstlerische Intervention in den Zustand des Absurden und konfrontiert deren BesucherInnen mit der Unsicherheit oder auch der Neugier, die offenstehende Türen in uns auslösen. Und in der Fotostrecke von **Martin Grabner** über Tel Aviv zu Jom Kippur wird sichtbar, wie sich die Lesbarkeit von Raum wandelt und dessen Wahrnehmung ändert, wenn eine vom Alltag abweichende Raumaneignung stattfindet.

Es ist den einzelnen Disziplinen eigen, einen jeweils spezifischen Blickwinkel auf die Wirklichkeit zu haben. Aus diesem Bezugssystem heraus denkend und agierend sich in andere Bezugssysteme hineinzuwagen, eröffnet die Chance, neue Wirklichkeiten aufzuspüren und Fenster in zukünftige Räume – gedachte und gebaute – zu öffnen. Wir sind mit dem Anspruch angetreten, Grenzbereiche zu betreten, auch noch nicht ganz Erkennbares, erst verschwommen Wahrnehmbares ausfindig zu machen und hoffen, mit dem Themenschwerpunkt von *GAM.13 Spatial Expeditions* einen Beitrag dazu zu leisten.

Wie seit vielen Jahren üblich, folgen auf die thematischen Beiträge Rezensionen aktueller Publikationen, die wir für den Architekturdiskurs relevant halten. Das Spektrum reicht diesmal von Entwurfs- und Wahrnehmungstheorie über Forschungsmethoden für ArchitektInnen, eine Medienanalyse des Architekturbuches, Stadtplanungstheorie und Landschaftsarchitektur bis zu architekturgeschichtlichen Themen, die mit Neuerscheinungen über die Reformarchitektur um 1900, die Planung von KZs und das Werk von Yona Friedman ein sehr breites Feld abdecken.

Abgerundet wird *GAM.13* von den *Faculty News*, die einen Einblick in wichtige Ereignisse und Aktivitäten der Architekturfakultät der TU Graz des vergangenen Jahres vermitteln. Zu Berichten über Personelles, Publikationen, Preise, Ausstellungen und Veranstaltungen ist die neue Rubrik Forschung hinzugekommen, welche die seit geraumer Zeit anwachsenden Leistungen unserer Fakultät auf diesem Gebiet verstärkt in den Fokus rücken soll. Über unsere Pläne für *GAM.14*, das im April 2018 erscheinen wird, informieren wir mit unserem *Call for Papers* auf den letzten Seiten. Mit dieser Ausgabe erscheint *GAM* erstmals bei JOVIS, Berlin, der sich in den letzten Jahren zu einem der wichtigsten deutschen Architekturverlage mit Vertriebsnetz in Asien und Amerika entwickelt hat. Als zweisprachige Zeitschrift fühlen wir uns bei JOVIS besonders gut aufgehoben und freuen uns über die weitere Zusammenarbeit. Wir danken unseren Unterstützern sowie allen Mitgliedern unserer Fakultät und den internationalen AutorInnen, die mit ihren vielfältigen Expertisen zum Gelingen dieses Heftes beigetragen haben, und wünschen eine spannende Lektüre.

Irmgard Frank/Claudia Gerhäusser/Franziska Hederer

Expeditions are usually associated with journeys to yet unexplored regions of the world: the North and South Poles, the highest mountains in the world, the deep sea, primeval forests, and deserts. Curiosity, intrepidity, and openness toward encountering the unexpected are the most important impulses in making a decision to advance into unknown terrain. The expedition itself, by contrast, is a concrete operation that requires precise planning, practical thinking, and pragmatic action—involving direct experience. The results of an expedition are dependent on the way its progression was dealt with, and this engenders discrepancies between map and path, idea and reality. On each expedition, new data is collected and knowledge is generated or corrected.

In *GAM.13 Spatial Expeditions*, the method of expedition is invoked to place a focus not on distant, unknown spaces, but rather on the built space surrounding us—with the idea of re-exploring it from a different vantage point and/or unfamiliar point of view. What seems most promising to us in the process are the non-visual approaches for discovering something new in the seemingly familiar.

The perception of space with all of our senses, among other things, provides the foundation for phenomenological research. One might therefore think that spatial-phenomenological considerations are a main component not only of every analysis of architecture, but also of every architectural design decision. However, within the discipline of architecture there is no continual discourse on the physically experienceable characteristics of space and its atmospheric qualities, as is quite common in most other disciplines. Peter Zumthor's paradigmatic books *Thinking Architecture* and *Atmospheres*, which focus on a spatial-phenomenological conception of architecture, count among the few exceptions. What is more, the voices of non-design-related disciplines dominate current scientific studies. Architectural discourses on spatial experience and atmosphere usually remain limited to the virtual realm, where the experiential sites always remain fictive. A focus on simulated space, however, inevitably raises the question as to the meaning of real spaces and their discovery in an already charted world. These determinations have inspired us to move elementary parameters of spatial perception back to the heart of reflection on architecture, for they harbor conclusions about spatial design per se. Here, the method of expedition facilitates an experimental approach and offers a chance to arrive at new insights and viewpoints on built space, as well as practices geared toward its exploration.

When we speak of the familiar, we mean something with which we are well acquainted or accustomed. Concentrating our thoughts on a less-heeded facet of what is familiar to us may give rise to new insights or changes in terms of the way we deal with matter. Therefore, in the first part of *GAM.13*—**Reading Environments**—we approximate already familiar issues in unusual ways. **Karen van den Berg** and **Christina Buck** provide a short overview of the concept of space, examining how it is negotiated in various disciplines, and introduce a series of experimental explorations of space in architecture. **Eric Ellingsen** invites us to accompany him on one of his expeditions through the Greek city of Thessaloniki and to join him in turning one's own perception upside-down. Ephemeral elements like sound and smell are of decisive importance for the general perception of space, but they are usually ignored. **Irmgard Frank** explores the smell of materials creating space, thus lending them a higher degree of consequence. **Sam Auinger** and **Dietmar Offenhuber** investigate the acoustic profile of cities, calling to our attention the soundscapes that often exist subliminally and thereby sensitizing us to the auditive qualities of space and site. Finally, **Gabi Schillig** solely references the power of existing spaces that, through artistic interventions, become dialogical spaces and thus invite individuals entering the space to interact with it.

Expeditions are also journeys into the unknown with the goal of discovering something new. The uncertainty of what to expect, the willingness to embark on detours and accept setbacks, is offset by the chance of tapping into something visionary.

In the second part of *GAM.13*—**Exploring Terrains**—various tools and conceptual approaches are applied to pursue unexplored realms. Of focus in the conversation with **Claudia Gerhäusser** and **Sebastian Behmann** is the experimental approach of Studio Other Spaces, illustrated by example of the project Ilulissat Icefjord, where the designing architects were confronted with utterly new conditions. **Neeraj Bhatia** works with the ephemeral building material of air and its temperature to create space without a physically built equivalent, choreographing the interactions of people within this context. Interaction between people and temperature zones in turn provokes interaction among people. Considering the paradigm shift in the relationship between nature and man leading toward an understanding between two reciprocally influencing systems, we are presently facing new challenges in building. **Klaus K. Loenhart** discusses the Austrian Pavilion at EXPO Milano 2015, including which technical means were employed to achieve the desired spatial atmosphere and which new insights were gained regarding life in the Anthropocene. **Samuel Zwerger** describes a project by the musician Iannis Xenakis, which was groundbreaking at the time of its inception. The Philips Pavilion built in 1958 for the EXPO in Brussels was a expedition of design, lending architectural form to musical notation. And with a view to the climatic demands made on space, **Philippe Rahm** has developed new spatial constellations that also invite users on an expedition into the unknown. Also novel, in our view, is the way in which the artist and architect group **Numen/For Use** creates spaces. Without construction and with soft materials, they generate statically durable and accessible spaces sans ground contact.

The third and last part of *GAM.13*—**Mapping Transitions**—documents expeditions that thematize change and are therefore not codified. They chronicle discoveries that cannot be grasped at first glance but that actually lead from one state into another. This also includes the ambiguous and contradictory qualities of spaces. **Malcolm McCullough** delves into new practices for imagining space and analyzes the extent to which built space is changed by "ambient" information as engendered by a world experienced through the media. He presages a spatial-phenomenological development that will also involve architectural design in the future. **Franziska Hederer** analyzes Veronika Mayerböck's light and sound performances with and in space, which are influenced by her training as architect and are interwoven with her practice of dance. **Shreepad Joglekar**'s photo essay allows us to accompany him on an expedition to the live-fire village at a US military base, where fictions become real and the real becomes fictive. **Marta Traquino** transforms, through artistic intervention, an apartment in Lisbon into a state of absurdity and confronts visitors with the uncertainty and also the curiosity that open doors evoke within us. In the photo series by **Martin Grabner** about Tel Aviv on Yom Kippur, it ultimately becomes clear how the readability of space is transmuted and one's perception of this space altered when faced with spatial appropriation that deviates from everyday life.

Inherent to each individual discipline is a unique perspective on reality. Moving out of this system of reference, through thought and action, into other referential systems provides an opportunity to detect new realities and to open up windows to—thought and built—spaces of the future. We started with an aspiration to set foot in marginal areas, to trace the not-quite-yet identifiable, the perceivable that is initially blurry, and now hope to have succeeded in making a contribution to this subject with the thematic focus of *GAM.13 Spatial Expeditions*.

As has been the case for many years now, the thematic contributions are followed by reviews of current publications that we consider relevant to architectural discourse. This time the spectrum includes theory of design and perception, research methods for architects, a media analysis of the architectural book, urban-planning theory and landscape architecture, as well as architectural-historical topics, with new releases about reform architecture around 1900, the planning of concentration camps, and the work of Yona Friedman covering a very broad field.

GAM.13 is rounded out by the "Faculty News," which offers an impression of the important events and activity in the Faculty of Architecture at Graz University of Technology over the past year. Now complementing the information provided about personal matters, publications, prizes, exhibitions, and events is the new category of research, meant to highlight the achievements of our Faculty in this area that have been on the rise for a considerable amount of time. Our plans for *GAM.14*, set for publication in April 2018, are detailed in the "Call for Papers" on the last pages of this volume.

With this edition, *GAM* is being published for the first time by JOVIS, Berlin, which has developed in recent years to become one of the most important architecture publishers with distribution networks in Asia and America. As a bilingual magazine, we consider ourselves to be in especially good hands with JOVIS and are looking forward to continued collaboration.

We are grateful to our supporters and also extend our gratitude to all members of our Faculty and to the international authors who have contributed to the success of this edition with their broad expertise. We wish you a pleasant reading experience.

Irmgard Frank/Claudia Gerhäusser/Franziska Hederer

Translation: Dawn Michelle d'Atri

Spatial Expeditions

Reading Environments

Exploring Terrains

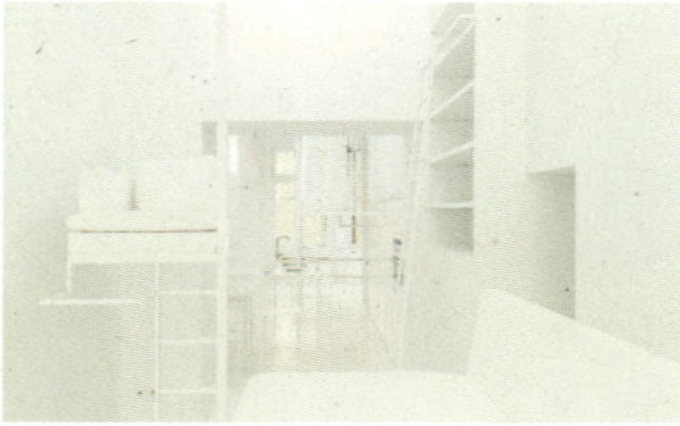

Mapping Transitions

Reviews

Faculty News

Reading Environments

READING ENVIRONMENTS

Zur Poetik der Raumvermessung

Aneignen, Agieren, Atmosphären erzeugen

On the Poetics of Measuring Space

Appropriating, Acting, Creating Atmospheres

Karen van den Berg | Christina Buck

1 Workshop „Yoga und Design“, Immanuel Grosser/Dominik Lutz, Lehrprogramm | Teaching module „Kreative Performanz“, Zeppelin Universität Friedrichshafen, 2016
© Karen van den Berg

Dekodierung und experimentelle Vermessung. Das Spektrum der Erkundungs- und Erforschungsansätze von Räumen hat sich in jüngerer Zeit merklich erweitert. Dabei lässt sich ein verstärkter Rückgriff auf künstlerisch-interventionistische Methoden und ein vermehrter Einsatz von Bild- und Tonmedien beobachten. Viele dieser neueren Ansätze haben mit einer Politisierung des Raumdiskurses zu tun und stehen im Zusammenhang mit neueren psychosozial bestimmten Raumepistemologien.[1] So sind etwa die vom Kollektiv Forensic Architecture durchgeführten multimedialen Erkundungen von menschenrechtsverletzenden Siedlungspolitiken, die 2016 auf der 15. Architekturbiennale in Venedig zu sehen waren, ein sprechendes Beispiel für diese erweiterte Perspektivierung.[2] Aber auch das 2015 in Baden-Württemberg gestartete Förderprogramm der „Reallabore" für nachhaltige Transformationsprozesse zeigt, dass Untersuchungen von urbanen Räumen, Landschaften und Gebäuden immer häufiger intervenierend erfolgen und nicht nur beobachtend.[3] *Raumaneignung* ist dabei zu einem der Schlüsselbegriffe geworden.[4] Einige neuere experimentelle Methoden zielen deshalb vor allem darauf ab, die verdeckten symbolischen und imaginären Dimensionen von Räumen genauer zu beleuchten und so einem komplexeren Raumbegriff gerecht zu werden. Sie nehmen Atmosphären in den Blick und beobachten soziale Interaktionsmuster, spüren emotionalen Dimensionen von Räumen nach und erhellen verborgene Machtverhältnisse. Dabei nutzen sie alternative Notationssysteme und Kartierungstechniken sowie interaktive spielerische Ansätze wie das Übersetzen und Rückübersetzen in unterschiedliche Medien (Abb. 2). Dies zumindest gilt für jene Analysestrategien, die etwa unter dem Begriff des *dérive* firmieren und für solche, die im Umfeld des kooperativen Urbanismus zum Einsatz kommen oder von dem erwähnten Kollektiv Forensic Architecture entwickelt wurden.[5] Solche Beispiele werden im Folgenden nach einigen kurzen theoretischen Überlegungen vorgestellt.

1 Vgl. Dünne, Jörg/Günzel, Stephan (Hg.): *Raumtheorie. Grundlagentexte aus Philosophie und Kulturwissenschaften*, Frankfurt/M. 2006; Hartle, Johan Frederik: „Die Räume", in: *Text Revue* 6 (2008), online unter: http://www.text-revue.net/revue/heft-6/die-raume/text. (Stand: 17. August 2016). In diesen Zusammenhang gehört auch die Atmosphärenforschung: Heibach, Christiane (Hg.): *Atmosphären. Dimensionen eines diffusen Phänomens*, HfG Forschung, Bd. 3, München/Paderborn 2012; Hauskeller, Michael: *Atmosphären erleben*, Berlin 1995; Kazig, Rainer: „Atmosphären – Konzepte für einen nicht repräsentationellen Zugang zum Raum", in: Berndt, Christian/Pütz, Robert (Hg.): *Kulturelle Geographien. Zur Beschäftigung mit Raum und Ort nach dem Cultural Turn*, Bielefeld 2007, 167–86. Zu soziologischen Ansätzen: Bourdieu, Pierre: „Physischer, sozialer und angeeigneter physischer Raum", in: Wentz, Martin (Hg.): *Stadt-Räume*, Frankfurt/M./New York 1991, 25–34; Löw, Martina: *Raumsoziologie*, Frankfurt/M. 2001; Lehnert, Gertrud (Hg.): *Raum und Gefühl. Der Spatial Turn und die neue Emotionsforschung*, Bielefeld 2011; Klein, Gabriele/Göbel, Hanna Katharina: *Performance und Praxis. Praxistheoretische Studien zu szenischer Kunst und Alltag*, Bielefeld 2016.

2 Vgl. Forensic Architecture (Hg.): *Forensis. The Architecture of Public Truth*, Berlin/New York 2014.

3 Vgl. https://mwk.baden-wuerttemberg.de/de/forschung/forschungspolitik/wissenschaft-fuer-nachhaltigkeit/reallabore/ (Stand: 2. November 2016).

4 Vgl. Zürn, Tina: *Bau Körper Bewegung. Prozessuale Raumaneignung in der Moderne*, Berlin 2016.

5 Zum Begriff „dérive" vgl. McDonough, Tom (Hg.): *The Situationists and the City*, London/New York 2009; zum kooperativen Urbanismus vgl. Oswalt, Philipp/Overmeyer, Klaus/Misselwitz, Philipp (Hg.): *Urban Catalyst. Mit Zwischennutzungen Stadt entwickeln*, Berlin 2013; zu Forensic Architecture vgl. Forensic Architecture (Hg.): *Forensis* (wie Anm. 2).

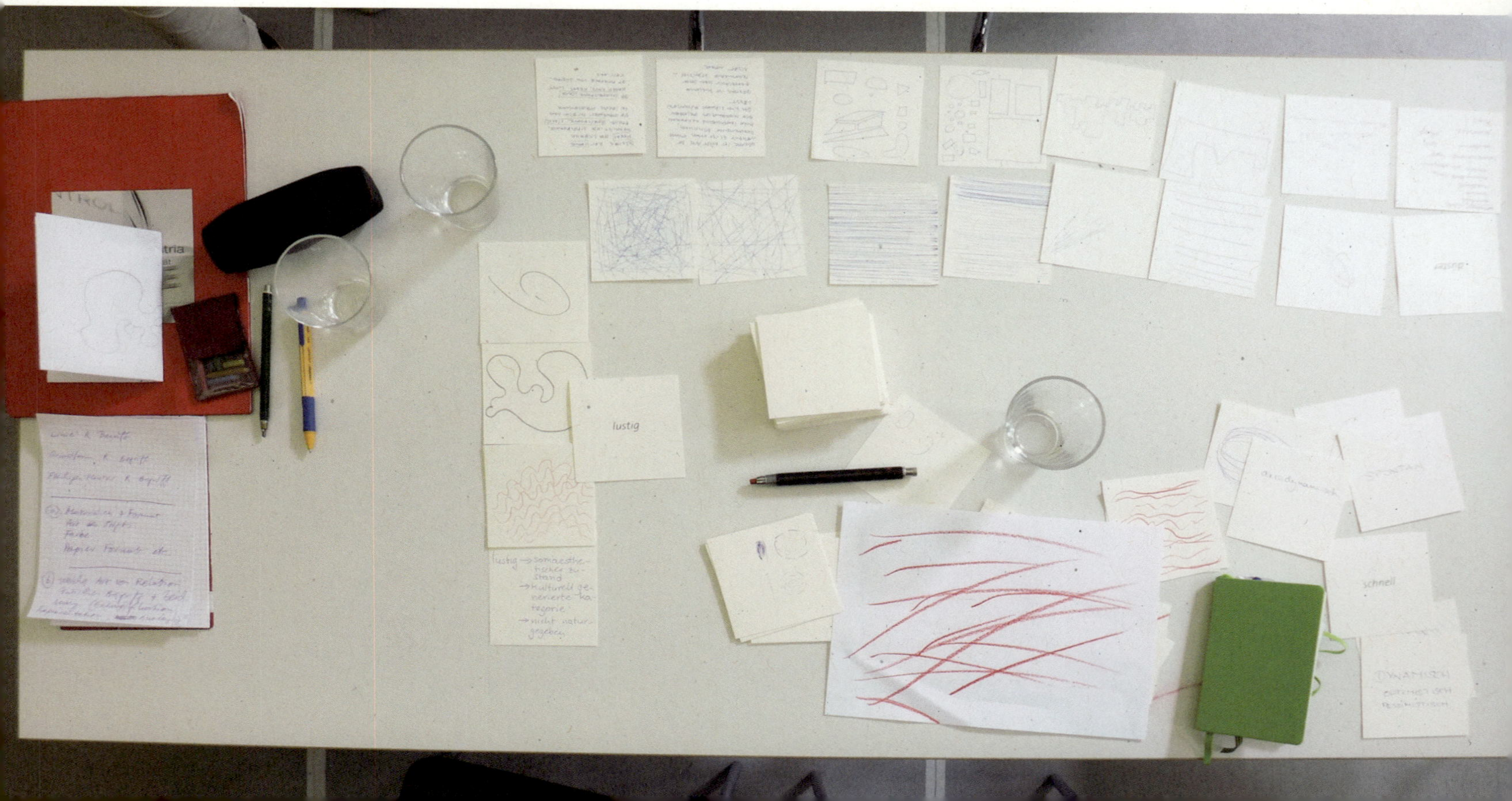

Decoding and Experimental Measuring. The spectrum of approaches to investigating and exploring spaces has expanded noticeably in recent times. A stronger recourse to artistic-interventionist methods and an increased use of image and sound media is evident in this. Many of these more recent approaches have to do with a politicization of the discourse about space and are linked to more recent psycho-socially determined epistemologies of space.[1] The multimedia investigations of settlement policies in violation of human rights, for instance, which were conducted by the collective Forensic Architecture and shown in 2016 at the 15th Architecture Biennial in Venice, are a striking example of this expanded perspective.[2] Yet the support program "Reallabore" launched in 2015 in Baden-Württemberg for sustainable transformation processes also shows that investigations of urban spaces, landscapes, and buildings are conducted more and more frequently through interventions and not only observations.[3] *Appropriating space* has become one of the key terms here.[4] Several more recent experimental methods therefore aim primarily to more clearly illuminate the obscured symbolic and imaginary dimensions of spaces, in order to do justice to a more complex concept of space. They take a look at atmospheres and observe patterns of social interaction, trace the emotional dimensions of space, and shed light on hidden power relations. For this they use alternative systems of notation and mapping techniques, as well as interactive playful approaches, such as translation into different media and back again (fig. 2). This applies at least to the analysis strategies that circulate, for instance, under the term *dérive* and for those used in conjunction with cooperative urbanism or that were developed by the aforementioned collective Forensic Architecture.[5] Examples like these will be presented in the following after a few brief theoretical considerations.

A Little Theory and Sense of Space. Many of these new investigation approaches have been inspired by theorists like Michel Foucault, who examined the history of space as a history of economic-political powers and also identified the effectivity of imagined spaces.[6] However, important theories were also supplied by Henri Lefebvre, who newly defined the understanding of what is treated as spatial orders in the 1970s. In his book *La production de l'espace* (Eng.: *The Production of Space*), which is being intensively received again today, he describes spatial orders not solely as topological, functional, and formal arrangements of objects, but rather primarily as performatively produced psycho-social relationship ensembles with practical levels of meaning.[7] According to this understanding, spaces are produced essentially by the way they are used. The way they are programmed is in the hands of various actors and is not determined solely by an architectural framework.[8]

Other decisive theoretical considerations that develop the idea that it first becomes possible to experience spaces in a complex context of practical performance can be found in

1 See Jörg Dünne and Stephan Günzel, eds., *Raumtheorie: Grundlagentexte aus Philosophie und Kulturwissenschaften* (Frankfurt am Main, 2006); Johan Frederik Hartle, "Die Räume," in *Text Revue* 6 (2008), online: http://www.text-revue.net/revue/heft-6/die-raume/text. Atmosphere research also belongs in this context: Christiane Heibach, ed., *Atmosphären: Dimensionen eines diffusen Phänomens*, HfG Forschung, vol. 3 (Munich and Paderborn, 2012); Michael Hauskeller, *Atmosphären erleben* (Berlin, 1995); Rainer Kazig, "Atmosphären: Konzepte für einen nicht repräsentationellen Zugang zum Raum," in *Kulturelle Geographien: Zur Beschäftigung mit Raum und Ort nach dem Cultural Turn*, ed. Christian Berndt and Robert Pütz (Bielefeld, 2007), pp. 167–86. On sociological approaches: Pierre Bourdieu, "Physical Space, Social Space and Habitus," in *Rapport* 10 (1996), Institutt for sosiologi og samfunnsgeografi Universitetet i Oslo, pp. 7–22; Martina Löw, *Raumsoziologie* (Frankfurt am Main, 2001); Gertrud Lehnert, ed., *Raum und Gefühl: Der Spatial Turn und die neue Emotionsforschung* (Bielefeld, 2011); Gabriele Klein and Hanna Katharina Göbel, *Performance und Praxis: Praxistheoretische Studien zu szenischer Kunst und Alltag* (Bielefeld, 2016).

2 See Forensic Architecture, ed., *Forensis: The Architecture of Public Truth* (Berlin and New York, 2014).

3 See: https://mwk.baden-wuerttemberg.de/de/forschung/forschungspolitik/wissenschaft-fuer-nachhaltigkeit/reallabore/.

4 See Tina Zürn, *Bau Körper Bewegung: Prozessuale Raumaneignung in der Moderne* (Berlin, 2016).

5 On the concept of "dérive," see Tom McDonough, ed., *The Situationists and the City* (London and New York, 2009); on cooperative urbanism, see Philipp Oswalt, Klaus Overmeyer, and Philipp Misselwitz, eds., *Urban Catalyst: Mit Zwischennutzungen Stadt entwickeln* (Berlin, 2013); on Forensic Architecture, cf. Forensic Architecture, *Forensis* (see note 2).

6 See Michel Foucault, "Das Auge der Macht," in *Schriften in vier Bänden: Dites et Ecrits*, vol. 3, ed. Daniel Defert and François Ewald (Frankfurt am Main, 2003), pp. 250–71, 253 (English trans.: The Eye of Power), and Michel Foucault, Michael Bischoff, and Daniel Defert, *Die Heterotopien: Der utopische Körper: Zwei Radiovorträge* (Frankfurt am Main, 2005). In English, see Michel Foucault, "Of Other Spaces: Utopias and Heterotopias," trans. Jay Miskowiec, in *Architecture / Mouvement / Continuité* 5 (1984), pp. 46–49.

7 Henri Lefebvre, *The Production of Space* (Oxford, 1991).

8 On this, see also Lars Lerup, *Das Unfertige bauen: Architektur und menschliches Handeln* (Braunschweig, 1986).

2
Alternative Notationssysteme | Alternative notation techniques, Workshop „Mediation of Artistic Knowledge", IKKM Weimar, 2016
© Karen van den Berg

Etwas Theorie und Sinn für den Raum. Inspiriert sind viele dieser neuen Erkundungsansätze von Theoretikern wie Michel Foucault, der die Geschichte des Raumes als Geschichte ökonomisch-politischer Mächte beleuchtete und dabei auch die Wirksamkeit imaginierter Räume herausgearbeitet hat.[6] Wichtige Theorieangebote lieferte aber auch Henri Lefebvre, der das Verständnis dessen, was unter räumlichen Ordnungen verhandelt wird, in den 1970er Jahren neu bestimmte. In seiner heute wieder intensiv rezipierten Schrift *La production de l'espace* (dt. *Die Produktion des Raums*) beschrieb er räumliche Ordnungen nicht allein als topologische, funktionale und formale Arrangements von Objekten, sondern vor allem als performativ erzeugte psychosoziale Beziehungsgefüge mit lebenspraktischen Bedeutungsschichten.[7] Diesem Verständnis folgend werden Räume ganz wesentlich durch ihre Nutzungsweisen hervorgebracht. Ihre Programmierung liegt in der Hand verschiedenster Akteure und ist nicht allein bestimmt durch ein architektonisches Gerüst.[8]

Andere entscheidende theoretische Überlegungen, die herausarbeiten, dass Räume allererst in einem komplexen praktischen Vollzugszusammenhang erfahrbar werden, finden sich in der frühen Sozialpsychologie. Sie zeigen auf, dass Räume durchdrungen sind von kollektiven Imaginationen, die zu sozialen Tatsachen werden, die eingrenzen, ermöglichen und zu ganz konkreten Vollzügen aufrufen. Diesen Konnex beschrieb einer der Pioniere der Sozialpsychologie, Kurt Lewin, in seinem äußerst bemerkenswerten Essay „Kriegslandschaft".[9] Im Krieg – so zeichnet er es, als er 1916 verwundet von der Front zurückkehrte, nach – wird ein landschaftlicher Raum, ein Weg oder ein Baum plötzlich nur noch unter dem Gesichtspunkt des Schutzes und der Deckung gesehen. Der Raum kann schlagartig eine eindeutige Richtung erhalten, die sich an der Frontlinie orientiert. Das Involviert-Sein in ein Gefecht transformiert die Raumwahrnehmung derart grundlegend, dass eine Landschaft, die zuvor unendlich und offen schien, nun plötzlich ein Ende hat: die Frontlinie.

Lewins eindrückliche phänomenologische Analyse beschreibt aus psychologischer Perspektive, was Martin Heidegger mit seinen Überlegungen in *Sein und Zeit* später philosophisch fasste. Heidegger prägte dabei den Begriff des „In-der-Welt-seins", den er an die Stelle der abendländischen Subjekt-Objekt-Dichotomie rückte.[10] Der Mensch ist demnach immer schon in konkrete Vollzüge hineingestellt, ist stets in die Welt involviert, steht ihr niemals gegenüber.[11] Heidegger betonte dabei auch den zeitlichen Vollzugscharakter des menschlichen Verhältnisses zur Welt und die Tatsache, dass jeder Weltbezug stets auch vorreflexiv gestimmt ist. Hierfür prägte der Philosoph den Begriff der „Befindlichkeit".[12]

Gerade in den letzten Jahren bildeten diese Überlegungen den Ausgangspunkt einer kulturwissenschaftlichen und philosophischen Raumwissenschaft, die den Begriff der „Atmosphäre" ins Zentrum stellte.[13] Das Phänomen der Atmosphäre gilt hier als gleichermaßen der subjektiven Wahrnehmung wie auch den umgebenden Dingen selbst eingelagert. Der Stadtforscher Jean-Paul Thibaud etwa beschreibt Atmosphären als gefühlte Tatsachen, die das In-der-Welt-Sein stimmen und bestimmen. „Wir nehmen also mit anderen Worten eine Atmosphäre nicht wahr, sondern wir nehmen gemäß einer Atmosphäre wahr", schreibt er.[14] In seinem raumtheoretischen Monumentalwerk *Sphären* bezeichnete Peter Sloterdijk das Atmosphärengefühl als „Intim-Sinn", der doch zugleich öffentlicher sei als alle anderen Sinne und schneller als jede analytische Differenzierung: „In Atmosphären sind sie [die Menschen] eingetaucht, aus Atmosphären spricht zu ihnen das Offenbare [...] Sender, Empfänger, Kanal, Medium, Code, Botschaft – diese Distinktionen kommen für die Grundöffnung zu spät."[15]

Gerade das Untersuchen und systematische Erfassen von Atmosphären stellt deshalb eine besondere Herausforderung dar. Vor ähnliche Schwierigkeiten sieht man sich bei der Erforschung psychosozialer Texturen und sinnlich-emotionaler oder symbolischer Wirkungen von Räumen gestellt. Vor diesem Hintergrund bildet sich deshalb immer deutlicher ein Bemühen um neue Methoden der Erkundung, die auch jenes soziale Kraftfeld, das im Raum von Akteuren und Dingen gemeinsam erzeugt wird, systematisch erfassen. Genau dies probieren jene künstlerisch inspirierten Ansätze räumlicher Analysen. Sie versuchen durch körperliches Interagieren, räumliche Aneignungspraktiken und mediale Techniken Atmosphären und Machtverhältnisse greifbar zu machen.

6 Vgl. Foucault, Michel: „Das Auge der Macht", in: Defert, Daniel/Ewald, François (Hg.): *Schriften in vier Bänden. Dites et Ecrits*, Bd. 3, Frankfurt/M. 2003, 250–271, 253 und Foucault, Michel/Bischoff, Michael/Defert, Daniel: *Die Heterotopien. Der utopische Körper. Zwei Radiovorträge*. Frankfurt/M. 2005.

7 Lefebvre, Henri: *The Production of Space*, Oxford 1991.

8 Vgl. hierzu auch Lerup, Lars: *Das Unfertige bauen. Architektur und menschliches Handeln*, Braunschweig 1986.

9 Lewin, Kurt: „Kriegslandschaft", in: Graumann, Carl-Friedrich (Hg.): *Kurt-Lewin-Werkausgabe*, Bd. 4 Feldtheorie, Stuttgart (zuerst 1917) 1982, 315–325.

10 Heidegger, Martin: *Sein und Zeit*, 16. Aufl., Tübingen 1986, 52f., 136–137f., 388f.

11 Ebd., 130f.

12 Heidegger schreibt: „Was wir ontologisch mit dem Titel Befindlichkeit anzeigen, ist ontisch das Bekannteste und Alltäglichste: die Stimmung, das Gestimmt-Sein. Vor aller Psychologie der Stimmungen [...] gilt es, dieses Phänomen als fundamentales Existenzial zu sehen [...] Die Stimmung macht offenbar, ‚wie einem ist und wird'. In diesem ‚wie einem ist' dringt das Gestimmt-Sein das Sein in sein ‚Da'."; ebd., 134.

13 Vgl. Schmitz, Hermann: *Neue Grundlagen der Erkenntnistheorie*, Bonn 1994, 80; Hauskeller, Michael: *Atmosphären erleben*, Berlin 1995; Böhme, Gernot: *Architektur und Atmosphäre*, München 2006.

14 Thibaud, Jean-Paul: „Die sinnliche Umwelt von Städten. Zum Verständnis urbaner Atmosphären", in: Hauskeller, Michael (Hg.): *Die Kunst der Wahrnehmung*, Kusterdingen 2003, 280–297, 293.

15 Sloterdijk, Peter: *Sphären II*, Frankfurt/M. 1999, 144.

early social psychology. They point out that spaces are permeated by collective imaginations, which become social facts that delimit and enable and invoke wholly concrete actions. This connection was described by one of the pioneers of social psychology, Kurt Lewin, in his quite remarkable essay "Kriegslandschaft" (War Landscape).[9] In war—as he traced it out, returning wounded from the front in 1916—a landscape space, a path, or a tree is suddenly seen only from the perspective of protection and cover. Space can abruptly acquire an unequivocal direction that is oriented to the frontline. Being involved in a battle transforms the perception of space so fundamentally that a landscape which previously seemed endless and open now suddenly has an end: the frontline.

Lewin's impressive phenomenological analysis describes from a psychological perspective what Martin Heidegger later covered philosophically with his ideas in *Being and Time*. Heidegger coined the term "being-in-the-world," which he shifted to the place of the western subject-object dichotomy.[10] Consequently, the human being is always already placed in concrete performances, is constantly involved in the world, never stands apart from it.[11] Heidegger also emphasizes here the temporal performance character of the human relation to the world and the fact that every relation to the world is always also pre-reflectively attuned. For this the philosopher uses the concept of "state-of-mind" ("Befindlichkeit").[12]

Particularly in recent years these ideas have formed the starting point for philosophical and aesthetic space studies, which focus on the concept of atmosphere.[13] Here atmosphere is considered embedded equally in subjective perception and in the surrounding things themselves. The urban researcher Jean-Paul Thibaud, for instance, describes atmospheres as felt facts, which attune and determine being-in-the-world: "In other words, we do not perceive an atmosphere, but rather perceive in keeping with an atmosphere," he writes.[14] In his monumental work on the theory of space, *Spheres*, Peter Sloterdijk calls the feeling of atmosphere an "intimate sense," although at the same time it is more public than all other senses and quicker than any analytical differentiation: "They [people] are emerged in atmospheres, from atmospheres the apparent speaks to them … sender, receiver, channel, medium, code, message—this distinction comes too late for the fundamental opening."[15]

For this reason, investigating and systematically recording atmospheres presents a particular challenge. Exploring the psycho-social textures and sensual-emotional or symbolic effects of spaces poses similar difficulties. Against this background, one can observe more and more attempts to systematically explore that social force field which is generated in space by actors and things. This is exactly what the artistically inspired approaches to spatial analyses attempt to do. Through physical interaction, practices of spatial appropriation, and media techniques, they try to make it possible to grasp atmospheres and power relations.

Sensual Expeditions. For some years now alternative strategies of observation, exploration, and research have been tried out in the academic context. These strategies seek to expand the purely conceptual access to the world with a sensual theory profile, thereby also taking pre-reflective and embodied knowledge into account and thus calculating with the subject of the investigation being inexplicable to a certain extent.[16] These ideas were also followed, for example, by the experimental teaching format "Creative Performance," which was established several years ago at the Zeppelin University in Friedrichshafen.[17] Using artistic techniques from the fields of design, architecture, performance, music, film, and concept art, insights are gained during the "Creative Performance" events from experimenting

9 Kurt Lewin, "Kriegslandschaft," in *Kurt-Lewin-Werkausgabe*, vol. 4: *Feldtheorie*, ed. Carl-Friedrich Graumann (1917; repr., Stuttgart, 1982), pp. 315–25.

10 Martin Heidegger, *Sein und Zeit*, 16th edition (Tübingen, 1986), pp. 52f., 136–37f., 388f. (Engl. trans.: *Being and Time*).

11 Ibid., pp. 130f.

12 Heidegger writes: "What we indicate *ontologically* by the term 'state-of-mind' is *ontically* the most familiar and everyday sort of thing; our mood, our Being-attuned. Prior to all psychology of moods … it is necessary to see this phenomenon as a fundamental *existentiale* … A mood makes manifest 'how one is, and how one is faring' … In this 'how one is,' having a mood brings Being to its 'there'." Martin Heidegger, *Being and Time*, trans. John MacQuarrie and Edward Robinson (New York, 1962), pp. 172–73.

13 Cf. Hermann Schmitz, *Neue Grundlagen der Erkenntnistheorie* (Bonn, 1994), p. 80; Michael Hauskeller, *Atmosphären erleben* (Berlin, 1995); Gernot Böhme, *Architektur und Atmosphäre* (Munich, 2006).

14 Jean-Paul Thibaud, "Die sinnliche Umwelt von Städten: Zum Verständnis urbaner Atmosphären," in *Die Kunst der Wahrnehmung*, ed. Michael Hauskeller (Kusterdingen, 2003), pp. 280–97, esp. p. 293.

15 Peter Sloterdijk, *Globes: Spheres Vol. II: Macropherology*, trans. Wieland Hoban (Los Angeles, 2014).

16 On this, see for instance SenseLab in Montreal: http://senselab.ca/wp2/; Erin Manning and Brian Massumi, *Thought in the Act: Passages in the Ecology of Experience* (Minneapolis, 2014).

17 See: https://www.zu.de/lehrstuehle/kunsttheorie/kreative-performanz.php.

Sinnliche Expeditionen. Im akademischen Kontext werden seit einigen Jahren alternative Beobachtungs-, Erkundungs- und Forschungsstrategien erprobt, die rein begriffliche Weltzugänge durch ein sinnliches Theorieprofil zu erweitern suchen und dabei auch vorreflexivem und verkörpertem Wissen Rechnung tragen und so eine gewisse Unerklärbarkeit ihres Untersuchungsgegenstandes einkalkulieren.[16] Diesen Überlegungen folgt beispielsweise auch das vor einigen Jahren etablierte experimentelle Lehrformat „Kreative Performanz" an der Zeppelin Universität in Friedrichshafen.[17]

Durch künstlerische Techniken aus den Bereichen Design, Architektur, Performance, Musik, Film und Konzeptkunst werden im Rahmen der „Kreative Performanz"-Veranstaltungen Erkenntnisse aus dem Experimentieren mit der eigenen Wahrnehmung gewonnen. Dies geschieht, indem sinnliche Erfahrungen in Artefakte und Handlungen umgesetzt werden. Räume werden vor allem leiblich, aber auch medial unterstützt, erspürt und ausgelotet. So probiert etwa ein Yoga-Workshop der Künstler und Körpertrainer „Y 8" den eigenen Beobachtungsstandpunkt in Handlungen zu integrieren (Abb. 1). Angefangen wird dabei mit einer Sensibilisierung der Eigenwahrnehmung in wiederholten Übungen (sogenannten „Asanas"). Zu dieser Methode gehört auch die strenge Einschränkung der körperlichen Handlungsoptionen. Dabei wird in Treppenaufgängen, Korridoren und zwischen Bibliotheksregalen eingeübt, leibliche Erfahrungen performativ zu übersetzen. So verwandeln sich diese Räume in Bühnen, auf denen das Repertoire der universitätsüblichen Verhaltensmöglichkeiten neu definiert wird. Zugleich aber gewinnt man einen Zugang zu den Räumlichkeiten und Umgebungen, der sich von der gängigen Handlungsorientierung gelöst hat.

Ein weiteres Beispiel im Rahmen desselben Lehrformats an der Zeppelin Universität sind die Erkundungstouren des Tänzers Daniel Aschwanden, der dazu auffordert, das Erleben mehr oder weniger frequentierter öffentlicher Orte – etwa eines abgelegenen Bahngeländes – in Bewegungen zu übersetzen (Abb. 3). Psychophysische Reaktionen Einzelner werden dabei von der Gruppe adaptiert und überzeichnet. Durch ihre Multiplikation erhalten Bewegungen etwas Imaginatives. Auf diese Weise werden unbewusste Emotionen und räumliche Atmosphären sichtbar gemacht.

Ein drittes Beispiel aus diesem Lehrformat sind die Geländeexkursionen der Performancekünstlerin Sylvi Kretzschmar. Sie fängt zunächst vor allem akustische Signale ein. Mit Hilfe von Soundaufnahmegeräten werden Stimmungen und klangliche Resonanzen an Orten ertastet, die sonst nicht als solche zu Bewusstsein kommen (Abb. 4–5). Durch den Einsatz von Kontaktmikrophonen, Verstärkungssystemen und Verfremdungseffekten

16 Vgl. hierzu etwa das SenseLab in Montreal: http://senselab.ca/wp2/ (Stand: 3. November 2016); Manning, Erin/Massumi, Brian: *Thought in the Act. Passages in the Ecology of Experience*, Minneapolis 2014.

17 https://www.zu.de/lehrstuehle/kunsttheorie/kreative-performanz.php (Stand: 17. August 2016).

4

with one's own perception. This happens by implementing sensual experiences in artifacts and actions. Spaces are felt and probed primarily physically, but also with media support. A yoga workshop with the artists and body trainers "Y8", for instance, seeks to integrate one's own stance of observation in actions (fig. 1). This starts by becoming more sensitive to one's own perception in repeated exercises (so-called "Asanas"). The strict limitation of options for bodily actions also belongs to this method. In staircases, corridors, and between library shelves, participants practice performatively translating bodily experiences. These spaces are thus transformed into stages, on which the repertoire of behavior possibilities conventional to the university is newly defined. At the same time, however, participants also gain access to rooms and surroundings, which had become detached from the conventional orientation of actions.

A further example from the context of the same teaching format at the Zeppelin University are the exploration tours by the dancer Daniel Aschwanden, who calls on participants to translate the experience of more or less highly frequented public places—such as a remote railway area—into movements (fig. 3). The psycho-physical reactions of individuals are adapted and exaggerated by the group. Through their multiplication the movements are imbued with something imaginative. In this way, unconscious emotions and spatial atmospheres are made visible. A third example from this teaching format are the terrain excursions by the performance artist Sylvi Kretzschmar. She starts by capturing primarily acoustic signals. Using sound recording devices moods and sound resonances are probed in places where we are otherwise not conscious of them as such (figs. 4–5). Through the use of contact microphones, amplification systems, and distortion effects, noises on the surface of a table can be increased until they become monstrous, thus making it possible to experience the psycho-social impact of scaling effects.

These sensual-experimental exploration strategies all attempt to trace atmospheres or raise awareness of patterns of interaction that have become habitual by purposely avoiding them. Here the body itself is understood as a medium, which conducts itself in direct correspondence with the surroundings, objects, and sensual stimuli. This "living" knowledge is finally translated into images, sounds, and films and thus made comprehensible as an object of analysis.

Dérive. A more well-known technique of exploration, particularly in the field of urban research, is *dérive*, a systematically unsystematic rambling and registering of atmospheres (the French word *dérive* means drifting, rambling, wandering aimlessly).[18] The practice developed by Guy Debord in 1958 goes back to a critical revolutionary stance of the Situationist movement in France in the 1950s.[19] In recent decades, however, it has met with broader resonance in conjunction with the new cooperative urbanism, where an explicit tie is made to the Situationists. At the time, the Situationists turned against an understanding of space, planning, and architecture that was to correspond solely to utilitarian principles and followed a very limited profile of functionalist purpose requirements. The Situationists advocated the primacy of collective, self-determined, situative

18 The Austrian journal for urban research takes its name from this. See also: http://www.derive.at.

19 See Guy Debord, "Theory of the Dérive," *Internationale Situationniste* 2 (1958), pp. 62–66.

5

(4–5) Workshop „Performance", Sylvi Kretzschmar, Lehrprogramm | Teaching module „Kreative Performanz", Zeppelin Universität Friedrichshafen, 2014 © Zeppelin Universität

3

Workshop „Tanz und Performance", Daniel Aschwanden, Lehrprogramm | Teaching module „Kreative Performanz", Zeppelin Universität Friedrichshafen, 2013 © Daniel Aschwanden

können sich dabei die Geräusche auf einer Tischoberfläche ins Monströse steigern und damit die psychosoziale Wirkung von Skalierungseffekten erfahrbar machen.

Diese sinnlich-experimentellen Erkundungsstrategien versuchen allesamt Atmosphären nachzuspüren oder eingeschliffene Interaktionsmuster zum Bewusstsein zu bringen, indem man sie absichtlich vermeidet. Dabei wird der Körper selbst als Medium verstanden, der sich in unmittelbarer Korrespondenz mit Umgebung, Objekten und sinnlichen Stimuli verhält. Dieses „lebendige" Wissen wird anschließend in Bilder, Klänge und Filme übersetzt und so als Analysegegenstand greifbar gemacht.

Dérive. Eine gerade im Bereich der Stadtforschung bekanntere Erkundungstechnik ist das *dérive*, ein systematisch-unsystematisches Umherschweifen und Atmosphärenaufzeichnen (Umherschweifen = franz. *dérive*).[18] Die von Guy Debord bereits 1958 entwickelte Praxis geht auf eine kritische revolutionäre Haltung der situationistischen Bewegung im Frankreich der 1950er Jahre zurück.[19] Sie stieß aber erst in den letzten Jahrzehnten im Rahmen des neuen kooperativen Urbanismus auf breitere Resonanz. Dabei wird ganz explizit an die Situationisten angeknüpft. Diese wandten sich damals gegen ein Raum-, Planungs- und Architekturverständnis, das allein utilitaristischen Prinzipien zu entsprechen hatte und einem sehr eingeschränkten Profil funktionalistischer Zweckanforderungen folgte. Die Situationisten traten für das Primat kollektiver, selbstbestimmter, situativer Nutzungsformen ein. Gegen zweckgerichtet durchkalkulierte Masterpläne stellten sie die Kraft des Ereignisses, die Idee der Aneignung und die Vorstellung, dass Räume durch die individuelle und zum Teil auch widerständige Nutzung überhaupt erst entstehen. Die Kernaussage des wichtigsten Theoretikers in diesem Umfeld, Henri Lefebvre, lautete, dass Raum ein soziales Produkt sei.[20] Deshalb empfahl der Pionier Guy Debord bei den Raumerkundungen, kein Ziel anzusteuern und die „Experimente des Umherschweifens drei bzw. vier Tage lang oder sogar länger" zu betreiben und bei der „direkten Erforschung eines bestimmten Gebietes" zu bleiben, einem einzigen Viertel oder sogar einem einzigen Häuserblock, um „der Suche nach einem psychogeografischen Urbanismus den Vorrang" zu geben.[21]

Heute werden diese Ansätze häufig von Gruppen genutzt, die kooperative und nutzerorientierte Gestaltungsprämissen verfolgen und deshalb das soziale und symbolische Wissen vor Ort entschlüsseln wollen, um das jeweilige „psychogeografische" Profil eines Raumes zu erkunden. So hat die Zeitschrift *dérive* eigens das Format „Laboratoire Dérive" entwickelt, bei dem sich Ad-hoc-Forschergruppen zusammenfinden und ganz explizit nach dem Vorbild der Situationisten Stadterkundungen durchführen und anschließend im Internet möglichst multimedial dokumentieren.[22]

Bei diesem Vorgehen ist es vor allem wichtig, in einem zuvor festgelegten Zeitrahmen auf die eigenen „bekannten Bewegungs- bzw. Handlungsmotive" zu verzichten und keiner gewöhnlichen Arbeits- und Freizeitbeschäftigung nachzugehen, „um sich den Anregungen des Geländes und den ihm entsprechenden Begegnungen zu überlassen."[23]

Genutzt werden diese Methoden, um das ökologische Mikroklima, räumliche Knotenpunkte und soziale Anziehungskräfte zu erfassen und das Selbstverständnis der Bewohner von ihrem Lebensraum aufzunehmen.[24] Zur Erforschung von Stadtteilen gehen die „Forscher" dabei in kleinen Gruppen oder alleine los, suchen das Gespräch mit Passanten, zeichnen die zurückgelegten Strecken ein und beobachten gesellschaftliche Aktivitäten, räumliche Zuordnungen, Bewegungsmuster, Durchgangsachsen und Schutzzonen.

Gerade im Bereich des kooperativen Urbanismus spielt diese Herangehensweise heute eine wichtige Rolle, geht dieser doch davon aus, dass die spezifischen Handlungs- und Nutzungsweisen die wichtigsten Planungsgrundlagen sind.[25]

Interventionistische Erkundungen. Im Bereich umfangreicher partizipativer Planungsprozesse wird das Umherschweifen heute immer häufiger ergänzt durch interventionistische und aktivistische Strategien. Dies mag wohl daran liegen, dass sie sich besonders zu eignen scheinen, um Nutzern und Bewohnern erweiterte Artikulationsmöglichkeiten an die Hand zu geben.[26] Gerade im Bereich größerer Planungs- und Bauvorhaben können so nicht nur spezifische Erfordernisse und Anliegen marginalisierter Gruppen, sondern alle möglichen lokalen Wissensressourcen sichtbar gemacht werden. Dies liegt unter anderem daran, dass künstlerische Interventionen darauf

18 Hiernach wurde auch die österreichische Zeitschrift für Stadtforschung benannt: http://www.derive.at/ (Stand: 17. August 2016).

19 Vgl. Debord, Guy: „Theorie des Umherschweifens", in: *Der Beginn der Epoche. Texte der Situationisten*, Hamburg 1995, 64–67.

20 Das Originalzitat lautet: „*(Social) space is a (social) product.*" Lefebvre: *The Production of Space*, 26 (wie Anm. 7).

21 Ebd., 66–67.

22 Vgl. http://www.derive.at/index.php?p_case=2&id_cont=941&issue_No=40; http://www.mikromakrowelt.de/?p=354 (Stand: 3. November 2016).

23 Debord, Guy: *Theorie des Umherschweifens*, 64 (wie Anm. 19).

24 Vgl. Schwanhäußer, Anja: „Stadtethnologie – Einblicke in aktuelle Forschungen", in: *dérive. Zeitschrift für Stadtforschung*, 40 (2010), online unter: http://www.derive.at/index.php?p_case=2&id_cont=940&issue_No=40 (Stand: 3. November 2016).

25 Vgl. http://newcommons.com/ (Stand: 17. August 2016).

26 Vgl. hierzu etwa Schäfer, Christoph/Tribble, Renée/Wedler, Patricia et. al: „Wir nennen es PlanBude", in: *dérive. Zeitschrift für Stadtforschung*, 61 (2015), 37–40.

6

Jesús Martinez, „Parklet Casa Schützenplatz“, Reallabor für nachhaltige Mobilitätskultur | Future City Lab, Stuttgart, 2016 © Konrad Zerbe

forms of use. They countered purpose-directed, thoroughly calculated master plans with the force of the event, the concept of appropriation, and the idea that spaces first arise through individual and partially also resistive use: "*Space is a social product*," according to the core message of one of the most important theorists in this field, Henri Lefebvre.[20] And the pioneer Guy Debord therefore recommended not aiming for a particular destination and carrying on the experiment of *dérive* "for three or four days, or even longer", and to stick "to the direct exploration of a particular terrain," a single neighborhood or even a single block, in order to concentrate "primarily on research for a psychogeographical urbanism."[21]

Today these approaches are often used by groups that follow cooperative and user-oriented design premises and want to decode social and symbolic knowledge on site, in order to explore the respective "psychogeographical" profile of a space. The journal *dérive* especially developed the format "Laboratoire Dérive" for this reason. Here ad-hoc research groups come together and conduct urban explorations explicitly following the model of the Situationists. These explorations are subsequently documented on the Internet in multimedia form, as far as possible.[22]

With this procedure it is important, most of all, that "one or more persons during a certain period drop their relations, their work and leisure activities, and all their other usual motives for movement and action, and let themselves be drawn

20 The original quotation: "*(Social) space is a (social) product.*" Lefebvre, *The Production of Space* (see note 7), p. 26.

21 Debord, "Theory of the Dérive" (see note 19), p. 64.

22 See http://www.derive.at/index.php?p_case=2&id_cont=941&issue_No=40; http://www.mikromakrowelt.de/?p=354.

zielen, Mittel und Wege zu finden, lokale Handlungsmuster und symbolische Codes in einer Weise inszenatorisch offenzulegen, sodass sie handhabbar werden und in Planungsprozesse einfließen können.

Beispielhaft für Erkundungsprozesse, bei denen diese Strategien eine prominente Rolle spielen, sind etwa die vom Ministerium für Wissenschaft, Forschung und Kunst Baden-Württemberg geförderten „Reallabore“.[27] Sie sollen Bürger zu selbständigen und verantwortungsbewussten Produzenten in Zukunftsfragen machen, die urbane Prozesse damit nicht nur mitgestalten, sondern auch mittragen.[28] Das „Reallabor für nachhaltige Mobilitätskultur“ der Universität Stuttgart etwa zeigt durch das temporäre Besetzen und künstlerische Umnutzen von Parkplätzen, wie sich ein Diskurs entfachen lässt, der die Wünsche und Visionen unterschiedlicher Akteurstypen und Mobilitätsteilnehmer sichtbar macht.[29] So keimten in Stuttgart im Sommer 2016 unter dem Titel „Parklets“ (Abb. 6) bunte, teilweise begrünte Inseln und kreativ gestaltete Sitzgruppen auf, die öffentliche Treffpunkte für viele Personen an Orten schufen, die zuvor einen Parkplatz für ein einzelnes Auto boten. Damit setzten sie ein gleichermaßen spielerisches wie machtvolles Zeichen für unerwartete Nutzungen des öffentlichen Raums und untersuchten durch Bewegungsprotokolle, Beobachtung und Befragung zudem die unmittelbaren Auswirkungen der Installationen auf Straßen- und Stadträume.

Mit einer ganzen Reihe gut erprobter künstlerischer Erkundungstools, wie einem Plancontainer, Kochaktionen, Filmabenden, Möbel- und Modellbauaktionen arbeitete auch die PlanBude in Hamburg. Hier wurden mitten auf dem Spielbudenplatz in St. Pauli gemeinsam mit Anwohnern in einem kooperativen Planungsprozess Ideen für einen auf der Reeperbahn geplanten Neubaukomplex entwickelt. Begonnen wurde damit, zunächst einmal den Container selbst gemeinsam einzurichten. Durch Planungsspiele, Workshops und gemeinsame Veranstaltungen wurden dem sonst häufig sehr distinkten architektonischen Fachdiskurs Methoden entgegengesetzt, die den praktischen Kenntnissen der Bewohner entsprachen und so Partizipation im Entwurfsprozess erst möglich machten.[30] Mit Techniken der Selbstvergewisserung und durch die Einbindung der persönlichen Geschichten gelang es zudem, eine „Anschlussfähigkeit an die Eigenlogik von St. Pauli“ zu erreichen, um hieraus Planungsprämissen für die Projektausschreibung abzuleiten (Abb. 7).[31]

27 Vgl. https://mwk.baden-wuerttemberg.de/de/forschung/forschungspolitik/wissenschaft-fuer-nachhaltigkeit/reallabore/ (Stand: 17. August 2016).

28 Vgl. hierzu etwa Buttenberg, Lisa/Overmeyer, Klaus/Spars, Guido (Hg.): *Raumunternehmen. Wie Nutzer selbst Räume entwickeln*, Berlin 2014.

29 Es handelte sich um eine Kooperation zwischen dem Städtebau-Institut, dem Reallabor für Nachhaltige Mobilitätskultur der Universität Stuttgart und der Stadt Stuttgart, online unter: http://www.uni-stuttgart.de/reallabor-nachhaltige-mobilitaetskultur (Stand: 17. August 2016).

30 Vgl. die theoretischen Überlegungen zum „urban storytelling“ und zu transformativen Partizipationsprozessen des Architekten Jeremy Till: Till, Jeremy: „The Negotiation of Hope“, in: Blundell, Jones/Petrescu, Doina/Till, Jeremy: *Architecture and Participation*, London 2005, 25–44, online unter: https://jeremytill.s3.amazonaws.com/uploads/post/attachment/19/2005_The_Negotiation_of_Hope.pdf (Stand: 31. Oktober 2016), 10–11.

31 Vgl. online unter: http://planbude.de/planbude-konzept/ (Stand: 31. Oktober 2016).

by the attractions of the terrain and the encounters they find there."[23] These methods are used to grasp the ecological microclimate, spatial nodes, and social attractions, and to take in the residents' self-understanding of their living space.[24] To research neighborhoods, the "researchers" set out in small groups or alone, seek conversations with passersby, map the route covered, and observe social activities, spatial categorizations, patterns of movement, axes of passage, and protected zones. This approach plays an important role today especially in the field of cooperative urbanism, which presumes that specific modes of action and use are the most important foundations for planning.[25]

Interventionist Expeditions. In the field of extensive participative planning processes, today *dérive* is more and more frequently supplemented with interventionist and activist strategies. This is probably because they seem to be especially suitable for turning over expanded possibilities for articulation to the users and residents.[26] Particularly in the area of larger planning and construction processes, this means that not only the specific needs and concerns of marginalized groups, but all possible local knowledge sources can be made visible. Among other things, this is due to the way artistic interventions aim to find ways and means to reveal patterns of action and symbolic codes in a staged way so that they can become manageable and flow into planning processes.

An example of expedition processes in which these strategies play a prominent role are, for instance, the "Reallabore" supported by the Baden-Württemberg Ministry for Science, Research and Art.[27] These laboratories are intended to encourage citizens to become self-reliant and responsible producers in issues of the future, so that they not only participate in urban processes, but also carry them.[28] "Reallabor für nachhaltige Mobilitätskultur" (The Laboratory for Sustainable Mobility Culture) at the University of Stuttgart, for instance, by temporarily occupies and artistically re-purposes parking spaces to demonstrate how a discourse can be sparked, which makes the wishes and visions of different types of actors and participants in mobility visible.[29] In Stuttgart during the summer of 2016 colorful, partly green islands and creatively arranged seating areas popped up under the title "Parklets" (fig. 6), which created public meeting points for many people, where previously there had been a parking space for a single car. In this way they sent a playful and powerful signal for unexpected uses of public space. By means of movement protocols, observation, and surveys they also investigated the immediate impacts of the installations on street and urban spaces at the same time.

The PlanBude in Hamburg also works with a whole range of tried and tested artistic tools of exploration, such as a planning container, cooking actions, film evenings, furniture and model-building actions. Here, in the middle of the Spielbudenplatz neighborhood in St. Pauli, ideas were developed together with residents in a cooperative planning process for a new building complex in the Reeperbahn. They started, first of all, by furnishing the container itself together. Planning games, workshops, and cooperative events contrasted the frequently very distinct architectural expert discourse with methods that correspond to the practical skills of the residents, thus making participation in the design process even possible.[30] Using techniques of self-affirmation and by integrating personal stories, the group also made it possible to "tie into the intrinsic logic of St. Pauli," thus deriving from this the planning premises for the public call for the project (fig. 7).[31]

23 Debord, "Theory of the Dérive" (see note 19), p. 62.

24 See Anja Schwanhäußer, "Stadtethnologie: Einblicke in aktuelle Forschungen," *dérive: Zeitschrift für Stadtforschung* 40 (2010), available online: http://www.derive.at/index.php?p_case=2&id_cont=940&issue_No=40.

25 See also: http://newcommons.com.

26 On this see, for instance, Christoph Schäfer, Renée Tribble, and Patricia Wedler et al., "Wir nennen es PlanBude," *dérive: Zeitschrift für Stadtforschung* 61 (2015), pp. 37–40.

27 See also: https://mwk.baden-wuerttemberg.de/de/forschung/forschungspolitik/wissenschaft-fuer-nachhaltigkeit/reallabore/.

28 See for instance, Lisa Buttenberg, Klaus Overmeyer, and Guideo Spars, eds., *Raumunternehmen: Wie Nutzer selbst Räume entwickeln* (Berlin, 2014).

29 This was a cooperation between the Urban Planning Institute, the Laboratory for Sustainable Mobility Culture of the University of Stuttgart, and the city of Stuttgart. Online: http://www.uni-stuttgart.de/reallabor-nachhaltige-mobilitaetskultur.

30 See also the theoretical reflections on "urban storytelling" and transformative participation processes by the architect Jeremy Till: Jeremy Till, "The Negotiation of Hope," in *Architecture and Participation*, ed. Jones Blundell, Doina Petrescu, and Jeremy Till (London, 2005), pp. 25–44, available online: https://jeremytill.s3.amazonaws.com/uploads/post/attachment/19/2005_The_Negotiation_of_Hope.pdf, pp. 10–11.

31 See also: http://planbude.de/planbude-konzept/.

7

PlanBude/HafenCity Universität Hamburg (HCU), Workshop „Taktische Möbel" – der öffentliche Raum wird zum Planungsbüro | Public space is tranformed into a planning office, Hamburg, 2014 © Margit Czenki

Solche interventionistischen Erkundungstechniken operieren stets mit performativen Elementen. So wurde in und um die „PlanBude" öffentlich gekocht, gezeichnet und genäht und es entstanden Modelle, Zeichnungen und Texte, die im Container wiederum ausgestellt wurden. Ähnlich agiert auch „raumlaborberlin", wenn es zur Entdeckung vernachlässigter Räume und zur Erprobung temporärer Gemeinschaften ein „Küchenmonument" errichtet.[32] „raumlaborberlin" arbeitet dabei mit starken ikonischen Setzungen. Das „Küchenmonument", das wie ein transparenter Zeppelin aussieht, und in dem gekocht, gespeist, getanzt oder anderen kollektiven Aktivitäten nachgegangen wird, versprüht selbst schon einen utopischen Geist. Unter eine unansehnliche Brücke im öffentlichen Raum geklemmt oder auf einen nichtssagenden Platz gestellt, ist das „Küchenmonument" Skulptur und Behälter zugleich. Es sensibilisiert, indem es im Inneren eine Atmosphäre des Geschützt- und Geborgensein entfaltet. Durch seine expressive äußere Gestalt inspiriert und provoziert es zugleich Ideen.

Alle genannten interventionistischen Ansätze gehen nicht allein von der Beobachtung der Welt aus, sondern auch von einer Freisetzung von Handlungsimpulsen zur Transformation des Raumes und sind somit im eigentlichen Sinne Poetik. Denn Poetik ist, wie Armen Avanessian schreibt, eine „Wissenschaft der Hervorbringung, die aus dem Sprung ins Spekulative jenes generiert, was den Schleifen einer metareflexiven Kritik nicht in die Fänge kommt: die Schöpfung aus dem Möglichen."[33] Genau auf dieses handlungsinspirierende Moment setzen die genannten interventionistischen Strategien.

„Forensic Architecture". Während interventionistische Erkundungs- und Analysetechniken meist direkt für Planungszwecke genutzt werden und dazu dienen, Ideen zu erschließen,[34] verfolgt das aktivistische Forscherteam Forensic Architecture rein politisch-aufklärerische Absichten. Die 2007 formierte Gruppe hat mediale Techniken der Rekonstruktion von räumlichen Ordnungen und Ereignissen entwickelt, um die Verstrickung von Raumordnungen und Gebäuden in Menschenrechtsverletzungen aufzudecken. Mithilfe von Handyfotografien, Filmen aus dem Internet, Medienberichten, Bildern, Tonaufnahmen und Computeranimationen betreiben sie eine Archäologie von territorialen Ordnungen und Kämpfen.[35] In seinem 2008 in deutscher Sprache erschienen Buch *Sperrzonen. Israels Architektur der Besatzung*[36] zeichnet der Kopf der Forschergruppe, der Architekt Eyal Weizmann, nach, wie in Israel durch die Errichtung mobiler Kontrollpunkte, die scheinbar harmlose Aufstellung von Funkantennen, Unterständen und Mauern Besatzungspolitik betrieben wird. All das wird mithilfe von Fotografien, Karten, Luftaufnahmen medial nachgebildet. Auf diese Weise wird deutlich, wie die Transformation von Räumen an der Enteignung und Vertreibung von Menschen beteiligt ist. In jüngeren Projekten untersucht die Gruppe Kriegsverbrechen, indem sie aus Medienbildern und Tonaufnahmen Renderings und Computeranimationen erstellt, um den Tathergang virtuell nachzuvollziehen.

Mit ihrer spezifischen Verknüpfung von Architekturplanungs- und Animationsprogrammen mit Found Footage stellt die am Goldsmith College der University of London angesiedelte Gruppe auch anderen Menschenrechts- und Umweltaktivisten höchst brisante Materialien zur Verfügung. Diese zeigen nicht nur das Involviertsein von Architektur und Stadtplanung in humanitäre Verbrechen, sondern machen auch unbetretbare, verbotene Zonen oder zerstörte Orte medial lebendig und zugänglich. So hat „Forensic Architecture" in einer Zeit, die von Flucht und Sicherheitsfragen geprägt ist, die wohl brisantesten neueren Analysewerkzeuge entwickelt und verweist vermutlich am deutlichsten auf die politische Wende in der Architektur- und Raumforschung. Zugleich aber zeigt gerade dieses Projekt, wie das kollektive und mediale Erfassen von Räumen und Raumordnungen, das archäologische bzw. forensische Rekonstruieren, jeden Raum und jede Ordnung selbst als fiktives Konstrukt erscheinen lässt; ein Konstrukt, das immer nur in einer radikalen Verzeitlichung in Erscheinung tritt. ▪

32 Das „Küchenmonument" ist ein Projekt von „raumlaborberlin", und „Plastique Fantastique": http://raumlabor.net/kuchenmonument/ (Stand: 30. Oktober 2016).

33 Avanessian, Armen: „Das spekulative Ende des ästhetischen Regimes", in: *Texte zur Kunst*, 93 (2014), 53–65, 53.

34 Vgl. Buttenberg, Lisa/Overmeyer, Klaus/Spars, Guido (Hg.): *Raumunternehmen: Wie Nutzer selbst Räume entwickeln*, Berlin 2014.

35 Vgl. http://www.forensic-architecture.org/ (Stand: 17. August 2016).

36 Weizman, Eyal: *Sperrzonen. Israels Architektur der Besatzung*, Hamburg 2008.

These kinds of interventionist exploration techniques always operate with performative elements. In and around the "PlanBude" people publicly cooked, drew, and sewed, and models, drawings, and texts were created, which were then exhibited in the container. The "raumlaborberlin" also operated in a similar way by setting up a "Kitchen Monument" to discover and test temporary communities.[32] Here "raumlaborberlin" works with highly iconic implementations. The "Kitchen Monument," which looks like a transparent zeppelin and in which people cook, eat, dance, and pursue other collective activities, already radiates a utopian spirit itself. Jammed in under an ugly bridge in public space or set up in a nondescript place, the "Kitchen Monument" is both a sculpture and a container at the same time. It raises sensitivity, as it unfolds an atmosphere of being protected and sheltered inside. Its expressive external appearance both inspires and provokes ideas.

All of the aforementioned interventionist approaches do not start solely from an observation of the world, but also from releasing impulses for action for the transformation of space, and thus they are poetic in the literal sense. For poetics, as Armen Avanessian writes, is a "knowledge of the production that, in leaping into the speculative realm, engenders what eludes the loops of a meta-reflective critique—creation from the possible."[33] The interventionist strategies discussed here rely on exactly this moment of inspiring action.

"Forensic Architecture". Whereas interventionist techniques of exploration and analysis are mostly used directly for planning purposes and serve to open up ideas,[34] the activist research team "Forensic Architecture" pursues purely political-educational intentions. The group formed in 2007 has developed media techniques for reconstructing spatial orders and events, to expose the entanglement of spatial orders and buildings in human rights violations. With the help of mobile phone photos, films from the Internet, media reports, images, sound recordings, and computer animations, they conduct an archeology of territorial orders and struggles.[35] In his book *Hollow Land: Israel's Architecture of Occupation*,[36] the architect Eyal Weizman, head of the research group, traces out how occupation policies are carried out through setting up mobile control points, the seemingly harmless construction of radio antennas, shelters, and walls. All of that is depicted with the help of images, maps, and aerial photos. This makes it clear to what extent the transformation of spaces is involved in the dispossession and displacement of human beings. In more recent projects the group has investigated war crimes by preparing renderings and computer animations from media images and sound recordings, to virtually recreate how the crimes were carried out.

With their specific way of linking architectural planning and animation programs with found footage, the group, located at the Goldsmith College of the University of London, makes highly charged materials available to human rights and environmental activists. These not only show how architecture and urban planning are involved in crimes against humanity, but they also make forbidden, no-go zones and destroyed places alive and accessible through media. At a time marked by flight and security issues, "Forensic Architecture" has developed what is probably the most explosive new tool of analysis and indicates most clearly the political turn in architectural and spatial research. At the same time, however, particularly this project shows how the collective and media analysis of spaces and spatial orders makes the archeological or forensic reconstruction of every space and every order appear itself as a fictive construct; a fictive construct that always appears only in a radical temporalization. ▪

Translation: Aileen Derieg

32 "The Kitchen Monument" is a project by raumlaborberlin and Plastique Fantastique: http://raumlabor.net/kuchenmonument/.

33 Armen Avanessian, "The Speculative End of the Aesthetic Regime," *Texte zur Kunst* 93 (2014), pp. 52–65, esp. p. 52.

34 See Buttenberg, Overmeyer, Spars, *Raumunternehmen* (see note 28).

35 See also: http://www.forensic-architecture.org.

36 Eyal Weizman, *Hollow Land: Israel's Architecture of Occupation* (London, 2007).

OUTSIDE THINKING:
or, to sew the sweater while the wool grows on the sheep

AUSSEN DENKEN,
oder Wie man einen Pullover näht, während die Wolle auf den Schafen wächst

Eric Ellingsen

1 Eric Ellingsen, "Perceiving Academy", O Knot | Oh Knoten, Chicago, 2016 © Eric Ellingsen

In the summer of 2016, the "Perceiving Academy" was initiated by the landscape architect artist Eric Ellingsen in Thessaloniki, Greece, as a novel pedagogical format for spatial design practices. Conceived as a learning environment, the academy brings together students from different academic backgrounds, professionals, municipalities, and members of the urban community. Through the design and choreography of perception based walks and urban interventions, the participants enter new relationships with public spaces. These are attempts to negotiate the conditions around which new options emerge. The following text takes you on one of these experiential tours through Thessaloniki:

– we spoke of the Sisyphus of small things—how much harder it is to roll a small thing up the hill—how much easier it is to roll the well seen rock—how to perceive the sand grain stuck in the mud puddle, the dirt wad in the depression—the small gust forcing chase—how to notice the—"just noticeable differences"—forget Camus's quaint, forlorn legend of being happy as the back bends to fingertip the seed germ, finds truth in the dung beetle and dust speck, the embodied rhythms of rise and fall—we speak of (Jessie) Bell's Tale; that the large boulder of the Sisyphean myth provided Sisyphus with focus—one thing to focus on over and over again—now know how hard it is to hold onto one mist—much less romantic carrying a small thing; who can see it—now we know a smile can be seen from 35–60 meters away because we tried—we agree no one wants to be from a place called Merely a country called Away—as always on the way is there –

– as always things could always be different and are—it's the first day of the Perceiving Academy and the image of a start is missing—now a Radical Imagination Community is afoot in Thessaloniki—know the goal inside the Radical Imagination Community is learning how to learn—know we are headquartered in an old slaughterhouse in Thessaloniki—nothing inside seems to retain the markets trade in blood and guts—there are four bleachers—talk of a ziggurat, a market stall, totems, an invocation of laughter, something to sacrifice on a platform of sorts—in the opening we inscribe a giant circle in the slaughterhouse with a well twisted rope—we invoke the *Children's Games* of Francis Alÿs—an idea of making a bottle big enough for all of us to enter into to play spin the bottle—we feel tangent*, but not exactly like we are touching the world at more than one weightless and infinite point— (fig. 4)

– we point our left hand to the center of Thessaloniki our right hand to Chicago our left foot to Sao Paulo our right foot to Beijing—now we rotate our arms in the direction the earth is rotating underneath us*—now we revolve—now we walk to the city center inside the endotic mediums*—swerve test patterns are relatively easy to make—veering conditions for future modes—there are cats all over the place—not the kind of cats anyone seems to want to touch but the kind that everyone likes having around—that half-dead half alive cat comes up—Schrödinger—slit experiments—how to be in more than two places at once—how to double while dividing in half—how when light is used to look at small things light alters small things' revolutions—now the private rights and public goods come up—the multisensory misdirection of the magician—the *infraordinary* of Georges Perec—Bergson's *now memory*—Heidegger's *aroundness*—the *apperception* of Ian McHarg—(being conscious of being conscious)—in *Design with Nature*—whatever nature is—Alfred North Whitehead says to replace the word *nature* with the word *relation*—says "what's wanted is an immense feeling for things. Not this mind that acquires facts. Feel into things"—(figs. 3 and 5)—we had to catch ourselves in-feeling—in German *empathy* translates as in-feeling—we talk about in-feeling with feeling; how Robert Vischer went further into *attentive feeling* and *responsive feeling*; building from *the associations of ideas*—actions have been choreographed to cultivate the use of the body as the most precise of scientific instruments, as Goethe says—we know "the polis properly speaking is not the city-state in its physical location; it is the organization of the people and arises out of acting and speaking together, and its true space

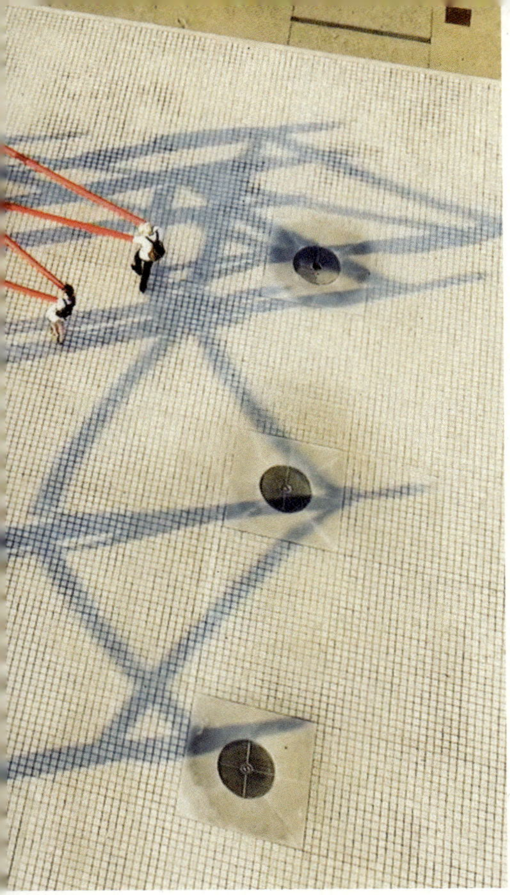

2

Eric Ellingsen, "Perceiving Academy", Pole Dance Pipe Dream | Röhrentanztraum, Thessaloniki, 2016 © Eric Ellingsen/Giorgos Kogias/Giorgos Manos

Im Sommer 2016 initiierte der Landschaftsarchitekt und Künstler Eric Ellingsen in Thessaloniki die „Perceiving Academy" als ein neues pädagogisches Format für Raumgestaltung. Die als Lernumgebung konzipierte Akademie bringt Studierende unterschiedlicher Studienrichtungen, Fachleute, kommunale Behörden und Angehörige der Stadtgemeinschaft zusammen. Durch die Gestaltung und Choreografie wahrnehmungsbasierter Spaziergänge und urbaner Interventionen treten die TeilnehmerInnen in eine neue Beziehung zu öffentlichen Räumen. Es sind Versuche, die Bedingungen auszuhandeln, um die herum sich neue Optionen entwickeln. Der folgende Text nimmt seine LeserInnen auf einen dieser Wahrnehmungsspaziergänge durch Thessaloniki mit:

– wir sprachen vom Sisyphos der kleinen Dinge – wie viel schwerer es ist, etwas Kleines den Berg hochzurollen – und wie viel leichter den gut sichtbaren Felsen – wie man das Sandkorn im Schlammloch wahrnimmt, das Häufchen Dreck in der Vertiefung – die kleine Windböe, die uns zur Jagd verleitet – wie man „gerade noch wahrnehmbare Unterschiede" erkennt – vergiss Camus' seltsam verzweifelte Legende vom Glücklichsein, wenn du den Rücken beugst, um den keimenden Samen zu berühren, die Wahrheit im Mistkäfer und im Staubkörnchen findest, die verkörperten Rhythmen von Aufstieg und Untergang – wir sprechen über die Geschichte von (Jessie) Bell; dass der Felsbrocken dem mythologischen Sisyphos Orientierung gibt – etwas, woran er sich immer aufs Neue halten kann – nun wissend, wie schwer es ist, sich an einen Nebel zu halten – und wie viel unromantischer, etwas Kleines zu tragen; wer sieht das schon – wir wissen nun, ein Lächeln ist aus 35 bis 60 Metern zu sehen, weil wir es ausprobiert haben – wir sind uns einig, dass niemand aus einem Ort namens Alleinig, einem Land namens Weitweg kommen will – wie immer ist da auf dem Weg –

– wie immer könnte alles immer anders sein und ist es auch – es ist der erste Tag der Perceiving Academy und es fehlt das Bild eines Anfangs – jetzt geht eine Radikalimaginationsgemeinschaft in Thessaloniki um – wisse, das Ziel dieser Radikalimaginationsgemeinschaft ist es, lernen zu lernen – wisse, wir sind in einem alten Schlachthof in Thessaloniki stationiert – nichts darin scheint an das Geschäft mit Blut und Eingeweiden zu erinnern – da sind vier Tribünen – die Rede von einem Zikkurat, einem Marktstand, Totems, eine Verleitung zum Lachen, etwas zum Opfern auf einer Art Plattform – zur Eröffnung schreiben wir dem Schlachthof mithilfe eines Taus einen großen Kreis ein – wir beschwören die *Kinderspiele* von Francis Alÿs herauf – die Idee, eine so große Flasche herzustellen, dass wir damit alle Flaschendrehen spielen können – wir fühlen uns tangential*, aber nicht ganz so, als berührten wir die Welt an mehr als einem schwerelosen, unbestimmten Punkt – (Abb. 4)

– wir zeigen mit der linken Hand auf das Zentrum von Thessaloniki und mit der rechten nach Chicago, mit dem linken Fuß nach Sao Paulo und dem rechten nach Peking – nun lassen wir die Arme in die Richtung kreisen, in die sich die Erde unter uns dreht* – nun drehen wir uns selbst – nun bewegen wir uns durch die endotischen Medien* aufs Stadtzentrum zu – Formen für Ausweichtests sind relativ leicht herzustellen – Bewegungsraum für künftige Situationen – alles voller Katzen – nicht die, die jeder gern berührt, sondern die, die jeder gern um sich hat – diese halb tote, halb lebendige Katze wird ins Spiel gebracht – Schrödinger – Spaltversuche – wie man sich an mehr als zwei Orten gleichzeitig aufhält – wie man sich verdoppelt, während man sich zweiteilt – wie, wenn man sich kleine Dinge bei Licht besieht, das Licht deren Umdrehungen verändert –

lies between people living together for this purpose" — (Hannah Arendt; "The Greek Solution") — in a human condition a father walks by with his daughter; the father is wearing his father costume — the father costume is t-shirt with a stick figure missing a head and the shirt says 'need head' — now a head of time — now unlearning the practice of going over each other's heads — now capital controls — now the city concrete poems — now to disentangle ourselves from our urban fallacies of misplaced concreteness — now the slumps test us — now us disappearing in unilluminating light — no –

– know we spend a week performing perceptual walks together through the city — these walks work by constraining one or more senses — now we talk about constraints — Georges Perec's book *The Void* comes up — how the constraint of not using the letter "e" in any word does not predetermine any of the words he does use; and how the constraint does slow him down to force a conscious consideration of every word he uses — now materials need to be selected for the ends opening — now what are the biases and value judgements we use to make selections we are not conscious of — now 4m cardboard tubes, rope, and cloth are some of the materials selected to work with — now to plan for the indeterminate — now the twins of Thessaloniki — now embodied interveners veer — now a world run by "academic capitalism", "compulsory sensitivity training", art students' "personal development plans" (Claire Bishop; *Artificial Hells*) — now which cheek does one kiss first for the two cheek kiss — now a kiss is memory — now we don't want participation as only another form of consumption– now we don't want to only learn what we already know (Jimmie Durham; *Waiting to be Interrupted*) — now we don't only see what we already know is there ahead of time (Georges Perec; *Species of Spaces*) — look up how psychologists refer to a lack of awareness of our own decisions and preference as *choice blindness* —

– now we feel ourselves moving in and out of someone else's urban choices — now one asks "from where and from what basis do people actually allow themselves to get involved with their surroundings? What does it mean to get involved? And what does it actually mean to see the spot from which we are talking or standing this very moment? Am I able to see it, or

4

Eric Ellingsen, "Perceiving Academy", Tangent Beings | Tangentenwesen, Thessaloniki, 2016 © Eric Ellingsen/Giorgos Kogias/Giorgos Manos

jetzt werden private Rechte und öffentliche Güter ins Spiel gebracht – die multisensorische Irreführung des Zauberers – das *Infra-Gewöhnliche* von Georges Perec – Bergsons *Jetzt-Gedächtnis* – Heideggers *Umhaftes* – die *Apperzeption* Ian McHargs – (sich seines Bewusstseins bewusst sein) – in *Design With Nature* – was immer Natur sein soll – Alfred North Whitehead sagt, man solle das Wort *Natur* durch *Relation* ersetzen – was nottue, sei „ein tiefes Gefühl für die Dinge. Nicht dieses Fakten sammelnde Bewusstsein. Ein Hineinfühlen in die Dinge" – (Abb. 3 und 5) – wir mussten uns beim *Einfühlen* erwischen – wie *Empathie* auf Deutsch einmal hieß – wir sprechen über gefühlvolles Einfühlen; Robert Vischer ging noch weiter zum *Anfühlen* und *Nachfühlen*; aufbauend auf die *Ideenassoziation* – Handeln bedarf der Choreografie, will man den Körper, wie Goethe sagt, als genauesten physikalischen Apparat kultivieren – wir wissen, die Polis ist „genaugenommen nicht der Stadtstaat in seiner physischen Lokalisierbarkeit; sie ist die Organisationstruktur ihrer Bevölkerung wie sie sich aus dem Miteinanderhandeln und -sprechen ergibt; ihr wirklicher Raum liegt zwischen denen, die um dieses Miteinander willen zusammenleben" – (Hannah Arendt, „Der griechische Ausweg aus den Aporien des Handelns") – unter menschlicher Bedingtheit spaziert ein Vater mit seiner Tochter vorbei; der Vater trägt sein Vaterkostüm – das Vaterkostüm ist ein T-Shirt mit einer kopflosen Strichfigur und dem Text „Need Head" – nun der Zeit voraus – nun sich das Handeln über die Köpfe des anderen hinweg abgewöhnen – nun Kapital- oder Haupt-Stadt-Kontrolle – nun die konkrete Betonstadtpoesie – nun uns von den urbanen Irrtümern verfehlter Konkretion befreien – nun stellen Verformungen *uns* auf den Prüfstand – nun uns, in einem nicht erhellenden Licht verschwindend – nein –

– wisse, wir unternehmen eine Woche lang Wahrnehmungsspaziergänge durch die Stadt – dabei beschränken wir einen oder mehrere Sinne – nun sprechen wir über Beschränkungen – Georges Perecs Buch *Anton Voyls Fortgang* wird erwähnt – wie die Beschränkung, auf den Buchstaben „e" zu verzichten, keines der Wörter, die er verwendet, prädeterminiert; und wie diese Beschränkung ihn verlangsamt und dazu zwingt, sich jedes Wort bewusst zu überlegen – nun müssen Materialien für die Schlusspräsentation ausgewählt werden – nun fragen wir nach den unbewussten Neigungen und Werturteilen, mit deren Hilfe wir die Auswahl treffen – nun sind vier Meter lange Kartonröhren, ein Seil und Stoffe einige der Materialien, für die wir uns entschieden haben – nun für das Unbestimmte planen – nun die Zwillinge von Thessaloniki – nun drehen Interventionisten mit vollen Segeln ab – nun eine Welt, gelenkt von „akademischem Kapitalismus", „verpflichtendem Sensitivitätstraining", den „persönlichen Entwicklungsplänen" Kunststudierender (Claire Bishop: *Artificial Hells*) – nun die Frage, welche Wange küsst man als erste, wenn man sich auf beide küsst – nun ist ein Kuss Erinnerung – nun wollen wir keine Partizipation, die bloß eine andere Form von Konsum ist – nun wollen wir nicht nur lernen, was wir bereits wissen (Jimmie Durham: *Waiting to be Interrupted*) – nun sehen wir nicht nur, wovon wir schon vorher wissen, dass es da ist (Georges Perec: *Träume von Räumen*) – schlagen nach, dass Psychologen fehlendes Bewusstsein über eigene Entscheidungen und Vorlieben als *Wahlblindheit* bezeichnen –

– nun fühlen wir, wie wir in die urbanen Entscheidungen eines anderen hinein und wieder hinausgleiten – nun fragt einer „von wo aus und auf welcher Grundlage lässt man sich eigentlich auf seine Umgebung ein? Was heißt es, sich einzulassen? Und was heißt es eigentlich, den Ort zu sehen, von dem aus wir gerade sprechen oder an dem wir stehen? Bin ich überhaupt in der Lage, ihn zu sehen, oder ist er ein Gerüst, ein blinder Fleck? Genau hier, glaube ich, wird die Welt verhandelbar" (Olafur Eliasson: *Space is Process*) – nun wandeln wir am

3

Eric Ellingsen, "Perceiving Academy", Which Way Does the Earth Rotate? | In welche Richtung dreht sich die Erde?, Thessaloniki, 2016 © Eric Ellingsen/Giorgos Kogias/Giorgos Manos

is it a construction, a blind-spot? And this is where I think the world becomes negotiable." (Olafur Eliasson; "Space is Process")—now we walk around the sea seeing our blind spots to see how seeing works—now to see your blind spot (1) cover your left eye (2) stare at the X (3) move your head closer to the X until you see the point disappear*** (figs. 6–7)

– now we learn to pay attention not tuition—now the municipality is involved—the mayor - the cultural ministers—now a blind trainer—now we are more interested in the public part of space—now the generic public becomes specific people—no she can't think of light in English—know how rose saw the pancake in half—now a situational starter kit in every sense—(fig. 8)

– now we know that one should seek balance in motion and not in stillness (Bruce Lee; *Jeet Kune Do*)—now we know we should "be still and still moving" (T.S. Eliot; *Four Quartets*)—now we practice the difference between *viewing-in-stillness* and *viewing-in-motion* (Stanislaw Lem, no; Stanislaus Fung, yes)—it all requires slowing down, listening, watching, measure—now to feel the measurable difference between to see, to notice, to scan, to look we carry small parts of a poem around—to feel the terms of space we walk up to strangers with a poem divided into small parts and ask (1) what something means and (2) where to go next—we are carrying small things with meaning –

– now the stranger's suspicion starts to be replaced with curiosity—curiosity is carried into trust into care—one brings up how the fact is, "Every time we have a trust building encounter with friends, even with strangers, even in public, it triggers feelings and actions that are more altruistic" (Charles Montgomery)—we know "There are things We live among 'and to see them Is to know ourselves'" (George Oppen; *Of Being Numerous*)—now the urban blandscapes alter—now poetry is not stripped from the act of speaking—now a city stigmatized in a crisis, in its own language—a stigma embraced—the nationalist entangle of symbols, the identity politics, irredentist snarls, the perception of Alexander the Great in Greece, Pepe the Frog in the U.S., the Pink Panther in Germany—"I can't breathe" – now we try to stay positive—can't cut the negative end off of a magnet—now try to plan the city with more than just the right side of the brain—this is the worst –

5

Eric Ellingsen, "Perceiving Academy", Walking Mediums | Wandernde Medien, Thessaloniki, 2016 © Eric Ellingsen/Giorgos Kogias/Giorgos Manos

this is the worst
Across from the anti-fascist tournament
At the hippopotamus
This attitude of *maybe*
Of something the young girl maybe
This is the most difficult
Maybe the girl has her hair untied
Maybe she is bringing the good weather
Maybe this means *at the end*
of the trip
This is also *in*
This is also paying with man maybe means
This is also the crew of a ship
This is the last word in English
Maybe this is completion

– now we lay down the line by laying head to foot along the edge of the sea; the person on one end of the line stands up and runs the line's length and then lays down again—this is followed by the others running the length of the line and laying down over and over*—we are kilometers long—our longing is followed by Heidegger's "Philosophy of Care"—Timothy Morton's "Age of Sincerity"—Eileen Myles' "Everyday Barf"—we visit the lake supporting the city's fresh potables to collect water for lake soup—one says the air is water we breathe (Hermann von Helmholtz)—one drinks the city merely by breathing the air—one thinks "about how the shortest distance between two points is

Meer entlang und sehen unsere blinden Flecken, um zu verstehen, wie Sehen geht – um nun den blinden Fleck zu sehen, verdecke (1) dein linkes Auge, fixiere (2) das X und nähere (3) deinen Kopf dem X, bis du den Punkt verschwinden siehst*** (Abb. 6–7)

– nun lernen wir, Aufmerksamkeit zu zollen statt Studiengebühren zu zahlen – nun wird die Stadtverwaltung einbezogen – der Bürgermeister – die Kulturreferenten – nun ein Blindentrainer – nun interessieren wir uns mehr für den öffentlichen Teil des Raums – nun wird die allgemeine Öffentlichkeit zu konkreten Personen – nein, sie kann Licht auf Englisch nicht denken – wissen, wie die Rose den Pfannkuchen mit ihrem Blick zerteilte – nun in jedem Sinn ein situationales Einsteigerpaket – (Abb. 8)

– nun wissen wir, dass man Gleichgewicht in der Bewegung und nicht im Stillstand suchen soll (Bruce Lee: *Jeet Kune Do*) – nun wissen wir, dass wir „still sein und dennoch vorangehen" müssen (T.S. Eliot: *Vier Quartette*) – nun üben wir den Unterschied zwischen *Sehen-im-Stillstand* und *Sehen-in-Bewegung* (Stanislaw Lem, nein; Stanislaus Fung, ja) – das alles erfordert Verlangsamung, Hinhören, Hinschauen, Maß – um den messbaren Unterschied zwischen Sehen, Bemerken, Prüfen, Schauen zu fühlen, tragen wir nun kleine Teile eines Gedichts durch die Gegend – um die Begriffe des Raums zu fühlen, wenden wir uns mit einem zerteilten Gedicht an wildfremde Personen und fragen, (1) was etwas bedeutet und (2) wohin wir als nächstes gehen sollen – wir tragen kleine Dinge mit Bedeutung –

– nun tritt bei der fremden Person Neugierde an die Stelle des Misstrauens – Neugierde geht in Vertrauen geht in Sorge über – man kommt drauf zu sprechen, dass „immer, wenn

6

Eric Ellingsen, "Perceiving Academy", See your Blind Spots | Blinde Flecken sehen, 2016 © Eric Ellingsen

es zu einer vertrauensbildenden Begegnung mit Freunden, sogar Fremden kommt, und selbst in der Öffentlichkeit, Gefühle und Handlungen ausgelöst werden, die altruistischer sind" (Charles Montgomery) – wir wissen „Es gibt Dinge / Unter denen wir leben ‚und sie zu sehen / Heißt uns zu erkennen'" (George Oppen: *Of Being Numerous*) – nun ändern sich die Stadtödschaften – nun ist Poesie nicht vom Akt des Sprechens abgeschnitten – nun eine stigmatisierte Stadt in der Krise, in der eigenen Sprache – ein Stigma, bereitwillig angenommen – das nationalistische Gewirr von Symbolen, die Identitätspolitik, das irredentistische Geknurre, die Wahrnehmung Alexanders des Großen in Griechenland, Pepe-the-Frogs in den USA, des Pink Panther in Deutschland – „Ich krieg keine Luft" – nun versuchen wir positiv zu bleiben – man kann den Negativpol eines Magneten nicht einfach kappen – nun versuche die Stadt mit mehr als der rechten Hirnhälfte zu planen – das ist das Schlimmste –

das ist das Schlimmste
gegenüber dem anti-faschistischen Turnier
beim Hippopotamus
diese Haltung des *Vielleicht*
dessen was das junge Mädchen vielleicht
das ist das Allerschwierigste
vielleicht hat das Mädchen sein Haar gelöst
vielleicht bringt es das schöne Wetter
vielleicht heißt das *am Ende*
der Reise
das ist auch *in*
das heißt auch mit Mann vielleicht Mitteln bezahlen
das ist auch die Besatzung eines Schiffs
das ist das letzte Wort auf Englisch
vielleicht ist das Vollendung

– nun bilden wir eine Linie, indem wir uns entlang des Meers Kopf an Fuß hinlegen; die Person am einen Ende der Linie steht auf, rennt die Linie entlang und legt sich wieder hin – darauf kommt die nächste, rennt die Linie entlang und legt sich wieder hin, und so weiter und weiter* – wir sind kilometerlang –

7

Eric Ellingsen, "Perceiving Academy", Blind Spot Walk | Blinde Flecken Expedition, Thessaloniki, 2016 © Eric Ellingsen/Giorgos Kogias/Giorgos Manos the length of a scar" (Alejandro Zambra; *Multiple Choice*)—a long draught—a cooling system—a haze machine—fresh things are passing through us—(figs. 9 and 10)

– we feel ebullient, dazzled, dire, smeared—we try to find Away—where Away is—how long it takes to get to Away—where the waste goes when waste goes away—now the Radical Imagination Community takes a bus to breathe in the things that pass through us—we visit the waste treatment plant—now we see all the shit in Thessaloniki at once—we talk about all the things we know that stink—we learn it takes 9 days for our waste to move from the can to the waste treatment plant—this stink was us 9 days ago—what a waste—our past present before us now—it stinks to stand in front of parts of oneself again—the thought of shit doesn't stink—what is passing through you now—one says "to touch, even lightly, on the relationship of a subject to his shit, is to modify not only that subject's relationship to the totality of his body, but his very relationship to the world and to those representations that he constructs of his situation in society" (Dominique Laporte; *History of Shit*)—

– we felt slow—he was slow in her language—considering the size of shadows—the constructions sketched in sunlight—we are working in project based learning—we figured—if we followed around turtles in the archeological site it would be good practice for slowing down in every sense* — Baudelaire imagined following a turtle through the Paris Arcades as a way of slowing down—or was it Walter Benjamin reflecting on Baudelaire— (fig. 11)

– now the turtle's memory—*now memory*—we know that Doreen Massey challenges us to feel what we know—the example she gives is that we know the earth rotates around the sun but how do we feel this—this can be found in *for space*—now the example he gives is *love*—the question: can—can we develop a slow-down philosophy—can we slow-down to feel the parts of

9

Eric Ellingsen, "Perceiving Academy", Lay Down the Line | Die Linienbelegung, Thessaloniki, 2016 © Eric Ellingsen/Giorgos Kogias/Giorgos Manos

unserem Verlangen folgt Heideggers „Philosophie der Sorge" – Timothy Mortons „Zeitalter der Aufrichtigkeit" – Eileen Myles' „Alltagskotze" – wir besuchen den See, der die Stadt mit frischem Trinkwasser versorgt, und entnehmen welches für Seesuppe – einer sagt, Luft ist Wasser, das wir atmen (Hermann von Helmholtz) – man trinkt die Stadt einfach, indem man ihre Luft atmet – einer glaubt, dass „die kürzeste Entfernung zwischen zwei Punkten der Länge einer Narbe entspricht" (Alejandro Zambra: *Multiple Choice*) – eine lange Dürre – ein Kühlsystem – eine Dunstmaschine – Frisches durchströmt uns – (Abb. 9 und 10)

– wir fühlen uns aufgewühlt, verwirrt, desperat, besudelt – wir versuchen Weitweg zu finden – herauszufinden, wo Weitweg ist – wie lange man nach Weitweg braucht – wo der Müll hinkommt, wenn er verkommt – nun nimmt die Radikalimaginationsgemeinschaft einen Bus, um einzuatmen, was uns durchströmt – wir besuchen die Müllverwertungsanlage – nun sehen wir die gesamte Scheiße von Thessaloniki auf einmal – wir sprechen über alles das, was sicher stinkt – wir erfahren, unser Müll braucht neun Tage vom Kübel in die Müllverwertungsanlage – dieser Gestank, das waren vor neun Tagen wir – ach du Schande – unsere Vergangenheit liegt jetzt vor uns – es stinkt, noch mal vor Teilen seiner selbst zu stehen – das Denken an Scheiße stinkt nicht – was durchströmt dich nun – einer sagt: „Auch wenn man sich nur in geringem Maße mit dem Verhältnis des Subjektes zu seinen Ausscheidungen beschäftigt, wird deutlich, daß sich nicht nur sein Verhältnis zu seinem ganzen Körper verändert, sondern auch sein Verhältnis zur Welt und zu der Vorstellung, die es sich von seiner eigenen Stellung im Gesellschaftlichen macht" (Dominique Laporte: *Eine gelehrte Geschichte der Scheiße*) –

– wir fühlten uns langsam – er war langsam in ihrer Sprache – bedenkt man die Größe der Schatten – die von der Sonne skizzierten Konstruktionen – wir arbeiten an projektbasiertem Lernen – dachten wir – wenn wir den Schildkröten auf der archäologischen Ausgrabungsstätte folgen, dachten wir, sei das gut dafür, in jedem Sinn langsamer zu werden* – Baudelaire dachte daran, zur Verlangsamung eine Schildkröte in den Pariser Passagen spazieren zu führen – oder war es Walter Benjamin in seinen Überlegungen zu Baudelaire – (Abb. 11)

– nun das Schildkrötengedächtnis – *Jetzt-Gedächtnis* – wir wissen, dass Doreen Massey uns auffordert, unser Wissen zu fühlen – das Beispiel, das sie anführt, ist, dass wir zwar wissen, dass sich die Erde um die Sonne dreht, aber wie fühlen wir es – es findet sich in *for space* – nun führt *er* das Beispiel *Liebe* an – die Frage: können – können wir eine Philosophie der Verlangsamung entwickeln – können wir so langsam werden, dass wir die Teile der Stadt fühlen können, um die eine Handlungsmacht einige der „mehreren Dutzend, mehreren Hundert gleichzeitiger Handlungen organisiert, Mikroereignisse, von denen jedes mit spezifischen Haltungen, motorischen Akten, Energieaufwendungen verbunden ist" (Georges Perec: *Versuch einen Platz in Paris zu erfassen*) – wir sprachen davon, dass „der bekannte Weg sich wie eine Strecke eines leichtflüssigen Mediums innerhalb einer zählflüssigen Masse auswirkt" (Jakob von Uexküll: *Streifzüge durch die Umwelten von Tieren und Menschen*) – wir wollen das Unheimliche der bekannten Wege erkennen – wir finden eine Stoppuhr und schließen unsere Augen für gefühlte drei Minuten – es dauert über fünf Minuten bis drei Minuten vergehen – (probieren Sie es) –

10

Eric Ellingsen, "Perceiving Academy", Lake Soup Waste | Seesuppenmüll, Thessaloniki, 2016 © Eric Ellingsen/Giorgos Kogias/Giorgos Manos

8

Eric Ellingsen, "Perceiving Academy", Sight Seeing | Sehenswürdigkeiten, Thessaloniki, 2016 © Eric Ellingsen/Giorgos Kogias/Giorgos Manos

the city around which agency organizes some of the "tens, hundreds of simultaneous actions, micro-events, each one of which necessitates postures, movements, specific expenditures of energy" (Georges Perec; *An Attempt at Exhausting a Place*)—we talked about how *the familiar path* works like "a streak of a more fluid medium in a more viscous one" (Jakob von Uexküll; *A Foray into the Worlds of Animals and Humans*)—we want to recognize the uncanny in the familiar paths—we find a stop-watch and close our eyes for what we feel is three minutes—three minutes takes over five minutes to pass—(try now) -

- now the zones punctuated by slowness percolated with speeds—the patterns in every sense—one says that the politics *is* the streets not just merely *in* the streets (Paul Virilio; *Speed and Politics*) —curious and the curiosities merge—so we carry around round mirrors to reflect on our city together—the only constraint is to use the mirror to see where we are going*—even the street curb becomes a curious object of necessary attention—(fig. 12)

- we know that the chair leaning against the wall does not touch the wall because the two systems are not encounterable to each other—we don't care if Heidegger is wrong or right or Liz Magic Laser—we care about caring about feeling an encounter—the encounters consequences—it's a small thing—a mist missed—where a Trust Space starts—now one says "Almost everything everyone knows about the world, they know on trust. Almost all our knowledge is testimony. Very little of what we know and believe about the world is based entirely on our own experience. And the social order requires that kind of mutual trust ... Most of what I know and believe, I haven't directly experienced; I've experienced through others. I've experienced not immediately but mediately." (Simon Schaffer; "How to Think About Science")—now "Once we determine to trust someone, there is not simply a calm that enters into one's soul; there is excitement and exhilaration. Trust is the most joyous kind of bond with another living being." (Alphonso Lingis; *Trust*) -

- now the intellect imprints knowledge with feeling; experience with *now memory* - now the hole is bigger than the thing the hole is in—now it is difficult to perceive the hole bigger than the thing the hole is in—know a Trust Space is a space of shared vulnerability, not the safety of academic hierarchies, critical scrimmages and well critted rehearsals—now to feel the terms of public space we stand facing each other and say *heart* back and forth—we move away from each other as the heart *canticle* grows spatial volume—now we are out of sight and stretching to hear one another—now the heart is a lonely kinky hunter—now the heart agrees we are *too blessed to be depressed*—know we tend to measure what we care about (Jan Gehl; *The Human Scale*)—now the heart breaks -

11

Eric Ellingsen, "Perceiving Academy", Practice with Turtle | Raumpraktik mit Schildkröte, Thessaloniki, 2016
© Eric Ellingsen/Giorgos Kogias/Giorgos Manos

- now everyone is asked to make a platform from what they care about—to materialize that care—to carry their cared for imagination—to challenge "the violence of intactness" as Keller Easterling says—we want to make some things with enough presence in public space to meet the scale of the publics that are the city—"something that by its particular location in an assemblage and the fortuity of being in the right place at the right time, makes the difference, makes things happen, becomes the decisive force catalyzing an event" (Jane Bennett; *Vibrant Matter*)—something that we can carry around the city we are—in other words we want to do what we say—all that is solid doesn't exactly melt into the air—in other words precisely—

– nun sind von Langsamkeit durchzogene Zonen von Geschwindigkeiten durchsetzt – den Mustern schlechthin – einer sagt, Politik *ist* die Straße, findet nicht nur bloß *auf* ihr statt (Paul Virilio: *Geschwindigkeit und Politik*) – merkwürdig und die Merkwürdigkeiten vereinigen sich – also tragen wir runde Spiegel mit uns herum, um gemeinsam über unsere Stadt zu reflektieren – die einzige Einschränkung ist, den Spiegel so zu halten, dass wir sehen, wo wir hintreten* – selbst der Randstein wird zu einer Merkwürdigkeit, die Beachtung verdient – (Abb. 12)

– wir wissen, dass der an der Wand lehnende Stuhl die Wand nicht berührt, weil die beiden Systeme einander nicht begegnen können – uns kümmert nicht, ob Heidegger Unrecht oder Recht hat, oder Liz Magic Laser – uns kümmert, dass uns am Herzen liegt, dass wir eine Begegnung fühlen – die Folgen der Begegnung – es ist etwas Kleines – ein nichtiger Nebel – womit ein Raum des Vertrauens anfängt – einer sagt: „Fast alles, was wir über die Welt wissen, basiert auf Vertrauen. Fast all unser Wissen beruht auf Zeugnissen. Nur sehr wenig von dem, was wir über die Welt wissen und glauben, beruht gänzlich auf eigener Erfahrung. Und die soziale Ordnung verlangt auch diese Form von gegenseitigem Vertrauen … Das Meiste von dem, was ich weiß und glaube, habe ich nicht unmittelbar erfahren, ich habe es durch andere erfahren. Habe es mittelbar erfahren.“ (Simon Schaffer: „How to Think About Science“) – nun: „Wenn wir beschlossen haben, jemandem zu vertrauen, kommt die Seele nicht einfach nur zur Ruhe; wir empfinden auch eine freudige Erregtheit. Vertrauen ist die beglückendste Verbindung mit einem anderen Lebewesen.“ (Alphonso Lingis: *Trust*) –

– nun imprägniert der Verstand das Wissen mit Gefühl; die Erfahrung mit *Jetzt-Gedächtnis* – nun ist das Loch größer als das, worin es sich befindet – nun ist es schwierig, sich ein Loch vorzustellen, das größer ist als das, worin es sich befindet – wisse, ein Raum des Vertrauens ist ein Raum geteilter Verletzlichkeit, nicht der Sicherheit akademischer Hierarchien, kritischer Scharmützel und wohlanalysierter Proben – um die Bedingungen des öffentlichen Raums zu fühlen stehen wir nun einander zugewandt und sprechen das Wort *heart* vorwärts und rückwärts – wir bewegen uns auseinander, wobei der Herzensgesang an Volumen gewinnt – nun sehen wir uns nicht mehr und strecken uns, um einander zu hören – nun ist das Herz ein schrulliger einsamer Jäger – nun gibt das Herz zu, wir sind *Too blessed to be depressed* – nun neigen wir dazu zu ermessen, was uns am Herzen liegt (Jan Gehl: *The Human Scale*) – nun bricht das Herz –

– nun sollen alle eine Plattform machen aus dem was ihnen am Herzen liegt – es materielle Gestalt annehmen lassen – die Vorstellung, die ihnen vorschwebt, tragen – „die Gewalt des Intakten“ infrage stellen, wie Keller Easterling sagt – wir wollen einige Dinge machen, die genügend Präsenz im öffentlichen Raum besitzen, um es mit dem Maßstab von Öffentlichkeiten aufzunehmen, die die Stadt bilden – „etwas, das kraft seiner besonderen Lage in einem Gefüge und seiner zufälligen Anwesenheit am richtigen Ort zur richtigen Zeit einen Unterschied macht, etwas geschehen lässt, zur entscheidenden Kraft wird, die ein Ereignis auslöst“ (Jane Bennett: *Vibrant Matter*) – etwas, das wir in der Stadt, die wir sind, herumtragen können – anders gesagt, wir wollen tun, was wir sagen – alles Ständische und Stehende verdampft nicht wirklich – anders gesagt, Dampf ist genau, was draus wird –

– nun überlegen wir, die Plattformen Pavillons zu nennen – nun sind die Plattformen Gedächtnis – nun wissen wir, das Wort Pavillon leitet sich vom Französischen *papillon* ab und hat die gleichen Wurzeln wie Schmetterlingsflügel, wie Beatriz Colomina sagt – oder „Flügeltüren“, von denen Rilke

12

Eric Ellingsen, "Perceiving Academy", Reflect on Your City | Stadtreflexionen, Thessaloniki, 2016 © Eric Ellingsen/Giorgos Kogias/Giorgos Manos

13

Eric Ellingsen, "Perceiving Academy", The Living Platform 1 & 2 | Die lebende Plattform 1 & 2, Thessaloniki, 2016 © Eric Ellingsen/ Giorgos Kogias/Giorgos Manos

– now we thought of calling the platforms pavilions—now the platforms are memory—now we know *pavilion* stems from the French *papillon* and shares roots with butterfly wings, as Beatriz Colomina says—it sometimes takes wings to feel through them "the glory of that happiness", as Rilke says in "The Pavilion"—now one goal is to make a living—one goal is to make living platforms*—to make a living platform we put our arms into the red tubes—we twist and weave into each other—we invite others to join our lengthened arms—we dance a living—it almost resists the intelligence successfully as Wallace Stevens says so to speak—(figs. 13 and 14)

– now we all feel the end opening coming towards us—that the train station sometimes approaches the train (Charles Bernstein)—the coming on of opening night—one loves going to openings—one avoids the openings at all cost—we all want something of value at all cost—we will risk everything for the small things we care about—now we care about learning how to learn; about being a part of a learning academy without *the banking system* as academic stranglehold (Paulo Freire)—because "the way you really learn something is to start something and learn as you go along … I am sure we make the road by walking," as Myles Horton and Paulo Freire say—

14

Eric Ellingsen, "Perceiving Academy", Pole Dance Pipe Dream | Röhrentanztraum, Thessaloniki, 2016 © Eric Ellingsen/Giorgos Kogias/Giorgos Manos

– now we call the things we carry platforms*—now we give the platforms names—three design a PLATFORM for HABITS, DREAMS, and TORMENTS*—now children play inside the platform of habits, dreams and torments—now we roll the platform for habits, dreams and torments around—know the platform of habits, dreams and torments is bouncy, light, makes one feel buoyant like—we want to be light like a bird not a feather, as Paul Valéry says—now we know that every modification of an object is in "reality" a modification of relationships (Vilém Flusser; *Vampyroteuthis Infernalis*)—now the PLATFORM FOR FEELING POSITIVE NOTHING is a nothing that is there—the nothing that is not there is not missing and is maybe chicken—now there is a PLATFORM FOR SAFETY offering shade's cool place—now the PLATFORM for PUBLIC PRIVACY spirals—now the PLATFORM of LITE LIGHT is placed in the sea around the port—a public space often only seen sometimes only stinks—the platform for lite light is a 4 meter lamp, a floating light house—we leash and walk the platform up and down the coast like the cats we don't keep—in the PLATFORM for RECEIVING NOT GIVING

im „Pavillon“ sagt, dass durch sie „ein Glanz von jenem Glück zu spüren“ sei, – nun ist ein Ziel, ein Leben zu unterhalten – ein Ziel ist, Lebensplattformen* zu schaffen – dazu stecken wir die Arme in rote Röhren – verdrehen und verweben uns – fordern andere auf, sich in unsere verlängerten Arme einzuklinken – wir tanzen ein Leben – es widersetzt sich beinahe erfolgreich dem Verstand, wie Wallace Stevens sozusagen sagt – (Abb. 13 und 14)

– nun fühlen wir die Schlusspräsentation auf uns zukommen – dass der Bahnhof manchmal auf den Zug zufährt (Charles Bernstein) – das Näherkommen des Eröffnungsabends – einer geht gern auf Eröffnungen – der andere versucht sie unter allen Umständen zu meiden – wir alle wollen unter allen Umständen etwas Wertvolles – wir wollen alles für die kleinen Dinge riskieren, die uns am Herzen liegen – nun liegt uns daran zu lernen, wie man lernt; Teil einer Lernakademie zu sein, ohne den akademischen Würgegriff des *Banksystems* (Paulo Freire) – denn die „Art, wie man wirklich etwas lernt, ist, etwas anzufangen und es zu lernen, indem man es ausführt … ich bin mir sicher, wir machen den Weg beim Gehen“, sagen Myles Horton und Paulo Freire –

– nun nennen wir die Dinge, die wir tragen, Plattformen* – nun taufen wir die Plattformen – drei machen eine PLATTFORM für GEWOHNHEITEN, TRÄUME und SCHIKANEN* – nun spielen Kinder in der Plattform für Gewohnheiten, Träume und Schikanen – nun rollen wir die Plattform für Gewohnheiten, Träume und Schikanen durch die Gegend – wisse, die Plattform für Gewohnheiten, Träume und Schikanen hüpft auf und ab, ist leicht, macht einen irgendwie vergnügt – wir wollen „leicht sein wie ein Vogel, nicht wie eine Feder“, sagt Paul Valéry – nun wissen wir, dass jede Veränderung eines Objekts in „Wirklichkeit“ eine Veränderung von Beziehungen ist (Vilém Flusser: *Vampyroteuthis infernalis*) – die PLATTFORM ZUM FÜHLEN EINES POSITIVEN NICHTS ist nun ein Nichts, das zugegen ist – das Nichts, das nicht zugegen ist, geht niemandem ab und ist vielleicht feige – nun bietet eine PLATTFORM FÜR SICHERHEIT Schattenkühle – nun dreht die PLATTFORM für ÖFFENTLICHE PRIVATHEIT sich wie ein Strudel – nun wird die PLATTFORM FÜR LEICHTES LICHT ins Meer in der Nähe des Hafens eingelassen – ein öffentlicher Raum, oft nur besehen, stinkt manchmal einfach nur – die Plattform für leichtes Licht ist eine 4 Meter hohe Lampe, ein schwimmender Leuchtturm – wir nehmen die Plattform an die Leine und führen sie die Küste auf und ab wie die Katzen, die wir nicht halten – in der PLATTFORM für EMPFANGEN NICHT GEBEN gibt ein syrischer

15

Eric Ellingsen, “Perceiving Academy”,
Pole Dance Pipe Dream | Röhrentanztraum,
Thessaloniki, 2016
© Eric Ellingsen/Giorgos Kogias/Giorgos Manos

16

Eric Ellingsen, "Perceiving Academy",
Pole Dance Pipe Dream | Röhrentanztraum, Thessaloniki, 2016

a refugee from Syria gives two artists *Tabakh Rohoo*—we stew together in public—there is an EATING ENVIROMENT PLATFORM and a workshop that involves stealing olives from the mayors vineyard—(fig. 15)

– now the Radical Imagination Community hosts a lawyer—the participants learn how set up their own collective, a sustainable platform to apply for and receive funding—a *practice (in) cognition* emerges—this is art working—now perceiving at the pace of feeling—we want to sew the sweater while the wool grows on the sheep—we are not sure if sewing the sweater while the wool grows on the sheep is a good thing—we wonder: why wool, why not hair, why sew, why sheep—we wonder why we perceive the sheep as a resource, the shelf of sweaters is a herd—we feel the experience of others echoing in us; know "the same hill is assessed steeper by a tired person than by a well-rested one" (Frans de Waal; *The Age of Empathy*)—we know all cities are informal academies—that all bodies now are capitalisms laboratory—our academies places for feeling systemically structured unequal paces often perceived, but rarely identified—we know that it takes 40 minutes for the eyes to become adjusted to total darkness—there is a proposal* in the air for the next Radical Imagination Community—a Learning Academy—or now the yarn ends twisted and knotted together. ▪

"Perceiving Academy" took place within the residency **Artecitya. Envisioning the City of Tomorrow** (2014–2018) by Goethe-Institut Thessaloniki, in collaboration with the project LABattoir by the Municipality of Thessaloniki. |
Die „Perceiving Academy" fand im Rahmen der Künstlerresidenz **Artecitya. Envisioning the City of Tomorrow** (2014–2018) des Goethe-Instituts Thessaloniki in Kollaboration mit dem Projekt LABattoir der Stadt Thessaloniki statt.

Participants of Perceiving Academy |
Teilnehmende an der Perceiving Academy
Chrysoula Athanasiou, Vasilis Alexandrou, Dimitra Bairaktari, Maria Chatzikalia, Eleni Chatzieofytou, Dimitris Chatzinikolis, Georgia Damianou, Eleftheria Gavriilidou, Giorgos Gkiouzepas, Odysseas Glykas, Spyros Kazantzis, Chrysa Kotoula, Konstantinos Kotoulas, Anna Lioka, Fenia Nevrokopli, Konstantina Nouskali, Sofia Papadopoulou, Elvira Paschali, Christos Polymeris, Maria Ritou, Stergios Seretis, Katerina Sideri, Yorgos Toyias, Rodi Tsitouridou, Despoina Vatti, Katerina Voulgaridou

Invited Ambassadors of the Why |
Eingeladene Botschafter des Why
Foteini Baxevanou (Trainer of Mobility, Orientation and Daily Living Skills – National Association for the Blind | Trainerin für Mobilität, Orientierung und Alltagsbewältigung – Nationaler Blindenverband), Leon Kapetas (Water Resources Management, Ph.D., Consultant of Urban Resilience | Wasserressourcenmanagement, Ph.D., Konsulent für Urban Resilience), Giorgos Lagoudakis (Lawyer | Anwalt), Theofanis Oikonomou (Engineer – Thessaloniki Water Supply & Sewerage Co | Techniker – Wasserversorgungs- und Kanalisationsgesellschaft Thessaloniki)

Curators for Perceiving Academy |
Kuratoren für die Perceiving Academy
Christos Savvidis and | und Lydia Chatziiakovou
Production Coordination for Perceiving Academy by |
Produktion, Koordination für die Perceiving Academy
Maria Lazaridou
Production Assistant | Produktionsassistent
Giannis Fourkiotis
Lake Soup | Seesuppe
by Eric Ellingsen, Dimitris Koparanis, Alice Waters
Special thanks to the | Mit besonderem Dank an
Goethe-Institut Thessaloniki, Peter Panes, Sotirios Bahtsetzis, and | und ArtBOX | Creative Arts Management
All Images by | Alle Bilder von
Eric Ellingsen/Giorgos Kogias/Giorgos Manos

Flüchtling zwei Künstlern *Tabakh Rohoo* – wir schmoren gemeinsam in der Öffentlichkeit – es gibt eine ESSUMGEBUNGS-PLATTFORM und einen Workshop, in dem wir unter anderem im Weinberg des Bürgermeisters Oliven stehlen – (Abb. 15)

– nun hat die Radikalimaginationsgemeinschaft einen Anwalt zu Gast – die Teilnehmenden lernen ihr eigenes Kollektiv auf die Beine zu stellen, eine nachhaltige Plattform, mit der sie um Förderungen ansuchen können – eine *Praxis (im) Erkennen* entsteht – das ist Kunst am Werk – nun in Fühlgeschwindigkeit wahrnehmend – wir wollen den Pullover nähen, während die Wolle auf den Schafen wächst – wir sind uns nicht sicher, ob Pullover zu nähen, während die Wolle auf den Schafen wächst, etwas Gutes ist – wir fragen uns, warum Wolle, warum nicht Haar, warum nähen, warum Schafe – wir fragen uns, warum wir die Schafe als Rohstoff betrachten, das Pulloverregal ist eine Herde – wir fühlen, wie die Erfahrung anderer in uns widerhallt; wissen, „eine erschöpfte Person wird denselben Hügel steiler finden als ein ausgeruhter Mensch“ (Frans de Waal: *Das Prinzip Empathie*) – wir wissen, alle Städte sind informelle Akademien – alle Körper sind nun ein Labor des Kapitalismus – unsere Akademien Orte zum Erfühlen systematisch strukturierter ungleicher Geschwindigkeiten, oft wahrgenommen, selten identifiziert – wir wissen, es dauert 40 Minuten, bis sich das Auge an die totale Finsternis anpasst – es liegt ein Vorschlag* für die nächste Radikalimaginationsgemeinschaft in der Luft – eine Lernakademie – oder nun haben sich die Garnenden verzwirbelt und verknotet. ▪

Übersetzung: Wilfried Prantner

Raum und Geruch
Space and Smell

Irmgard Frank

1 Sissel Tolaas, „Fear 1/8“, Installationsansicht im Rahmen der Ausstellung | Installation view from the exhibition „The World is Yours“, Lousiana Museum of Modern Art, Humlebæk, 2009 © Photo: Poul Buchard/Brøndum & Co.

„Seit Jahren schon war er bewandert in der Wissenschaft des Riechens; er dachte, dass der Geruchssinn ebensolche Wonnen hervorzurufen imstande war wie das Gehör oder das Sehvermögen, da jeder Sinn infolge einer natürlichen Veranlagung und einer verfeinerten Kultur empfänglich war für neue Empfindungen und daher fähig, diese zu steigern, zu koordinieren und daraus jene Einheit zusammenzusetzen, die ein Werk ausmacht."[1]

Gebauter Raum ist Abbild unserer Gesellschaft und des Zusammenlebens. Er ist Aktionsraum menschlichen Handelns und wirkt auf dieses zurück. Wir nehmen den uns umgebenden Raum in seiner jeweiligen Charakteristik wahr; er ist im positiven wie im negativen Sinne wirkmächtig. Raumwahrnehmung ist dabei nicht per se individuell, sondern wird überlagert von Erfahrungen, individuellen und kollektiven. Wie wir Raum erfahren, wird gespeist von gesellschaftlichen Gepflogenheiten, kulturellen Codes, geschichtlichem Wissen. Die Verantwortung von Architektinnen und Architekten erklärt sich aus diesem Umstand. Daher ist es von essentieller Bedeutung, sich mit Fragen des Raumes und wie wir diesen wahrnehmen auseinanderzusetzen. Raum wirkt auf uns. Das Im-Raum-Sein wird durch Sinneseindrücke vermittelt, daher ist das Zusammenspiel von haptischer, visueller, akustischer und olfaktorischer Wahrnehmung und auch des Gleichgewichtsinns von Bedeutung.

Architektur setzt sich aus konkreten und ephemeren Baustoffen zusammen. Konkrete Baustoffe sind physisch präsent, man kann sie angreifen, sie sind mehr oder weniger dauerhaft. Ephemere Baustoffe wie Licht, Schall, Temperatur und Geruch haben eines gemeinsam: Sie haben keine klaren Abgrenzungen, sondern unterschiedliche Intensitäten und Dichten. Damit unterscheiden sich diese „Baustoffe" grundsätzlich von jenen, mit denen man materiellen Raum herstellt. Sie sind flüchtig. Aber gerade in der Flüchtigkeit liegt ihr Potenzial. Mit unseren Sinnen sind wir fähig, eine Überlagerung des physisch gebauten Raumes mit den ephemeren Elementen in diesem wahrzunehmen und die atmosphärische Qualität des Raumes zu erleben. Gernot Böhme definiert Atmosphären als „Sphären der Anwesenheit".[2] Er führt dazu aus, dass diese weder ausschließlich in den Dingen, die sie ausstrahlen, zu lokalisieren sind, noch in den Subjekten, die sie leiblich erfahren. Atmosphäre sei zwischen den Dingen und dem Subjekt, aber auch in beiden zugleich.

Betrachtet man Sinneswahrnehmung im Zusammenhang mit gebautem Raum, so wird deutlich, dass der Sehsinn als Fernsinn, als Sinn, der Überblick verschafft, seit der Renaissance eine dominante Rolle in der westlichen Welt spielt und gegenwärtig eine enorme zusätzliche Präsenz in unserem Alltag erfährt. In der Architekturdiskussion scheint nur der Sehsinn von Bedeutung zu sein. Alles, was abgebildet wird, ist damit dokumentiert. Dies wurde über Jahrhunderte der Architekturgeschichte hinweg mittels der Malerei und später der Fotografie bewerkstelligt und gab und gibt uns die Möglichkeit, im Rückblick Sichtweisen der Raumwahrnehmung und des Raumverständnisses zu erkennen und zu interpretieren. Erst im letzten Jahrhundert wurde die Vermittlung eines Raumerlebnisses über das Medium Film bereichert. Der durch Kameraführung durchwegte Raum kommt – im Gegensatz zum starren Blick – dem näher, wie wir Raum real erfahren und gleichzeitig erhalten wir Informationen über dessen akustische Qualität. Akustische Rückmeldung gibt Aufschluss über die bauliche und materielle Beschaffenheit von Raum. Der Hörsinn ist wie der Sehsinn ein Fernsinn. Im Gegensatz dazu ist der Tastsinn ein Nahsinn, der uns durch Abtasten und Berühren von Formen und Oberflächen die Welt begreifen hilft. Indem wir mit Materialien den gedachten Raum konkretisieren, erhalten wir unmittelbar Informationen über den gebauten Raum. Beides, das Hören und das Tasten, hilft uns, uns in einem Raum ohne jegliches Licht zurecht zu finden. Sehbehinderte haben dieses Sensorium im besonderen Maße entwickelt. Im Planungsprozess spielen Materialien und deren akustische Eigenschaften eine wesentliche Rolle und sind mitbestimmende Entwurfsparameter im Bezug auf die Charakteristik und den atmosphärischen Gehalt eines Raumes.

Anders verhält es sich mit Temperatur und Geruch. Erstere wird im Planungsprozess als technische Größe berücksichtigt. Im Sinne eines Temperaturausgleichs zwischen Außen- und Innenraum und einer über das ganze Jahr hin zu gewährleistenden Aufenthaltsqualität ist sie Teil jeglicher Planung. Der Einfluss auf die Architektur ist mittelbar. Optimierte Energiekonzepte sind mitbestimmend für Baukörper, Lichteintrag, Wandaufbauten. Als unmittelbare Wahrnehmung im Raum kann Strahlungswärme gezählt werden, die von einem Heizungsofen oder offenen Kamin ausgeht und auch als räumlich erlebbares Zentrum wahrgenommen wird. Damit zählt die Temperatur zum gestaltbaren Teil der Architektur und hat Aufmerksamkeitspotenzial.

1 Huysmans, Joris-Karl: *Gegen den Strich*, München 2003, 136.

2 Vgl. Böhme, Gernot: *Atmosphäre. Essays zur neuen Ästhetik*, Berlin 2013.

"For many years now he had been expert in everything relating to olfactory science; he believed that the sense of smell could experience pleasures equal to those of hearing and sight, since every sense was capable, through natural aptitude and expert cultivation, of apprehending new impressions, multiplying them many times over, co-ordinating them, and with them composing that whole which constitutes a work of art; …"[1]

Built space replicates our society and how we live together. It is the space of action of human agency and impacts that in return. We perceive the space surrounding us in its respective characteristics; it is efficacious in both the positive and the negative sense. Yet the perception of space is not individual per se, but is instead overlaid with experiences, both individual and collective. The way we experience space draws from social customs, cultural codes, historical knowledge. This explains the responsibility of architects. Engaging with questions of space and how we perceive it is therefore essentially important. Space affects us. Being-in-space is conveyed through sensory impressions, which is why the interplay of haptic, visual, acoustic, and olfactory perception, and also of balance is significant.

Architecture is composed of concrete and ephemeral building materials. Concrete building materials are physically present, you can touch them, and they are more or less durable. Ephemeral building materials such as light, sound, temperature, and smell have one thing in common: they have no clear boundaries, but only different intensities and densities. In that way these "building materials" are fundamentally different from those used to produce material space. They are transient. Yet their potential is to be found specifically in this transience. With our senses we are able to perceive in physical built space the ephemeral elements overlaying it and to experience the atmospheric quality of the space. Gernot Böhme defines atmospheres as "spheres of presence."[2] He explains that they are neither to be localized exclusively in the things that radiate them nor in the subjects that physically experience them. He says that atmosphere is between the things and the subject, but also in both at the same time.

If we consider sensory perception in conjunction with built space, then it becomes clear that the visual sense as a remote sense, as the sense that creates an overview, has played a dominant role in the western world since the Renaissance and is currently experiencing an enormous additional presence in our everyday life. In the discussion of architecture only the visual sense seems to have any significance. Everything that is depicted is thus documented. This was carried out over centuries of architectural history by means of painting and later photography, and it gave and gives us the possibility of recognizing and interpreting views of the perception of space and the understanding of space in retrospect. It was only in the last century that conveying the experience of a space was enhanced through the medium of film. The space moved through by the camera work—the opposite of the fixed gaze—is closer to how we really experience space, and at the same time we are given information about its acoustic quality. Acoustic feedback provides information about the building and material construction of space. Like the sense of sight, the sense of hearing is a remote sense. In contrast, the sense of touch is a close sense, which helps us to grasp the world through probing and touching forms and surfaces. By concretizing the envisioned space with materials, we gain direct information about the built space. Hearing and touching both help us to find our way in a space without any light. Visually impaired people have developed this sense to a special degree. Materials and their acoustic properties play an essential role in the planning process and are co-determining planning parameters in reference to the characteristics and the atmospheric content of a space.

The case is different with temperature and smell. The former is taken into consideration in the planning process as a technical factor. In the sense of achieving a temperature

1 Joris-Karl Huysmans, *Against Nature: A Rebours*, ed. Nicholas White, trans. Margaret Mauldon (Oxford, 2009), pp. 92–93.

2 Cf. Gernot Böhme, *Atmosphäre: Essays zur neuen Aesthetik* (Berlin, 2013).

Wie verhält es sich nun aber mit Gerüchen? Dem Olfaktorischen wird in der Architektur erwiesener Weise wenig bis keine Aufmerksamkeit geschenkt. Wohl sind technische Aspekte wie Be- und Entlüftung Teil der Planung. Auch gebäudetypologische Parameter wie Wohnküchen im Wohnungsbau sind architektonische Entscheidungen. Die daraus resultierenden Notwendigkeiten, wie mechanische Entlüftungssysteme, werden jedoch nicht als entwurfsrelevant im Sinne einer atmosphärischen Raumqualität erachtet. Gerüche haben jedoch in der Erinnerung einen großen Stellenwert und sind dort oft stärker präsent als Räume. Geruch kann entweder direkt vom Raum und seinen Materialien ausgehen oder durch Aktionen und Interaktionen, die im Raum stattfinden. Bestimmte Materialien werden und wurden gerade wegen der Vorteile, die mit ihrem Geruch in Verbindung stehen, verwendet. Man denke da etwa an das Zirbenholz mit seinem harzigen Geruch; ein Holz, welches im alpinen Raum häufig vorkam und aus dem ganze Stuben gemacht wurden und auch heute noch gemacht werden. Die Oberfläche des sehr weichen Holzes bleibt unbehandelt und behält damit seinen intensiven Geruch, der zudem Schädlinge wie Kleider- und Lebensmittelmotten fernhält. In der Regel riechen jedoch heute verwendete Materialien und Oberflächen meist nur mehr im Stadium der Bearbeitung, etwa Holz beim Zuschneiden bzw. Anpassen, oder Wandanstriche und Lacke während und kurz nach der Trocken- und Aushärtungsphase.

Das Wiedererkennen des Geruchs eines Raumes erweckt schnell die damit verbundenen persönlichen Erinnerungen und erlebten Befindlichkeiten wieder zum Leben. Städte haben einen eigenen Geruch, der durch die geografische Lage, durch das Klima, durch die Lebensweise in ihnen geprägt ist: die Lage am Meer, an einer Lagune, im Hochgebirge, in der Wüste; die Art verwendeter Fortbewegungsmittel, ob Pferdekutschen, Rikschas, Autos oder Boote und das damit einhergehende Verkehrsaufkommen; kulinarische Gerüche aus Gaststätten, offenen Garküchen oder Märkten. Die Überlagerung all dieser Gerüche ergibt das ganz spezifische Geruchsprofil einer Stadt. Das Geruchsprofil der eigenen Stadt nimmt man meist nicht mehr war, zu gewohnt ist einem dieses. Geht man auf Reisen, ist man offen und sensibel gegenüber Ungewohntem. Einprägsam in Erinnerung ist mir die Geruchsmischung von Eisen und der beißende Geruch von frisch gemahlenem Chili auf einem Markt in Asmara (Eritrea), der modrige Geruch von Venedig, der Geruch von Schnee in Montreal, Lindenduft im frühlingshaften Zürich, der Geruch vom aufkommenden Sandsturm in Ghat (Libyen) oder der Geruch von dieselbetriebenen Stromaggregaten im Abendlicht einer libyschen Stadt.

Jede und jeder von uns erinnert Räume, die auf Grund des Geruchs präsent bleiben. Der geölte Parkettboden ehemaliger Klassenzimmer wäre so ein Beispiel. Wobei der gebaute Raum mit der Interaktion in diesem zu einer erinnerbaren Atmosphäre verschmilzt: hier der gebaute Raum mit seinen Proportionen, Tür- und Fensteröffnungen, seiner Materialität, sowie der Anordnung von Tischen und Stühlen; dort die Struktur eines Schulsystems mit der daraus resultierenden Interaktion zwischen Lehrern und Schülern. Auch der Geruch von Weihrauch, den wir mit Kirchen oder Moscheen assoziieren und einem dazugehörigen Ritual zu verbinden wissen, oder der Geruch des glosenden Holzes im offenen Kamin, der ein sehr archaisches Motiv in uns anspricht. Entscheidend ist, dass Art und Intensität von Gerüchen Auswirkungen auf unsere Raumwahrnehmung haben. Ein in Dimensionen großzügiger Raum kann durch eine Überdosis von Zigarettenrauch für die Einzelperson plötzlich beengend werden, weil kein „Raum" mehr zum Atmen bleibt, andererseits kann in einer kleinen Saunakammer durch einen Fichtennadelaufguss der assoziative Bezug zum ausgedehnten bewaldeten Landschaftsraum hergestellt werden und damit die physisch vorhandene Begrenztheit des Raumes in den Hintergrund treten.

Sucht man nun nach Gebautem, das nicht durch das Leben darin und die Geruchsablagerungen, die dieses erzeugt, seine olfaktorische Patina entwickelt, sondern nach Räumen, die aus Materialien gemacht sind, die riechen, so wird man schnell bei einfachen Behausungen fündig. Jurten aus Kamelhaar, Ziegen- oder Schafshaargeweben oder mit Fell oder Leder ausgekleidete konstruktive Strukturen aus Holz verlieren nie den Eigengeruch. Jährlich gekalkte Wände, wie man es in ländlichen Strukturen mediterraner Länder noch vorfindet, begrüßen unsere Nase schon bei Annäherung an das Haus. Zeitgenössische Architektur, bei der Geruch als in die Gestaltung einzubeziehendes „Material" mitgedacht wird, muss man suchen. In alpinen Regionen wie Vorarlberg und der Schweiz, in denen das Bauen mit Holz in den letzten Jahrzehnten auf architektonisch hohem Niveau weiterentwickelt wurde, hat eine damit einhergehende Sensibilisierung gegenüber diesem nachwachsenden Baustoff auch dessen Geruch als Merkmal der Erkennung von Holzqualität wieder präsent gemacht. So konnten

balance between exterior and interior and to ensure the quality of inhabiting a space, temperature is part of all planning. Its influence on architecture is indirect. Optimized energy concepts are co-determinant for structure, influx of light, wall constructions. Radiant heat from a heater or open fireplace can be measured as immediate perception in the space and is also perceived as the center that can be spatially experienced. Temperature thus belongs to the part of architecture that can be designed and therefore has a potential for attention.

How is it, though, with smells? In architecture the olfactory is demonstrably given little or no attention. Of course technical aspects such as ventilation are part of planning. Building typology parameters like open plan kitchens in residential buildings are architectural decisions. The resultant necessities, such as mechanical ventilation systems, however, are not considered relevant to the blueprints in the sense of an atmospheric spatial quality. Yet smells have a great importance in memory and are often more strongly present there than spaces. Smell can emanate either from the space and its materials directly or from the actions and interactions that take place in the space. Certain materials have been and still are used specifically because of the advantages associated with their smell. Think only of pine, for instance, with its resinous smell; this wood was frequently found in the Alpine region, and entire sitting rooms were made from it, as they still are today. The surface of this very soft wood remains untreated, thus retaining its intensive smell, which also wards off pests such as moths. In general, however, materials and surfaces used today usually only smell during the stage of treatment, such as wood being cut or fitted, or paint and varnish during and shortly after the phase of drying and hardening.

Recognizing the smell of a space quickly reanimates the personal memories associated with it and the feelings experienced there. Cities have a smell of their own, which is influenced by the geographical position, by the climate, by the way of living in them: the location by the sea, by a lagoon, high in the mountains, in the desert; the type of transportation used, whether horse-drawn coaches, rickshaws, cars or boats, and the concomitant density of traffic; culinary smells from restaurants, open cookshops or markets. The overlapping of all these smells results in the very specific olfactory profile of a city. We usually do not perceive the olfactory profile of our own city, because it is too familiar to us. When we are traveling, we are open and sensitive to what is unfamiliar. What I remember vividly is the mixture of smells of iron and the biting scent of freshly ground chili in a market in Asmara (Eritrea), the moldy smell of Venice, the scent of snow in Montreal, the fragrance of linden in Zürich in the spring, the smell of a rising sand storm in Ghat (Libya) or the smell of diesel-fueled power generators in the evening light of a Libyan city.

Every one of us remembers spaces that remain present because of their smell. The oiled wooden floor of former classrooms would be one example, whereby the built space fuses with the interaction in this space into a memorable atmosphere: here the built space with its proportions, door and window openings, its materiality, and the arrangement of tables and chairs; there the structure of a school system with the resultant interaction between teachers and pupils. The smell of incense too, which we associate with churches or mosques and link to a respective ritual, or the smell of smoldering wood in an open fireplace that addresses a deeply archaic motif in us. What is crucial is that the type and intensity of smells impacts our perception of space. A room with generous dimensions can suddenly feel constraining for an individual due to too much cigarette smoke, because there is no "room" left to breathe. Conversely, though, in a small sauna a spruce needle infusion can establish an associative tie to an expansive, forested landscape space, so that the physical limitations of the space recede into the background.

If we look for built structures that have not developed an olfactory patina through the life in them but rather through the smells of materials that were used to construct a space, these can be quickly found among simple shelters. Yurts of camel hair, textiles made of goat or sheep's wool, or constructive structures of wood lined with fur or leather never lose their own smell. Walls whitewashed once a year, as they may still be found in rural structures of Mediterranean countries, greet our noses as soon as we approach the house. Examples of contemporary architecture, where smell is taken into consideration in the arrangement of the "material" involved, are not easy to

Architektinnen und Architekten von der Erfahrung der Professionisten partizipieren, die fähig sind, anhand des Geruchs eines Holzstücks die Holzart zu erkennen und sogar an welchem Standort der Baum geschlägert wurde. Wie schön wäre es, wenn wir, wie bei Weindegustationen üblich und auch von Laien mit sportlichen Ehrgeiz betrieben, ebenfalls ein Vokabular entwickeln würden, mit dem wir die Vielfalt unterschiedlicher Gerüche von Baumaterialien und damit Räumen ausreichend beschreiben könnten. Die Notwendigkeit, etwas sprachlich auszudrücken, setzt voraus, sich eines Gedankens, einer Aussage bewusst zu sein. Dieses Bewusstsein eröffnet Architekturschaffenden möglicherweise auch einen Weg, Materialien hinsichtlich ihres olfaktorischen Potenzials mehr Aufmerksamkeit zu schenken. „Wenn wir im Denken unseren Nasen/unseren Sinnen folgen, können wir die Arbeit am (Geruchs-)Sinn aufnehmen, perspektivisch Geruchsbilder entwickeln und gemeinsam olfaktorische Wahrnehmungshorizonte kreieren."[3]

Ausgelöst durch ein Foto der Installation „Fear 1/8" von Sissel Tolaas (Abb. 1), auf dem zu erkennen ist, dass Menschen an den Wänden riechen, habe ich den Versuch gestartet, im eigenen Haus den Gerüchen nachzuspüren. Dabei ging es mir um die Gerüche, die durch die raumerzeugenden Baumaterialien entstehen, um zu erkunden, welche Relevanz und Auswirkung der Entwurf und damit auch die Wahl der Baumaterialien und Oberflächen auf die Geruchswahrnehmung hat. Das Geruchsprofil der Räume ist deutlich erfahrbar, dennoch fein, dezent, nicht aufdringlich. Damit stellte sich das Unterfangen als schwieriger heraus als vermutet. Die Flüchtigkeit der Gerüche ist stärker als deren Präsenz. Kaum versucht man durch tiefes Einatmen den Geruch auf die Spur zu kommen, diesen zu identifizieren, zu definieren, so ist er auch schon verschwunden. Je mehr man ihn einzusaugen versucht, desto weniger hat man die Chance, ihn für einen weiteren Moment festzuhalten. Eine dominante Rolle nimmt der geölte Eichenfußboden ein. Er riecht ölig, leicht seifig, vielleicht eine Spur nach Teer und natürlich nach Holz. Dieser Geruch vermischt sich je nach umgebenden Materialien zu unterschiedlichen Geruchsbouquets. An manchen Stellen mischt sich der Geruch verputzter Wände darunter, der am ehesten mit jenem an einem heißen Sommertag vergleichbar ist, wenn die ersten Regentropfen den Staub binden. In einem kleinen Rückzugsraum, der mit einer speziellen glatten Putzoberfläche ausgestattet ist, ist dieser staubig pudrige Geruch präsenter. Dies mag auch mit dem Flächenverhältnis von Boden zu Wänden zusammenhängen. An einer anderen Stelle im Haus gibt das großflächig vertikal und horizontal eingesetzte Leder olfaktorisches Feedback und wieder an einer anderen Stelle tragen die mit einem Papier-Baumwollgewebe bespannten Schiebewände zum Geruchsprofil bei. Das vor drei Jahren fertiggestellte Haus und die darin eingeschriebenen Räume hatten von Anfang an einen spezifischen Geruch, der jedesmal, wenn man das Haus betritt, erneut wahrnehmbar ist und sich in der Kopfnote über die Jahre nicht verändert hat, auch wenn das Leben darin seine eigene Geruchswelt laufend hinzufügt.

Der Eigengeruch von Materialien und wie diese fähig sind, im Raum entstehende Gerüche aufzunehmen, ist ebenso entscheidend, wie und in welcher Weise sich diese auf den Eigengeruch auswirken. Nicht jedes Material riecht per se angenehm. Meist verstärkt sich ein indifferenter oder gar unangenehmer Geruch durch den Gebrauch zum Negativen. Wer kennt nicht Teppichböden in Hotelzimmern, die man auf Grund der durch den Geruch assoziierten Nutzerspuren am besten nicht barfuß betreten möchte? Es lohnt daher, sich dem Geruch von Baumaterialien und Bauprodukten mehr zu widmen, in Vergessenheit geratenen wie auch ungewohnten, und deren Eigengeruch wie Geruchsverhalten zu analysieren und zu bewerten. Also auf und immer der Nase nach. ▪

3 Divjak, Paul: *Der Geruch der Welt*, Wien 2016, 56.

find. In Alpine regions such as Vorarlberg and Switzerland, building with wood has been further developed in recent decades at an architecturally high level. This has resulted in a greater sensitivity for this building material that grows back and has also made its scent present again as a characteristic for recognizing the quality of wood. Architects have been able to benefit from the experience of professionals, who are able to identify the type of wood from the smell of a piece of wood and even recognize where the tree was felled. How nice it would be, if we could develop a special vocabulary, such as that which is conventional for wine tasting and used with ambitious elegance even by amateurs, for sufficiently describing the diversity of the different smells of building materials and thus also of spaces. The precondition for the necessity of expressing something in language is being conscious of a thought, a statement. It is possible that this consciousness may also open up a path for architects to pay more attention to materials in terms of their olfactory potential. "If we follow our noses/our senses in our thinking, then we can take up the work on the sense (of smell), develop perspectival olfactory images, and create olfactory horizons of perception together."[3]

Inspired by a photo from the installation "Fear 1/8" by Sissel Tolaas (fig. 1), where people can be seen smelling walls, I started an attempt to track down smells in my own house. I wanted to explore the smells arising from the materials used to build the space, to find out which relevance and effect the design and thus also the choice of building materials and surfaces had on olfactory perception. Although the olfactory profile of spaces can be clearly experienced, it is still fine, delicate, not obtrusive. The endeavor thus turned out to be more difficult than expected. The transience of smells is stronger than their presence. As soon as you take a deep breath to track down a smell, identify and define it, it has already vanished. The more you try to draw it in, the less chance you have of capturing it for a moment. The oiled oakwood floor plays a dominant role. It smells oily, a bit soapy, maybe a trace of tar, and of course it smells of wood. Depending on the surrounding materials, this smell mixes into diverse bouquets of smells. In some places the smell of plastered walls enters into it, which is best comparable with the smell on a hot summer day, when the first raindrops bind the dust. In a small room for retreat, which is furnished with a special smooth stucco surface, this dusty, powdery smell is more present. This may also have something to do with the area relation of floor to walls. In another place in the house the leather that is used vertically and horizontally on large surfaces provides olfactory feedback, and in another place the sliding walls covered with a paper-cotton fabric contribute to the olfactory profile. The house that was finished three years ago and the rooms inscribed in it had a specific smell from the beginning, which is newly perceptible every time you enter the house. The top note has not changed over the years, even though life continually adds its own olfactory world to it.

The intrinsic smell of materials and how they are capable of taking in smells arising in the space is just as decisive as how and in which way the latter affect the former. Not every material smells pleasant per se. An indifferent or even unpleasant smell tends to become more negative through use. Who is not familiar with carpets in hotel rooms that you do not want to walk barefoot on, due to the traces of use associated with the smell? It is therefore worth the effort of paying more attention to the smell of building materials and building products, those that have been forgotten as well as unusual ones, and to analyze and evaluate their intrinsic smells and smell behavior. So just keep following your nose. ▪

Translation: Aileen Derieg

3 Paul Divjak, *Der Geruch der Welt* (Vienna, 2016), p. 56.

Der auditive Raum – seine Materialität und seine Grenzen

Auditory Space: Its Materiality and Its Limitations

Sam Auinger | Dietmar Offenhuber

1 O+A, „Earmarks Brügge", Triennale für Zeitgenössische Kunst und Architektur Brügge | Triennial of Contemporary Art and Architecture Bruges, 2015 © O+A

Die meisten kennen die folgende Situation: Es ist ein ruhiger Abend, man sitzt in der Küche. Man vermeint, kein Geräusch zu hören, plötzlich schaltet sich der Kühlschrank aus. In diesem Moment fällt es uns erst auf, dass er die ganze Zeit gelaufen ist und dabei ganz und gar nicht geräuschlos war. In der unerwartet eingetretenen Stille erscheint der physische Raum verändert; man hört neue Dinge, es eröffnet sich ein neuer, ein auditiver Raum. Dieser Aufsatz beschäftigt sich mit den Qualitäten des auditiven Raumes, seinen materiellen Eigenschaften, seiner Geometrie, seiner Les- und Hörbarkeit.

Unser Alltag ist geprägt von einem Streben nach Bequemlichkeit. Dies führt zu Gegebenheiten, die wir unhinterfragt hinnehmen und aus unserem Bewusstsein ausblenden. Dies kann man an den Eigenschaften unserer hörbaren Umgebung gut erkennen. Wir wollen auf Kühlung, Heizung und andere technische Infrastrukturen nicht verzichten, aber sind uns meist nicht bewusst, wie stark diese Geräte je nach räumlicher Integration, Wartungs- und Funktionsstand den auditiven Raum bestimmen. Die Schallemissionen dieser Gerätschaften sind heute in unserer täglichen Umgebung omnipräsent. Das Hörbare dieser Transformatoren, Motoren und mechanischen Prozesse wird vom architektonischen Raum verstärkt, gefiltert, gebrochen und tritt mit diesem in Resonanz. Ihr räumlich stationärer Charakter und das extrem limitierte Spektrum ihrer Klänge – musikalisch gesprochen, ihr Puls und Bordun,[1] gepaart mit konstanten Lautheiten – erlaubt es diesen Maschinen, den auditiven Raum zu besetzen. Wir betrachten Emissionen bestenfalls als negative Externalität: Lärm, den es zu vermeiden gilt, ohne auf den kausalen Zusammenhang mit den Aktivitäten des täglichen Lebens, die ihn hervorrufen, einzugehen. Die daraus resultierenden Lebensräume sind auditiv von diesen Schallemissionen gefärbt. Diese Raumfärbung ist so allgegenwärtig, dass wir sie nicht mehr bewusst wahrnehmen, obwohl sie eine beträchtliche Intensität erreichen kann. Unter der Oberfläche des Bewusstseins ist unser Gehirn ständig damit beschäftigt, diese Raumfärbung wegzufiltern, da es sie als nicht relevant einstuft. Dennoch überdeckt ihre Geräuschintensität eine Vielzahl von hörbaren Ereignissen, die durch diese Maskierung nicht mehr wahrnehmbar sind – es entsteht der beschränkte Raum.

Seit der Moderne wird das Auditive im Entwurfsprozess selten mitgedacht und mitgeplant, obwohl jeder gebaute Raum eine *Soundbox* ist – ein Resonanzraum, dessen Form und Materialität die auditiven Qualitäten desselben grundsätzlich definieren und bestimmen. Jede gebaute Akustik hat im Sinne ihrer Bespielbarkeit und ihrer klanglichen Eigenschaften ihre Beschränkungen. Die Sprache der Architekturrepräsentation in Plänen, Renderings, Animationen, Modellen und Zeichnungen von existierenden und geplanten Räumen erzeugt die Vorstellung (oder besser die Illusion) eines Raumes mit unbeschränkten Möglichkeiten der Nutzung und Erlebbarkeit. Versucht man einen Raum aber nicht in seiner abstrakten Form, sondern in seiner Materialität zu begreifen, wird sehr schnell klar, dass die erlebte Atmosphäre von den darin stattfindenden Aktivitäten, ökonomischen und sozialen Interaktionen bestimmt wird. Was wir hören, ist eine Signatur der vorgefundenen Aktivitäten, Materialien, und Formen: Im Hörsinn liegt der Raumsinn. Die auditiven Qualitäten von Architekturen sind bestimmender Faktor für deren sinnliche Erlebbarkeit.[2] Im Folgenden wird es darum gehen, wie die Nutzung von Räumen und Orten mit ihren auditiven und atmosphärischen Qualitäten in Wechselwirkung tritt. Der auditive Raum ist dynamisch, verändert sich ständig mit der Zeit, entsteht und verschwindet. Wenn wir von Atmosphäre sprechen, meinen wir vor allem diese Form der Informationsverarbeitung.[3]

Hörsamkeit. Der Einfluss eines Raumes auf dessen auditiven Charakter lässt sich am leichtesten mit dem Begriff der Hörsamkeit erklären. Der Begriff geht auf die Anfangstage des Rundfunks zurück. Tonmeister stellten sich damals die Frage, wann ein bestimmter Raum die akustische Eignung für Sprach- bzw. Musikdarbietung hat. Sie entwickelten dazu Kategorien und Messmethoden, um zu bestimmen, wie weit sich ein Raum für die Übertragung der in ihm dargebotenen akustischen Information eignet.[4]

Als Faustregel kann hier gelten: Je kürzer die zeitliche Abfolge relevanter akustischer Information ist, desto geringer muss die Nachhallzeit des Raumes sein, und je leiser die akustische Information ist, desto niedriger muss der *noisefloor*, die Lautheit des Umgebungsklangs an diesem Ort sein. Dies gilt vor allem für Innenräume, ist aber bis zu einem gewissen Grad auch auf Außenraum übertragbar – wobei hier jedoch neben Hall und Resonanz noch eine Vielzahl anderer Phänomene eine Rolle spielt.[5]

1 Vom frz. *bourdon* oder ital. *bordone*, was so viel wie „Brummbass" bedeutet. Bezeichnet wird damit meist ein tiefer (bei Saiteninstrumenten gestrichener oder durch eine in Resonanz mitschwingende Saite hervorgerufener) Ton als Begleitung zur Melodie oder der gleichbleibende Bass- oder Quintton beim Dudelsack.

2 Vgl. Böhme, Gernot: *Atmosphäre. Essays zur neuen Ästhetik*, 6. Aufl. Frankfurt a. M. 1995, 261–274.

3 Vgl. Auinger, Sam: „Hearing Perspective – denken mit den Ohren", in: Leopoldseder, Hannes (Hg.): *Ars Electronica 2011: Origin – wie alles beginnt*, Ausst.-Kat., Linz (Ars Electronica Center), Ostfildern 2011, 212–215.

4 Vgl. Dickreiter, Michael u.a.: *Handbuch der Tonstudiotechnik*, 8. überarb. u. erw. Aufl., Berlin u.a. 2014, 27–28.

5 Vgl. Augoyard, Jean-François/Torgue, Henry (Hg.): *Sonic Experience: OA Guide To Everyday Sounds*, Montréal u.a. 2006, 21–152; 99–117.

Most of us are familiar with the following situation: it is a quiet evening, you are sitting in the kitchen. It seems there is no noise to be heard, but suddenly the refrigerator turns itself off. At that moment you first realize it has been running the whole time and not at all noiselessly. In the unexpected silence, the physical space seems changed; you hear new things, and a new, auditory space opens up. This essay deals with the qualities of auditory space, its material properties, its geometry, its legibility and its audibility.

Our everyday life is marked by a striving for convenience. This leads to situations that we accept unquestioningly and block out of our consciousness. This can be easily recognized from the characteristics of our audible surroundings. We do not want to do without cooling, heating, and other technical infrastructures, but we are usually not conscious of the extent to which these devices determine auditory space, depending on their integration in the space and the state of maintenance and function. The noise emissions of these devices are omnipresent in our daily surroundings. What is audible about these transformers, motors, and mechanical processes is amplified, filtered, fragmented by the architectural space and enters into a resonance with it. Their spatially stationary character and the extremely limited spectrum of their sounds—in musical terms, their pulse and drone,[1] paired with constant auditory levels—allows these machines to occupy the auditory space. We consider emissions, at best, as a negative externality: noise that is to be avoided without looking into the causal connection with the activities of everyday life that evoke it. The living spaces resulting from this are auditively colored by these noise emissions. This spatial coloration is so omnipresent that we no longer consciously perceive it, although it can reach a considerable intensity. Under the surface of our consciousness, our brains are constantly busy filtering out this spatial coloration, because it is assessed as irrelevant.

Since modernism the auditive is rarely taken into consideration and included in the design process, although every built space is a sound box—a resonance space, of which the form and materiality are fundamentally defined and determined by its auditive qualities. Every built acoustic has its limitations in the sense of how it can be played and its sonic properties. The language of the representation of architecture in plans, renderings, animations, models, or drawings of existent or planned spaces creates the impression (or rather the illusion) of a space with unlimited possibilities for how it can be used or experienced. If we attempt to comprehend a space in its materiality, though, rather than in its abstract form, it quickly becomes clear that the atmosphere experienced in it is determined by the activities that take place in it, the economic and social interactions. What we hear is a signature of the existing activities, materials and forms: the sense of space is found in the sense of hearing. The auditive qualities of architectures are a determining factor in how they can be experienced.[2] In the following, we will discuss how the use of spaces and places interacts with their auditive and atmospheric qualities. Auditive space is dynamic, constantly changing in time; it emerges and vanishes. When we speak of atmosphere, we mean primarily this form of information processing.[3]

Acoustic Quality. The influence of a space on its auditive character can be best explained with the concept of acoustic quality. The concept goes back to the early days of radio. Sound engineers at that time asked themselves whether a certain room had suitable acoustics for the presentation of speaking or music. To answer this, they developed categories and methods of measuring, in order to determine how suitable a space was for broadcasting the acoustic information presented in it.[4]

It can be considered a general rule here that the shorter the intervals between the sequence of relevant acoustic information, the lower the echo time of the room must be; the quieter the acoustic information is, the lower the noise floor must be, i.e., the loudness of the sonic surroundings in this place. This applies especially to interior spaces, but it can also be transferred to outside space to a certain extent—although in addition to echo and resonance, a number of other phenomena also play a role here.[5]

1 "Drone" or "bourdon," from the French *bourdon* or Italian *bordone*, means roughly "buzzing." It usually refers to a sustained tone, low in pitch (a bowed or resonating string in bowed instruments) accompanying a melody or a sustained bass or fifth tone with a bagpipe.

2 See Gernot Böhme, *Atmosphäre: Essays zur neuen Ästhetik*, 6th edition (Frankfurt am Main, 1995), pp. 261–74.

3 See Sam Auinger, "Hearing Perspective—denken mit den Ohren," *Ars Electronica 2011: Origin – wie alles beginnt*, ed. Hannes Leopoldseder, exh. cat., Linz (Ars Electronica Center), (Ostfildern, 2011), pp. 212–215.

4 See Michael Dickreiter et al., *Handbuch der Tonstudiotechnik*, 8th revised edition (Berlin et al., 2014), pp. 27–28.

5 See Jean-François Augoyard and Henry Torgue, eds., *Sonic Experience: A Guide to Everyday Sounds* (Montréal, 2006), pp. 21–152, esp. pp. 99–117.

Wenn schon die auditiven Qualitäten von Architektur selten bedacht werden, so passiert das noch seltener bei Einbauten von Infrastrukur-, Kommunikations- und Beschallungssystemen im öffentlichen Raum. Die Beziehung zwischen Ereignisort und dessen Akustik, also die physikalischen Bedingungen für die Ausbreitung und Färbung von Schallereignissen, wird kaum hergestellt und hinterfragt. Jeder von uns erlebt täglich unverständliche Durchsagen in Bahnhöfen, brummende und surrende Kühlgeräte und Klimaanlagen in Warteräumen oder Cafés und kommerzielle Beschallungssysteme, die weit über den ihnen zugedachten Geschäftsbereich hinaus schallen und damit die Hörsamkeit des Lebensraumes beschränken.

Wie kann im Gestaltungsprozess dieser Umstand berücksichtigt werden? Uns scheint es wichtig, immer wieder darauf aufmerksam zu machen, dass die atmosphärischen Fragen unserer Lebenswelten nur basierend auf persönlichen Erfahrungen und einem breiten Diskurs und Austausch zwischen NutzerInnen und PlanerInnen sinnvoll gestellt und diskutiert werden können. Das erfordert, das Hören als aktiven Prozess neu zu lernen: den auditiven Raum aktiv wahrzunehmen und sich ein Bezugssystem aus Klängen und auditiven Eigenschaften zu erarbeiten: „Denken mit den Ohren." Statt Schall nur im Kontext von mehr oder weniger störenden Emissionsquellen zu verhandeln, bedeutet dies, die Qualitäten des auditiven Raumes zu untersuchen, beispielsweise den Unterschied zwischen akustisch transparenten und diffusen Teilen des Raumes zu erfahren. Im Folgenden möchten wir zwei Projekte von 2015 vorstellen, deren wesentliche Intention darin lag, einen Diskurs über den genannten Unterschied in Gang zu setzten.

Quiet is the New Loud. Der mittelalterliche Stadtkern von Brügge wurde im Jahr 2000 von der UNESCO zum Weltkulturerbe erklärt. Über fünf Millionen Menschen besuchen jedes Jahr die Stadt. Was würde passieren, wenn sie alle sich plötzlich entscheiden würden, zu bleiben? Welche Auswirkungen hätte es auf eine denkmalgeschützte historische Stadt wie Brügge, wenn sie über Nacht zu einer Millionenstadt würde?

Dies war der Ausgangspunkt für die Brügge Triennale für Zeitgenössische Kunst und Architektur 2015. Sie stellte zwei entgegengesetzte Erzählstränge einander gegenüber: das statische Bild von Brügge als einer denkmalgeschützten mittelalterlichen Stadt, die seit dem 19. Jahrhundert restauriert und bewahrt wird, und eine hypothetische Version der Stadt als einer Megalopolis des 21. Jahrhunderts.

O+A (Bruce Odland, Sam Auinger) wurden 2014 eingeladen, ein Projekt für dieses Festival zu entwickeln. Nach längeren Aufenthalten und Studien vor Ort wurde klar, dass es sich bei dem historischen Brügge um einen urbanen Raum handelt, der eine einzigartige Akustik und auditive Atmosphäre besitzt. Dies ist zum Großteil der Situation geschuldet, dass in Brügge aus historischen Gründen keine Industrialisierung stattfand und die mittelalterliche Architektur mit ihren verwinkelten Gassen, Plätzen und Durchgängen in ihrer Substanz noch erhalten ist und es damit auch keinen für den motorisierten Individualverkehr erschlossenen Stadtraum gibt. Die Stadt besitzt dadurch heute noch eine komplett von menschlichen Aktivitäten bestimmte Klanglandschaft und in den „Ruhestunden" wirkliche Ruhe. In technischen Termini gesprochen liegt der Geräuschpegel der Stadt bei unter 20 Dezibel: also beste Konzerthausqualität.

Neben der einzigartigen Stille, die man in dieser Stadt zu bestimmten Zeiten noch erleben kann, und durch das nicht vorhandene permanente Rauschen von großen Verkehrs- und Infrastruktursystemen ergeben sich (auch als Konsequenz des geringen Grundschallpegels) eine Reihe von einzigartigen akustischen Phänomenen, die sonst in urbanen Räumen nicht oder nicht mehr erleb- und erfahrbar sind.

Um diese einzigartige atmosphärische Qualität in einen Diskurs überführen zu können, wurde das Projekt QNL[6] als eine vierteilige Arbeit entwickelt, wobei die einzelnen Projektteile sowohl unabhängig agierten als sich auch gegenseitig stärkten. Künstlerische Intention war es, die EinwohnerInnen und BesucherInnen der Stadt und des Festivals mit einer Reihe von Interventionen zum Hin-Hören zu verleiten, damit persönliche Hörerfahrung zu provozieren und so Diskursmaterial für künftige Stadtplanungsdiskussionen zu schaffen. Im Folgenden werden diese Interventionen näher erklärt.

Songlines. O+A komponierten drei *songlines,* die den BesucherInnen mit einem speziell dafür entwickelten Instrument die Möglichkeit gaben, im Entlangspazieren auf einer von drei vordefinierten Wegstrecken durch die Stadt die speziellen und sich immer wieder ändernden auditiven Situation entdeckend zu erleben. Dafür wurde ein fliegender Lautsprecher entwickelt, der in Kombination mit einer tragbaren Techniktasche kurze, auf den jeweiligen Ort abgestimmte akustische Signale abstrahlte (Abb. 2). Damit konnte der Wirkungszusammenhang zwischen offenem Raum und Materialität, architektonischen Proportionen und Fassadengestaltung, den Wegen und der sie umgebenden Verbauung sinnlich erfahren werden. Dieser Projektteil unterstrich eindrücklich die speziellen auditiven Qualitäten der Stadt, da so etwas nur in einer urbanen Umgebung

6 QNL, oder Quiet is the New Loud ist ein Projekt von O+A (Bruce Odland/Sam Auinger) für die Triennale für Zeitgenössische Kunst und Architektur 2015 in Brügge, kuratiert von Till Holger Borchert; http://universes-in-universe.org/deu/bien/triennale_bruegge/2015

If auditive qualities are rarely taken into consideration in architecture, that happens even more rarely with the installation of infrastructure, communication, and sound systems in public space. The relationship between an event site and its acoustics, in other words the physical conditions for the dispersion and coloration of sonic events, is hardly established or questioned. Every day we all experience unintelligible announcements in train stations, humming and whirring cooling units and air conditioning in waiting rooms or coffee houses, and commercial sound systems sounding far beyond the commercial area allotted to them, thus limiting the auditory quality of living space.

How can this situation be taken into consideration in the design process? It seems important to us to point out again and again that the atmospheric questions of our life worlds can only be meaningfully raised and discussed on the basis of personal experience and a broad discourse and exchange between users and planners. This requires relearning hearing as an active process—actively perceiving auditory space and developing a reference system of sounds and auditive properties: "thinking with the ears." Instead of treating sound only in the context of more or less disruptive emission sources, this means investigating the qualities of auditory space, for example experiencing the difference between acoustically transparent and diffuse parts of the space. In the following we would like to present two projects from 2015, of which the essential intention was to set a discussion about the aforementioned difference in motion.

Quiet Is the New Loud (QNL). The medieval city center of Bruges was declared a World Heritage Site by the UNESCO in 2000. More than five million people visit the city every year. What would happen, if they suddenly all decided to stay? What would be the impact on a protected historical city like Bruges if it became a megapolis over night? This was the premise for the Bruges Triennial for Contemporary Art and Architecture 2015. The triennial contrasted two opposing narratives: the static image of Bruges as a protected medieval city that was restored and preserved from the nineteenth century onward and a hypothetical twenty-first-century megapolis version of the city.

O+A (Bruce Odland, Sam Auinger) were invited in 2014 to develop a project for this festival. After longer stays and studies on site, it became clear that the historical center of Bruges is an urban space with a unique acoustic and auditory atmosphere. This is largely due to the situation that no industrialization took place in Bruges for historical reasons. The medieval architecture with its winding alleys, squares, and passages is still retained in its substance, and therefore no urban space has been developed for motorized individual traffic. The soundscape of the city is thus still completely determined by human activity, and in the "quiet hours" it is actually quiet. In technical terms, the noise level of the city is under twenty decibels: in other words, best concert house quality.

In addition to the unique quietness that can still be experienced in this city at certain times, and due to the absence of the permanent noise of traffic and infrastructure systems (also as a consequence of the low basic noise level), a number of unique acoustic phenomena arise, which can otherwise not or no longer be experienced in urban spaces.

To be able to transfer this unique atmospheric quality into a discourse, the project QNL[6] was developed as a four-part work, whereby the individual project parts can operate independently or mutually enhance one another. The artistic intention was to induce residents and visitors to the city and the festival to listen closely with a series of interventions. Personal listening experiences were to be provoked in this way, thus creating discourse material for future urban planning discussions. These interventions will be explained in more detail in the following.

Songlines. O+A composed three songlines, allowing visitors an experience of discovery with a specially developed instrument while walking along one of three pre-defined paths through the city, experiencing the special and always changing auditory situation. A flying loudspeaker was developed for this, which in combination with a portable technical bag emits acoustic signals attuned to the respective place (fig. 2). This made it possible to sensually experience the interdependency between open space and materiality, architectural proportions and facade design, the paths and the surrounding built environment. This part of the project impressively underscored the special auditive quality of the city, because something like this only works

6 QNL, or Quiet is the New Loud, is a project by O+A (Bruce Odland/Sam Auinger) for the Triennial for Contemporary Art and Architecture 2015 in Bruges, curated by Till Holger Borchert, http://www.triennalebrugge2015.be/en/detail/19/o-a.

funktioniert, die einerseits einen sehr geringen *noise floor* aufweist und andererseits nicht permanent vom motorisierten Berufs- und Individualverkehr im Nahfeld belastet ist.

Earmarks. Während einer halbjährigen Recherche wurde das historische Brügge auditiv erforscht und untersucht. Aus dieser künstlerischen Forschung und dem dabei entstandenen Material wurde eine Karte der Hörorte in Brügge entwickelt (Abb. 1). Dieser spezielle Stadtplan erlaubt den EinwohnerInnen und Touristen eine Reihe von verschiedenen Hörorten aufzusuchen und deren innewohnenden auditiven Qualitäten bewusst kennenzulernen und zu erleben. Dieser Projektteil wirkt über die Triennale 2015 hinaus und ist auch weiterhin im touristischen Angebot der Stadt präsent.

Tuning Bruges. Am Jan van Eyckplein wurde von O+A eine kleine rote Liegerampe aufgestellt, die den vorbeifahrenden Auto- und Busverkehr als Körpervibration, transformiert und gestimmt auf ein musikalisches D, erlebbar machte (Abb. 3–4). Für diese Installation wurde ein Resonanzrohr verwendet, welches den Umgebungsklang aufnahm, diesen stimmte (D) und in seiner transformierten Form wieder auf die Rampe unter Verwendung von zwei *Transducern* (Körperschalllautsprechern) in Echtzeit übertrug. Bei diesem Projektteil ging es darum, in Diskussion zu bringen, dass auch gegebener Stadtklang transformiert und gestimmt werden kann. Dieser wird dadurch musikalisch wahrnehmbar.

Sounding Bruges. Türme, große Fenster und Glockenspiele waren im Spätmittelalter und in der Renaissance ein Zeichen für Reichtum im Europa der Kaufleute. Im Speziellen mit einem *Carrillon*, einem spielbaren, großen Glockenspiel, das sich typischerweise in einem Turm oder einem eigens dafür errichteten Bauwerk befand, wurden die weltliche Macht und der Reichtum einer Handelsstadt gezeigt. Brügge besitzt eines der weltgrößten *Carillons*. In einem 83 Meter hohen Turm sind seine 47 Bronzeglocken aus dem 17. Jahrhundert beherbergt (Abb. 6). Ein Automat bespielt es zu festen Zeiten mehrmals täglich mit profanen Liedern und klassischen Themen.

Drei- bis fünfmal pro Woche gibt der städtische *Carillonneur* ein Konzert. Durch die Höhe des Turms sind die Glocken mit ihren verschiedenen Stimmungen ideale Akteure, die diversen Akustiken der Stadt zu aktivieren und verschiedene Echos, Hall und Resonanzphänomene erlebbar zu machen. „Sounding Bruges“ ist eine von O+A in Zusammenarbeit mit dem *Carillonneur* Frank Deleu geschaffene Komposition, die einerseits den musikalischen Duktus von profanen Liedern und klassischen Themen mit ihrer permutativen Form durchbricht und andererseits speziell durch die Zeitstruktur der Komposition die akustischen Features der diversen Architekturen der Stadt hörbar macht. Das Stück wurde 43 mal während der Triennale 2015 aufgeführt und sorgte sowohl bei den EinwohnerInnen wie BesucherInnen für Diskussionen.

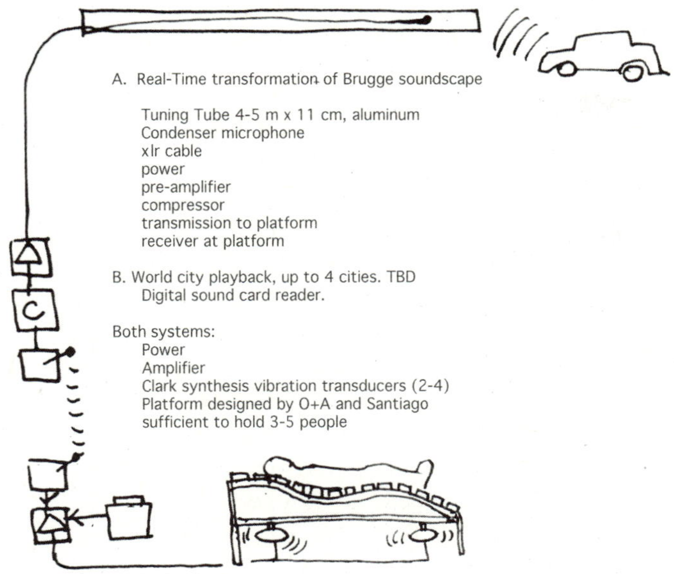

3

O+A, „Tuning Bruges", Konzept und Installation | Concept and installation, Brügge | Bruges, 2015 © O+A

in an urban environment with a very low noise floor on the one hand, and one that is, on the other hand, not permanently encumbered by motorized professional and individual traffic in the close surroundings.

Earmarks. During a six-month research stay, we auditively explored and investigated historical Bruges. From this artistic research and the resultant material, we developed a map of listening sites in Bruges (fig. 1). This special map enables residents and visitors to seek out various listening sites and become consciously acquainted with their inherent auditory qualities. This part of the project has gone beyond the Triennial 2015 and is still present in the city's offers for tourists.

Tuning Bruges. O+A set up a small red ramp in the Jan van Eyck Square, which makes it possible to experience the noise of passing cars and buses as a bodily vibration, transformed and musically tuned to a D (figs. 3–4) For this installation a resonance tube was used, which picked up the surrounding sound, tuned it (D), and transmitted it in its transformed form back to the ramp in real time using two transducers. This part of the project was intended to bring into the discussion that existing urban sound can also be transformed and tuned. In this way it becomes musically perceptible.

Sounding Bruges. In the late Middle Ages and the Renaissance, towers, large windows, and chimes were a sign of wealth in the Europe of merchants. The worldly power and wealth of a commercial city was demonstrated particularly with a carillon, a set of large, playable bells, typically found in a tower or an especially constructed edifice. Bruges has one of the largest carillons in the world. Forty-seven bronze bells are mounted in a tower eighty-three meters high from the seventeenth century (fig. 6). It is played by a machine at fixed times every day with secular songs and classical themes.

The city *carillonneur* gives a concert three to five times a week. Because of the height of the tower, the bells with their different tunings are ideal actors for activating the acoustics of the city and making it possible to experience the various echoes, reverberations, and resonance phenomena. *Sounding bruges* is a composition created by O+A in collaboration with the carillonneur Frank Deleu. On the one hand it breaks through the musical style of secular songs and classical themes with its permutative form, and on the other makes the acoustic features of the various architectures of the city audible, especially through the timing structure of the composition. The piece was performed forty-three times during the triennial in 2015 and sparked discussions among residents and visitors alike.

4

O+A, „Tuning Bruges", Konzept und Installation | Concept and installation, Brügge | Bruges, 2015 © O+A

2

O+A, „Songlines", fliegender Lautsprecher | Flying Speaker, Brügge | Bruges, 2015 © O+A

Ruggles – Sound of Subway. Dieses Projekt[7] war eine mehrschichtige Analyse eines spezifischen auditiven öffentlichen Raumes: die Räume des Bostoner U-Bahnnetzes. Ziel war es, zu untersuchen, was man durch Hören über den Ort und dessen Eigenschaften erfahren kann, vor allem aber, wie sich lokale sozioökonomische Gegebenheiten in der klanglichen Umgebung wiederfinden.

Boston kann auf das älteste U-Bahnnetz des nordamerikanischen Kontinents verweisen und auf das drittälteste System der Welt mit elektrischem Antrieb. Die Bostoner U-Bahn ist besonders interessant, da sie von der Stadt nur in kleinen Schritten partiell erneuert wurde und deshalb viele historische Aspekte und Veränderungen bis heute gut ablesbar sind. Dieses Palimpsest stellt Menschen mit Behinderung vor große Herausforderungen. Die verschiedenen Linien und Stationen haben jeweils ihren charakteristischen Klang. Ein weiterer Aspekt ist die vielschichtige sozioökonomische Geografie Bostons, mit Stadtteilen, die von unterschiedlichen Gruppen, Ethnien, und sozialen Schichten geprägt werden. Verschiedene U-Bahnlinien und -stationen haben ihr eigenes Publikum.

Ort der Analyse war die Station Ruggles, ein regionaler Knotenpunkt an der MBTA Orange Line im Stadtteil Roxbury am Campus der Northeastern University (Abb. 5). Innerhalb der Stadt ist Ruggles ein interessanter Ort, da er einen vorwiegend von ethnischen Minderheiten bewohnten Stadtteil von einem wohlhabenden Innenstadtbereich und den Institutsgebäuden und Studentenwohnheimen der Universität trennt. Darüber hinaus ist Ruggles der Ankunftsort von vielen per Bus und Regionalbahn ankommenden Pendlern.

Die Analyse wurde gemeinsam mit Lehrenden und Studierenden der Northeastern University und der Harvard Graduate School of Design durchgeführt. Der Systembetreiber, die Massachusetts Bay Transport Authority (MBTA), hatte sich schon früher über den auditiven Raum der U-Bahn Gedanken gemacht. Nach mehreren Gerichtsverfahren, welche die mangelnde Barrierefreiheit des veralteten Netzes aufgezeigt hatten, hatte der Betreiber eine neue Gruppe ins Leben gerufen, die das existierende System aus der Perspektive von Blinden, hör- und mobilitätseingeschränkten Menschen untersuchen sollte (Abb. 7). Einige der Studierenden widmeten sich Fragen der

7 Ein Workshop der Northeastern University und der Harvard Graduate School of Design unter der Leitung von Sam Auinger, Sylvia Benedito und Dietmar Offenhuber. Unterstützt durch das Isabella Stewart Gardner Museum, das Goethe Institut Boston, das Center for the Arts und die Metropolitan Boston Transport Authority (MBTA).

6

O+A, „Sounding Bruges", Glockenturm mit *Carillons* | Bell tower with carillons, Brügge | Bruges, 2015 © Ad Meskens/ Wikimedia Commons

Ruggles: Sound of Subway. This project[7] was a multilayered analysis of a specific auditory space: the spaces of the Boston subway network. The aim was to investigate what could be discovered about a place and its characteristics by listening, but most of all to find out how local socio-economic conditions are reflected in the sonic environment. Boston has the oldest subway network on the North American continent and the third-oldest system in the world with an electrical drive system. The Boston subway is especially interesting, because it was only partially renovated by the city in small steps, so that many historical aspects and changes are still clearly legible today. This palimpsest poses major challenges to people with handicaps. The different lines and stations each have their own characteristic sound. A further aspect is the multifaceted socio-economic geography of Boston, with neighborhoods marked by different groups, ethnic minorities, and social classes. Various subway lines and stations have their own publics.

The site of analysis was the station Ruggles, a regional node of the MBTA Orange Line in the district of Roxbury on the campus of the Northeastern University (fig. 5). Ruggles is an interesting place within the city, because it separates a neighborhood inhabited mostly by ethnic minorities from a prosperous city center area and the institute buildings and student dormitories of the university. In addition, Ruggles is where many commuters arrive by bus and regional train.

The analysis was conducted together with teachers and students from the Northeastern University and the Harvard Graduate School of Design. The system operator, the Massachusetts Bay Transport Authority (MBTA) had already given some thought to the auditive space of the subway. Following several court cases pointing out the lack of accessibility in the old network, the MBTA initiated a new group that was to investigate the system from the perspective of visually and hearing-impaired people and those with limited mobility (fig. 7). Some of the students devoted their attention to questions of auditive legibility, such as the relation of the signal sounds to one another, for example, and their interaction with the surrounding spaces and sound sources. Signal tones, announcements, and machine noises were examined in terms of their sonic spectrum and their mutual masking, and acoustically privileged and disadvantaged spaces were identified. This resulted in a typology of acoustic spatial qualities that generate different spatial atmospheres.

To understand the different qualities of the basic sound in different places in and outside of the station, a group of students developed an acoustic "toolbox" as an alternative form of depiction. This consisted of a number of objects: a coin, a key, a notebook, and an empty plastic bottle. At the site of investigation each of these objects was dropped on the ground, and attention was given to the sound formed by the surrounding architecture. Alternatively to technical methods of measuring, which reduce the auditive atmosphere to a few ciphers, here a systematic way of measuring was developed that focused on personal experience and the rich manifestations of sound forms.

The role of the station in the urban planning context was also analyzed. Here the students investigated how far the noise emissions of the subway can be heard and how they relate to other dominant sound sources in the surroundings of the subway station. On the densely built university side there is a diverse sonic space modulated by the various building facades, spaces between buildings, raised surfaces, and small parks. On the opposite side the urban sound space is marked by a street with heavy traffic and a police station, which is tellingly located directly next to a social housing complex and is the starting point for countless police operations with running sirens.

7 A workshop of the Northeastern University and the Harvard Graduate School of Design under the direction of Sam Auinger, Sylvia Benedito, and Dietmar Offenhuber. Supported by the Isabella Stewart Gardner Museum, the Goethe-Institut Boston, the Center for the Arts, and the Metropolitan Boston Transport Authority (MBTA).

5

O+A, „Ruggles – Sound of Subway", MBTA Station, Boston, 2015 © Dietmar Offenhuber

auditiven Lesbarkeit, wie zum Beispiel dem Verhältnis der Signalklänge zueinander und deren Interaktion mit den umgebenden Räumen und Schallquellen. Signaltöne, Durchsagen und Maschinengeräusche wurden auf ihr klangliches Spektrum und ihre gegenseitige Maskierung hin untersucht und akustisch privilegierte und benachteiligte Räume identifiziert. Es entstand eine Typologie akustischer Raumqualitäten, die unterschiedliche Raumatmosphären erzeugen.

Um die verschiedenen Qualitäten des Grundklanges an verschiedenen Orten in und außerhalb der Station zu verstehen, entwickelte eine Gruppe von StudentInnen einen akustischen „Werkzeugkasten" als alternative Form der Darstellung. Dieser bestand aus einer Reihe von Objekten: einer Münze, einem Schlüssel, einem Notizbuch und einer leeren Plastikflasche. Am Ort der Untersuchung wurde jedes dieser Objekte auf den Boden fallen gelassen und dabei auf das Geräusch geachtet, das von der umgebenden Architektur geformt wurde. Alternativ zu technischen Messmethoden, welche die auditive Atmosphäre auf wenige Kennziffern reduziert, wurde hier eine systematische Art der Messung entwickelt, die das persönliche Erleben und die reichhaltigen Erscheinungsformen der Klänge im Zentrum hat.

Analysiert wurde auch die Rolle der Station im städtebaulichen Zusammenhang. Hier wurde untersucht, wie weit die Schallemissionen der U-Bahn zu hören sind und wie diese mit anderen dominanten Schallquellen im Umfeld der U-Bahnstation in Beziehung treten. Auf der dichter bebauten Universitätsseite findet man einen abwechslungsreichen Klangraum, der durch verschiede Gebäudefassaden, umbaute Räume, erhöhte Flächen und kleine Parks moduliert wird. Auf der Gegenseite wird der städtische Klangraum durch eine stark befahrene Straße sowie durch ein Polizeihauptquartier geprägt, das sich bezeichnenderweise unmittelbar neben einem sozialen Wohnbaukomplex befindet und Ausgangspunkt unzähliger Einsatzfahrten mit laufenden Sirenen ist.

Zusammenfassung. Beide Projekte zeigen, wie ein „Denken mit den Ohren" funktionieren kann – eine wissensgenerierende Praxis, die sich im persönlichen Wahrnehmen der auditiven Qualitäten von Räumen und Orten übt.

Beim Denken mit den Ohren geht es nicht um unser alltägliches, wissendes und orientierendes Hören („ja, ich höre einen Zug"). Es geht zum Beispiel um den Klangverlauf, das Wahrnehmen vom Anschwellen und Abfallen eines Klangereignisses, um das damit einhergehenden Besetzen von Raum, um das Wieder-Freigeben der Klangumgebung und um die Fragen: Wie fühle ich mich dabei? Was für eine Atmosphäre hat dieser Ort? Wie ist seine Stimmung?

7

O+A, „Ruggles – Sound of Subway", Akustische Raumwahrnehmung aus der Perspektive von seh- und höreingeschränkten Menschen | Perception of auditive space from the perspective of visually and hearing-impaired people, Boston, 2015 © Dietmar Offenhuber

Bei fortschreitender Übung in diesem anderen Hören und dem sich dabei bildenden Klanggedächtnis für (Raum-) Klang entwickeln wir ein qualitatives Klangbewusstsein und eine Sprache dafür. Und das Wichtigste: Wir beginnen unser Hören mit unserer eigenen persönlichen Geschichte und der momentanen Stimmungslage zu verknüpfen. Wir beginnen, unser Hören als kulturell gestaltet zu verstehen und zu empfinden.

Diese Praxis schafft neue Zugänge für jeglichen architektonischen und raumplanerischen Gestaltungsprozess und erlaubt es, die komplexen auditiven Wirkungszusammenhänge unserer Lebenswelten und öffentlichen Räumen gemeinsam zu diskutieren. Mit den Ohren denken bedeutet auch, über den Begriff des Lärmes als unerwünschte Externalität hinauszugehen und stattdessen Schallemissionen differenziert wahrzunehmen: als Informationsquelle, die uns hilft, jene Prozesse und Infrastrukturen besser zu verstehen, die wir ansonsten unhinterfragt hinnehmen. ▪

Conclusion. Both projects show how "thinking with the ears" can work—a knowledge-generating practice that exercises personal perception of the auditive qualities of spaces and places.

Thinking with the ears is not about our everyday, knowing and orientating hearing ("Yes, I hear a train."). It involves, for example, the course of a sound, the perception of the rising and falling of a sonic event, the associated occupation of space, the release of the sound environment, and the questions: How do I feel here? What kind of atmosphere does this place have? What is its mood?

As the exercise of this different hearing progresses and sound memory for (spatial) sound forms along with it, we develop a qualitative sound consciousness and a language for it. And what is most important: we begin to link our hearing with our own personal history and the momentary mood situation. We begin to understand and sense our hearing as being culturally shaped.

This practice creates new approaches for every architectural and urban planning design process, and it allows us to discuss the complex auditive interactions of our life worlds and public spaces together. Thinking with the ears also means going beyond the concept of noise as an undesired externality and perceiving sonic emissions in a differentiated way instead: as a source of information that helps us to better understand the processes and infrastructures that we otherwise accept unquestioningly. ▪

Translation: Aileen Derieg

PIER 17

Dialogische Räume

Die Räumlichkeit sozialer und physischer Prozesse

Gabi Schillig

Die Gestalterin Gabi Schillig entwirft Kontaktflächen. Sie nutzt diese, um einen Dialog zwischen Mensch, Stadt und Landschaft und zwischen Menschen untereinander herzustellen. Die räumlichen Strukturen, deren Materialität und Form, entstehen in der Auseinandersetzung mit dem Multisensorischen, in einem Wechselspiel zwischen Zeichnung, Modell, Material, Raum, Mensch und Kommunikation. „Dialogische Räume" nennt Gabi Schillig diese performativen Situationen. Ähnlich der textilen Konstellationen von Franz Erhard Walther[1], die Menschen im Raum physisch auf ungewohnte Art und Weise miteinander verbinden, versteht Schillig ihre Interventionen als Startpunkte von Wahrnehmungsprozessen. In den Raum gefügte Flächen, Volumen und Strukturen verändern unsere Perspektive auf diesen, ermöglichen alternative Bezüge und generieren einen steten Wechsel von Wahrnehmung und Veränderung unserer Umgebung.

2009 konfrontierte Gabi Schillig diesen Aspekt der Architektur erstmals mit ihrer Arbeit „Public Receptors" (Abb. 1, 9–10) in New York. Gebilde aus Filz, zugeschnitten als dreidimensionale, weiche Hüllen, dienten als Kontaktflächen zwischen öffentlichem Raum, Gebäuden und dem eigenen Körper. Die Idee der Kontaktfläche wurde 2016 auch auf dem Gelände der stillgelegten Zeche Carl in Essen umgesetzt. Gabi Schillig zeichnete mit dem Projekt „Gustavs Park" (Abb. 2–3) eine Referenz an Gebäude der ehemals industriell genutzten Standorte. Sie ließ vor Ort ein Muster aus unterschiedlich glasierten Backsteinen in den Boden ein. Es interessierte wie die Intervention von Passanten im Park alltäglich genutzt werden wird. Den Raum anders zu deuten, war Motivation des Projekts „khrōma" (Abb. 4–5). Gabi Schillig ordnete textile Flächen über den Köpfen der Besucherinnen und Besucher in der Kirche St. Christophorus in Berlin-Neukölln an, um den Blick auf Situationen in der Kirche zu lenken oder von anderen abzulenken. Soziale Interaktion und reflektiertes Wahrnehmen wurden im Projekt „Piksel–Bewegte Landschaft" (Abb. 6–8) umgesetzt. Pixel digitaler Bilder wurden aus Stoffen zurück in die reale Landschaft gebracht. Während die äußeren Seiten für alle Pixel gleich waren, konnte das Innere der Stoffstücke von den Beteiligten frei gestaltet werden. Es wurde ein neues analoges und dynamisches Bild formuliert als man diese textilen Objekte entfaltete. Mit dem Bildwechsel entstand auch ein anderer (Kommunikations-)Raum. „Dialogische Räume sind performative Räume, die den Betrachter dazu einladen, aktiver Benutzer zu werden. Architektur kann solche Räume anbieten",[2] erklärt Schillig. Ihr Ziel ist es, durch eine veränderte Auffassung von Raum diesen als offenes System zu entwerfen. Es geht ihr um eine Entwurfsmethode, in der Materialität, Körper und Interaktion im Mittelpunkt stehen, ausgehend von Maßstab und Kommunikationsfähigkeit des Menschen. ▪

Text: Claudia Gerhäusser

1 Vgl. Franz Erhard Walther mit den Projekten „The Eye Moulds" (1968) und „Four Body Weights" (1968), beide Teil der Serie „1. Werksatz", 1963–1969, die Schillig als Referenz ihrer Arbeiten erwähnt. Vgl. dazu Schillig, Gabi: *Mediating Space, Soft Geometries, Textile Structures, Body Architecture*, Stuttgart 2009, 20.

2 Gabi Schillig in einem Gespräch mit Claudia Gerhäusser, Graz, am 20. Oktober 2016.

1 „Public Receptors New York", Brooklyn, 2009
Van Alen Institute New York, Performance Stephanie Fungsang
© Gabi Schillig

2–3 „Gustavs Park", Zeche Carl, Essen, 2016
Kuratiert von Tanja Goethe, gefördert durch die Kunststiftung NRW |
Curated by Tanja Goethe, supported by the Kunststiftung NRW
© Gabi Schillig

4–5 „khrōma“, Rauminstallation St. Christophorus | Spatial Installation St. Christophorus, Berlin-Neukölln, 2015 © Gabi Schillig

DIALOGICAL SPACES
The Spatiality of Social and Physical Processes

Gabi Schillig

The architect Gabi Schillig creates contact surfaces. She uses them to initiate a dialogue between human, city, and landscape, and amongst people themselves. The spatial structures, their materiality and form, arise through an exploration of the multisensory, through interaction between drawing, model, material, space, people, and communication. Gabi Schillig calls these performative situations "dialogical spaces." Similar to the textile constellations of Franz Erhard Walther,[1] which physically connect people in space in an unusual way, Schillig views her interventions as points of departure for perceptual processes. The surfaces and structures integrated within the space change our perspective of this space, facilitating alternative references and generating a continuous shift in perception and modification of our environment.

In 2009, Gabi Schillig confronted this aspect of architecture for the first time with her work "Public Receptors" (figs. 1, 9–10) in New York. Formations made of felt, cut as soft three-dimensional shells, served as contact surfaces between public space, buildings, and one's own body. The contact surface idea was also realized in 2016 on the premises of Zeche Carl, a decommissioned mine in Essen, Germany. With her project "Gustavs Park" (figs. 2–3), Gabi Schillig is alluding to buildings from formerly industrial sites. She inserted a constellation of differently glazed bricks into the ground at a place on site and was interested in how the intervention would be used each day by passersby in the park. The project "khrōma" (figs. 4–5), in turn, was motivated by the concept of interpreting space differently. Gabi Schillig arranged textile surfaces above the heads of the people visiting St. Christophorus Church in the Neukölln district of Berlin. The idea here was to direct the gaze to situations in the church that had otherwise been overlooked. Social interaction and reflected perception were explored in the project "Piksel – Bewegte Landschaft" (Piksel: Moving Landscape; figs. 6–8). The pixels of digital images were brought back into the real landscape in the form of fabric. While the outer layers remained the same for all pixels, the inner segment of the respective swathes of fabric could be freely designed by the participants. A new analogue and dynamic image was articulated as the textile objects were unfolded. This shift in imagery also gave rise to a different space (of communication). "Dialogical spaces are performative spaces that invite the beholder to become active participants. Architecture can offer such spaces," explains Schillig.[2] Her objective is to design space as an open system by taking a different spatial approach. She is interested in a design method where materiality, body, and interaction take center stage, based on the scale and communicative abilities of the people involved. ▪

Text: Claudia Gerhäusser

Translation: Dawn Michelle d'Atri

1 See Franz Erhard Walther with the projects "The Eye Moulds" (1968) and "Four Body Weights" (1967), both belonging to the series "1. Werksatz" (First Work Set, 1963–69), which Schillig names as a reference point for her work. On this, see Gabi Schillig, *Mediating Space, Soft Geometries, Textile Structures, Body Architecture* (Stuttgart, 2009), p. 20.

2 Gabi Schillig in conversation with Claudia Gerhäusser, Graz, October 20, 2016.

6 „Piksel–Bewegte Landschaft“ | “Piksel – Moving Landscape”, Hofgut Hohenkarpfen, 2012 © Gabi Schillig

7–8 „Piksel–Bewegte Landschaft“ | “Piksel – Moving Landscape”,
Hofgut Hohenkarpfen, 2012 © Gabi Schillig

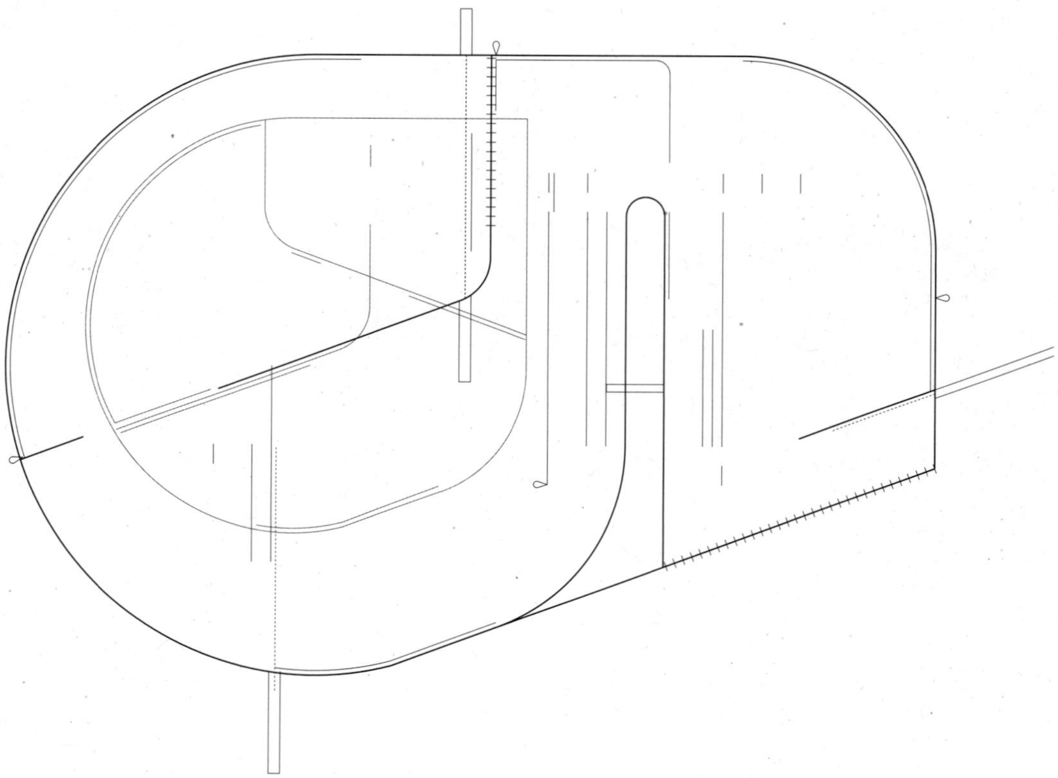

9–10 „Public Receptors New York", Times Square, 2009
Van Alen Institute New York, Performance Khalia Frazer

Exploring Terrains

„Dinge, die da draußen sind“

Über Architektur in der Arktis

“The Things Outside”

On Architecture in the Arctic

Claudia Gerhäusser im Gespräch mit | in Conversation with
Sebastian Behmann (Studio Other Spaces)

1 Studio Other Spaces, Ilulissat Icefjord Park, Visualisierung | Visualization, Grönland | Greenland, 2016 © Studio Other Spaces

2

Studio Other Spaces, Sebastian Behmann (l.) & Olafur Eliasson (r.), Berlin 2016
© Studio Other Spaces

Das Arbeiten im Eis weckt Assoziationen einer waghalsigen Expedition in ein unwirtliches Draußen. Es stellt sich die Frage, ob und mit welchen Parametern in einer solchen Situation Raum entsteht? Lässt sich damit in der Architekturpraxis eine andere Arbeitsweise entwickeln, die übertragbar wäre auf weitere Orte und Aufgaben? Das aus dem Künstleratelier von Olafur Eliasson hervorgegangene Studio Other Spaces widmet sich diesen Fragen. Es erweitert das etablierte architektonische Vokabular, um Grenzen zu verschieben und im Wissen, dass sich Aufgaben auch auf eine andere als die herkömmliche Art und Weise lösen lassen. Dabei realisiert das Studio unter der Leitung des Künstlers Olafur Eliasson und des Architekten Sebastian Behmann seinen eigenen forschenden Zugang zu den Dingen in der Welt. Studio Other Spaces begibt sich mit seinen Entwürfen auf unbekanntes Terrain und formuliert in diesem Umgang mit dem Unvorhersehbaren die eigene Stärke. Im Gespräch erläutert Sebastian Behmann am Projekt des Ilulissat Icefjord Parks den Unterschied, den Studio Other Spaces machen will, obwohl (oder gerade weil) der Wettbewerb um das Projekt im Eis nicht gewonnen wurde.

The idea of working in icy, arctic conditions evokes the association of an adventurous expedition into an inhospitable wilderness. The question arises as to whether and with which parameters space takes form in such a situation. Is it possible in this context to develop a different approach within the architectural practice, one that could be transferred to other sites and tasks? The office for art and architecture Studio Other Spaces, which evolved from the studio of artist Olafur Eliasson, is focused on addressing these questions. It probes and pushes boundaries in order to expand the established architectural vocabulary, building on the knowledge that problems can be solved in unconventional ways. The studio, which is headed by artist Olafur Eliasson and architect Sebastian Behmann, sets out to realize a research-based understanding of the things in the world. Projects by Studio Other Spaces enter uncharted territory and articulate the studio's particular strengths in how they encounter the unexpected. In this conversation, Sebastian Behmann expounds on the studio's proposal for Ilulissat Icefjord Park, explaining how Studio Other Spaces aims to make a difference—even though (or precisely because) they didn't win the competition for this project above the arctic circle.

Claudia Gerhäusser: Herr Behmann, Sie nennen sich Studio Other Spaces. Wovon grenzen Sie sich dadurch ab? Gibt es Räume, mit denen Sie nichts zu tun haben wollen?

Sebastian Behmann: Wir sehen uns nicht als klassisches Architekturbüro, sind jedoch auch kein reines Künstleratelier. Wir sehen uns eher als eine Erweiterung von beiden Professionen. Wichtig ist, dass die Entwicklung experimenteller Räume im Vordergrund steht. Wir beschäftigen uns mit Raumproduktion, zum Teil in vorgegebenen Aufgabenstellungen, zum anderen Teil aber auch unabhängig von Auftraggebern oder Auslobungen. Wir versuchen, Räume von Anfang an zu denken und zu entwickeln. Das wendet sich nicht gegen architektonische Räume im klassischen Sinne. Es gibt einfach neben den typischen Bauaufgaben einen großen Bereich, der relativ wenig wahrgenommen wird.

CG: Sie arbeiten im künstlerischen Kontext. Wie übertragen Sie Ihre Arbeitsweise in die architektonische Dimension? Haben Sie prinzipiell einen Plan dafür?

SB: Jedes Projekt hat sein eigenes Potenzial. Zu Beginn eines Projekts fragen wir uns, was daran für uns interessant sein könnte. Wir suchen Aspekte, die wir so in der Form vorher noch nicht behandelt haben. Man greift nicht auf das zurück, was man kennt und erfüllen kann, sondern versucht, eine andere Fragestellung aufzudecken, die vorher vielleicht noch nicht gestellt wurde. In dieser Hinsicht verfolgen wir einen künstlerischen Ansatz.
Das Projekt des Ilulissat Icefjord Parks in Grönland ist ein Beispiel dafür. Als wir gefragt wurden, an dem Wettbewerb teilzunehmen, stand zur Debatte: Was genau ist das Interessante an einem Icefjord Centre, an einem Besucherzentrum? Diese Besucherzentren gibt es überall auf der Welt und sind meist kommerzielle, eindimensionale Projekte. Welchen Bezug bauen diese Gebäude zu ihrer Umgebung auf? Wie wirken sie auf die Leute, die diese Gebäude betreten? Ich finde, da gibt es eine Lücke zwischen dem, was Architektur gut und gerne leistet, und dem, was wir uns vorstellen.
Architektur bezieht sich ja immer ein Stück weit auf sich selbst, auf ihre eigene Geschichte. Man hat ein gewisses Vokabular und bestimmte Elemente entwickelt, mit denen man arbeitet und gestaltet. Teil der Idee von Studio Other Spaces ist es, dieses Vokabular zu erweitern, also mit mehr als nur den klassischen Architekturelementen zu arbeiten. Damit meinen wir nicht nur das Licht – für viele schon ein klassisches Element – sondern auch Schatten, Dunkelheit, Kälte, Wind. Die ganzen Dinge, die da draußen sind, die in der Natur vorhanden sind und nicht unbedingt als Gestaltungsmittel von Architekten aufgegriffen werden. Diese Phänomene versuchen wir als architektonische Werkzeuge zu benutzen. Was passiert da, wie nehmen wir Menschen das

Claudia Gerhäusser: Herr Behmann, you go by the name Studio Other Spaces. How does this name set you apart? Are there spaces that you want nothing to do with?

Sebastian Behmann: We don't see ourselves as either a typical architectural firm or an artist's studio but rather as an extension of both. It's vital that the focus lies on developing experimental spaces. We engage in the production of space, at times guided by external constraints, other times independently of clients and competitions. We try to conceptualize and develop spaces from the most fundamental level, which does not necessarily conflict with architectural space in a classic sense. It simply indicates a large area beyond the typical concerns of architectural projects, one that usually goes relatively unnoticed.

CG: You work in an artistic context. How do you transfer your individual approach to the architectural dimension? Do you have a general plan for this?

SB: Each project has its own potential. Before we start a project, we ask ourselves what about the project could make it interesting for us. We seek to identify aspects of it that we have not yet dealt with. Instead of falling back on what we know and can fulfill, we strive to identify new explorative questions that have perhaps never been posed before. It is in this way that we pursue an artistic approach.
The Ilulissat Icefjord Park project in Greenland is an example of this. When we were asked to participate in the competition, several issues emerged: What exactly would make the visitor center at the ice fjord interesting? Such visitor centers are built all over the world, and are often one-dimensional, commercial projects. What relations do these buildings establish with their surroundings? In which way are the people who enter these buildings affected? In my opinion there is a gap between what architecture can accomplish and that which we imagine in our minds. Architecture is really quite self-referential, referencing its own history. Architects have developed a specific vocabulary and certain elements to work with. One of the ideas behind Studio Other Spaces is to expand this vocabulary, meaning to work with more than just the classic architectural elements. We don't only think about light—for many already a classic element—but also about shadows, darkness, cold, and wind. All of these things exist outside in nature, but are not necessarily adopted by architects as a means of design. We try to use these phenomena as architectural tools. What happens here? How do we humans perceive these elements with our eyes? Sometimes the things that we find are much closer to the site than the elements we bring with us from

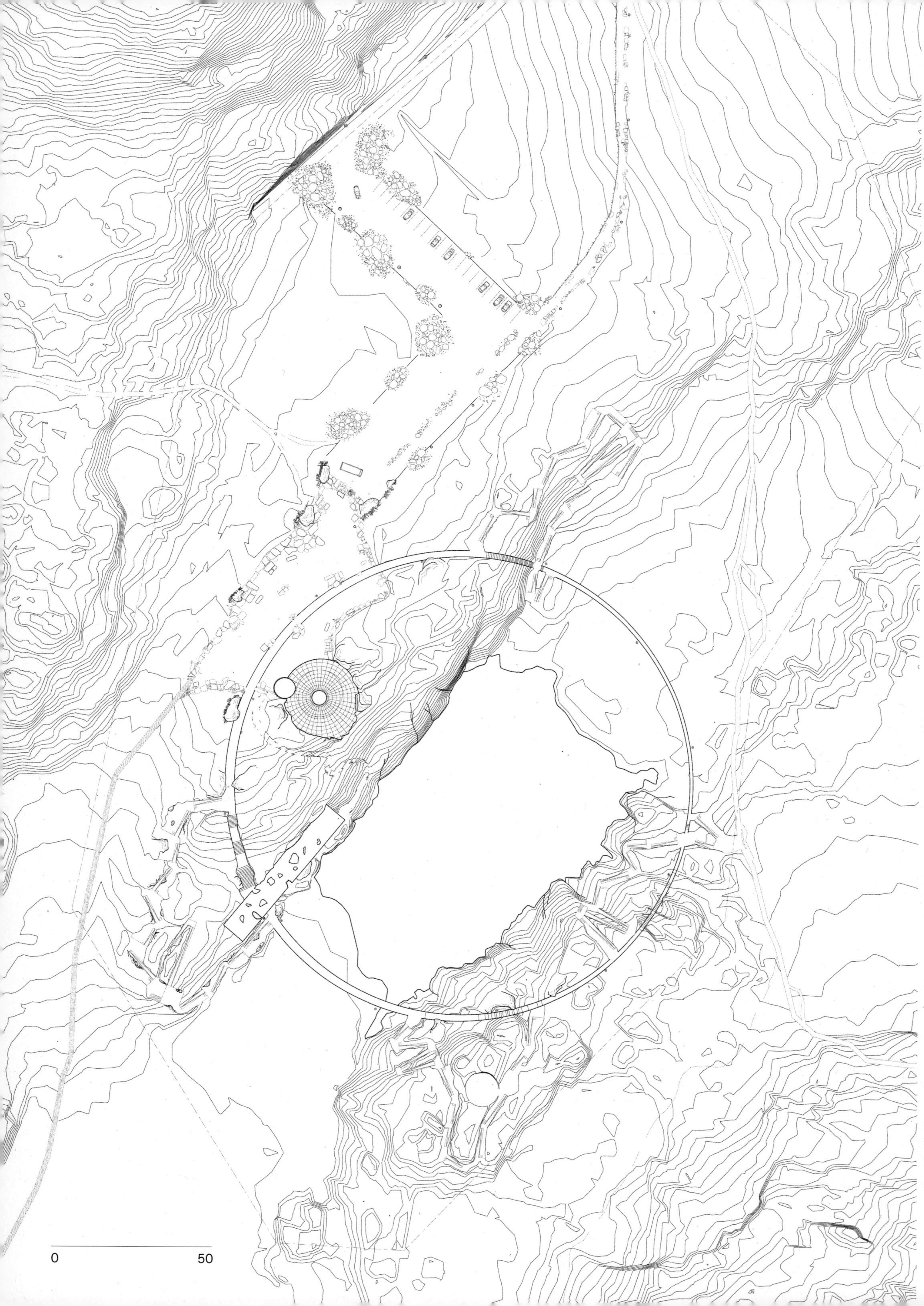

3 Studio Other Spaces, Ilulissat Icefjord Park, Lageplan | Site plan, Grönland | Greenland, 2016 © Studio Other Spaces

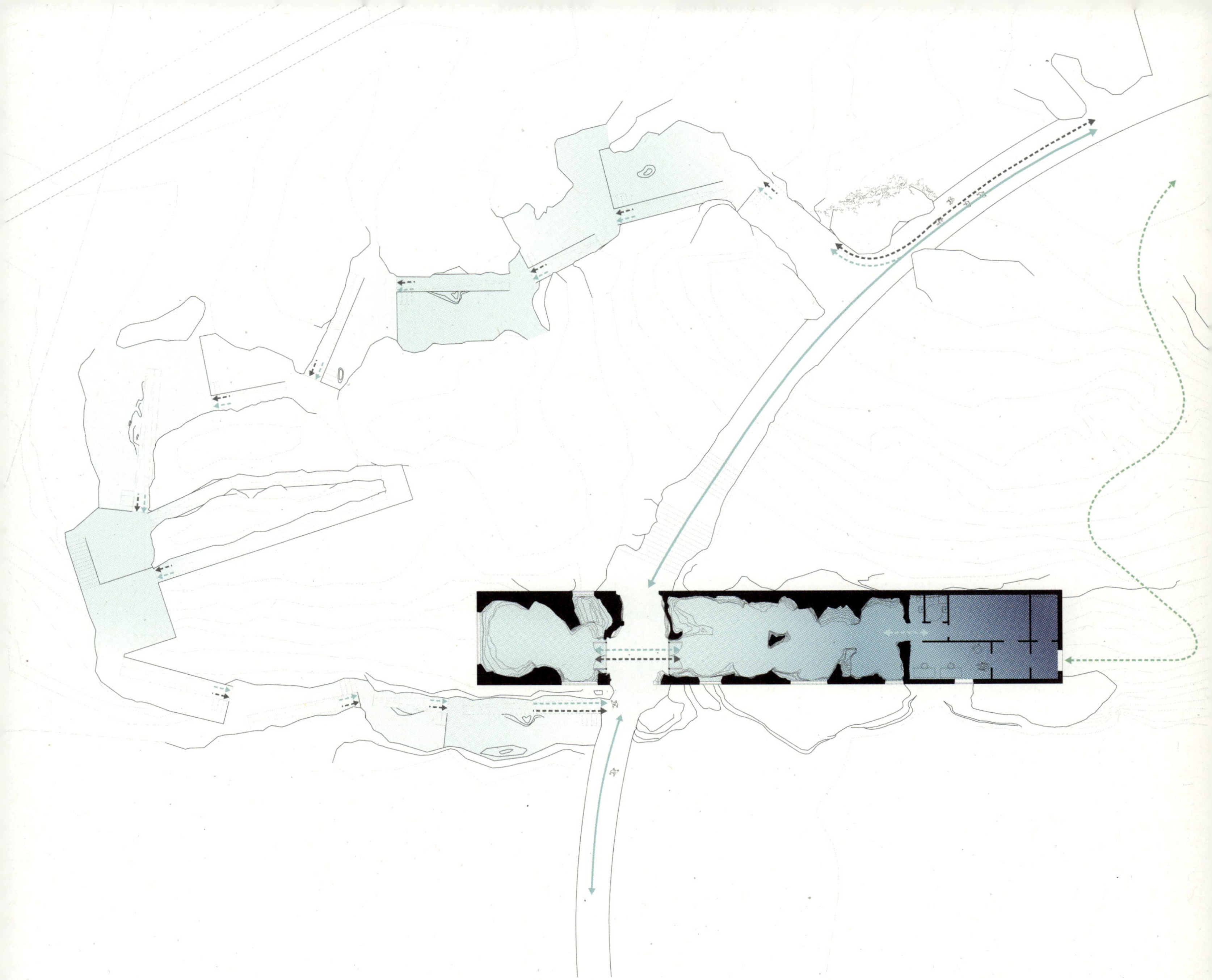

4

5

4 Studio Other Spaces, Ilulissat Icefjord Park, Grundriss | Floor plan Ice Void, Grönland | Greenland, 2016 © Studio Other Spaces

5 Studio Other Spaces, Ilulissat Icefjord Park, Schnitt | Section Ice Void, Grönland | Greenland, 2016 © Studio Other Spaces

mit unseren Augen wahr? Manchmal sind die Sachen, die wir finden, viel näher an dem Ort, als die Sachen, die man aus seiner klassischen Architekturerfahrung mitbringt. Wenn man z.B. in Grönland bauen soll und dafür den Ort besucht, bei minus 15 °C durch den Schnee stapft, ist da nichts.

CG: Da ist Eis, oder?

SB: Ja, Eis.

CG: Wie sieht das Eis dort aus?

SB: Es gibt unglaublich viele Schattierungen von Eis. Wir haben uns zuerst einmal Filme über Eis angesehen, insbesondere über den Eisfjord, wie die Gletscher abbrechen und ins Meer stürzen. Die Eisberge sind zum Teil fast hundert Meter hoch – der berühmte „tip of the iceberg". Das heißt, dass es ungefähr 800 Meter hinunter in den Fjord geht. Dieser ist siebzig Kilometer lang und ungefähr einen Kilometer tief. Am Ende dieses Fjords liegt Ilulissat, wo das Icefjord Centre entstehen soll. Die Eisblöcke laufen auf, weil das Wasser dort nur mehr 300 Meter tief ist, und die Eisberge stauen sich dort. Es ist einfach voller Eis, das ist wirklich unglaublich. Wir sind als einziges Team vorher hingefahren. Der Punkt, worauf ich hinauswill, ist: Man hat es hier mit Dingen zu tun, die absolut überwältigend sind. Man hat als Nordeuropäer, der in Berlin lebt, die Schwierigkeit, eine Beziehung aufzubauen zu dem, was man da sieht. Man versteht den Maßstab nicht mehr, die Radikalität dieser Gegend, in der es im Sommer nicht dunkel und im Winter nicht hell wird. Man sieht Dinge, die man nicht einfach nur zur Kenntnis nehmen kann. Wir verstehen mit Studio Other Spaces Gebäude und Kunstwerke als eine Möglichkeit, eine Beziehung zu einem Ort aufzubauen.

CG: Braucht der Mensch in der Natur also die Architektur, um eine Beziehung zu seiner Umwelt zu schaffen?

SB: Ich glaube, dass der Normalbesucher in Grönland in jeder Hinsicht hilflos ist. Er würde sich verlaufen, er würde erfrieren, er hätte nichts zu essen. Er wäre komplett überfordert, nicht nur mit der physischen Existenz – auch mit dem, was er erlebt. Wir haben uns gefragt: Mit welchen Mitteln, mit welchen Architekturen können wir den Besuchern eine Unterstützung bieten? Wie kann man eine Erfahrung vermitteln, die dem gerecht wird, wo sich der Besucher befindet? Es war klar, dass wir mit dem arbeiten müssen, was da ist. Wir können nicht mit vorgefertigten Architekturideen arbeiten – nicht mit Fenstern, Wänden und Türen. All die Dinge gibt es in dieser Welt am Fjord überhaupt nicht und haben in der Form dort auch nichts zu suchen. Das Wichtigste ist eigentlich das Eis.
In dem Sinne benötigen wir keine klassischen Gebäude in Ilulissat, sondern eigentlich einen Park, so eine Art domestizierte Natur. Ein Park vermittelt viel einfacher und unmittelbarer zwischen Mensch und Natur. Es ist der einfachste Schritt, um den Menschen Natur näher zu bringen oder eine Verbindung zu schaffen

our conventional experience in architecture. When we consider building in Greenland, for example, and visit the site at -15 degrees centigrade, trudging through the snow, there is nothing.

CG: But there is ice, isn't there?

SB: Yes, ice.

CG: What is the ice like?

SB: There is an incredible range of tones in the ice. We first watched films about ice, especially about the ice fjord, about how the glaciers break off and plummet into the sea. Some of the icebergs are almost 100 meters high—that's the famous "tip of the iceberg." They extend about 800 meters down into the water of the fjord, which is seventy kilometers long and about one kilometer deep. At the end of the fjord is Ilulissat, where the Icefjord Center is to be built. The blocks of ice gather there; since the water is only about 300 meters deep they get stuck. There is ice everywhere, which is just incredible. What I am trying to say is that on this site we are dealing with things that are absolutely overwhelming. We were the only team to visit the site ahead of time. As a northern European who lives in Berlin, it is difficult to establish a relationship with what is encountered there. One doesn't understand the scale or the radical nature of this area where it never gets dark in the summer and never gets light in the winter. One sees things that cannot be understood so easily. At Studio Other Spaces we think of buildings and artworks as opportunities to establish a relationship with a site.

CG: Do we need architecture in nature in order to create a relationship with our environment?

SB: The average visitor to Greenland is helpless in every way. He would get lost, he would freeze to death, he would have nothing to eat. He would be utterly overwhelmed, not only by physical processes but also by his experiences. So we asked ourselves: What means, what architectural structures would best support the visitor? How can we mediate the experience in a way that lives up to the place being visited? It was obvious that we had to work with what was there. We could not draw on ready-made architectural ideas—nor on windows, walls, or doors. None of these elements exist in the world of the fjord, meaning that such forms have no place there. Most important, essentially, is the ice.

zwischen einem unglaublichen Naturerlebnis, das etwas sehr Abstraktes ist, und einem konkreten Erleben. Das heißt dann auch nicht mehr Visitor Centre, sondern Icefjord Park. In anderen Besucherzentren hat vieles mit Design zu tun. Das vermittelt dem Besucher nicht unbedingt, dass er gerade in Grönland, in Ilulissat, an diesem unglaublichen Eisfjord ist. In so einer Extremsituation wie in Grönland kommt Architektur an ihre Grenzen, wenn man sie nicht anders denkt.

CG: Gehen alle ihre Projekte an so eine Grenze?

SB: Wir versuchen das, ja.

CG: Ihre Arbeitsweise hört sich nicht nach architektonischen Standardlösungen an. Haben Sie nicht manchmal Lust auf einen ganz normalen Wohnungsbau oder eine super Tiefgarage?

SB (lacht): Doch. Nachdem wir den Wettbewerb dann nicht gewonnen haben, frage ich mich schon, warum wir nicht manchmal lieber nur einfache Häuser bauen.
Letztendlich ist es aber für uns und unser Studio immer existenziell, den Dingen auf den Grund zu gehen. Wir setzen früher an als da, wo Architektur normalerweise beginnt. Was wir entwerfen, ist das Ergebnis unserer Recherche. Wir kommen damit näher an das, was der Ort hergibt und können durch unsere Arbeitsweise auch Themen aufgreifen, die komplexer sind. Es ist eine sehr detaillierte Analyse, die dem Entwurf vorausgeht und ausschließt, was nicht zur Recherche passt. Im Endeffekt ist es nur eine Frage der sorgfältigen Durcharbeitung der Dinge, damit sie dann auch gut gestaltet und stimmungsvoll sind.
Aufgrund unserer Geschichte – als Künstlerstudio haben wir eine gewisse Haltung – ist das inzwischen unsere Rolle. Ich sehe das in keiner Weise als Kritik an dem, was in der Architektur passiert, sondern als ein Extra. Wir können Dinge bearbeiten, die für andere Büros schwieriger sind, weil sie sich in einem anderen Feld bewegen. Unsere Arbeiten sind in erster Linie als Wahrnehmungsmaschinen zu sehen. In dem Sinne nutzen wir die Architektur. Für uns ist sie Mittel zum Zweck, unser Werkzeug. Sie hilft einem, bestimmte Dinge besser zu verstehen und bestimmte gesellschaftliche oder kulturelle Konstrukte zu hinterfragen.

CG: Wie simulieren und kommunizieren Sie Ihre Vorstellungen von Raum, und an wen richten Sie sich damit?

SB: Wir benutzen alles – Handskizzen, digitale 3D-Zeichnungen, Visualisierungen, Arbeitsmodelle, 3D-Drucke, größere, komplexe Modelle bis 1:5 und Prototypen. Wir machen Lichtsimulationen – ähnlich wie Ingenieure – und überprüfen die Wirkung der Räume seit neuestem auch mit Virtual Reality.

For these reasons we decided against a classic building for Ilulissat, but on more of a park—domesticated nature, as it were. A park mediates between humans and nature in a much more simple and direct way. It is the easiest step to bring people closer to nature, or to foster a connection between an incredible natural experience that is highly abstract and a concrete experience. Instead of being a visitor center, it became the Icefjord Park. Other visitor centers are strongly focused on design, a solution which does not necessarily convey to the visitor that he is in Greenland, in Ilulissat, at this incredible ice fjord. In a situation as extreme as Greenland, architecture quickly reaches its limits if one doesn't rethink one's basic assumptions.

CG: Do all of your projects bring architecture to its limits in this way?

SB: Yes, we hope so.

CG: Your approach to architecture does not seem to produce standard solutions. Don't you ever feel like designing an entirely normal residential project or a great underground parking garage?

SB: (Laughs.) Sure. When we didn't win this competition, I did start wondering why we don't sometimes just build conventional houses.
At the end of the day, it is essential for our studio to get to the bottom of things. We look more closely at fundamental issues than one normally would. What we design is the result of our research. This allows us to come closer to the potential of the site and, due to our individual approach, also to address topics that are more complex. A highly detailed analysis precedes the design and excludes anything that doesn't correspond with the research. It is simply a question of diligently working through everything. And of course it should also be well designed and have the right atmosphere.
Due to our history—as an artist's studio we had a certain focus—this has become our role. I don't see this in any way as criticism of what else is happening in architecture, but rather as a bonus. We can work on things that would be difficult for other firms, since they are navigating within a different field. Our work, first and foremost, is to be a device for perception. It is in this sense that we implement architecture. For us architecture is a means to an end, a tool. It helps us to better understand certain things and to question certain societal or cultural constructs.

CG: How do you simulate and communicate your ideas about space and who are you addressing in the process?

Für den Ilulissat Icefjord Park war es für den Entwurfsprozess ausschlaggebend, dass wir mit dem Eis experimentiert haben. Wir haben 1500 Kilogramm Eis aus Grönland in einem Kühlcontainer ins Studio gebracht. Wir haben konkret getestet, welche Gestaltungsmöglichkeiten man hat, wenn man Eis als Schalungsform für Beton nutzt. Die Idee für das Projekt war, das Eis aus dem Fjord zu nehmen und es abzuformen. Das Eis schmilzt aus und der Besucher steht dann in dem Raum, der vorher Eis war. Dadurch ist die Erfahrung möglich, Dinge zu sehen, zu spüren, die man sonst nicht sieht und auch nicht erfahren kann. Näher kann man dem Eis gar nicht sein. Das ist eine Negativraumerfahrung, die wir von Steinhöhlen und Kirchen kennen. Dieser Bezug zwischen dem Raum selbst und dem Material, aus dem er geschaffen wurde, ist sehr außergewöhnlich. In der Form ist die Erinnerung an das Eis vorhanden.
Es gibt natürlich auch Architektur. Die fängt an, wenn man die Dinge positioniert und Beziehungen aufbaut. Deshalb gibt es eine sehr sorgfältig entwickelte Dramaturgie: Was passiert, wenn ich ankomme? Was sehe ich zuerst? Was sehe ich als Nächstes? Ich gehe hinunter zum Fjord, erlebe das Eis, komme wieder zurück. Ich bin überwältigt, ich bin durchgefroren, ich fühle mich wirklich klein. Ich komme in eine Architektur, die diese Stimmung aufgreift und weiterstrickt. In diesem Sinne gibt es dann auch genau einen richtigen Ort und die richtige Architektur für das Gefühl: „Jetzt stehe ich in irgendwas, was ich gerade draußen gesehen habe.“ Im nächsten Moment sieht man durch eine Öffnung in der Fassade die Eisberge im Eisfjord. Solche Momente müssen sehr gut getaktet sein, und die Stimmung darf nicht abreißen.
Nach Grönland zu fahren ist eine Expedition. Viele Leute, die da hinkommen, fühlen sich wie kleine Nansens. Das hat ja etwas. Die Narration fängt also dann an, wenn man in einem Reiseprospekt oder in einem Buch den Ort sieht und dort hin will. Dies baut eine gewisse Erwartung auf, und wir spielen mit dieser Narration. Deswegen betritt man nicht als Erstes ein Gebäude, sondern einen Park, man bewegt sich in dieser Landschaft. Der Park beherbergt verschiedene Elemente, die auf ausgesuchte Situationen vor Ort reagieren: der Ice Void als Ausstellungsgebäude zum Thema Eis und der Sun Cone, der sich mit dem Verlauf der Sonne beschäftigt, als Besucherzentrum. In der Jahreszeit mit der höchsten Besucherzahl geht die Sonne gar nicht unter, und die Leute wollen genau das erleben.

CG: Das wirkt für mich wie ein Konflikt: die Übergabe der Formgebung an einen Prozess wie das Schmelzen von Eis und gleichzeitig bestimmen Sie, wie Sie sagen, sehr präzise die Beziehung zwischen Innenraum, Mensch und Außenwelt. Wie verträgt sich das?

SB: In dem Park gibt es im Wesentlichen zwei Gebäude. Wir unterscheiden zwischen einem Teil, der ätherisch mit der Erde,

SB: We use everything: hand-drawn sketches, digital 3D drawings, visualizations, working models, 3D prints, large complex models up to a scale of 1:5, and prototypes. We do light simulations—similar to engineers—and, most recently, test the impact of spaces in virtual reality.
For the Ilulissat Icefjord Park, experiments with ice were essential to the design process. We brought 1,500 kilograms of ice from Greenland into our studio, transported in a refrigerated container. We did tests with concrete to explore the design options available to us when using ice as formwork for concrete. The idea for the project was to take ice from the fjord and cast a block of concrete around it. Then, after the ice melted, the visitors would be standing in the space previously occupied by the ice. This provides an experience of seeing and sensing things that do not otherwise lend themselves to being seen and discovered. It's impossible to get any closer to the ice than this. The experience of negative space is familiar from caves or churches. This connection between the space itself and the material from which it was created is extraordinary. The form is imbued with the memory of the ice.
Of course architecture also plays a role. It starts at the point where things are being positioned and relationships established. So there is a very carefully orchestrated dramaturgy at play here: What happens when I arrive? What do I see first? What do I see next? I go down to the fjord, experience the ice, then come back up. I am overwhelmed, frozen, and feel extremely small. I now enter an architectural structure that embraces and continues this mood. In this sense, there is exactly the right place and the right architecture for this feeling: "I'm standing in something I just saw outside." A moment later, the icebergs of the ice fjord become visible through an opening in the façade. Such moments must be very well timed so that the atmosphere is not disrupted.
Traveling to Greenland is an expedition. Many people who arrive there feel like a little Nansen. This is appealing, of course. So the narrative has already begun when someone sees the site in a travel brochure or a book and wants to go there. This establishes a certain sense of anticipation, and we play with this narrative. For this reason, one first enters a park rather than a building, one moves freely through the landscape. The park accommodates different elements that react to selected situations on site: the Ice Void, as the exhibition building, responds to the topic of ice, and the Sun Cone, as the visitor center, explores the route of the sun. During the season with the highest number of visitors the sun never actually sets, and people want to experience precisely this phenomenon.

CG: This seems like a conflict to me: giving the design of the space over to a process like the melting of ice, while simultaneously very

der Atmosphäre, der Sonne, dem Licht zu tun hat, und dem anderen Teil, der geheimnisvoller ist und sich mit dem Eis beschäftigt, das zu neunzig Prozent unter Wasser ist. Man kann nur ahnen, wie es in diesem Eisfjord unter Wasser aussieht. Die Räume zwischen den Eisbergen in 800 Meter Tiefe haben etwas sehr Mystisches und Geheimnisvolles. Das wollten wir vermitteln: Wie fühlt sich das an? Was ist das eigentlich? Welche eigene physische Beziehung kann ich zu dem Eis und zu so einem Raum aufbauen?

CG: Das ist die klassische Architekturarbeit?

SB: Ja. Da kommt es auf Details an, ob ein Volumen in einer Granitfelslandschaft gut oder schlecht aussieht. Die Tatsache, dass wir andere Gestaltungsmittel suchen, heißt nicht, dass wir auf die Qualität in deren Nutzung verzichten können. Genauso ist es, wenn wir die Eisblöcke aussuchen oder überlegen, wie diese liegen und damit Volumen schaffen. Da ist natürlich ein Gestalten dabei – nur mit anderen Mitteln.

CG: Sie stellen die Welt aus, kann man das so sagen?

SB: Mit dem Ice Void-Gebäude wollen wir die Geschichte des Eises erzählen, des eisigen Grönlands, was auch irgendwie etwas Romantisches hat. Es gibt einen Caspar-David-Friedrich-Blick auf den Eisfjord (Abb. 6) und auf der anderen Seite ist da die Sonne, die nicht untergeht. Die Idee des Sun Cone-Gebäudes unterstützt ein 360-Grad-Naturerlebnis. Zudem gibt es noch die Geschichte der Temperatur: Draußen ist es unglaublich kalt, aber im Innenraum relativ warm. Der Sun Cone nutzt in geschickter Weise die Sonnenenergie und thematisiert diese Energienutzung auch in Bezug auf die Erderwärmung – ein Thema, das viele Leute beschäftigt, die nach Grönland reisen.

CG: Warum haben Sie Ihrer Meinung nach den Wettbewerb um das Ilulissat Icefjord Projekt nicht gewonnen?

SB: In erster Linie haben wir nicht gewonnen, weil eine andere Idee überzeugender war. Es ist nie einfach mit unseren Entwürfen, diese sind immer mit einer Diskussion über Grundsätzliches verbunden. Auf der anderen Seite haben wir bis jetzt alle Studioprojekte auf höchstem Niveau realisiert. Es ist nur ein längerer Weg, dort hinzukommen. Nicht alle sind bereit, diesen komplexeren Weg mit uns zu gehen.

CG: Was bleibt von dem Ilulissat Projekt, obwohl es nicht realisiert werden wird?

SB: Die meisten Leute unterschätzen, wie viel Ingenieursdenken tatsächlich bei uns im Studio stattfindet und wie sehr wir uns über die Jahre ein hohes Maß an Wissen angeeignet haben, vor allem über Materialien, über deren Verwendung und Tauglichkeit. Dieses Wissen erhält man auch durch Missgeschicke, durch Dinge, die kaputt gegangen sind oder nicht funktioniert haben. Wir haben uns ein sehr spezifisches Wissen aufgebaut

clearly specifying, as you say, the relationship between interior space, people, and outside world. How is this reconciled?

SB: There are essentially two buildings in the park. We differentiate between the one part, which is ethereally associated with the earth, the atmosphere, the sun, and the light, and the other, which is more mysterious and deals with the ice that is 90 percent underwater. We can only imagine what this ice fjord looks like underwater. The spaces between the icebergs at a depth of 800 meters are very mysterious and mystical. This is what we wanted to convey: How does this feel? What is actually there? What physical relationship can I establish with the ice and with this kind of space?

CG: This is the traditional work of an architect?

SB: Yes. The details determine whether a structure works well or not in this craggy granite landscape. The fact that we try other design methods does not mean that we can forgo quality in their use. It's the same when we select the ice blocks and consider how they are positioned to create volumes—of course this involves very precise design, but with different means.

CG: You are exhibiting the world, correct?

SB: In the case of the Ice Void building, we wanted to tell the story of the ice, of frozen Greenland, which is also romantic in a way. There is a Caspar David Friedrich view of the ice fjord (fig. 6), and on the other side is the sun that never sets. The idea of the Sun Cone building is to support a 360-degree nature experience. Also there is the aspect of temperature: outside it is unbelievably cold, yet the interior is relatively warm. The Sun Cone makes skillful use of the sun's energy and brings up energy use in relation to global warming as well—a topic that is of interest to many people traveling to Greenland.

CG: Why, in your opinion, didn't you win the Ilulissat Icefjord project competition?

SB: In the first place, we didn't win because another idea was more convincing. It is never easy with our designs, since they are always associated with discussion about fundamental issues. On the other hand, we have always developed our studio projects

6 Studio Other Spaces, Ilulissat Icefjord Park, Innenraumperspektive des Ice Void mit Blick auf den Ilulissat Fjord, Grönland | Interior perspective of the Ice Void with a view of the Ilulissat fjord, Greenland, 2016 © Studio Other Spaces

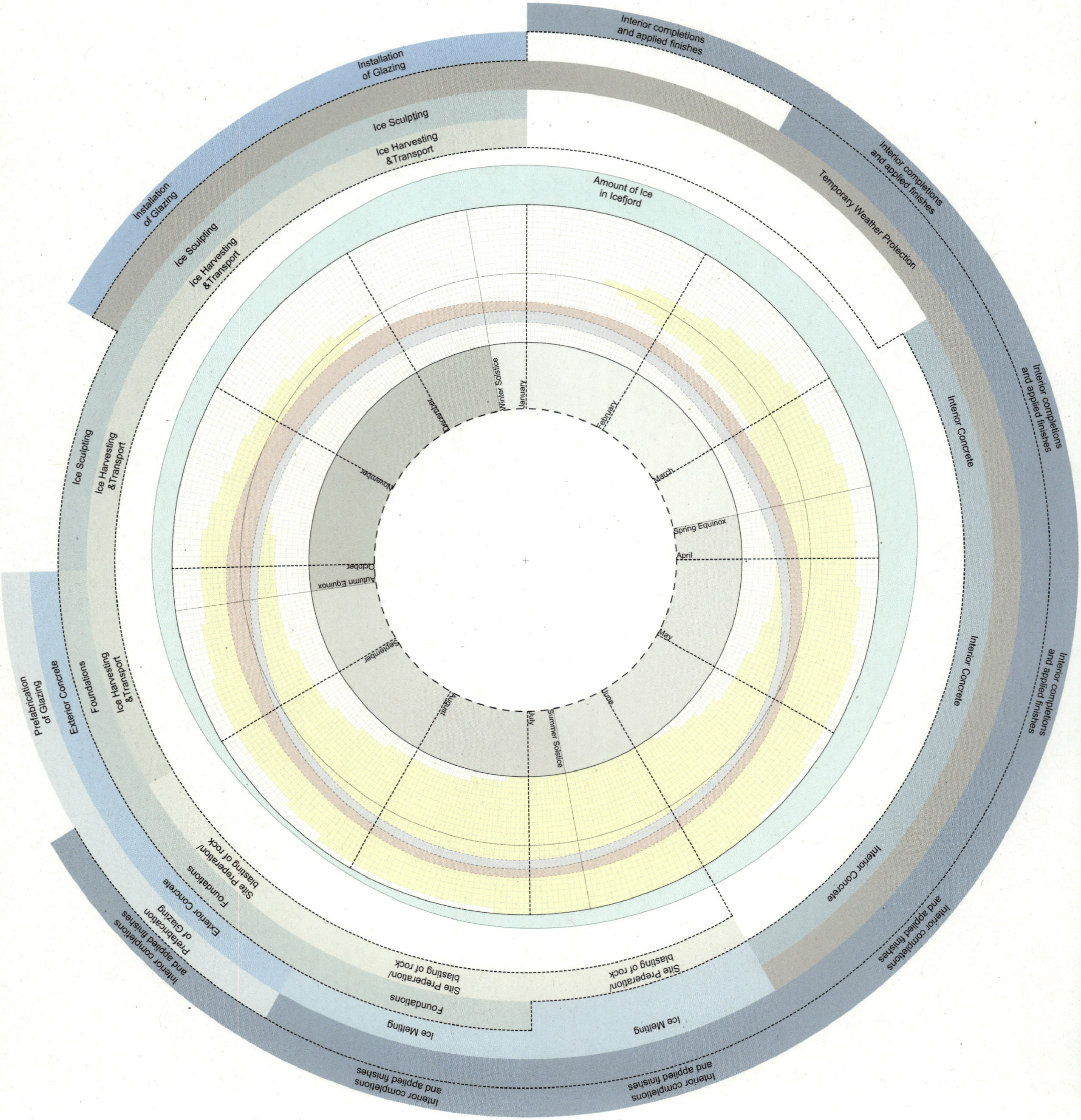

7 Studio Other Spaces, Ilulissat Icefjord Park, Zeitdiagramm, in dem Bauablauf, Eisschmelze und Sonnenstand über die Jahreszeiten hinweg ablesbar sind | Time chart showing construction process, thawing and position of the sun through the seasons, 2016 © Studio Other Spaces

8 Studio Other Spaces, Ilulissat Icefjord Park, Modellausschnitt Ice Void, Betonguss mit verlorener Schalung aus Grönlandeis | , Grönland |
Detail of Ice Void model, concrete casting with missing formwork made of Greenland ice, Greenland, 2016 © Studio Other Spaces

über die Dinge, die uns interessieren und mit denen wir umgehen. Das ist unser Kapital. Selbst wenn eine künstlerische Idee in einem Projekt nicht realisiert werden kann, bleibt uns doch das Wissen und die Erfahrung, um sie in einem anderen Kontext weiterzuentwickeln.
Auf alle Fälle bleibt die Beschäftigung mit der Geschichte Grönlands, der Geschichte der Inuit und der Rolle Grönlands in Europas ein beeindruckendes Erlebnis. Wir haben uns intensiv mit den Handelsbeziehungen zwischen Europa und Grönland auseinandergesetzt, weil wir für unsere Preiskalkulation keine grönländischen Preise ansetzen konnten. Wir mussten für jede Schraube, jede Glasscheibe errechnen, wie viel mehr der Transport kostet und wie viel mehr es für eine Firma kostet dort zu bauen. Wir mussten also wie ein Bauunternehmer denken, um die Preise real zu kalkulieren. Grönland hat so etwas von einer Kolonie, da es Bodenschätze gibt und großes wirtschaftliches Interesse, dort aktiv zu sein. Die Erfahrung dieser intensiven Auseinandersetzung mit dem Thema ist das, was bleibt. Es ist immer ein Anlass, ein gutes Gespräch zu führen, wenn man so ein extremes Projekt hat. Wir sind stolz darauf, dass wir mit Eis gebaut haben, das haben ja noch nicht so viele gemacht. Dinge selbst zu machen, das bleibt.

CG: Olafur Eliasson, Ihr Partner bei Studio Other Spaces, erklärt in einem Interview[1], dass es für ihn keinen Unterschied zwischen Modellen und realen Kunstwerken gibt. Welches Verhältnis zeigt sich für Sie in der Architektur zwischen Modell und Realität?

SB: Für mich fängt der Prozess mit dem Entwerfen und mit dem Bauen der ersten Modelle an. Überall im Studio stehen Einzelteile, Tests und Mock-ups, die im Zuge dieser Arbeit entstanden sind. Diese inspirieren uns und inspirieren andere Leute. Das sind Dinge, die sind in der Welt, die bewegen etwas. Wir haben uns bei dem Ilulissat Icefjord Park intensiv mit der Realisierbarkeit auseinandergesetzt. Wir mussten genau Auskunft darüber geben, wie wir das umsetzen wollten. Deshalb haben wir in der allereinfachsten Form mit Stampfbeton große Modelle gebaut. Der Prozess des In-die-Welt-Bringens an sich ist kreative Arbeit. Man klopft die Grundidee auf ihre Überlebenschancen in der Welt ab. Es braucht eine robuste Umsetzungsweise, damit das Ganze in der Realität Erfolg hat. Die Reibung ist in den allermeisten Fällen eine Bereicherung an Komplexität und Tauglichkeit. Was wir überhaupt nicht wollen, ist etwas in die Welt zu setzen, das nicht lebensfähig ist oder als Entwurf nicht funktioniert.

1 Vgl. Eliasson, Olafur: „Für mich gibt es keinen Unterschied zwischen den Modellen, die wir in unserem Studio anfertigen, und den ausgeführten Bauten. Ein Kunstwerk ist immer auch ein Modell; es ist einfach eine Idee oder ein Vorschlag, wie wir die Welt erleben können": In „talk to me" anlässlich der Ausstellung „Take Your Time: Olafur Eliasson", 2008–2009, online unter: http://www.moma.org/interactives/redstudio/talktome/eliasson/?URL=5 (Stand: 4. August 2016)

to the highest possible level. But it's a long journey to get there. Not everyone is willing to walk this more complex path with us.

CG: What remains of the Ilulissat project even though it won't be realized?

SB: Most people underestimate how much engineering is actually considered at our studio and the high level of knowledge we have accrued over the years, especially about materials, their use and suitability. This knowledge is also gained through mishaps, things that have broken or gone wrong. We have accumulated a very specific knowledge base about the things that interest us and that we deal with. This is our capital. So even if an artistic idea cannot be implemented in a particular project, we still retain the knowledge and the experience for developing it further in a different context.
And our engagement with the history of Greenland, the history of the Inuit, and Greenland's role in Europe remains an impressive experience. We intensively researched the trade relations between Europe and Greenland, since we couldn't use Greenlandic prices for our cost estimates. For every screw, every pane of glass, we had to calculate how much more transport would cost and how much more it would cost for a company to build there. So we had to think like a building contractor in order to calculate realistic prices. In a way, Greenland is like a colony, for it has natural resources and large economic interests are active there. And we traveled there to study the icebergs. The intense experience of these explorations remains with us. Dealing with such an extreme project always provides an opportunity for good discussion. We are proud of having built something with ice; not many people have done that. This hands-on experience remains.

CG: Olafur Eliasson, your partner at Studio Other Spaces, once explained in an interview[1] that he sees no difference between models and real artworks. In your view, what relationship do model and reality have in an architecture context?

SB: For me, the process begins with design and with building the first models. There are individual components, tests, and mock-ups throughout the studio that were created over the course of this project. These continue to inspire us and to inspire other people as well. They are real things in the world; they make something happen. For the Ilulissat Icefjord Park project, we invested a great deal of time in the issue of feasibility. We had to provide very precise information about how we wanted to

1 See Olafur Eliasson, "I don't see a difference between the models we make at my studio and my finished works. An artwork is a model as well; it's just an idea or a suggestion of how we can experience the world." Quoted from "talk to me" on the occasion of the exhibition *Take Your Time: Olafur Eliasson*, 2008–09, available online at: http://www.moma.org/interactives/redstudio/talktome/eliasson/?URL=5 (accessed August 4, 2016).

CG: „In-die-Welt-Bringen", ist das das Interessante für Sie in der Architektur?

SB: Wirklich gute Entwürfe zu machen, heißt, alle Bälle in die Luft zu werfen und dann zu sehen, was man daraus machen kann. Man ist als Architekt dafür ausgebildet, komplexe Dinge nicht-linear lösen zu können. Das ist interessant. Sehr viele andere Berufsgruppen, die immer durch spezifisches Wissen Lösungen finden, haben in der Gesellschaft großen Einfluss. Nicht ein einziger Architekt hat aktuell eine führende Rolle in der Gesellschaft, obwohl eigentlich das Denken der Architekten prädestiniert dafür wäre. Linearlösungen können ja viele.
Und das Andere ist, dass Architektur sich viel, viel mehr damit beschäftigen muss, wie sie sich selbst kommuniziert. Das haben wir im Studio Olafur Eliasson gelernt. Nicht umsonst arbeitet ein großes Team in der Kommunikationsabteilung, um die Geschichten, die wir erzählen, sehr genau zu vermitteln. Da gibt es erhöhten Bedarf, das zu kommunizieren, was man sich räumlich vorstellt. Das ist auch ein Unterschied, den das Studio Other Spaces macht: Es gibt nicht das Projekt und die Kommunikation, sondern die Kommunikation und das Projekt sind eigentlich eins. Ilulissat noch einmal: Angela Merkel und andere führende Politiker fahren dort hin, das Icefjord Centre erhält dadurch eine unglaublich mediale Position. Das ist der Ort, wo Klimapolitik visualisiert wird. Dort werden die Bilder gemacht, die um die Welt gehen. Es ist hochspannend für uns, Teile einer solchen medialen Realität zu entwickeln. In dem Sinne ist Architektur mehr und mehr Kommunikation bzw. eine andere Form von Kommunikation, da die Räume nicht unbedingt nur physisch erfahren werden. Manchmal sind es nur Bilder, die man produziert. Es ist spannend, sich mit Räumen als Narration und als einer Abfolge von Sequenzen zu beschäftigen. Das Narrative ist etwas, was im Prinzip – glaube ich – nicht mehr aus der Architektur herauszuhalten ist.

CG: Vielen Dank für das Gespräch. ▪

Ilulissat Icefjord Park
Studio Other Spaces
Olafur Eliasson and
Sebastian Behmann

Auslober | Competition launched by
Government of Greenland,
Qaasuitsup Municipality,
Realdania

Auftraggeber | Client
Realdania

Designteam
Olafur Eliasson und | and
Sebastian Behmann
Taylor Dover, Projektleiter | Project Leader
Saida Brückner
Rhea D'Silva
Jennifer Hauger
Meng Li
Niël Meyer
Marie Ramsing
Linda Zhang

Fabrication | Produktion
Ilja Leda
Daniel Mock

implement our plans, which is why we constructed large, simplified models with compressed concrete. The actual process of bringing something into the world is creative work. One probes the basic idea to ascertain its chances of surviving in the world. It requires a robust implementation plan in order for the whole idea to have success in reality. In almost every case, these frictions enrich the project's complexity and suitability. We definitely want to avoid bringing to life something that is not viable or that does not function in terms of design.

CG: Is this "bringing something into the world" what interests you about architecture?

SB: To develop really good projects is to toss all the balls into the air and then see what you can do with them. Architects are trained to solve complex problems in a nonlinear way. This is interesting. Professions that always arrive at solutions through specific knowledge have strong influence within society. And yet not a single architect currently holds a leading role in society, although an architect's way of thinking would be the perfect fit. Most people can find a linear solution.
Another thing is that architecture needs to spend much, much more time considering how it communicates itself. We learned this at Studio Olafur Eliasson. It's no coincidence that there is a large team working in the communications department in order to carefully convey the stories we want to tell. There is an increasing need to communicate what one imagines spatially. This is another differentiation that Studio Other Spaces makes: project and communcation do not exist separately but are rather, in effect, one and the same. Back to Ilulissat: Angela Merkel and other leading politicians have been there, which gives the Icefjord Center an incredibly prominent position in the media. This is the place where climate policy is being visualized. The pictures taken there circulate throughout the world. It is very exciting for us to develop a part of this mediated reality. Architecture is more and more becoming communication, another form of communication, since the spaces are not necessarily experienced physically. Sometimes only images are produced. It is exciting to work with spaces as narratives and as a succession of sequences. I believe that narrative is something that, in principle, can no longer be excluded from architecture.

CG: Many thanks for the conversation. ▪

Translation: Dawn Michelle d'Atri

Choreographing an Open Performance
The Enveloops Pavilion in Toronto

Eine offene Performance choreografieren
Der Enveloops-Pavillon in Toronto

Neeraj Bhatia

1

The Open Workshop, Enveloops, Overall view of the installation along the winter beachfront |
Totalansicht der Installation am winterlichen Strand, Toronto, 2014 © The Open Workshop

The typical measurements of performance in contemporary architecture—the calibration of efficiency, optimization, or endurance, for example—often describe the negotiation between architecture and the dynamic factors of the physical environment. This reading of performance aligns itself more closely with the evaluation processes of the engineering disciplines, and by association privileges the judgment of architecture's *raison d'etre* through quantitative data. At the same time, the etymology of the term *performance* as an "accomplishment," "a thing performed," or an "action of performing a play"[1] implies an engagement between divergent forms of expression and a collective audience. Evaluation, in this case, does not reside within the seemingly objective metrics of quantitative data but rather in the subjective judgment of the qualitative aspects of a performance. Indeterminacy is engendered in both of these readings of performance—from either the fluctuating qualities of physical environment or the individual subjective expressions emblematic of a diverse public realm. Subjective expression and the dynamic qualities of the physical environment housed within these two simultaneous readings of performance embody larger characteristics that we are witnessing in the contemporary urban territory—as a field of indeterminacy, contradiction, and heterogeneity.

The majority of architecture and urban design of the twentieth century aimed to tame the contradictory, heterogeneous, and contingent urban environment, both physically as well as socio-politically. For instance, this is easily witnessed in how infrastructure was deployed to operationalize large geographies, most notably in the PWA[2] infrastructural projects, or, at a more modest scale, in CIAM's functionalist city. This is also understood within modernism's simplification of "the individual," who aggregated into a mass rather than a diverse public. Instead of controlling and limiting these dynamic and divergent factors, we are increasingly aware of the practical and political benefits of engaging indeterminacy.

Pragmatically, the unpacking of how the dynamic qualities of the physical environment can form productive relationships to architecture is at the core of ecological design. It is no surprise that this form of relational engagement has been primarily evaluated through "objective" data that often focuses on energy usage. Further, we must remember that through individual expressions of action and speech, the politics of pluralism, as well as the richness of the public sphere, is secured.[3] This engagement with indeterminate factors does not necessarily reduce the craft, precision, authority, or determinism of architecture but rather re-centers the conversation of performance on who the subject of performance is and how design can more holistically engage this subject.

Despite the need to embrace the complexity of indeterminacy, it is also necessary to provide a collective framework to ensure that individual elements are systemically linked to be greater than the sum of their parts. For instance, recent discussions and examples of ecological urbanism emerge from holistic systemic integration, a key characteristic of an ecosystem. From Foster's Masdar City to ARUP's Wanzhuang or Dongtan Eco-City plans, the transcalar reciprocity between material artifacts and transforming phenomena allows for an ecological integration of differing systems. Similarly, a collective public realm is required to catalyze the products of individual action and speech to complete the equation of pluralism and ensure the stability of the public realm.[4] Spatial design is positioned here as the *mediator* between the indeterminate qualities of individual subjects and the environment they exist within—it clarifies and curates a collective framework for performance.

In cities with tremendous seasonal fluctuations such as Toronto, the collective engagement with outdoor activities is heavily impacted during the winter months. To foster collectivity in seasonally underutilized regions of the city, a temporary pavilion was proposed along the Toronto beaches. Using the existing lifeguard chairs as an armature, the pavilion focused on cultivating collectivity by reframing notions of warmth and play. Enveloops is an experimental design for a temporary winter pavilion that discursively attempts to understand and create a soft framework for the expanded subject, which is comprised of *both* the dynamic physical environment and its occupants. This framework is soft because it is constantly negotiating human occupation and the physical environment.

Warmth has traditionally been achieved within architecture through deploying an envelope, which hermetically divides—through a singular plane—the interior from the exterior. Instead of separating one from the physical environment,

1 *Online Etymology Dictionary*, s.v. "Performance," by Douglas Harper, accessed March 1, 2015, http://www.etymonline.com/index.php?term=performance&allowed_in_frame=0.

2 As part of the New Deal, the Public Works Administration (PWA) was a Federal Government Spending Program established in 1933, aiming at a revival of American industry through the construction of public works providing employment.

3 Hannah Arendt, *The Human Condition* (Chicago, 1958), pp. 175–76.

4 See ibid., p. 52.

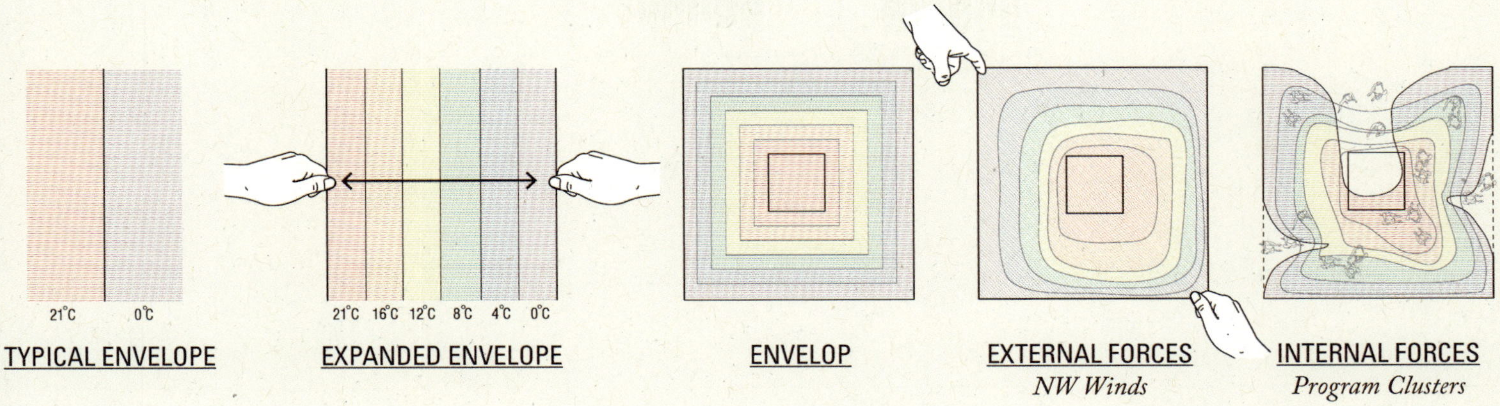

2

The Open Workshop, Enveloops, Renegotiating the relationship between inside and outside by a thickening of the poché space into an occupiable field condition | Neuverhandlung der Beziehung zwischen Innen und Außen durch Verdichtung des umbauten Raums zu einem nutzbaren Feld, Toronto, 2014 © The Open Workshop

Die typischen Messgrößen für die Performance zeitgenössischer Architektur – z.B. die Kalibrierung von Effizienz, Optimierung und Lebensdauer – beschreiben zumeist Vermittlungsprozesse zwischen der Architektur und den dynamischen Faktoren der physischen Umwelt. Diese Performance-Auffassung steht eher den Bewertungsverfahren des Ingenieurwesens nahe, insofern sie den Daseinszweck von Architektur vorzugsweise nach quantitativen Daten beurteilt. Demgegenüber deutet die Etymologie des Begriffs Performance im Sinn von „Ausführung", „etwas Ausgeführtem" bzw. der „Aufführung eines Stücks"[1] auf ein Zusammenspiel zwischen diversen Formen des Ausdrucks und einem Publikum. Die Bewertung unterliegt dabei nicht dem scheinbar objektiven Maß quantitativer Daten, sondern dem subjektiven Urteil über die qualitativen Aspekte einer Performance. Unbestimmtheit wird in beiden Performance-Auffassungen erzeugt – das eine Mal durch die fluktuierenden Eigenschaften der physischen Umwelt, das andere Mal durch die typisch subjektiven Ausdrucksweisen einer heterogenen Öffentlichkeit. Der subjektive Ausdruck und die dynamischen Eigenschaften der physischen Umwelt, die mit diesen beiden Performance-Auffassungen einhergehen, sind gleichzeitig ganz allgemeine Merkmale des zeitgenössischen urbanen Raums: eines Feldes, das von Unbestimmtheit, Widersprüchen und Heterogenität gekennzeichnet ist.

Der Großteil der Architektur und der Stadtplanung des 20. Jahrhunderts zielte darauf ab, die widersprüchliche, heterogene und kontingente urbane Umwelt sowohl physisch als auch soziopolitisch zu zähmen. Das ist z.B. leicht daran zu erkennen, wie Infrastruktur – insbesondere in den Infrastrukturprojekten der PWA[2] oder im kleineren Maßstab auch in der vom CIAM propagierten funktionalistischen Stadt – zur Operationalisierung großer Geografien eingesetzt wurde. Es zeigt sich auch in der modernen Vereinfachung des „Individuums" und seiner Aggregation zur Masse statt zur vielfältigen Öffentlichkeit. Heute kontrollieren und beschränken wir diese dynamischen und abweichenden Faktoren nicht mehr, sondern sehen es zunehmend als praktisch und politisch vorteilhaft an, mit Unbestimmtheit zu arbeiten.

Pragmatisch gesehen bildet das Auffinden produktiver Beziehungen zwischen physischer Umwelt und Architektur die Grundlage ökologischen Entwerfens. Es überrascht nicht, dass diese Form relationaler Verbindung in erster Linie nach „objektiven" Daten bewertet wird, die sich auf den Energieverbrauch beziehen. Doch sollten wir auch nicht vergessen, dass es individuelle Formen des Handelns und Sprechens sind, welche die Politik des Pluralismus und die Vielfalt der öffentlichen Sphäre gewährleisten.[3] Das Eingehen auf unbestimmte Faktoren

1 Harper, Douglas: *Online Etymology Dictionary*, s.v. „Performance", (Stand: 1. März 2015), http://www.etymonline.com/index.php?term=performance&allowed_in_frame=0

2 Die Public Works Administration (PWA) war ein 1933 im Zuge des New Deal aufgelegtes Konjunkturprogramm der US-Regierung, das durch staatliche Bauaufträge die Wirtschaft anzukurbeln und Arbeit zu schaffen versuchte.

3 Vgl. Arendt, Hannah: *Vita activa oder Vom tätigen Leben*, München 1981, 213f.

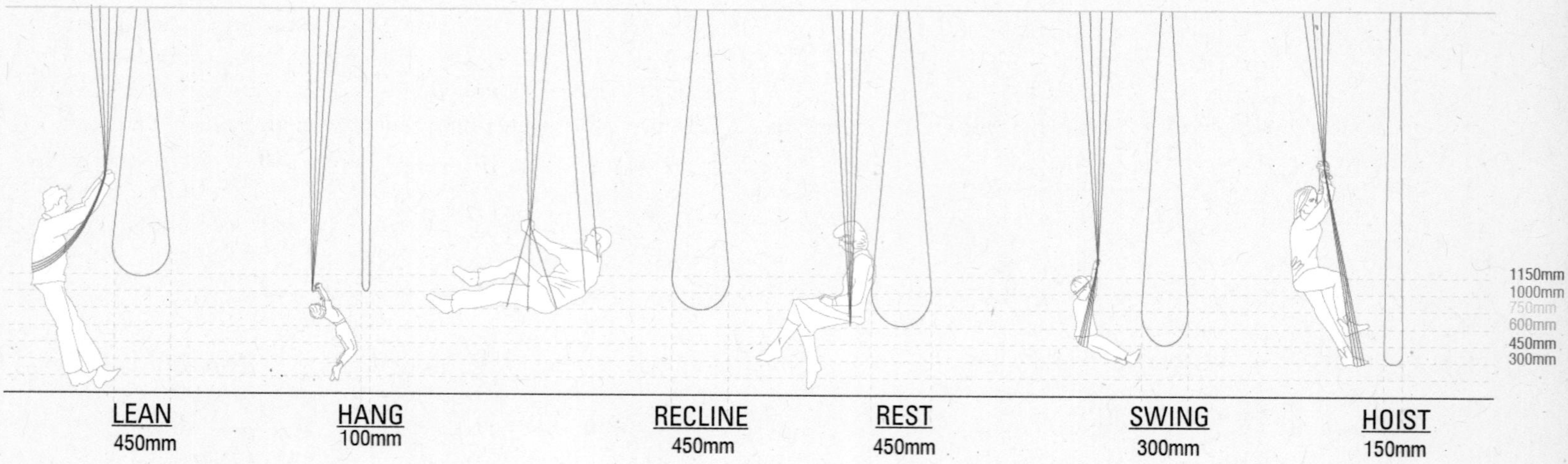

3

The Open Workshop, Enveloops, Situated at differing heights, the field condition allows for the possibility of numerous forms of occupying the framework | Durch die Höhenabstufung ermöglicht das Feld eine Reihe unterschiedlicher Nutzungsweisen der Struktur, Toronto, 2014 © The Open Workshop

Enveloops examines the expansion of the envelope into a three-dimensional field condition that envelops the visitor. This acts as a soft mediator that blurs the divide between "interior" and "exterior"—allowing the thickened negotiation of these realms to be played out with the human subject.

The field is constructed through a series of threaded loops. The further one moves into the installation, the more they are softly enclosed for intimate experiences while still remaining connected to their context. Color-coded through layers of temperature nesting, the loops, and their associated warmth, create different zones for occupation and comfort. The field is articulated further in section: the loops are hung at a series of heights to enable different forms of occupation and engagement—climbing, hanging, swinging, sitting, lounging. The field does not prescribe a singular use, but offers a series of possibilities that engage the curiosity of the human body to think through new forms of occupation. Program, structure, and envelope are merged into a fluid field condition that is constantly negotiating the *subject*—the environmental forces of wind and temperature and social forces of gathering. Enveloops purposely employs the legible geometry of the cube—to foreground the reappropriation of the object. This act enables the transformation of the object, through dynamic human and environmental forces, to reinforce both the forms and pressures of the dynamic elements as well as the framework to host the performance.

For designers, it would be useful to elucidate where control is exerted within this collective framework and how this collective framework can embody both aspects of performance from the quantitative to the qualitative. Umberto Eco's notion of "the open work" provides a useful template for how to reconcile design control with indeterminate and possibly conflicting factors. In 1962, Umberto Eco published *Opera Aperta,* or *The Open Work,* in which he characterized a work of art as either "closed" or "open" depending on the relationship it crafts between the subject (the viewer), object (the work of art), and author (the artist). For Eco, a closed work of art compels the subject to view and interpret the object in a singular manner, prescribed by the author.[5] In contrast, the open work is strategically designed by the author to allow each individual subject to project his or her final missing pieces onto the work, in order to complete it. From a musical composition by Stockhausen and Boulez to a metaphor of Kafka or a pun by Joyce, the open work positions the subject as an active agent in its production. Whether a poem, film, or song, it allows for the possibility of

5 See Umberto Eco, "The Poetics of the Open Work," in *The Open Work* (Cambridge, 1962), p. 3.

muss nicht unbedingt auf Kosten des Handwerks, der Genauigkeit, der Expertise oder der Bestimmtheit von Architektur gehen, sondern rückt die Frage nach dem Subjekt der Performance und nach einem holistischeren Umgang mit dem Subjekt wieder ins Zentrum der Performance-Debatte.

So notwendig es ist, die Komplexität der Unbestimmtheit einzubeziehen, so sehr ist auch ein allgemeiner Rahmen vonnöten, um die individuellen Elemente systematisch zu etwas zu verbinden, das mehr ist als die Summe seiner Teile. Auch neuere Diskussionen und Beispiele eines ökologischen Urbanismus stützen sich auf eine holistisch-systemische Integration, die ein Grundmerkmal jedes Ökosystems ist. Von Norman Fosters Ökostadt Masdar bis zu den von ARUP geplanten Ökostädten Wanzhuang oder Dongtan ermöglicht die maßstabsübergreifende Wechselwirkung zwischen materiellen Artefakten und transformativen Phänomenen eine ökologische Integration unterschiedlicher Systeme. Ähnlich bedarf es auch einer gemeinsamen Öffentlichkeit, damit die Wirkung (Effekte) individuellen Handelns und Sprechens so verändert werden, dass ein Gleichgewicht im Pluralismus entsteht und die Stabilität des öffentlichen Raums gewährleistet ist.[4] Der Raumgestaltung kommt dabei eine *Vermittlerrolle* zwischen den unbestimmten Eigenschaften einzelner Subjekte und ihrer Lebenswelt zu – als eine Art Kuratorin arbeitet sie einen kollektiven Rahmen für deren Performance heraus.

In Städten mit großen jahreszeitlichen Schwankungen wie Toronto ist die gemeinsame Teilnahme an Outdoor-Aktivitäten in den Wintermonaten stark eingeschränkt. Zur Förderung des Gemeinsamen in saisonal wenig genutzten Gegenden der Stadt wurde ein temporärer Pavillon für die Strände von Toronto konzipiert. Die bestehenden Strandwächtersitze als Anker nutzend, versucht der Pavillion dies durch Neuinterpretation von Wärme und Spiel zu erreichen. *Enveloops* ist ein experimenteller Entwurf für einen Winterpavillon, der auf diskursive Weise ein weiches Tragwerk für das erweiterte Subjekt zu entwickeln versucht, das sowohl aus der dynamischen physischen Umwelt als auch ihren Benutzern besteht. Weich ist dieses Gerüst insofern, als es ständig zwischen menschlicher Okkupation und physischer Umwelt vermittelt.

Wärme wird in der Architektur üblicherweise mittels einer Hülle erzeugt, die durch eine einzige Schicht das Innen hermetisch vom Außen abtrennt. Dagegen erforscht *Enveloops* die Ausdehnung der Hülle in ein seine Besucher umschließendes dreidimensionales Feld. Dieses dient als weiche Vermittlungsinstanz, welche die Grenze zwischen „Innen" und „Außen" verwischt und damit die Möglichkeit bietet, mit dem menschlichen Subjekt einen erweiterten Aushandlungsprozess zwischen diesen Räumen durchzuspielen.

Das Feld besteht aus einer Reihe von Seilschlaufen. Je weiter man sich in die Installation hineinbegibt, umso mehr vermittelt sich eine weiche intimere Erfahrung, ohne dass man aber die Verbindung zum Umfeld verliert. Farblich in mehrere Temperaturschichten unterteilt, bilden die Schlaufen und die damit assoziierten Wärmegrade unterschiedliche Aufenthalts- und Komfortzonen. Zudem ist das Feld auch im Aufriss gegliedert: Die Schlaufen hängen in unterschiedlichen Höhen und können damit unterschiedlich genutzt werden – zum Klettern, Hängen, Schaukeln, Sitzen, Liegen. Das Feld gibt keine feste Verwendungsweise vor, sondern macht eine Reihe von Angeboten, welche die Neugierde des menschlichen Körpers zur Erkundung neuer Beschäftigungsmöglichkeiten wecken. Programm, Tragwerk und Hülle verbinden sich zu einem fließenden Feld, in dem das Subjekt – die Umweltkräfte Wind und Temperatur ebenso wie die sozialen Bindekräfte – fortwährend neu verhandelt wird. *Enveloops* bedient sich bewusst der leicht lesbaren Geometrie des Würfels, um die Wiederaneignung des Objekts hervorzuheben. So wird die Transformation des Objekts durch menschliche wie umweltbedingte dynamische Kräfte angestoßen und rückwirkend werden sowohl Form und Spannungen der dynamischen Elemente verstärkt als auch das Tragwerk als Ort der Performance.

Für Gestalter wäre es nützlich herauszufinden, wo in diesem gemeinsamen Rahmen Kontrolle ausgeübt wird und inwiefern diese Performance, im quantitativen als auch im qualitativen Sinn, dies zu verkörpern vermag. Umberto Ecos Idee des „offenen Kunstwerks" liefert eine brauchbare Vorlage für eine solche Versöhnung von Gestaltungskontrolle mit unbestimmten und vielleicht auch widerstrebenden Faktoren. In dem 1962 erschienenen gleichnamigen Buch beschrieb Eco Kunstwerke als „offen" oder „geschlossen" je nach dem Verhältnis, das sie zwischen Subjekt (Rezipient), Objekt (Kunstwerk) und Urheber (Künstler) herstellen. Laut Eco möchte ein geschlossenes Werk vom Rezipienten auf eine einzige, vom Urheber vorgegebene Art und Weise betrachtet und interpretiert werden.[5] Dagegen ist das offene Werk strategisch dergestalt geformt, dass es dem Subjekt die Möglichkeit gibt, die ihm letztlich fehlenden Teile darauf zu projizieren und es so zu vervollständigen. Von Kompositionen Stockhausens oder Boulez' bis zu einem Gleichnis von Kafka oder einem Wortspiel von Joyce bezieht das offene Kunstwerk das Subjekt als aktiv Mitwirkenden in die Produktion mit ein. Ob Gedicht, Film oder Lied, es gestattet eine Vielfalt subjektiver

4 Vgl. ebd., 64ff.

5 Vgl. Eco, Umberto: *Das offene Kunstwerk*, Übers. Günter Memmert, Frankfurt/M. 1977, 29f.

numerous subjective experiences and interventions while still maintaining its status as a "work" because it is framed within the world intended by the author.[6] The power of Eco's concept lies in the simultaneity of *both* an underlying order *and* an openness for indeterminate acts. It helps the architect to determine where to exert control and where to embrace indeterminacy.

Eco's treatise does not touch on the heteronomous arts including architecture, arguably because when compared to the autonomous arts, architecture has a degree of openness. This openness, however, has typically been positioned as an obstacle to repress instead of an opportunity to embrace. The open work gains traction today as designers grapple with where and how to exert control in a context of increasing political and environmental indeterminacy. To engage with architecture through the open work requires the expansion of Eco's subject to include the environmental context, which is inseparable from any act of spatial design. The open work enables designers to act with controlled precision yet also require individual meanings, interpretations, and/or the transformative qualities of the environment to complete to the work. The open work straddles the fine line between the individual and collective, the chaotic and the ordered, and the informal and formal. The subject becomes an integral part of the completion of the work through performance. Eco writes: "Every performance explains the composition but does not exhaust it. Every performance makes the work an actuality, but is itself only complementary to all possible other performances of the work. In short, we can say that every performance offers us a complete and satisfying version of the work, but at the same time makes it incomplete for us, because it cannot simultaneously give all other artistic solutions which the work may admit."[7]

Eco's concept challenges the traditional role of the architect, which has been to determine lines that ordered the world. In the past two centuries, however, as cities have rapidly expanded into vast urban territories that are organized through the negotiation of politics, economics, ecosystems, and cultural values, the ability to determine such lines has become progressively more complex and suspect. Such suspicion stems in part from the fact that architecture traditionally deals with determinacy, permanence and form—characteristics that are increasingly difficult to reconcile with the rapidly transforming metropolis and environment. Eco's open work enables a way out of a disciplinary identity crisis by clarifying how determinacy, a core act of design, can be reconciled with indeterminate factors.

Architecture gains a renewed agency through staging performance. It frames a collective structure that choreographs the shifting, transforming, and dynamic qualities of the subject complete the work. The performance of Enveloops is one instigated by the designer but implemented by the subject—a subject that is both a human and non-human agent. It is the theater of life that continually re-creates interpretations, performs the work, and subverts the form. Design is not lost in this equation but rather re-centered on orchestrating the negotiation between indeterminate subjects and determined form. It is the richness of the dynamic subject that is foregrounded but only understood through the collective framework of architecture. ▪

6 See ibid., p. 20.

7 Ibid., p. 15.

Erfahrungen und Eingriffe, bleibt aber kraft der vom Künstler so gewollten Einfügung in die Welt dennoch ein „Werk".[6] Die Stärke von Ecos Begriff liegt in der Gleichzeitigkeit von zugrundeliegender Ordnung und der Offenheit für unbestimmte Handlungen. Es hilft Architekten zu entscheiden, wo sie Kontrolle ausüben und wo sie die Unbestimmtheit annehmen wollen.

Ecos Abhandlung geht nicht auf heteronome Künste wie die Architektur ein, wohl weil sie im Vergleich zu den autonomen Künsten ohnehin eine gewisse Offenheit aufweist. Meist wurde diese Offenheit aber eher als ein zu meidendes Hindernis denn eine zu ergreifende Gelegenheit gesehen. Heute, da sich Planer damit herumschlagen, wo und wie sie im Kontext wachsender politischer und umweltbezogener Unbestimmtheiten Kontrolle ausüben können, gewinnt das Thema jedoch an Bedeutung. Die Beschäftigung mit Architektur im Sinn des offenen Werks erfordert allerdings die Ausweitung von Ecos Thema auf die Umwelt, die mit jedem Akt der Raumgestaltung untrennbar verbunden ist. Das offene Werk erlaubt dem Planer kontrollierte und präzise Setzungen, bedarf zu seiner Vervollständigung aber auch persönlicher Sinngebung und Interpretation bzw. der transformativen Eigenschaften der Umwelt. Das offene Werk überbrückt den schmalen Grat zwischen Individuum und Kollektiv, Chaotischem und Geordnetem, Informellem und Geformtem. Das Subjekt wird zu einem integralen Teil der Vervollständigung des Werks durch die Ausführung. Bei Eco heißt es: „Jede Ausführung [des Werks] erläutert, aber erschöpft es nicht; jede Ausführung realisiert das Werk, aber alle zusammen sind komplementär zueinander, jede Ausführung schließlich gibt uns das Werk ganz und befriedigend und gleichzeitig unvollständig, weil sie uns nicht die Gesamtheit der Formen gibt, die das Werk annehmen könnte."[7]

Ecos Konzept stellt die traditionelle Rolle der Architektur, die darin bestand, die Welt mittels Linien zu ordnen, infrage. In den letzten zwei Jahrhunderten, in denen Städte zu riesigen Ballungsgebieten heranwuchsen, deren Organisation auf Vermittlungsprozessen zwischen Politik, Wirtschaft, Ökosystemen und kulturellen Werten beruht, ist die Fähigkeit zum Festlegen solcher Linien immer komplexer und suspekter geworden. Das Suspekte daran rührt zum Teil daher, dass Architektur gewöhnlich mit Bestimmtheit, Festigkeit und Form zu tun hat – Aspekten, die sich immer weniger mit der sich rasant wandelnden Metropole und Umwelt vereinbaren lassen. Ecos „offenes Kunstwerk" eröffnet einen Ausweg aus der Identitätskrise des Fachs, indem es zeigt, wie man Bestimmtheit, ein Grundelement der Planung, mit unbestimmten Faktoren in Einklang bringen kann.

Durch die Inszenierung von Performance erlangt Architektur neue Handlungsmacht. Sie schafft eine gemeinsame Struktur, die die wechselnden, verändernden, dynamischen Eigenschaften des das Werk vervollständigenden Subjekts choreografiert. Bei Enveloops wird die Performance oder Ausführung vom Planer zwar in Gang gesetzt, umgesetzt aber wird es vom Subjekt – das sowohl ein menschlicher als auch ein nicht-menschlicher Akteur ist. Es ist das Theater des Lebens, welches das Werk ständig neu interpretiert, es aus- und aufführt und seine Form untergräbt. In dieser Gleichsetzung geht der Entwurf nicht verloren, sondern konzentriert sich lediglich wieder auf das Orchestrieren der Vermittlung zwischen unbestimmten Subjekten und bestimmter Form. Was in den Vordergrund rückt, ist die Vielfalt des dynamischen Subjekts, das aber erst verständlich wird durch den gemeinsamen Rahmen der Architektur. ▪

Übersetzung: Wilfried Prantner

6 Vgl. ebd., 56.

7 Ebd., 49.

Office | Büro
The Open Workshop

Project Team | Projektteam
Neeraj Bhatia, Cesar Lopez, Jeremy Jacinth with | mit Blake Stevenson

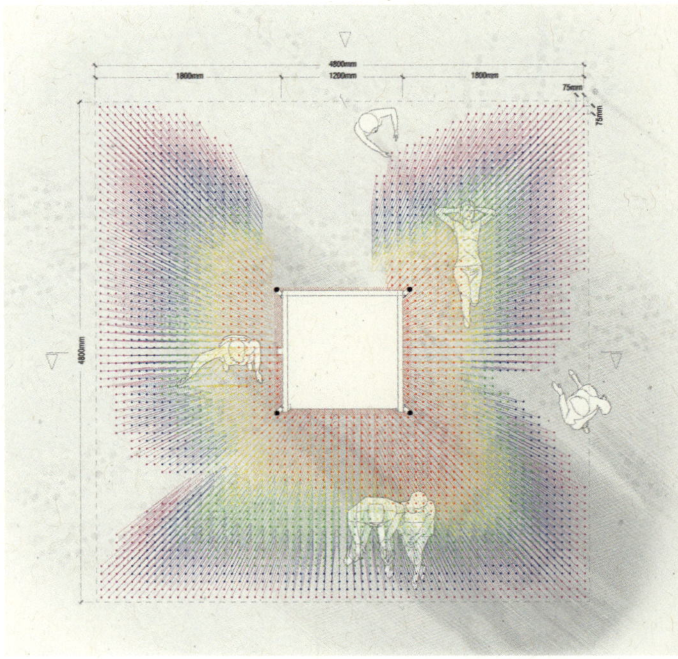

5

The Open Workshop, Enveloops, Blurring boundaries allow for the subject to create new experiences within a structured framework | Diffuse Grenzen ermöglichen dem Subjekt neue Raumerfahrungen innerhalb eines strukturierten Rahmens, Toronto, 2014
© The Open Workshop

4

The Open Workshop, Enveloops, View from the interior of the structure | Ansicht von Innen, Toronto, 2014
© The Open Workshop

Exploring Atmospheres of the Anthropocene

The breathe.austria Pavilion

Zur Erkundung von Atmosphären des Anthropozäns

Der breathe.austria-Pavillon

Klaus K. Loenhart

1 team.breathe.austria, breathe.austria, Österreichischer Pavillon, EXPO Mailand | Austrian Pavilion, Expo Milan, 2015 © Simon Oberhofer

Slowly, we are all beginning to realize that we are living in a world in which we are fundamentally influencing and changing the rhythms, dynamics, and workings of our planetary system. Our extensive work on the surface and atmosphere of our planet has formally been recognized as a distinct geological epoch, for "humans have changed the Earth system sufficiently to produce a stratigraphic signature in sediments and ice that is distinct from that of the Holocene epoch."[1] As our societies are in the process of moving beyond modern categories, we begin to understand that what hitherto was entitled "natural" is also artificial, and what we used to call "artificial" is also natural. We are participating in a fundamental turn in societal awareness—shaping a transformative shift from a situation *out there* to a reality we live within. Not least, it is becoming apparent that "the dimensions of the tasks at hand have been fantastically amplified by the various ecological crises" and that a collective awareness is developing for "what it means to act."[2] Controversies between society and the environment are becoming visible and call for action—a remarkable cognitive path from "a matter of fact to a matter of concern." The separation of the modern constitution—where "nature" (i.e., things, objects) is "transcendent" or universal in time and space and there to be discovered as a separate sphere, most distinct from "society" (the subject, the state), which is characterized as "immanent" and continually constructed "artificially" by citizens or by subjects[3]—is now proven and increasingly recognized as having been a long enduring societal illusion.

Atmosphere as Agency and a Generative Site.

Yet with this moment where the modern myth of an environmentally separated civilization, contextless growth, and unlimited resources exhibit visible ruptures—other vantage points emerge. It then becomes an intricate matter to comprehend how the processes playing out on a global scale affect our environment and ultimately involve us as human beings—and, of course, vice versa. How, for instance, does our individual everyday practice relate to artificial hyper-objects such as continental-size holes in the ozone sphere? The modernist global practice onto an environment "that surround us" is transforming into a generative site and medium—an active agent not separate from but *within* all future societal endeavors.

The design disciplines then are confronted, now more than ever, with the primordial task of addressing seemingly contradictory facets of this environmentally embedded future. For negotiating these controversies, I am identifying atmosphere—both physical and experiential—as one of the principal agencies for the design sciences in the Anthropocene.

In response to these tasks at stake our contribution breathe.austria[4] at the Expo Milano 2015 draws attention to air and atmosphere as one of our most precious resources. Breathing the gaseous atmosphere connects us with all life on our planet. The pavilion Breathe is a prototype for this thinking, where natural/technological merging and enhanced ecological performance take center stage. Here, a performing natural system—in assemblage with *light-tec* technology and thickened experiential atmospheres—represents an exemplary contribution to urban approaches.

Live Matter: Vibrant, Nonhuman Agency.

In engaging with live matter, our approach features and highlights the aliveness of plants. Starting out from what we can do with plants, we quickly moved our attention to what vegetative matter actually performs and how it is engaging with its immediate and further environment. Our team set out to condition a confined space, where ecological, technological, and social performance was to meet, by creating a microclimatic environment distinct from, but relating to its immediate surroundings, thus fostering its atmospheric, ecological, and social performance. One defined performative goal was to establish a microclimate—equaling the fresh atmosphere of a three-hectare natural forest, inviting visitors to dwell around the 560 m² centerpiece of the pavilion—while substituting all conventional climate conditioning devices. Unfolding such an oasis of cool and fresh climate with a zero-carbon record that even produces oxygen in the middle of the Expo grounds requires an entire metabolic system to be designed. Densely planted, all vegetation is staged to establish distinct,

1 Colin N. Waters et al., "The Anthropocene is functionally and stratigraphically distinct from the Holocene," *Science* 351, no. 6269 (January 8, 2016). Proposals for marking the start of the Anthropocene include an "early Anthropocene" beginning with the spread of agriculture and deforestation; the Columbian Exchange of Old World and New World species; the Industrial Revolution at ~1800 CE; and the mid-twentieth-century "Great Acceleration" of population growth and industrialization.

2 Bruno Latour, "A Cautious Prometheus: A Few Steps Toward a Philosophy of Design (with Special Attention to Peter Sloterdijk)," p. 3, http://www.bruno-latour.fr/sites/default/files/112-DESIGN-CORNWALL-GB.pdf (accessed March 2015).

3 See also Scott Lash, "Objects that Judge: Latour's Parliament of Things," European Institute for Progressive Cultural Policies, http://eipcp.net/transversal/0107/lash/en/print 6/1999/ (accessed August 2013). The realm of language is just as important. Discourse in modernity involves purifying language, while non-modern discourse comprises practices of mediation.

4 The Austrian Pavilion at the Expo Milan 2015, by our team: team.breathe.austria; see also http://terrain.de/breathe-austria/ (accessed December 2016).

Langsam wird uns allen bewusst, dass wir in einer Welt leben, deren Rhythmen, Dynamiken und Abläufe wir selbst fundamental beeinflussen. Mittlerweile ist es formal erwiesen, dass sich die eingehende Bearbeitung der Oberfläche und Atmosphäre unseres Planeten in einer eigenen erdgeschichtlichen Epoche niedergeschlagen hat: „Der Mensch hat das System Erde genügend verändert, um in Sedimenten und Eis eine stratigrafische Signatur entstehen zu lassen, die sich von jener des Holozäns unterscheidet.“[1] Jetzt da unsere Gesellschaften im Begriff sind, die Kategorien der Moderne hinter sich zu lassen, begreifen wir allmählich, dass das, was wir bisher als „natürlich“ bezeichnet haben, auch künstlicher Natur ist und umgekehrt. Wir befinden uns mitten in einer grundlegenden Umkehr gesellschaftlichen Bewusstseins – und sind Mitgestalter einer alles verändernden Verschiebung von einer Realität *dort draußen* hin zu einer, *in* der wir leben. Dabei wird nicht zuletzt deutlich, dass „die Dimensionen der anstehenden Aufgaben durch die verschiedenen ökologischen Krisen phantastisch vergrößert worden sind“ und dass sich ein öffentliches Bewusstsein dafür entwickelt, „was es bedeutet zu handeln.“[2] Gegensätze zwischen Gesellschaft und Umwelt werden sichtbar und verlangen von uns, aktiv zu werden und den bemerkenswerten kognitiven Schritt zu vollziehen – von einer „Tatsache“ hin zu einer Sache, „die uns angeht“.

Die Trennung in der Verfassung der Moderne – wonach die „Natur“ (also Dinge, Objekte) „transzendent“ ist, universell in Raum und Zeit existiert, da, um als separater Bereich entdeckt zu werden, der sich grundlegend von der als „immanent“ klassifizierten, von ihren Bürgern und Subjekten fortlaufend „künstlich“ hergestellten „Gesellschaft“ (dem Subjekt, dem Staat) unterscheidet[3] – ist nunmehr eindeutig nachgewiesen und wird nun zunehmend als langdauernde gesellschaftliche Illusion erkannt.

Die Atmosphäre als Akteurin und Zeugungsstätte. Doch in dem Augenblick, in dem dieser moderne Mythos einer von der Umwelt getrennten Zivilisation, kontextlosen Wachstums und unbegrenzter Ressourcen brüchig wird, werden andere Perspektiven sichtbar. Zu verstehen, wie im globalem Maßstab auftretende Prozesse sich auf unsere Umwelt auswirken und letztlich auch uns Menschen betreffen – ebenso wie vice versa – wird nun zu einer verwickelten Angelegenheit. Wie verhält sich zum Beispiel unsere persönliche Alltagspraxis zu künstlichen Hyperobjekten wie erdteilgroßen Löchern in der Ozonschicht? Der moderne globale Umgang mit der „uns umgebenden“ Welt wird zu einer Zeugungsstätte und einem Zeugungsmedium – einer aktiven Handlungsmacht, die von künftigen gesellschaftlichen Anstrengungen nicht getrennt, sondern ein Teil davon ist.

Demnach sehen sich die Gestaltungswissenschaften heute mehr denn je mit ihrer ureigensten Aufgabe konfrontiert, nämlich sich mit den scheinbar widersprüchlichen Facetten dieser in die Umwelt eingebetteten Zukunft auseinanderzusetzen. In Bezug auf den Ausgleich dieser Widersprüche betrachte ich die Atmosphäre – im physikalischen wie im erlebnisbezogenen Sinn – als eines der Hauptinstrumente der Gestaltungswissenschaften im Anthropozän.

Im Sinne dieser anstehenden Aufgaben rückt breathe. austria,[4] unser Beitrag zur Expo 2015 in Mailand, eine unserer kostbarsten Ressourcen, nämlich die Atmosphäre und die Luft die wir atmen, ins Zentrum der Aufmerksamkeit. Das Atmen unserer Gasatmosphäre verbindet uns mit allem Leben auf dem Planeten. Der Breathe-Pavillon ist Prototyp eines Denkens, das die Verschränkung von Natur und Technologie und die Steigerung ökologischer Performanz in den Mittelpunkt stellt, wobei die Performanz eines natürlichen Systems – im Verbund mit *lighttec*-Technologie und verdichteter Erlebnisatmosphäre – hier auch als exemplarischer Beitrag zu urbanistischen Planungsansätzen zu verstehen ist.

Sachen, die leben: vibrierende, nichtmenschliche Handlungsmacht. Mit dem Einbeziehen von „lebendem Material“ verfolgen wir vorrangig den Ansatz, die Lebendigkeit von Vegetation an sich hervorzuheben. Nach anfänglichen Experimenten zur grundlegenden Frage, was man *mit* Pflanzen machen kann, verschob sich die Aufmerksamkeit bald auf die erweiterte Fragestellung, worin eigentlich ihre Performanz besteht und wie sie sich mit ihrer unmittelbaren und weiteren

1 Waters, Colin N. et al.: „The Anthropocene Is Functionally and Stratigraphically Distinct from the Holocene“, in: *Science* 351, 6269 (2016). Vorschläge für den Anfang des Anthropozäns reichen von einem mit der Ausbreitung der Landwirtschaft und der Entwaldung beginnenden „Frühanthropozän“, über den von Kolumbus initiierten Artenaustausch zwischen alter und Neuer Welt, die industrielle Revolution um 1800 u.Z. bis zur „großen Beschleunigung“ von Bevölkerungswachstum und Industrialisierung Mitte des 20. Jahrhunderts.

2 Latour, Bruno: „Ein vorsichtiger Prometheus? Einige Schritte hin zu einer Philosophie des Designs, unter besonderer Berücksichtigung von Peter Sloterdijk“, in: Van Tuinen, Sjoerd/Hemelsoet, Koenraad/Jongen, Marc (Hg.), *Die Vermessung des Ungeheuren. Philosophie nach Peter Sloterdijk*, München 2009, S. 359. Online unter: http://www.bruno-latour.fr/sites/default/files/downloads/112-DESIGN-SLOTERDIJK-DE.pdf (Stand: 5. Dezember 2016).

3 Vgl. auch Lash, Scott: „Objekte, die urteilen: Latours Parlament der Dinge“, Übers. von Therese Kaufmann, in: *Tranversal – EIPCP Multilingual Webjournal* 1 (2007), http://eipcp.net/transversal/0107/lash/de/ (Stand: 5. Dezember 2016). Ebenso wichtig ist der Bereich Sprache. Moderner Diskurs bedeutet Reinigung der Sprache, wogegen nicht-moderne Diskurse Praxen der Vermittlung miteinbeziehen.

4 Der österreichische Pavillon unseres Teams *team.breathe.austria* bei der Mailänder Expo 2015; vgl. http://terrain.de/breathe-austria/

2 team.breathe.austria, breathe.austria, Österreichischer Pavillon, EXPO Mailand | Austrian Pavilion, Expo Milan, 2015 © Daniele Madia

ecotype-based plant communities—allowing small atmospheric localities to unfold in their aliveness within the larger microclimate of the pavilion.

Atmospheric conditioning then even unfolds while each leaf performs an O_2/CO_2 gas exchange with its stomas[5]—tiny pores distributed at the bottom side of each leaf. In this process, the leaf also evaporates water molecules that then transpire as vapor into the atmosphere, while absorbing energy from the proximate area. In so doing, it is cooling its surrounding plant tissue and the nearby atmospheric environment.

Just like all leave-stomas, all performative entities inside the pavilion are highly responsive to the changing surrounding climatic and atmospheric conditions within this open courtyard typology. In their daily and annual rhythms, microscopic processes unfold a sensual atmospheric landscape, while their metabolism is connected to the greater atmosphere of our planet. Natural ventilation, dynamic conditions—such as weather, temperature, wind flow, daytime, and seasonal changes—then continuously affect and engage with the inner microclimates. These phenomenal and ecological occurrences—in their pervasive connections—reveal themselves in their continuous "evolutionary" existence. Here, the specific approach of this project is to be located: The spatial staging of environmental interactions between individual organic/inorganic agents invites exploration into new forms of metabolic engagement in design. It is a proposal of a performance-oriented practice with its own methodology that includes the pursuing of flow and metabolic exchange of (live) matter in its transitory existence.

Atmospheric Encounters as the Connecting Practice of the Anthropocene. In moving beyond modern dualistic categories this relatedness is trickling through all scales and spheres, from planetary atmosphere, down to the smallest plant—even reaching the scale of forest microorganisms that we included into the system on site. As much as atmosphere is connecting spheres and scales, it also includes us as breathing creatures—including our own bodily metabolism—for we are continuously and existentially connected to our planet. Here, human and nonhuman agents all meet and interact. It then becomes palpable to render these pervasive assemblages as an integral part of our own existence—now in its societal dimension. We most deeply become affected by and experience intrinsic relatedness on our explorations of atmospheric space. At the Breathe pavilion the empathic encounter of atmosphere becomes the key medium to simultaneously experience and engage with the environment—responding with immediate (bodily) reaction that urges contextual presence to emerge.

Importantly, this spatial expedition starts off with a sensual encounter and pre-intellectual experience of empathic seeing, sensing, listening to, and engaging with the atmospheric conditions that emanate from all elements—whether they are building elements, technological props, or plant material, metabolic processes or fields and matter of the smallest microclimates. Our bodily metabolism has developed an experiential exchange with our surroundings a thousand times more intimate than our reflected perception seems to suggest. While the human body rationally engages with a bandwidth of consciousness of only 16 bits/sec, it subconsciously experiences up to eleven million information/bits/sec[6] from its environment—sensual and metabolic processes extend far beyond the five Aristotelian senses. It possesses a capacity to gather an incomprehensible amount of information from our surroundings to mutually resonate with, even though we become not aware of it.

Within a multitude of metabolic processes at work, this immense amount of subconscious stimuli shows how strongly sensory features of our atmospheric environment emanate and are absorbed and assimilated by our expanded sensual body. This information flow or bodily environmental communication suggests that we ourselves, sensually and spherically, are constantly *engaging in the becoming of our environment*. The journey of the pavilion's sensual experience therefore is an open invitation to engage in environmental embodiment—which then triggers a process of recognition and apprehension —the process of internalizing situational stimuli. The lived synergy of our bodily sensory fields then, by its very nature, evokes and engages meanings from the world—a vibrant frame of reference of human, nonhuman, and material agents thus displays the potential for a "negotiative" political ecology; a space of design also for protocolling environmental controversies.[7]

5 See Jeroni Galmés et al., "Water Relations and Stomatal Characteristics of Mediterranean Plants with Different Growth Forms and Leaf Habits: Responses to Water Stress and Recovery," *International Journal on Plant-Soil Relationships* 290, no. 1 (2007), pp. 139–55.

6 Tor Nørretranders, *The User Illusion: Cutting Consciousness Down to Size* (New York, 1999), p. 161. Precisely because from one instant to the next consciousness can switch from one object to another, it is not perceived as limited in its capacity. Consciousness possesses peerless agility. But that does not change the fact that at any given moment one is not conscious of much at all.

7 This staging of spatial atmospheric elements and (live) matter then in no way connotes a path back to nature, but more the need to allude to a network of dynamic, material, and performative relationships and to foreground its characteristic as performative working system. See also Jane Bennett, "The Force of Things: Toward an Ecology of Matter," *Political Theory* 32, no. 3 (2004), p. 365.

Umgebung verbinden. Unser Team begann, einen umschlossenen Raum zu konditionieren, in dem sich ökologische, technische und soziale Performanz begegnen sollten – ein sich von der unmittelbaren Umgebung unterscheidendes aber doch darauf bezogenes mikroklimatisches *Environment*, das diese atmosphärische, ökologische und soziale Performanz fördert. Eine performative Zielvorgabe war es ein Mikroklima zu erzeugen, das der Frische von drei Hektar Naturwald entspricht und Besucher zum Verweilen um das 560 m^2 große Kernstück des Pavillons einlädt, wobei es jede konventionelle Klimaanlage ersetzt. Doch eine solche Oase der Frische, die noch dazu CO_2-neutral ist und mitten auf dem Expo-Gelände Sauerstoff produziert, erfordert die Konstruktion eines ganzen Stoffwechselsystems. Eine dichte Bepflanzung ist anzulegen, so dass sich bestimmte, auf Ökotypen basierende Pflanzengemeinschaften bilden, wodurch innerhalb des größeren Mikroklimas des Pavillons kleine Lokalatmosphären mit all ihrer Lebendigkeit entfalten.

Das Konditionieren von Atmosphäre entfaltet sich hier bereits beim O_2/CO_2-Austausch durch die sogenannten Stomata[5] – winzige Spaltöffnungen auf der Unterseite des Blattes. Während dieses Prozesses gibt das Blatt auch Wassermoleküle ab, die sich in der Atmosphäre als Dunst niederschlagen und Energie aus der Umgebung absorbieren. Dabei kühlen sich das umgebende Pflanzengewebe und die umgebende Atmosphäre ab. Genau wie die Blatt-Stomata reagieren alle performativen Einheiten des Pavillons aufgrund der offenen Innenhof-Typologie hochempfindlich auf die wechselnden klimatischen und atmosphärischen Bedingungen in ihrer Umgebung. In ihren Tages- und Jahresrhythmen entfalten dann mikroskopische Prozesse eine sinnlich erlebbare atmosphärische Landschaft, deren Stoffwechsel mit der größeren Atmosphäre unseres Planeten verbunden ist. So beeinflussen natürliche Ventilation und dynamische urbane Bedingungen – Wetter, Temperatur, Windverhältnisse, Tages- und Jahreszeit – das innen herrschende Mikroklima und stehen in kontinuierlicher Wechselwirkung. Diese ökologischen Ereignisse mit ihren alles durchdringenden Verbindungen werden in ihrer „evolutionären" also ständig werdenden Kontinuität erkennbar. Hier ist auch der spezifische Ansatz des Projekts zu verorten: Die räumliche Inszenierung von Umweltinteraktionen zwischen einzelnen organischen/nichtorganischen Akteuren soll dazu anregen, sich mit neuen Formen metabolischer Beziehungen im Design zu beschäftigen. Sie versteht sich als Vorschlag zu einer performanzorientierten Praxis mit eigener Methodik und der Erforschung der Ströme und Stoffwechselprozesse von (lebender) Materie in ihrem vergänglichen Dasein.

Atmosphärische Begegnungen als Verbindungsverfahren des Anthropozäns. Jenseits des Dualismus der Moderne zieht sich diese Verbundenheit durch sämtliche Skalen und Sphären, von der Atmosphäre des Planeten bis zum kleinsten Gewächs, ja bis hinunter zu den Mikroorganismen des Waldes, die wir in das System vor Ort eingebracht haben. So wie die Atmosphäre verschiedene Sphären und Skalen verbindet, so bezieht sie auch uns als atmende Wesen mitsamt unserem eigenen Körperstoffwechsel mit ein – denn wir bilden ein Kontinuum mit unserem Planeten und sind existenziell damit verbunden. Menschliche und nichtmenschliche Akteure treffen hier zusammen und interagieren. Somit wird es möglich, diese tiefgreifenden Assemblagen als integralen Teil unserer eigenen Existenz – nunmehr in ihrer gesellschaftlichen Dimension – begreifbar zu machen. Am tiefsten spür- und erlebbar wird diese intrinsische Verbundenheit bei der Erkundung atmosphärischer Räume. Im Breathe-Pavillon wird die empathische Begegnung der Atmosphäre zum Schlüsselmedium für das gleichzeitige Erleben und Zusammenwirken mit der Umwelt – die unmittelbare (körperliche) Reaktion darauf, die die kontextuelle Präsenz zum Vorschein bringt.

Nicht von ungefähr beginnt die räumliche Expedition mit einer sinnlichen Begegnung und vorbewussten Erfahrung empathischen Sehens, Empfindens, Lauschens und Eingehens auf die atmosphärischen Bedingungen, die sich aus allen Elemente ergeben – egal ob es sich um Bauelemente, technische Requisiten oder Pflanzenmaterial, Stoffwechselprozesse oder die Felder und Stoffe der kleinsten Mikroklimata handelt. Unser Körperstoffwechsel hat einen sinnlichen Austausch mit seiner Umgebung entwickelt, der tausend Mal inniger ist als die reflektierte Wahrnehmung. Operiert das Bewusstsein nur mit einer Bandbreite von 16 bit/s, nimmt der menschliche Körper unbewusst Informationen im Umfang von 11 Millionen bit/s auf,[6] zumal sinnliche und metabolische Prozesse weit über die fünf aristotelischen Sinne hinausreichen. Er ist in der Lage, eine unfassbare Menge an Informationen aus unseren Umgebungen zu sammeln, um dann in ein Resonanzverhältnis zu treten, auch wenn uns das nicht bewusst wird.

Diese Unmenge an unbewussten Stimuli in einer Vielzahl von Stoffwechselprozessen macht deutlich, in welchem Ausmaß Sinnesinformationen von unserer atmosphärischen Umgebung abgegeben und von unserem erweiterten sinnlichen Körper aufgenommen und assimiliert werden. Dieser Informationsfluss, oder diese Körper-Umwelt-Kommunikation, zeigt, dass wir sensorisch wie sphärisch ständig *am Werden unserer Umwelt mitwirken*.

Das sinnliche Erleben des Pavillons ist also eine offene Einladung, uns selbst als Teil der Verkörperung von Umwelt zu begreifen und dabei einen Prozess des Wiedererkennens und intuitiven Erfassens, die Internalisierung situationaler Stimuli in Gang zu setzen. Die gelebte Synergie unserer körperlich-sensorischen Felder weckt und verarbeitet dann naturgemäß Bedeutungen

5 Vgl. Galmés, Jeroni et al.: „Water Relations and Stomatal Characteristics of Mediterranean Plants with Different Growth Forms and Leaf Habits: Responses to Water Stress and Recovery", in: *International Journal on Plant-Soil Relationships* 290, 1 (2007), 139–55.

6 Vgl. Nørretranders, Tor: *The User Illusion: Cutting Consciousness Down to Size*, New York 1999, 161. Weil das Bewusstsein in Sekundenschnelle von einem Objekt zum anderen springen kann, wird seine Kapazität nicht als begrenzt wahrgenommen. Das Bewusstsein besitzt eine beispiellose Agilität. Das ändert aber nichts daran, dass uns in einem bestimmten Moment nicht sehr viel bewusst ist.

3

4

3–5 team.breathe.austria, breathe.austria, Österreichischer Pavillon, EXPO Mailand | Austrian Pavilion, Expo Milan, 2015
(3) © Daniele Madia
(4) © archive@terrain.de
(5) © Simon Oberhofer

Entanglement: Informing Thick Atmospheres. A process of profound sensual engagement is then made possible through our striving to inform thick atmospheres—through a design approach that I would like to call deep metabolic *entanglement*—easily severable "threads," which connect the one with the other[8] within this subtle assemblage of tangible atmospheric fields. Borrowed from quantum physics,[9] the term *entanglement* describes a phenomenon in which two or more entities are related by performative reference to each other, "even though the individual objects may be spatially separated." These elements, then, are not considered to have an individual performance but are an inseparable whole. In entanglement, one constituent element cannot be fully described "without considering the other(s)."[10]

We were curious to investigate the process of this fusing of the performative aspects—the processes of entanglement—of the technical with the natural domain.

Based on our calculations, it was predictable that for high summer temperatures, all soil and vegetation alone may not reach the desired climatic performance of lowering the temperature by five to eight degrees centigrade through its plant- and soil-related evapotranspiration.

For equaling the fresh atmosphere of a three-hectare natural forest centerpiece, with a significant difference in temperature of up to eight degrees centigrade or cooler, the vegetated core of the pavilion needed an alternate approach. The natural performance of vegetative metabolism, then, becomes enhanced by the technological performance of evaporative cooling—directly engaging with the agency of the plants' entire leaf surface to achieve the desired cooling effect. Custom-designed fog-ventilation systems are spaced throughout the vegetation, acting and responding to live data in real time. Natural and technological performances merge to boost evaporation from an extensive surface area. On 560 m^2 ground surface, a leaf- and evaporative surface of 43,200 m^2 is put to use. Furthermore, all processes for cooling in the pavilion participate in the production of oxygen—and in the metabolism of the landscape's varying natural components. Altogether, they are producing pure fresh air—equaling as much oxygen as is consumed per hour by an average of 1,303 visitors. These entanglements are not hidden but are made visible—with an aim of recognizing "what reveals itself as an 'agency of assemblage' in its relatedness."[11]

Designing Entanglement: Space, Climate and Politics. This interior ambience hence displays a double merging—material (organic/nonorganic) and political (nature/culture). It is the transformation from "matters of fact" into "matters of concern" that allows the newly identified contextuality to become visible. For everyone physically and sensually entangled in this ephemeral space, it is hard to conceive where technical performance ends and natural performance begins—and this is a good thing.

Through sensual engagement—you and me—in atmosphere, we are all invited to reframe the practicing of our lives and asked to reimagine creative entanglements with our planetary all. In exploring this pavilion we then find ourselves within a living climate machine.

It is evident, as Jane Bennett points out in regard to the proclaimed Age of the Anthropocene, that "there was never a time when human agency was anything other than an interfolding network of humanity and non-humanity; today this mingling has become harder to ignore."[12] As this understanding strongly suggests a practice of confluence between human and natural history, designing with atmosphere becomes a projective practice. Engaging in atmosphere in design invites one to narrate and trace the entanglement between our own bodily metabolism and its conscious relatedness to our outer world—moving through scales, categories, and conditions. Beyond the measurable, our experiences are informed by immaterial and ephemeral conditions that affect our sensual encounters. Natural processes and metabolism may evolve as multifaceted agencies that eventually turn into a cause for thinking about, conceptualizing and relating within future natures on our planet. These encounters with or expeditions into sensual landscapes include live matter and conditions of light, humidity, sound, wind, temperature, and smell, among even more subtle agencies. While much of experiential atmospheric discourse has tended to bracket the political, the newly entangled agencies of atmosphere can now be put to work to negotiate controversies between the individual, the ecological, and the political realms. ▪

8 Bruno Latour, *Pandora's Hope: Essays on the Reality of Science Studies* (Cambridge, MA, 1999), p. 42.

9 ScienceDaily, *Reference Terms*, "Quantum entanglement," https://www.sciencedaily.com/terms/quantum_entanglement.htm (accessed January 2015).

10 Asher Peres, *Quantum Theory: Concepts and Methods* (Dordrecht, Boston, and London, 1993), p. 115.

11 Jane Bennett, "The Agency of Assemblages," in *Vibrant Matter: A Political Ecology of Things* (Durham and London, 2010), pp. 20–38, esp. p. 20.

12 Ibid., p. 31.

6

7

6–7 team.breathe.austria, breathe.austria, Österreichischer Pavillon, EXPO Mailand | Austrian Pavilion, Expo Milan, 2015
© Marc Lins

in der Welt – einen vibrierenden Bezugsrahmen aus menschlichen, nichtmenschlichen und materiellen Akteuren, der das Potenzial für eine verhandlungsbasierte politische Ökologie demonstriert; einen Gestaltungsraum, um umweltbezogene Kontroversen zu protokollieren.[7]

Verflechtungen: dichte Atmosphären in-formieren. Ein Prozess tiefgreifender sinnlicher Einlassung wird dann durch unser Streben ermöglicht, dichte Atmosphären zu in-formieren – durch einen Gestaltungsansatz, den ich als tiefenmetabolische *Verflechtung* bezeichnen möchte. Dabei handelt es sich um Verflechtungen mit leicht kappbaren „Strängen", die eins mit dem anderen verbinden,[8] innerhalb der subtilen Assemblagen greifbarer atmosphärischer Felder. In der Quantenphysik verweist der Begriff *Verschränkung/Verflechtung* auf ein Phänomen, bei dem zwei oder mehrere Entitäten durch performative Referenz miteinander gekoppelt sind, „selbst wenn die einzelnen Objekte räumlich getrennt sind."[9] Die Elemente verfügen also über keine individuelle Performanz, sondern bilden ein untrennbares Ganzes. In der Verschränkung ist ein Element nicht vollständig beschreibbar, „ohne dass man das andere (oder die anderen) einbezieht."[10]

Unser Interesse galt diesen Verflechtungen der technischen und der natürlichen Sphäre – dem Prozess der Verbindung ihrer performativen Aspekte.

Nach unseren Berechnungen war vorhersehbar, dass bei den hohen Sommertemperaturen die Evapotranspiration von Erdreich und Vegetation allein nicht ausreichen würden, die gewünschte Klimaperformanz einer Temperaturabsenkung um fünf bis acht Grad Celsius herbeizuführen. Um die Frische eines Drei-Hektar-Waldstücks mit einer signifikanten Temperaturdifferenz von bis zu acht Grad zu erzeugen, mussten wir beim bepflanzten Innenhof des Pavillons einen anderen Ansatz verfolgen. In ihm wird die natürliche Performance des Pflanzenmetabolismus durch die technische Performanz der Verdunstungskühlung verstärkt – diese verbindet sich direkt mit der Leistung der gesamten Blattoberfläche der Bepflanzung, um den gewünschten Kühlungseffekt zu erzielen. Über die gesamte Bepflanzung sind maßgefertigte Nebel-Ventilationssysteme verteilt, die in Echtzeit auf die Lebenddaten reagieren. Natürliche und technische Performance greifen ineinander, um die Verdunstungsleistung einer gewissen Grundfläche zu steigern. Auf der 560 m^2 großen Grundfläche wird so eine Blatt- und Verdunstungsfläche von 43.200 m^2 erreicht. Darüber hinaus tragen alle Kühlungsprozesse zur Sauerstoffproduktion im Pavillon bei – wie auch zum Stoffwechsel der natürlichen Landschaftsbestandteile. Gemeinsam erzeugen sie reine, frische Luft – so viel davon, wie von durchschnittlich 1.303 Besuchern pro Stunde verbraucht wird. Diese Verflechtungen werden nicht verborgen, sondern sichtbar gemacht, damit man erkennt, „was sich in seiner Verbundenheit als ‚Handlungsmacht des Gefüges' offenbart."[11]

Verflechtungen entwerfen: Raum, Klima und Politik. Dieses Ambiente vollzieht damit eine doppelte Verflechtung – eine materielle (organisch/anorganisch) und eine politische (Natur/Kultur). Es ist diese Transformation von „Tatsachen" in „Sachen, die uns angehen", die die kürzlich erkannte Kontextualität sichtbar werden lässt. Wer physisch und sinnlich in diesen ephemeren Raum verstrickt ist, kann schwer sagen, wo die technische Performanz endet und die natürliche beginnt – und das ist auch gut so. Durch die sinnliche Teilhabe – du und ich – an der Atmosphäre, sind wir alle aufgefordert, unsere Lebenspraktiken zu überdenken und neue kreative Verflechtungen mit unserem planetarischen Ganzen zu ersinnen. Beim Erkunden dieses Pavillons finden wir uns somit in einer lebenden Klimamaschine wieder.

Es liegt auf der Hand, dass es, wie Jane Bennett in Bezug auf das ausgerufene Zeitalter des Anthropozäns bemerkt, „nie eine Zeit gab, in der menschliches Handeln etwas anderes war als ein ineinandergreifendes Netzwerk von Menschlichem und Nichtmenschlichem; heute ist es nur schwerer geworden, diese Vermengung zu ignorieren."[12] Da diese Auffassung sehr für eine Praxis der Zusammenführung von Human- und Naturgeschichte spricht, wird das Entwerfen mit Atmosphären zu einer projektiven Praxis. Die gestalterische Beschäftigung mit Atmosphäre führt uns dazu, die Verflechtungen des eigenen Körperstoffwechsels und seiner bewussten Verbindung mit der Außenwelt zu erzählen und nachzuzeichnen – quer durch alle Skalen, Kategorien und Bedingungen. Jenseits des Messbaren, sind unsere Erfahrungen von immateriellen, ephemeren Bedingungen geprägt, die Auswirkungen auf unsere sinnlichen Begegnungen haben. Natürliche Prozesse wie der Stoffwechsel können sich künftig zu vielgestaltigen Akteuren entwickeln, die letztlich guten Grund bieten, über künftige Formen der Natur auf unserem Planeten nachzudenken, sie zu entwerfen und uns in diese zu beziehen. Diese Begegnungen mit – oder Ausflüge in – sinnliche Landschaften umfassen belebte Materie und Lichtbedingungen, Luftfeuchtigkeit, Klang, Wind, Temperatur und Geruch, nebst weiteren, noch flüchtigeren Akteuren. Während der Diskurs zu Erlebnisatmosphären das Politische großteils ausgeklammert hat, können die neuen Verflechtungen aller Akteure von Atmosphäre nun dazu herangezogen werden, zwischen den Bereichen des Individuellen, des Ökologischen und des Politischen zu vermitteln. ▪

Übersetzung: Wilfried Prantner

7 Diese Inzenierung räumlich-atmosphärischer Elemente und (lebendiger) Materie bedeutet also keineswegs eine Rückkehr zur Natur, sondern eher die Notwendigkeit, sich auf ein Netzwerk dynamischer, materieller und performativer Relationen zu beziehen und es als ein performatives „Wirksystem" herauszustellen. Vgl. auch Bennett, Jane: „The Force of Things: Steps Toward an Ecology of Matter", in: *Political Theory* 32, 3 (2004), 365.

8 Vgl. Latour, Bruno: *Die Hoffnung der Pandora: Untersuchungen zur Wirklichkeit der Wissenschaft*, Übers. von Gustav Roßler, Frankfurt/M. 2002, 57.

9 ScienceDaily, *Reference Terms*, „Quantum entanglement", https://www.sciencedaily.com/terms/quantum_entanglement.htm (Stand: Januar 2015).

10 Asher Peres, *Quantum Theory: Concepts and Methods*, Dordrecht/Boston/London 1993, 115.

11 Bennett, Jane: „The Agency of Assemblages", in *Vibrant Matter: A Political Ecology of Things*, Durham/London 2010, 20–38, v.a. 20.

12 Ebd., 31.

8 team.breathe.austria, breathe.austria, Österreichischer Pavillon, EXPO Mailand | Austrian Pavilion, Expo Milan, 2015 © Marc Lins

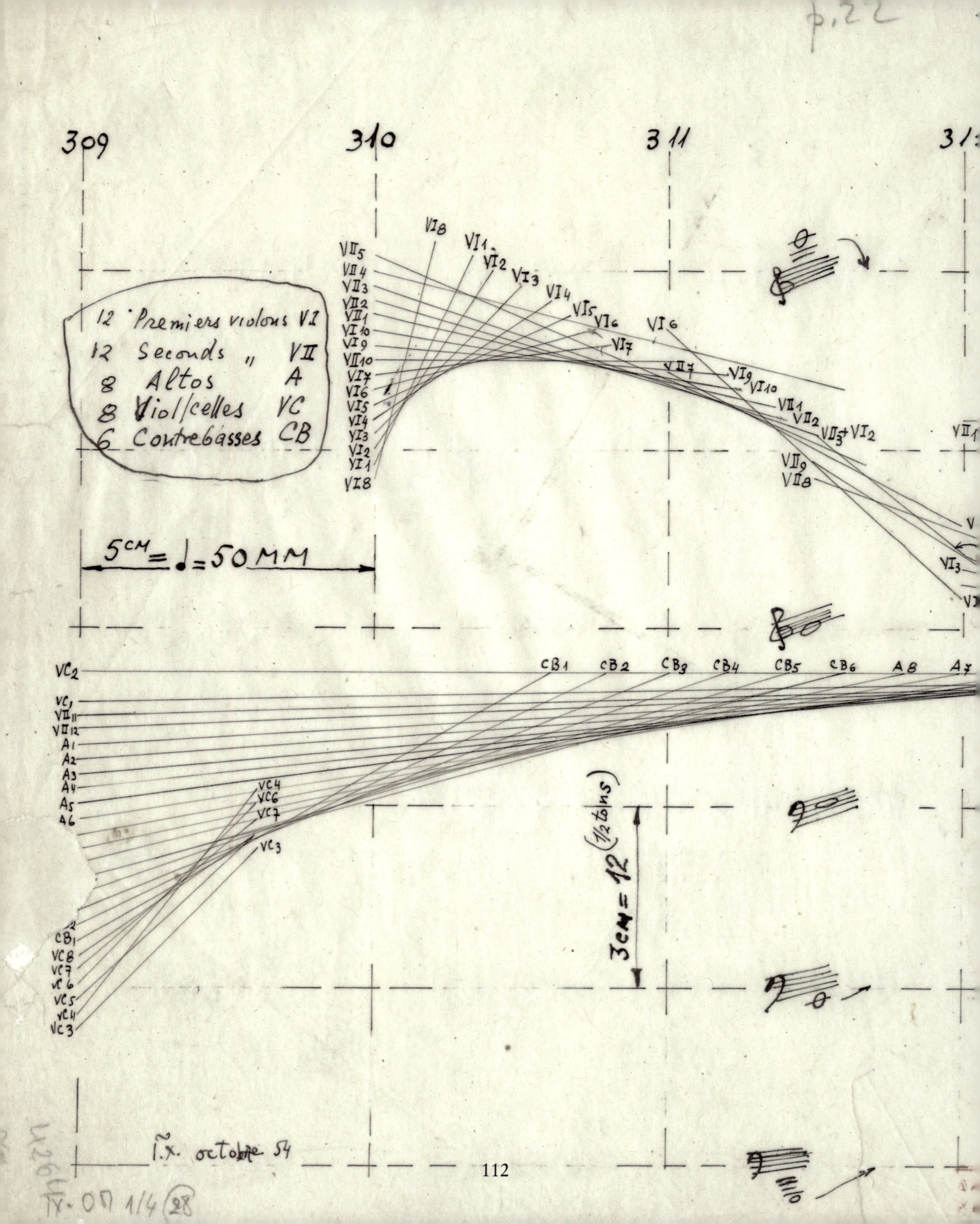
p. 22
309
310
311
12 Premiers violons VI
12 Seconds " VII
8 Altos A
8 Violoncelles VC
6 Contrebasses CB
5cm = ♩ = 50 MM
3cm = 12 (1/2 tons)
CB1
CB2
CB3
CB4
CB5
CB6
A8
A7
i.x. octobre 54

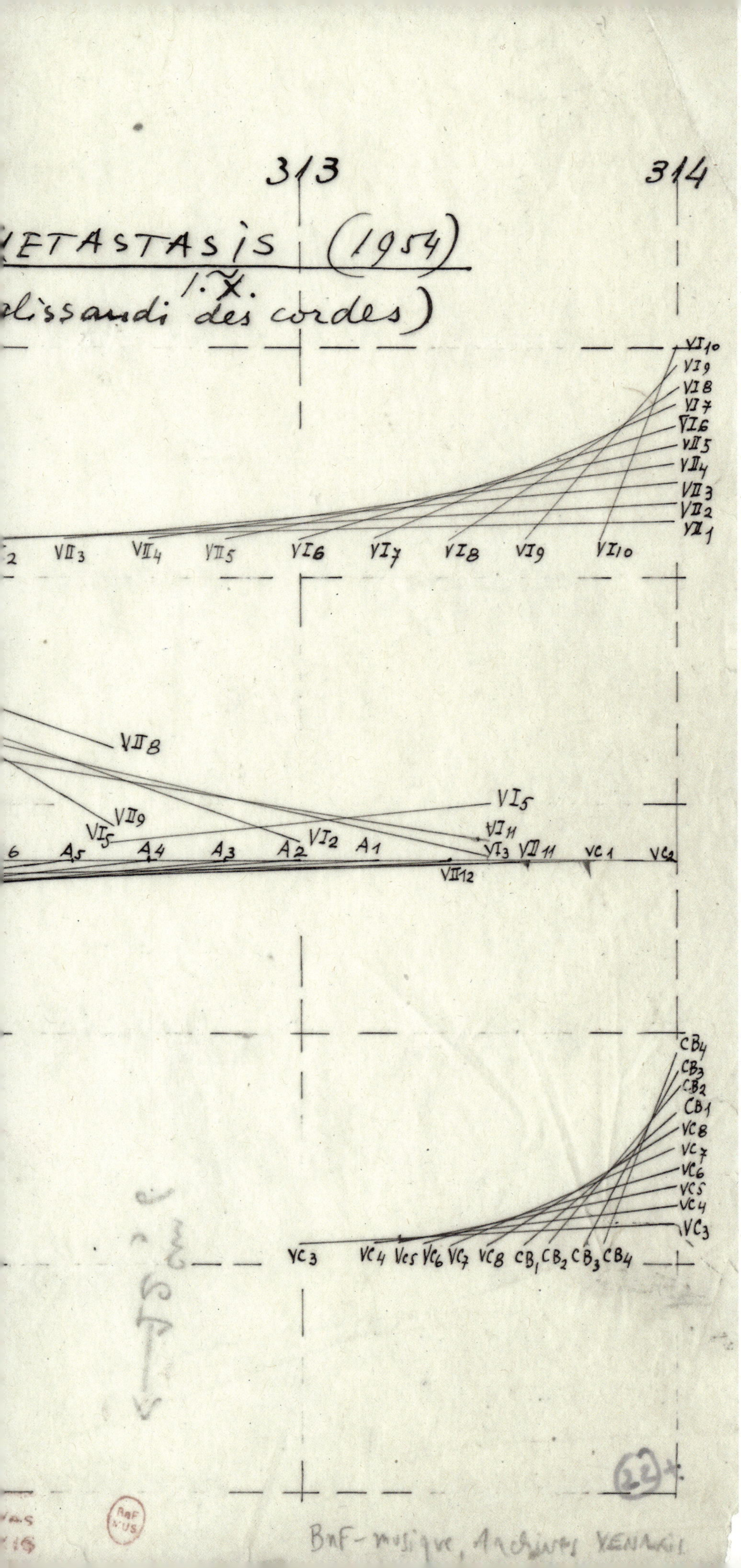

1 Iannis Xenakis, „Metastasis: Glissandi des cordes“, Notation, 1954 © Xenakis Family Estate

Notation als Entwurf

Iannis Xenakis’ Philips-Pavillon

Notation as Design

Iannis Xenakis’s Philips Pavilion

Samuel Zwerger

Der Philips-Pavillon der Brüsseler Weltausstellung von 1958 ist ein Gebäude, das Klang als zentrales gestalterisches Element einsetzte und dadurch den Pavillon in seiner Einzigartigkeit hervorbrachte.[1] Einen Teil dieses komplexen Projekts stellte das „Poème Électronique"[2] von Le Corbusier und Edgar Varèse dar, welches die visuelle und akustische Realität im Inneren des Pavillons bildete. Die eigentlich avantgardistischen Züge des Projekts stammten jedoch im Ursprung vom Ingenieur, Komponisten und Architekten Iannis Xenakis.

Xenakis kam 1947 als politischer Flüchtling aus Griechenland nach Paris, wo er für zwölf Jahre als Ingenieur in Le Corbusiers Atelier arbeiten sollte.[3] Während dieser Zeit folgte er seinem innigsten Wunsch, als Komponist tätig zu sein, während er sich gleichzeitig architektonisches Entwurfswissen aneignete. Diese Parallelität sollte nicht ohne gegenseitigen Einfluss bleiben. Zudem ermöglichte ihm seine fortwährende Suche nach Kontinuitäten zwischen Kunst und Wissenschaft die Entdeckung einer kompositorisch-gestalterischen Problemstellung, die er in seinen Kompositionen und in der Architektur gleichermaßen zu lösen versuchte.

Der Philips-Pavillon sollte die Produkte der Firma Philips, welche seit den 1930er Jahren Technologien zur Klang- und Bildwiedergabe entwickelte, nicht als Ausstellungsobjekte, sondern in ihrer Anwendung zeigen. Im Zwanzig-Minutentakt konnten jeweils 500 Menschen eine Vorstellung des achtminütigen „Poème Électronique" besuchen, einer Synthese aus Licht, Klang, Bild, Farbe, Rhythmus und Architektur. Dieser Raum, welcher für Le Corbusier nur ein Innen haben sollte und wie

1 Eine ausführliche Genese des Projektes bietet Treib, Marc: *Space Calculated in Seconds. The Philips Pavilion, Le Corbusier, Edgard Varese*, Princeton 1996.

2 Für Le Corbusier verkörpert es die *Synthèse des Arts*.

3 Nach 1959 widmete sich Xenakis ausschließlich der Komposition, mit Ausnahme der „Polytopes", einigen Wettbewerben und Privathäusern.

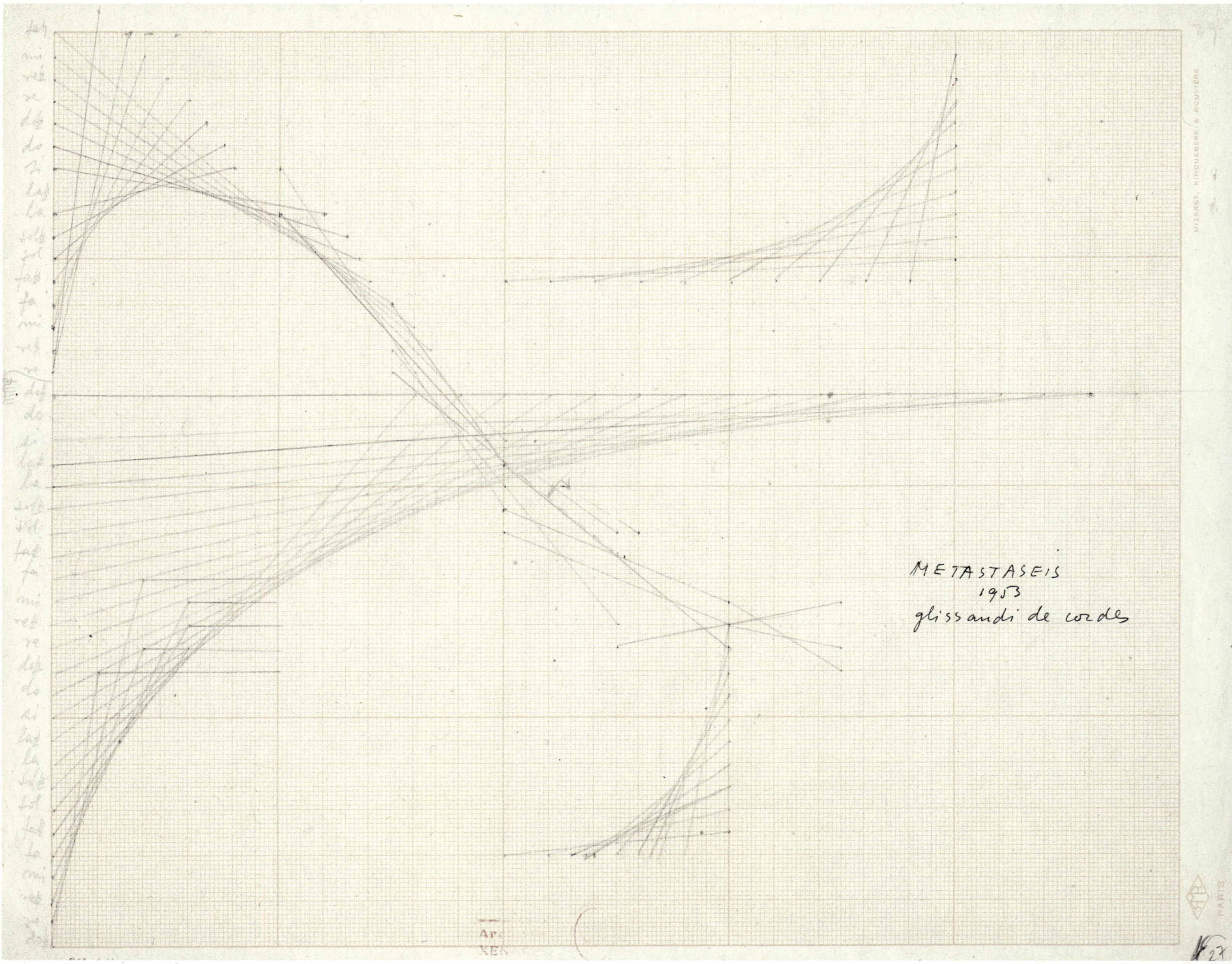

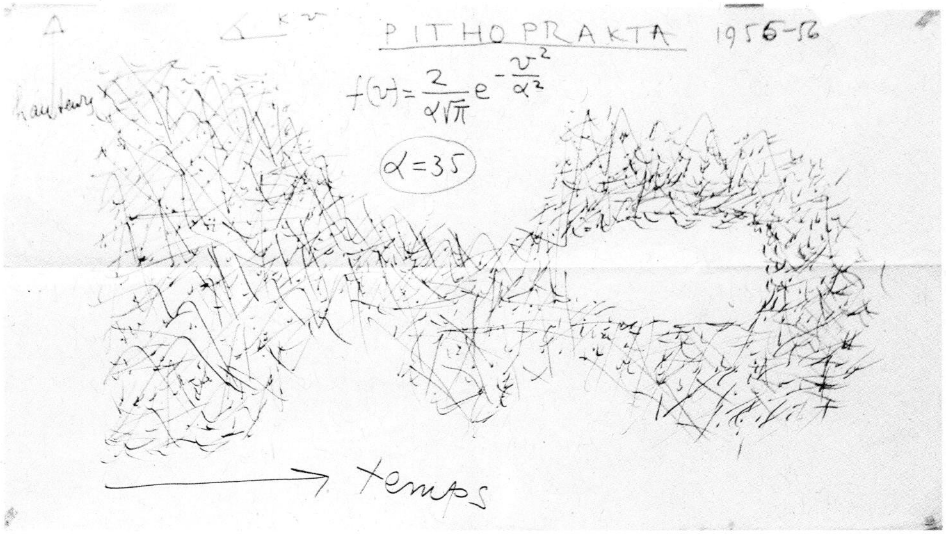

3

Iannis Xenakis, „Pithoprakta", Freihandskizze zur Morphologie der Komposition mit Angabe der Formel zur präzisen Berechnung der Glissandi | Freehand sketch of the morphology of the composition including the formula for the calculation of the *glissandi*, 1955–56 © Xenakis Family Estate

The Philips Pavilion at the 1958 Brussels World's Fair is a building that applied sound as a main design element, thus creating the unique nature of the structure.[1] One part of this complex project was the "Poème Électronique"[2] by Le Corbusier and Edgar Varèse, which established the visual and acoustic reality of the pavilion's interior. However, the real avant-garde characteristics of the project originated with the engineer, composer, and architect Iannis Xenakis.

In 1947, Xenakis arrived in Paris as a political refugee from Greece, where he ended up working as an engineer in Le Corbusier's atelier for twelve years.[3] During this period, he pursued his dearest wish of becoming a composer while simultaneously acquiring knowledge of architectural design. This parallelism was ultimately distinguished by reciprocal influence. Moreover, his continual quest for continuities between art and science led to the discovery of a compositional and design-related explorative question, which Xenakis sought to solve in both his compositions and architecture.

The Philips Pavilion was intended to show the products of the company Philips, which had been developing technologies for sound and image reproduction since the 1930s, in use rather than as exhibition objects. Every twenty minutes, up to 500 people could visit a presentation of the "Poème Électronique", an eight-minute synthesis of light, sound, image, color, rhythm, and architecture. Le Corbusier designed this space as a single interior with one entrance and one exit—similar to a stomach—which was completely secluded from the outside world. Modular surfaces five centimeters thick separated the interior from the exterior visually, and acoustically as well. The acoustics influenced the conception of the complex form significantly. Convex and concave surfaces were meant to reflect the reproduced sound in as many directions as possible, for "in order to control all possible spatial impression, reverberation should be reasonably low."[4] The structure itself was built of nine hyperbolic paraboloids, projecting steeply up from the ground and leaning against each other and culminating at three points. Never before had such geometric surfaces, which display excellent static properties, been implemented in such a consistent way. The surfaces were executed in prefabricated, numbered modules, assembled on site with the aid of a supporting structure to arrive at their final form. Maintaining tension throughout the entire structure were steel cables anchored to the guiding lines of the paraboloids and later tautened.

1 Extensive information of the project's genesis is provided by Marc Treib, *Space Calculated in Seconds: The Philips Pavilion, Le Corbusier, Edgard Varèse* (Princeton, 1996).

2 For Le Corbusier, it embodies the *Synthèse des Arts*.

3 After 1959, Xenakis devoted his efforts solely to composition, with an exception of the "Polytopes", several competitions, and private homes.

4 Iannis Xenakis, "Genese de l'architecture du Pavillon," *Revue Technique Philips* 1 (1958), p. 3.

2

Iannis Xenakis, „Metastaseis", Glissandiflächen als Projektion der räumlichen Figur eines hyperbolischen Paraboloids | *Glissandi* as projection of the spatial figure of a hyperbolic paraboloid, 1953 © Xenakis Family Estate

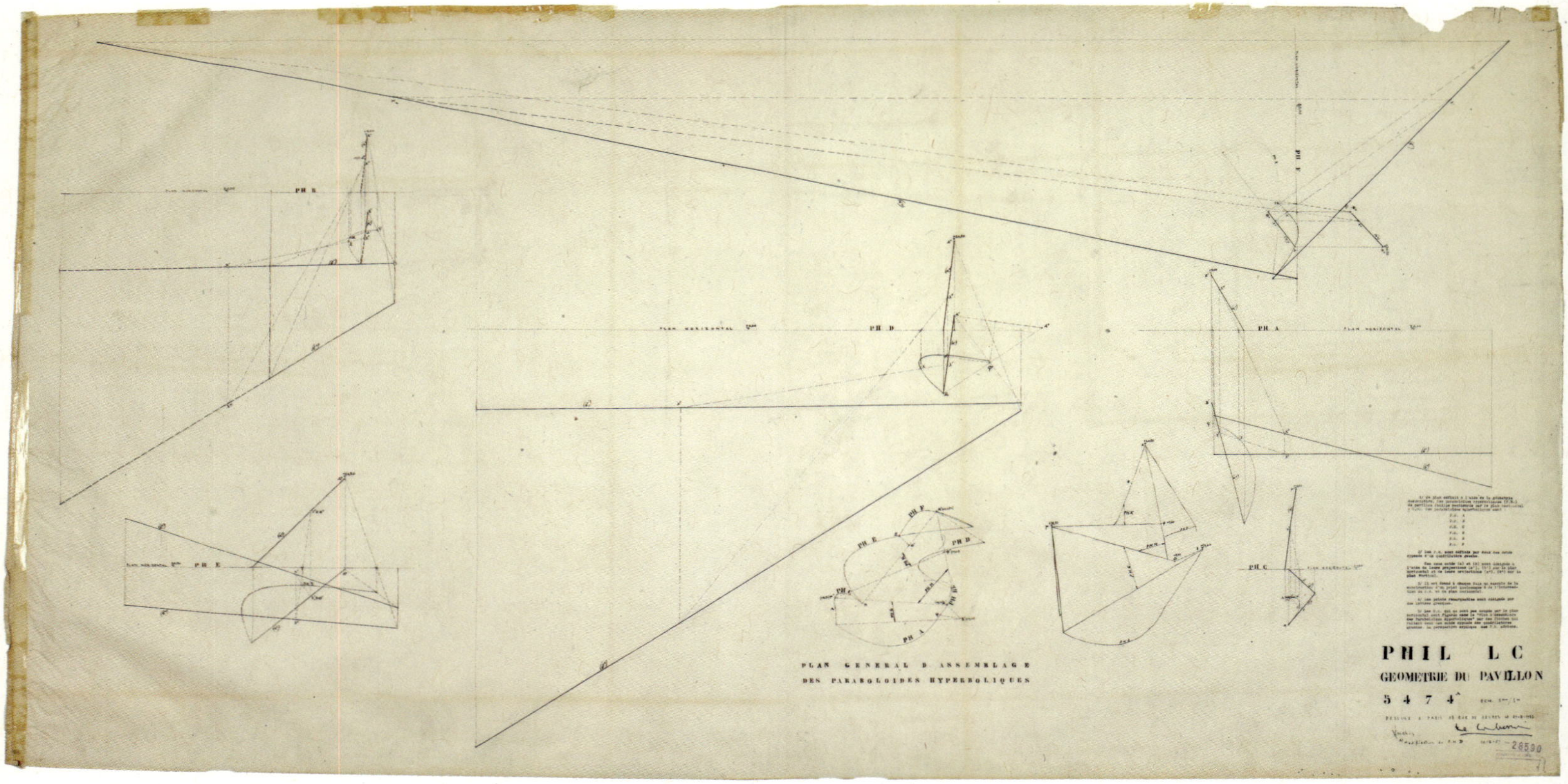

4

Iannis Xenakis, Philips-Pavillon, Geometrische Konstruktion der Hyperbeln für den Grundriss | Geometric construction of the hyperbolic shaped floor-plan, Paris, 1957 © Fondation Le Corbusier/Bildrecht, Wien, 2016

ein Magen mit nur einem Ein- und einem Ausgang konzipiert wurde, war von der Außenwelt abgeschieden. Fünf Zentimeter dicke modulare Flächen trennten visuell und vor allem akustisch das Innere vom Äußeren. Die Akustik beeinflusste die Konzeption der komplexen Form maßgeblich. Konvexe und konkave Flächen sollten den wiedergegebenen Klang in möglichst viele Richtungen reflektieren, denn „um alle möglichen Raumeindrücke kontrollieren zu können, sollte der Nachhall angemessen gering sein."[4] Das Gebäude selbst bestand aus neun sich gegeneinander lehnenden hyperbolischen Paraboloiden, welche steil aus dem Boden ragten und an drei Punkten zusammengeführt wurden. Noch nie waren solche geometrischen Flächen, welche exzellente statische Eigenschaften vorweisen, in einer derart konsequenten Weise verwendet worden. Ausgeführt wurden die Flächen in vorfabrizierten und nummerierten Modulen, welche vor Ort mit Hilfe eines Lehrgerüsts in ihre endgültige Form zusammengebaut wurden. Stahlseile hielten das gesamte Gebäude in Spannung, welche an den Leitlinien der Paraboloide verankert und anschließend gespannt wurden.

Dem Entwurf des Pavillons gingen Xenakis' Kompositionen „Metastaseis"[5] (1953/54) und „Pithoprakta" (1955/56) voraus, die einen radikalen Einschnitt in der musikalischen Kompositionsgeschichte darstellen. Ausgangspunkt für diese Kompositionen war Xenakis' Faszination für Massenklangphänomene, welche aus starken auditiven Erfahrungen im griechischen Widerstand während des zweiten Weltkriegs und den Erlebnissen von Naturphänomenen wie z.B. dem Zirpen von Zikaden resultierte.[6] Zentrales Interesse war es, Beschaffenheit und Struktur dieser klanglichen Ereignisse zu erfassen,[7] woraus sich das Ziel ergab, diese mit anderen klanglichen Mitteln, durch grafische sowie stochastische Prozesse[8] zu rekonstruieren, um so eine Formalisierung von Klanggestalten zu vollziehen. Xenakis übertrug dabei zuerst architektonische Aufzeichnungsmethoden in die Musik, um intuitiv seine Ideen zu Papier

4 Xenakis, Iannis: „Genese de l'architecture du Pavillon", in: *Revue Technique Philips* 1 (1958), 3. Übers. S.Z.

5 Die umfassendste Analyse dieses Frühwerks bietet: Baltensperger, André: *Xenakis und die stochastische Musik. Komposition im Spannungsfeld von Architektur und Mathematik*, Bern 1996.

6 Xenakis, Iannis: *Musique Architecture*, Tournai 1971, 26.

7 Ebd.

8 Die Konzeption einer stochastischen Musik erläutert Xenakis in *Musiques Formelles*, Paris 1963.

Xenakis's compositions "Metastaseis" (1953–54)[5] and "Pithoprakta" (1955–56), which represent a radical intervention in the history of musical composition, preceded the design of the pavilion. The point of departure for these pieces was Xenakis's fascination with phenomena of mass sound resulting from heightened auditory experiences related to the Greek resistance during World War II and to natural phenomena like the chirping of cicadas.[6] His main interest was to record the nature and structure of these sound events,[7] which led to the objective of reconstructing these phenomena using other sonic means, through graphic and stochastic processes,[8] in order to achieve a formalization of sound characters. To this end, Xenakis first transferred architectural means of recording/drawing to the musical context, enabling him to intuitively put his ideas to paper, which he could not capture using conventional musical notation. Serving as a main tool in these notation processes were ideas from thermodynamics and stochastics. The recognition, calculation, and control of chaos structures was the subordinate goal that Xenakis integrated into his creative work. He repeatedly employed methods of making visible and set out to simulate phenomena that elude the human mind. Discoveries in the natural sciences held strong importance for him, including Brownian motion, kinetic theory of gases, or probability distribution curves, for they allowed him to realize his sound imaginings using his own methods. The probabilistic analysis of sound events, the mass projection of sound in different directions, and the speed at which tones continually change frequency (glissando) were all properties that Xenakis calculated with mathematical formulas. This allowed him to adapt the

5 The most comprehensive analysis of this early work is found in André Baltensperger, *Xenakis und die stochastische Musik: Komposition im Spannungsfeld von Architektur und Mathematik* (Bern, 1996).

6 Iannis Xenakis, *Musique Architecture* (Tournai, 1971), p. 26.

7 Ibid.

8 The concept of stochastic music is elucidated by Xenakis in *Musiques Formelles* (Paris, 1963).

5

Iannis Xenakis, Philips-Pavillon, Grundriss | Floor Plan, 1957
© Fondation Le Corbusier/Bildrecht, Wien, 2016

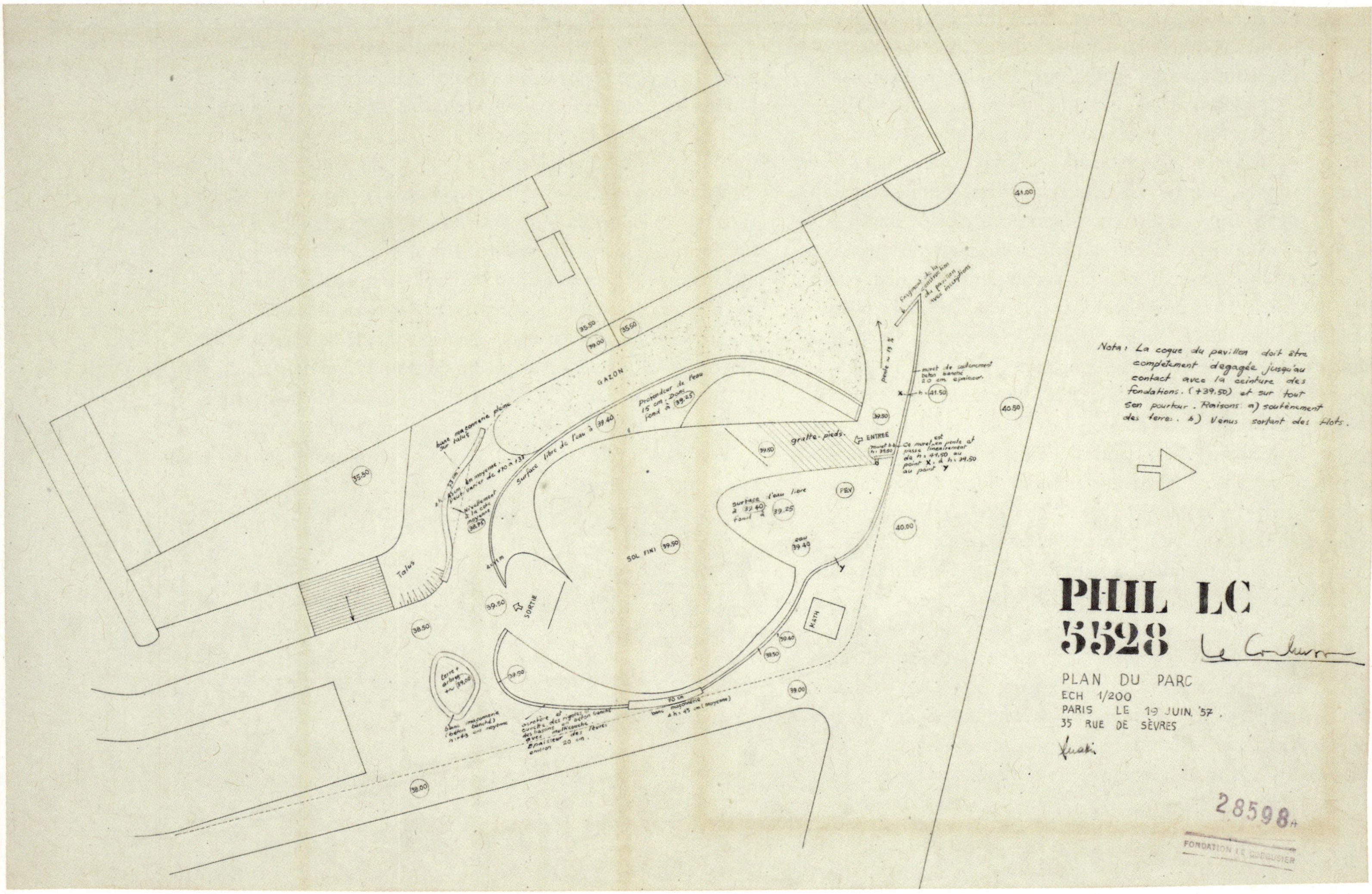

bringen zu können, welche er anhand konventioneller Notenschrift nicht erfassen konnte. Zentrales Werkzeug dieser Notationsmethoden waren die Ideen der Thermodynamik und der Stochastik. Die Erkennung, Berechnung und Kontrolle von Chaosstrukturen war das übergeordnete Ziel, das Xenakis in sein Schaffen integrierte. Dabei ging es immer wieder um Methoden der Sichtbarmachung und im Besonderen darum, Phänomene künstlich zu erzeugen, die dem menschlichen Geist unerschlossen bleiben. Naturwissenschaftliche Entdeckungen wie die Brownsche Molekularbewegung, die kinetische Gastheorie oder probabilistische Verteilungskurven waren für ihn von zentraler Bedeutung, da sie es ihm ermöglichten, seine Klangvorstellungen in seiner eigenen Methode zu realisieren. Die probabilistische Berechnung von Klangereignissen, die massenhafte Bewegung von Klang in unterschiedliche Richtungen und die Geschwindigkeit, mit der Tonpunkte ihre Frequenz kontinuierlich verändern (Glissando), waren Eigenschaften, die er mittels mathematischer Formeln errechnete. Damit konnte sie Xenakis der Idee eines Stückes anpassen und als Punkte und Grafen präzise in Koordinatensysteme eintragen, um sie erst anschließend in konventionelle Notenschrift zu transkribieren. Die sich variierenden Zustandsdichten seiner Kompositionen (*Champs de densitée sonore*) bezeichnete Xenakis mit einem thermodynamischen Begriff als den Wandel von Temperaturen,[9] eine Eigenschaft, die häufig genannt wird, um Raumqualitäten zu beschreiben.

Die transversale Aneignung von Inhalten und deren Methoden war durch Xenakis' wissenschaftliche Auseinandersetzungen mit Physik, Mathematik und Philosophie geprägt und damit Grundlage für die experimentelle Verwendung von architektur- und kompositionsfernen Notationsformen, durch die er sowohl musikalische als auch architektonische Strukturen entwickeln konnte. Diese Notationen ermöglichten ihm das ständige Wechseln zwischen Komposition und Architektur und brachten dadurch den Philips-Pavillon in seiner Einzigartigkeit hervor, an dem eine Verschränkung von Musik und Architektur ablesbar wird. Der Pavillon materialisiert damit in seiner Struktur ein sehr komplexes Feld von Einflüssen und Beziehungen, welche in Xenakis' Aufzeichnungen die inneren Zusammenhänge dieses Gebäudes erschließen sollen. Hermann Scherchens Aussage trifft im selben Maße auf Xenakis' erste avantgardistische Komposition „Metastaseis" (1953/54), wie auch auf den Philips-Pavillon zu und beschreibt den vielschichtigen Charakter des Bauwerks treffend: „In fact it does not come out of music at all, but from somewhere completely different."[10]

Le Corbusiers Hauptinteresse am „Poème Électronique", seine rege Reisetätigkeit, die ihm wenig Zeit ließ, und sein Bestreben, eine mathematische Architektur zu konzipieren, führten dazu, dass er Xenakis' Wunsch entgegenkam, das Gebäude zur Gänze selbst zu entwerfen. Xenakis Haupttätigkeit war bis dahin weniger das Entwerfen, als die Suche und Berechnung von statischen und konstruktiven Lösungen gewesen. Le Corbusiers Vertrauen und Interesse an Xenakis' Fähigkeiten, vor allem durch dessen Beiträge zum Kloster von La Tourette, brachten ihn dazu, den Entwurf ganz an ihn abzugeben – denn wer, wenn nicht Xenakis, konnte seinem Anspruch einer *esthétique scientifique* besser nachkommen? Für Xenakis war dies eine ideale Möglichkeit, seine Versuche, Klang und Architektur auf einer Ebene zu vollziehen, in einem Projekt zu erproben, das wie dafür geschaffen war.

Während Xenakis in seinen Kompositionen eigene Methoden entwickelte, welche er aus der Architektur, der Mathematik und der Physik entlehnte, so vollzog er nun im Entwurf dieses Pavillons den umgekehrten Weg, indem er diese Methoden und Inhalte in die Architektur übertrug. Dabei ging es wiederum um die Suche einer Syntax, welche gerade Linien, für die er eine große Faszination hatte, in eine Ordnung zu bringen vermochte. Xenakis' Interesse an Formen und – weiter gefasst – an einer generellen Morphologie ermöglichte ihm die Entdeckung einer solchen Syntax in der mathematischen Konstruktion von hyperbolischen Paraboloiden – aus windschiefen Rechtecken erzeugte mathematische Regelflächen, deren „erzeugende" Linien lauter aneinandergereihte Geraden darstellen. Die physikalische Dimension der Ordnung und des Gleichgewichts, das aus dem Chaos entsteht, übersetzt Xenakis hier in die Herstellung eines künstlichen Gleichgewichtszustandes von Kräften, wodurch er das Konzept der Harmonie in der Architektur auf eine materielle Ebene bringt und dadurch neu definiert. Die Folge war eine mithilfe der darstellenden Geometrie

9 Xenakis bezieht sich auf Physiker und Mathematiker wie J. Bernoulli, Andrej A. Markov, D. Bernoulli, C.F. Gauss, L. Boltzmann, C. Maxwell, S.D. Poisson und R. Brown.

10 Scherchen zitiert nach Matossian, Nouritza: *Xenakis*, Lefkosia 2005, 88.

6

Philips-Pavillon,
Expo 58 Brüssel | Brussels, 1958
© Philips Archives

idea of a piece and precisely chart it in coordinate systems as points and graphs before going on to transcribe it using conventional musical notation. Xenakis applied a thermodynamic concept—change in temperature[9]—to describe the varying states of density in his compositions (*Champs de densitée sonore*), a property that is frequently cited when describing spatial quality.

The transversal appropriation of content and related methods was informed by Xenakis's scientific exploration of physics, mathematics, and philosophy, thus laying a foundation for the experimental application of notational forms unrelated to architecture and composition, which nonetheless enabled him to develop both musical and architectural structures. With these notations allowing him to constantly navigate between composition and architecture, the uniqueness of the Philips Pavilion rose to the fore, with an evident intertwining of music and architecture. Therefore, in terms of structure, the pavilion materialized a highly complex field of influences and relations, which, in Xenakis's recordings/drawings, made the inner nexuses of this building legible. The following statement by Hermann Scherchen applies, in equal measure, to Xenakis's first avant-garde composition "Metastaseis" and the Philips Pavilion itself, describing the multifaceted character of the architectural structure: "In fact it does not come out of music at all, but from somewhere completely different."[10]

Le Corbusier's strong interest in the "Poème Électronique", his keen travel activity which left him with little time, and his endeavor to conceptualize an architecture based on mathematics all led him to support Xenakis's desire to design the building himself entirely. Up to that point, Xenakis's primary work focus had been on finding and calculating static and structural solutions rather than on creating designs. The inclination to fully hand over the design process resulted from Le Corbusier's trust and interest in Xenakis's capabilities, especially resulting

9 Xenakis was referencing physicists and mathematicians like Jacob Bernoulli, Andrej A. Markov, Daniel Bernoulli, Carl Friedrich Gauss, Ludwig Boltzmann, James C. Maxwell, Siméon Denis Poisson, and Robert Brown.

10 Hermann Scherchen cited from Nouritza Matossian, *Xenakis* (Lefkosia, 2005), p. 88.

7
Le Corbusier, Philips-Pavillon, Aufbau des Lehrgerüsts | Construction of the falsework, Expo 58 Brüssel | Brussels, 1958
© Philips Archives

vollbrachte Konstruktion, die visuell sehr weit von überlieferten Proportionsvorstellungen wie dem Goldenen Schnitt entfernt war und in ihrer Komplexität nahezu auseinanderzufallen drohte. „If there is an ‚intimate connection' between it [Pavillon] and *Metastaseis*, it lies more in their particular way of resolving concept and formation, using geometry to structure relations of succession and simultaneity, than in a specific visual vocabulary."[11]

Abseits von dieser methodischen Übereinkunft von Klang als Gestaltungsidee war der Pavillon eine akustische Architektur *par excellence*. Edgar Varèses „Poème Électronique" sowie Xenakis' „Interlude Sonore" sollten über die sogenannten Klang-Routen (*Routes Sonores*) erklingen, um alle möglichen Raumeffekte zu erzeugen. Trotz dieses Bestrebens, eine künstlich erzeugte und kontrollierte sensorielle Umgebung zu schaffen, legte der Entwurf des Pavillons den Anspruch auf eine architektonische Gestaltung nicht ab. Ganz im Gegenteil war es eben dieser Anspruch, welcher so transdisziplinär und wissenschaftlich wie nur möglich eine Form generiert, die ein ultimatives Raumerlebnis ermöglichen sollte. Die Erkundung von Gleichgewichtsstrukturen, welche aus der Wahrnehmung von akustischen Phänomenen entstanden ist und in der Erfahrung im Pavillon zu diesen auditiven Erfahrungen zurückgeführt wurde, wurde hier ins Extrem getrieben.

Die Architektur des Pavillons war somit ein körperliches und sensorielles Medium, in dem Klang als Qualität auf der visuellen, der akustischen, der auditiven und der materiellen Ebene eine intrinsische Beziehung zwischen Mensch und Architektur herstellte. Von den Entwurfsmethoden bis hin zu der akustischen Realisierung wurde das Projekt von Klang informiert, was den Gebäudeentwurf maßgeblich prägte und eine Konvergenz von Klang, Komposition und Architektur hervorbrachte. ▪

11 Clarke, Joseph: „Iannis Xenakis and the Philips Pavilion", in: *The Journal of Architecture* 2,17 (2012), 221.

from the latter's contributions to convent of La Tourette. Indeed, who if not Xenakis could better fulfill his aspirations to create an *esthétique scientifique*? For Xenakis it was an ideal opportunity to implement his experiments with sound and architecture on a single level, that is, to try them out in a project that seemed predestined for this purpose.

While in his compositions Xenakis developed his own methods, borrowing from architecture, mathematics, and physics, in the design of the pavilion he now embarked upon the opposite path by transferring these methods and this content to an architectural context. Here, again, he sought a syntax that would succeed in lending order to straight lines, which held great fascination for him. Xenakis's interest in forms and—more broadly formulated—in a general morphology allowed him to discover just such a syntax in the mathematical construction of hyperbolic paraboloids: mathematical ruled surfaces engendered from skewed rectangles whose "generating" lines represent a whole sequence of straight lines in a row. The physical dimension of the order and equilibrium resulting from the chaos was here translated by Xenakis into the production of an artificial state of equilibrium of forces (self-supporting system). It is in this way that he was able to integrate the concept of harmony in architecture on a material level and thus redefine it. This resulted in a structure accomplished with the aid of descriptive geometry. Visually, it strongly departed from the traditional ideas of proportion such as the Golden Section and, due to its complexity, almost seemed to fall apart. "If there is an 'intimate connection' between it [the pavilion] and "Metastaseis", it lies more in their particular way of resolving concept and formation, using geometry to structure relations of succession and simultaneity, than in a specific visual vocabulary."[11]

Aside from this methodological concurrence of sound and design concept, the pavilion embodied an acoustic architecture par excellence. Edgar Varèse's "Poème Électronique" and Iannis Xenakis's "Interlude Sonore" were meant to be projected along the so-called "sound routes" (*Routes Sonores*) in order to generate all kinds of spatial effects. Despite this endeavor to create an artificially engendered and controlled sensorial environment, the design of the pavilion in no way ignored the aspiration to create architecture. On the contrary, it was precisely this aspiration which generated a form that was meant to facilitate—in as transdisciplinary and scientific of a way as possible—an ultimate spatial experience. The exploration of equilibrated structures was taken to an extreme here, arising from the perception of acoustic phenomena and leading to these auditive experiences while engaging with the architecture of the pavilion.

The architecture of the pavilion was thus a physical and sensorial medium through which sound as quality fostered an intrinsic relationship between humans and architecture on visual, acoustic, auditive, and material levels. From design methods to the point of acoustic realization, the project was informed by sound, a fact that significantly influenced the building design and gave rise to a convergence between sound, composition, and architecture. ▪

Translation: Dawn Michelle d'Atri

11 Joseph Clarke, "Iannis Xenakis and the Philips Pavilion," *The Journal of Architecture* 2, no. 17 (2012), p. 221.

1 Philippe Rahm architectes, Apartment for a young doctor | Wohnung für einen jungen Arzt, Lyon, 2011 © Philippe Rahm architectes

Spatial-Climatic Architecture
Raumklimaarchitektur

Philippe Rahm

Our architecture is developed as a poetic and plastic consequence of sustainable development, one which fosters the amplification of climatic building techniques with the aim of reducing the greenhouse gas emissions responsible for global warming. In this endeavor, architectural hierarchies are displaced and transformed. There is an emphasis on a broad range of issues: on controlling the heat transference coefficient of materials, on insulation, on controlling how airtight the envelope is, on the study of air movement, on the soft breeze of air renewal systems with heat recovery, on the management of water vapor routes, on convection movements and differences in temperatures. Thermal distribution, mechanisms for air renewal, or hierarchies in relative humidity levels may become the new programming and aesthetic in architectural composition. These invisible spatial constellations are transfigured so as to reveal visual and sensory qualities which induce a sensorial relationship between the body and the space. The program, functions, and uses appear like poetic deployments through the variations of the spaces produced by these new techniques. Inverting the hierarchy between function and climate, we hypothesize an architecture whose functionality arises "by chance" from climatic problems or solutions. Thus, architecture would be able to cease being functional. It could stop playing its predetermined role, remaining open, interpretable, suggestive, and enabling, through the responses to climatic or technical problems, the emergence of other functions—almost in spite of itself. Some programs and certain social practices are generated by chance or necessity when managing architecture's climatic forms. Working in such a way with new climatic technologies, accepting its formal and programmatic potential, would allow the built space to abandon its unequivocal functional determinism and become something free, interpretable, and sensorial.

Each of the following four projects is focused on one particular aspect of the green building technique that becomes the theme of the house, challenging its form and program, renewing its design and aesthetic.

Water House. Our projects for tourist housing at Vassivière in the Limousin region of France are the product of an inversion of use and form. The starting point of these projects is the problem of building techniques linked to sustainable development. Rather than adapting these techniques to a preconceived architectural project in accordance with a symbolism or a type of use, here, on the contrary, they generate the architectural form itself. The problems of the degree of humidity in the air, its regulation within the home, and the distribution of air in space according to its temperature density serve to define, by their physical and sensory nature, the organization of the building in both plan and section. New typologies of habitat appear, unexpectedly, not to be based on modern house planning, with its divisions between day and night, intimate and public spaces, but rather to emerge from the sensory and physiological results of the treatment of building techniques. These are climates for living in.

The project for the Mollier houses reveals and characterizes an invisible yet essential connection between interior space and humidity. It aims to transform a problem of building physics into an architectural question, to the point that this question becomes the efficient cause of the form. It introduces new sensory and physiological relations between the inhabitant

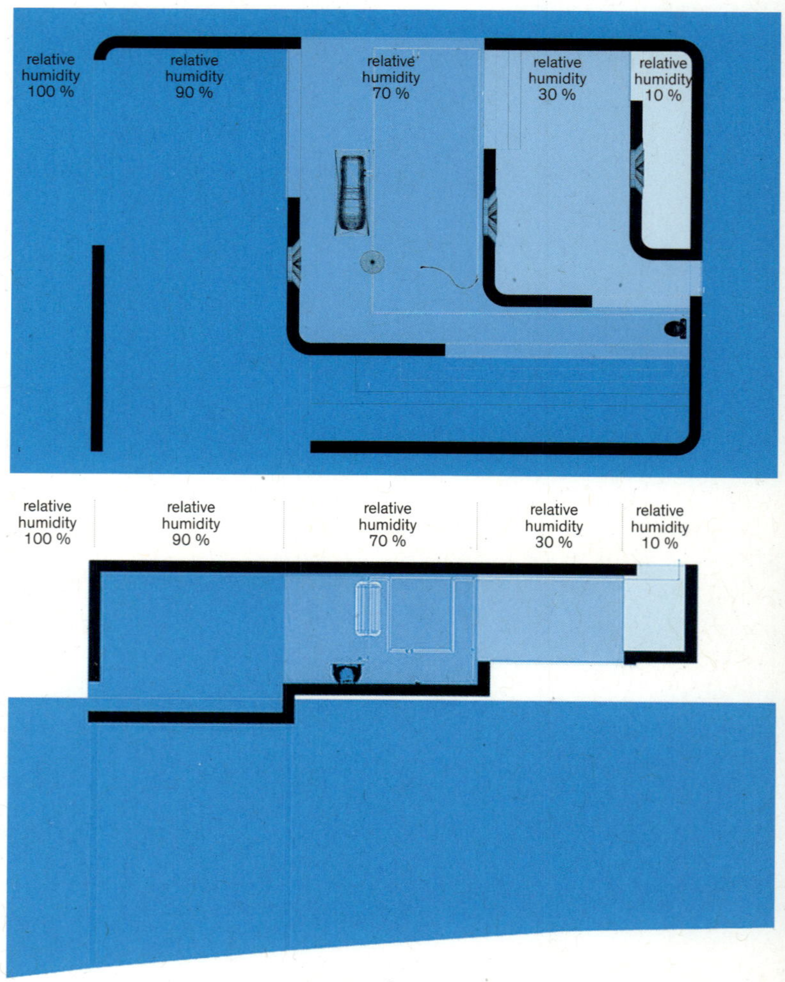

2

Philippe Rahm architectes, Mollier Houses | Häuser Mollier, Vassivière en Limousin, France | Frankreich, 2005 © Philippe Rahm architectes

3

Philippe Rahm architectes, Mollier Houses | Häuser Mollier,
Vassivière en Limousin, France | Frankreich, 2005 © Philippe Rahm architectes

Unsere Architektur entsteht als poetische und plastische Konsequenz nachhaltiger Entwicklung, konkret: einer Ausweitung klimabewusster Bautechniken, die den Ausstoß der für die globale Erwärmung verantwortlichen Treibhausgase reduzieren. Dabei kommt es auch zu einer Umschichtung und Umformung architektonischer Hierarchien. Im Zentrum der Überlegungen steht eine Reihe von Problemen wie die Kontrolle des Wärmeübergangkoeffizienten von Materialen, die Wärmeisolierung, die Kontrolle der Luftdurchlässigkeit der Hülle, die Analyse von Luftbewegungen, die sanfte Brise der Lufterneuerungssysteme bei der Wärmerückgewinnung, das Steuern von Wasserdampfwegen sowie Konvektionsbewegungen und Temperaturunterschiede. Wärmeverteilung, Lufterneuerungsmechanismen oder Abstufungen der relativen Luftfeuchtigkeit können zu neuen programmatischen und ästhetischen Grundlagen architektonischer Gestaltung werden. In diesen unsichtbaren Raumkonstellationen werden visuelle und sensorische Eigenschaften zum Vorschein gebracht, die eine sinnliche Beziehung zwischen Körper und Raum herstellen. Programm, Funktion und Nutzung erscheinen in den durch diese neuen Techniken entstehenden Räumen als poetische Setzungen. Mit der Umkehrung der Hierarchie zwischen Funktion und Klima versuchen wir uns an einer Architektur, deren Funktionalität sich „zufällig" aus klimatischen Problemlagen und Lösungen ergibt. Architektur könnte sich damit von ihrer Funktionalität befreien. Sie könnte aufhören, die ihr zugedachte Rolle zu spielen und offen, interpretierbar und suggestiv bleiben, durch ihre Lösungen für klimatische und technische Probleme – quasi sich selbst zum Trotz – die Herausbildung anderer Funktionen ermöglichen. Beim Umgang mit klimatischen Formen der Architektur entwickeln sich manche Programme und gewisse soziale Praktiken aus Zufall oder Notwendigkeit. Bei einer solchen Arbeit mit neuen Klimatechniken, die ihr formales und programmatisches Potenzial akzeptiert, kann der gebaute Raum seine eindeutige funktionale Determination aufgeben und zu etwas Freiem, Interpretierbarem, Sinnlichem werden.

Alle der vier folgenden Projekte legen den Fokus auf einen bestimmten Aspekt grüner Bautechnik, der zum Thema des Hauses wird, dessen Form und Programm hinterfragt, dessen Gestalt und Ästhetik erneuert.

Wasserhaus. Unser Projekt für Ferienunterkünfte am Lac de Vassivière in der französischen Region Limousin ist das Ergebnis einer Umkehrung von Nutzung und Form. Ausgangspunkt ist der Umgang mit Bautechniken, die eine nachhaltige Entwicklung begünstigen. Statt diese Techniken an ein vorgegebenes architektonisches Programm mit einer bestimmten Symbolik oder Nutzungsart anzupassen, generieren sie hier die architektonische Form. Luftfeuchtigkeit und deren Regulierung im Gebäude sowie die Luftverteilung im Raum nach ihrer temperaturabhängigen Dichte dienen mit ihren physikalischen und sinnlichen Eigenschaften dazu, das Gebäude in Grund- und Aufriss zu organisieren. So entstehen neue, unerwartete Raumtypologien, die nicht mehr auf der Hausplanung der Moderne mit ihrer Trennung von Tag und Nacht, privaten und öffentlichen Räumen beruhen, sondern sich aus den sensorischen und physiologischen Folgewirkungen der verwendeten Bautechniken ergeben. Es sind Klimaverhältnisse zum Bewohnen.

Der Entwurf für die Mollier-Häuser basiert auf einer unsichtbaren, aber grundlegenden Verbindung zwischen Innenraum und Luftfeuchtigkeit. Er unternimmt den Versuch, ein

and the space directly into the constraints of the technical equipment of the building. It engages closer ties with the lake landscape of Vassivière in Limousin, physical and chemical ties, as it is situated in the material character of the territory itself, in its humidity. An occupant of an indoor space produces water vapor, not in a constant manner, but according to the primary activity to which each room is dedicated. The presence of water vapor in the air originates naturally from transpiration and hot water usage, leading to risks of condensation and damage to the construction. While today the only solution to excess interior water vapor is the common use of technical ventilation systems, we propose in this project to shape the space in relation to the water vapor, in order to inaugurate a profound and complex relation between the inhabitants, their bodies, and the space according to its physical and chemical characteristics. Consequently, our architecture is designed, and the living spaces are given form, according to the variation of the relative humidity level, from the driest to the most humid, from 20 to 100 percent relative humidity. By means of the water vapor content, the quality of the architecture takes shape as the real and physical immersion of the inhabitants' bodies in the humid and variable body of the space. Our project establishes a stratification of the levels of humidity within the space. A sleeping person emits around 40 grams of water vapor per hour (bedroom), while he produces up to 150 grams per hour when active (living room). The use of a bathroom gives off up to 800 grams in twenty minutes, and the use of a kitchen 1,500 grams per hour. Like a set of Russian nesting dolls, the living areas are designed according to the route of air renewal through the house, from the driest to the most humid, from the freshest to the stalest, from the bedroom to the bathroom. But our project refuses to program the space functionally according to specific activities. It creates spaces that are more or less dry, more or less humid, to be occupied freely, to be appropriated according to the weather and the seasons. The plan of the house is a spatial representation of the Mollier diagram, creating new programmatic correspondences, in which one space can receive several functions that are assumed to be separate. The driest room, between 0 and 30 percent RH (relative humidity), could be a drying room or a sauna. The next room, between 30 and 60 percent RH, could be a bedroom, an office, or a living room. The third room, still more humid, between 60 and 90 percent RH, could be used as a bathroom, a living room, or a kitchen. The last room, the most humid, between 90 and 100 percent RH, could be used as a living room or a pool. But here, none of the rooms are specifically determined by a function. They remain freely appropriable according to the level of humidity sought.

Mollier Houses

Program: Houses for holidays
Location: Vassivière en Limousin, France
Client: SYMIVA
Date: 2005
Architects: Philippe Rahm architectes
(Philippe Rahm, Jérome Jacqmin, Cyrille Berger)

4

Philippe Rahm architectes, Underground House | Untergrundhaus, Vassivière en Limousin, 2005 © Philippe Rahm architectes

Earth House. The aim of this project is to construct an architectural climate that is closely related to the earth and soil beneath its surface. Both heating and cooling are generated underground, using the unique properties of the Vassivière soil—baked with geothermal energy and air-cooled within the cold darkness of the ground. A certain quality of air is therefore sought above anything else. Extracted from the inert soil underground, the air gives the interiors of these houses an earthy taste, a slightly brownish tone, and a thermal quality from the heat that has been drawn out. In this way, the project is developed in the flatness of the earth and in the succession of air movements, from the deepest to the most elevated, from darkness to illumination, from fresh air to stale air. The house is built on a reserve of clean, new air, contained in the depths of the ground underneath the house. This is an underground landscape, but also a useful climate. Like

bauphysikalisches Problem in eine architektonische Frage zu übersetzen, und zwar so, dass diese Frage zur effizienten Ursache der Form wird. Er nimmt neue sinnliche und physiologische Beziehungen zwischen Bewohner und Raum unmittelbar in den Entwurf der technischen Gebäudeausstattung auf. Er geht engere Bindungen mit der Seenlandschaft von Vassivière ein, Bindungen physikalischer und chemischer Natur, da er im Materialcharakter des Territoriums selbst – seiner Luftfeuchtigkeit – fußt. Die Menge an Wasserdampf, die ein Bewohner in einem Raum erzeugt, ist nicht konstant, sondern hängt von der primären Nutzung des jeweiligen Raums ab. Zustande kommt der Wasserdampfgehalt der Luft auf natürliche Weise durch Transpiration und den jeweiligen Warmwasserverbrauch, was zu Kondensation und Gebäudeschäden führen kann. Die einzige Lösung für übermäßige Feuchtigkeit in Innenräumen ist heute der Einsatz technischer Ventilationssysteme; dagegen schlagen wir vor, den Raum in Abhängigkeit vom Feuchtigkeitsgehalt zu gestalten und so eine tiefgreifende und komplexe Beziehung zwischen dem Raum, seinen Bewohnern und deren Körpern herzustellen, eine, die auf ihren physikalischen und chemischen Eigenschaften beruht. Dementsprechend bildete die Abstufung des Feuchtigkeitsgehalts vom trockensten zum feuchtesten Raum, von 20 bis 100 Prozent relativer Luftfeuchtigkeit, die Grundlage für den architektonischen Entwurf und die Formgebung der Räume. Ausgehend vom Feuchtigkeitsgehalt ergibt sich die Architektur aus dem realen, physischen Eintauchen der Bewohnerkörper in den feuchten, variierenden Körper des Raums. Unser Projekt stratifiziert die Feuchtigkeitsgrade im Raum. Eine schlafende Person gibt etwa 40 Gramm Wasserdampf pro Stunde ab (Schlafzimmer), während sie im Wachzustand 150 Gramm pro Stunde produziert (Wohnzimmer). Bei der Verwendung des Badezimmers entstehen bis zu 800 Gramm in zwanzig Minuten und bei der Verwendung der Küche 1.500 Gramm pro Stunde. Wie bei einer Matroschka sind die Lebensbereiche entlang der durch das Haus verlaufenden Route der Lufterneuerung angelegt: vom trockensten zum feuchtesten Raum, von dem mit der frischesten zu dem mit der abgestandensten Luft, vom Schlafzimmer zum Bad. Allerdings verweigert sich unser Projekt jedem funktionalen, nutzungsbezogenen Raumprogramm. Es schafft mehr oder weniger trockene, mehr oder weniger feuchte Räume, die frei benutzt, je nach Wetterlage und Jahreszeit adaptiert werden können. Der Grundriss, eine räumliche Darstellung des Mollier-Diagramms, schafft neue programmatische Korrespondenzen, sodass ein Raum mehrere, üblicherweise separierte Funktionen annehmen kann. Der trockenste Raum, der 0 bis 30 RH (relative Luftfeuchtigkeit) aufweist, könnte ein Trockenraum oder eine Sauna sein, der nächste, dessen RH 30 bis 60 Prozent beträgt, ein Schlafzimmer, Büro oder Wohnzimmer. Der noch feuchtere dritte Raum, mit 60 bis 90 Prozent RH, könnte als Bad, Wohnzimmer oder Küche verwendet werden, und der letzte, feuchteste, mit 90 bis 100 RH, als Wohnzimmer oder Pool. Aber keiner der Räume ist durch die Funktion bestimmt, sie sind alle frei adaptierbar je nach dem gewünschten Feuchtegrad.

Häuser Mollier

Programm: Ferienhäuser
Standort: Vassivière en Limousin, Frankreich
Auftraggeber: SYMIVA
Jahr: 2005
Architekten: Philippe Rahm architectes
(Philippe Rahm, Jérome Jacqmin, Cyrille Berger)

Erdhaus. Ziel dieses Projekts ist es, architektonisch ein Klima zu erzeugen, das eng mit der Erdoberfläche und dem darunterliegenden Erdreich verbunden ist. Wärme wie Kühlung werden unterirdisch erzeugt, unter Nutzung der einzigartigen Bodeneigenschaften der Vassivière – geothermisch aufgeheizt und im kalten dunklen Untergrund luftgekühlt. Angestrebt wird vor allem eine bestimmte Luftqualität. Die dem unbewegten Erdreich entnommene Luft verleiht dem Inneren des Hauses einen irdenen Touch, einen leicht bräunlichen Ton und eine Thermik durch die entzogene Wärme. Das Projekt entwickelt sich ausgehend von der Erdfläche und dem Verlauf der Luftbewegungen vom tiefsten zum höchsten Punkt, von der Dunkelheit ins Helle, von der frischen zur abgestandenen Luft. Das Haus baut

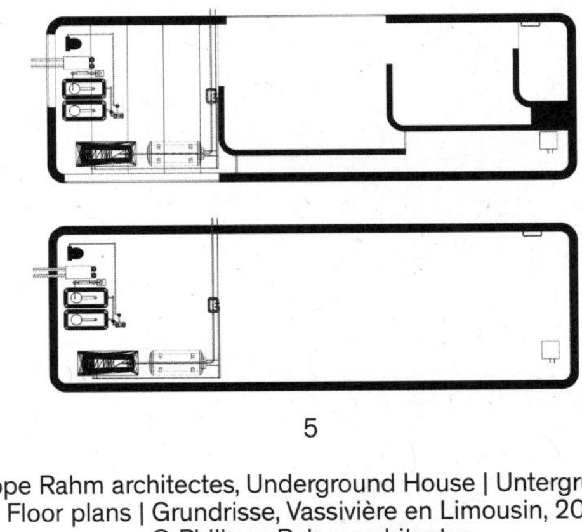

5

Philippe Rahm architectes, Underground House | Untergrundhaus, Floor plans | Grundrisse, Vassivière en Limousin, 2005
© Philippe Rahm architectes

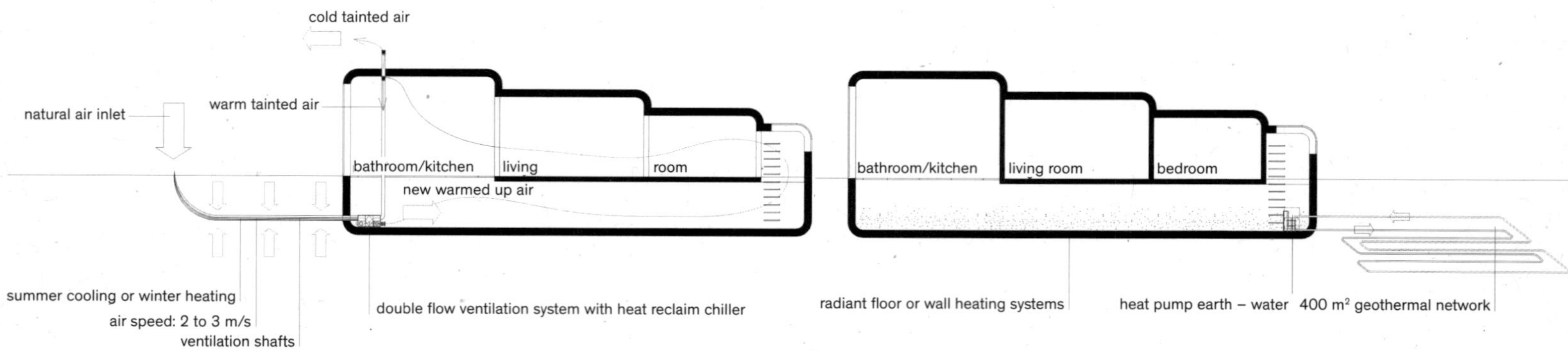

6

Philippe Rahm architectes, Underground House | Untergrundhaus, Ventilation System Diagram | Diagramm des Lüftungssystems (l.), Heating System Diagram | Diagramm des Heizsystems (r.), Vassivière en Limousin, 2005 © Philippe Rahm architectes

a reservoir, this volume is fed by clean air that has passed underground to be tempered. Several meters below its surface, the earth has an almost constant temperature of 8° Celsius. This warmth is sought out and collected in a system of air wells, designed to cool in the summer or provide warm air in the winter. Drawn in from a distance of more than 25 meters from the house, the air is then plunged back into the ground, warmed or cooled to precisely 8° Celsius, and finally allowed to expand into the basement of the building. The basement, buried underground and perfectly insulated, is the only heated area in the house. Its temperature is moderated to a constant 21° Celsius through a heating system installed in the flooring. Fed by a heat pump, this system diffuses the warmth produced in the earth. In the winter, the airspace of the basement will be warmer than it is outside, while in the summer it will be cooler. The basement air—tempered, fresh, and clean—is then pumped into the living areas. The house is structured to manage these airflow pathways with a system of controlled air renewal that is organized in the form of a cascade. Clean to begin with, it passes into the bedroom, then to the living room, the kitchen, the bathroom and finally the toilets, before flowing back out of the house, contaminated. The typology of the home is therefore reevaluated as a function of the distribution of air in the house, from the cleanest to the most polluted spaces. This air quality is inhabited; movement about the house occurs as a function of the specific air quality desired. Migration occurs among differentiated air qualities. The ambition of this project is therefore to construct an architecture that maintains both physiological and sensual links with the terrain and with the soil; an architecture that is inscribed into the site and its geology. An architecture to be breathed.

Underground House

Program: House for holidays
Location: Vassivière en Limousin, France
Client: SYMIVA
Date: 2005
Architects: Philippe Rahm architectes
(Philippe Rahm, Jérome Jacqmin, Cyrille Berger)

Heat House. For this apartment in Lyon, we used the most recent recommendations for domestic internal temperatures to reduce environmental energy consumption in the built environment. This approach caused us to shift from working in plan to composing in section based on atmospheric gradations. The new recommendations advocate reduced temperatures in spaces such as the corridor (16° Celsius), kitchen (18° Celsius), and bedroom (16° Celsius), where we are engaged in movement and activities that generate heat and where we are conventionally dressed. Areas where we are not in movement or where we are not conventionally dressed, such as the living room (20° Celsius) or the bathroom (22° Celsius), will instead be heated to a greater extent. If we were working in plan to achieve these objectives of reducing energy, we would need to physically separate the different rooms, each with its own function, by using walls and closed doors to prevent air from rooms at different temperatures from mixing and becoming homogenized in a manner similar to the way in which hot and cold water blend. Therefore, strictly following these contemporary recommendations would imply abandoning the free plan and spatial continuity acquired during modernity and returning to the plans that were drawn up in the nineteenth century, where each room was separated from the others by walls and doors. We can avoid this regression by working in section on the intrinsic physical behavior of air when it is elevated and hot or when it is cold and closer to the ground. We can start composing rooms and spaces, or rather begin dividing programs in space, without the use of walls, which delineate the contours of the parts. We can compose by using only the spatial distribution of temperatures and luminosities in the air to divide the program. The goal is no longer to design the plan,

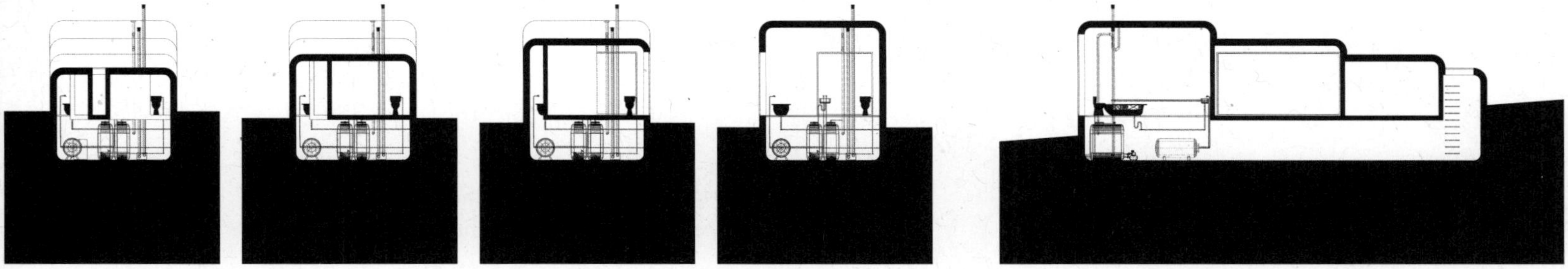

7

Philippe Rahm architectes, Underground House | Untergrundhaus, Sections | Schnitte,
Vassivière en Limousin, 2005 © Philippe Rahm architectes

auf den Vorrat an reiner, frischer Luft in den Tiefen des unter ihm liegenden Bodens auf. Er ist sowohl eine unterirdische Landschaft wie ein nutzbares Klima. Dieses Volumen wird wie ein Reservoir von frischer Luft gespeist, die zum Zweck der Temperierung eine unterirdische Wegstrecke durchläuft. Einige Meter unter der Erdoberfläche herrscht eine fast konstante Temperatur von 8° Celsius. Diese Temperatur wird angezapft und in einem System von Luftbrunnen gesammelt, die im Sommer kühlen und im Winter wärmen sollen. Die Luft wird in über 25 Metern Entfernung vom Haus angesaugt, in den Boden gepresst und auf exakt 8° Celsius erwärmt oder abgekühlt, worauf sie sich dann im Keller des Hauses ausbreiten kann. Der unter der Erde gelegene perfekt isolierte Keller ist der einzig beheizte Bereich des Hauses. Durch ein in den Boden eingebautes Heizungssystem wird er konstant auf einer Temperatur von 21° Celsius gehalten. Mithilfe einer Pumpe verteilt dieses System die in der Erde gespeicherte Wärme. Im Winter ist der Luftraum im Keller wärmer als die Außenluft, im Sommer kühler. Die temperierte, frische und saubere Kellerluft wird dann in die Wohnbereiche transportiert. Das Haus ist so gebaut, dass es die Wege des Luftstroms in einem kaskadenartig angeordneten System kontrollierter Lufterneuerung lenkt. Die anfangs saubere Luft strömt zunächst ins Schlafzimmern weiter, dann ins Wohnzimmer, die Küche, das Bad und die Toiletten, ehe sie dem Haus verbraucht wieder entweicht. Die Typologie des Hauses erfährt also eine Umwertung als Funktion der darin gegebenen Luftverteilung von den reinsten zu den verschmutztesten Räumen. Diese Luftqualität wird bewohnt; die Bewegung durchs Haus erfolgt entsprechend der jeweils gewünschten Luftqualität. Es findet eine Migration zwischen unterschiedlichen Luftqualitäten statt. Bestreben des Projekts ist also, eine Architektur zu schaffen, die die physiologischen und sinnlichen Verbindungen mit dem Gelände und der Erde wahrt; eine ihrem Standort und seiner Geologie eingeschriebene Architektur. Eine Architektur zum Atmen.

Untergrundhaus

Programm: Ferienhaus
Standort: Vassivière en Limousin, Frankreich
Auftraggeber: SYMIVA
Jahr: 2005
Architekten: Philippe Rahm architectes
(Philippe Rahm, Jérome Jacqmin, Cyrille Berger)

Wärmehaus. Dieser Wohnung in Lyon legten wir die neuesten Empfehlungen für Innentemperaturen zur Senkung des Energieverbrauchs in der gebauten Umwelt zugrunde. Dieser Ansatz veranlasste uns, beim Planen nicht vom Grundriss, sondern vom Aufriss auszugehen, basierend auf der Schichtung der Atmosphäre. Die neuen Richtlinien empfehlen niedrigere Temperaturen für Räume wie Flur (16° Celsius), Küche (18° Celsius) und Schlafzimmer (16° Celsius), Räume, in denen wir uns bewegen und Beschäftigungen nachgehen, die Wärme erzeugen und in denen wir gewöhnlich bekleidet sind. Bereiche, in denen wir uns nicht bewegen oder gewöhnlich unbekleidet sind, wie das Wohn- (20° Celsius) oder Badezimmer (22° Celsius), werden stattdessen stärker beheizt. Hätten wir die Energieeinsparungsziele mithilfe eines Grundrisses zu erreichen versucht, hätten wir die verschiedenen Räume mit ihren jeweiligen Funktionen physisch trennen müssen, hätten Wände und geschlossene Türen einführen müssen, um zu verhindern, dass sich die Luft unterschiedlich temperierter Räume vermischt – ähnlich wie Warm- und Kaltwasser. Eine strenge Befolgung dieser zeitgenössischen Empfehlungen hieße daher, auf Errungenschaften der Moderne wie den freien Plan und die räumliche Kontinuität zu verzichten und zu den Grundrissen des neunzehnten Jahrhunderts zurückzukehren, wo jeder Raum durch Wände und Türen von den anderen getrennt war. Eine solche Regression lässt sich vermeiden, indem man im Aufriss mit dem intrinsischen Verhalten der Luft arbeitet, ihrer größeren Wärme oben und ihrer Kühle in Bodennähe. So kann man anfangen, Räume zu gestalten oder genauer: ein Raumprogramm zu entwickeln, das ohne Wände, die seine einzelnen Teile umreißen, auskommt. Wir können das Programm einzig und allein mit der ins Räumliche übertragenen Temperatur- und Helligkeitsverteilung umsetzen. Es geht nicht mehr darum, den Grundriss zu planen, sondern darum, eine Atmosphäre mit verschiedenen Wetterzonen zu entwerfen, durch die man sich auf der Suche nach einer bestimmten Temperatur oder Helligkeit bewegt. Wir schlagen vor, keine Räume

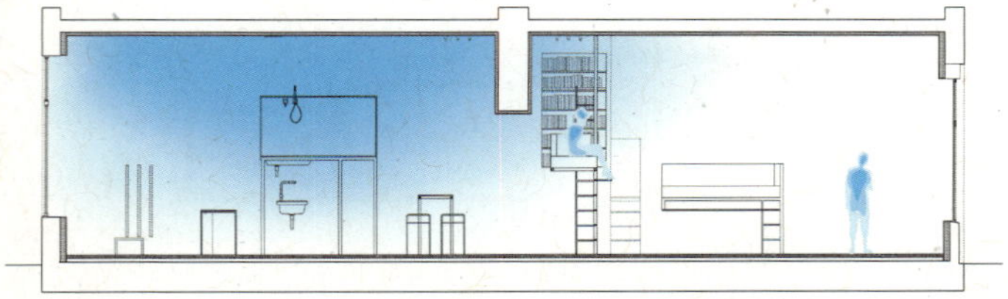

8

Philippe Rahm architectes, Apartment for a young doctor | Wohnung für einen jungen Arzt, Evaporation image | Verdunstungsgrafik, Lyon, 2011 © Philippe Rahm architectes

but rather to design an atmosphere, with its various weather gradations through which one moves to find a certain temperature or a certain light. We propose not to draft rooms and spaces, but instead to situate the furniture and the furniture's usage at particular heights, temperatures, and light intensities. This methodology would make an atmosphere a bit like a natural landscape, where one might take refuge under a tree when it rains or where one might sit in the shade of a rock when it gets too hot. Thus, the chair where you sit alone is the highest point in the upper warmer air, just like the shower where you are naked. The sofa, on the other hand, where one is more social and interactive, will be somewhat lower, as its temperature rises due to the multiplication of warmth that occurs when several individuals are sitting on it. The kitchen floor would be placed lower still, reducing its temperature, while the bed would be found in the coldest part of the house, on the ground.

Evaporated Rooms

Program: An apartment for a young doctor
Location: Perrache, Lyon, France
Client: Louis Malachane
Date: 2011
Architects: Philippe Rahm architectes (design team: Renaud Pinet, Mathieu Bujnowskyj, Huguet Marina i Blasi)

Sun House. The design of this building is based on thermal conductivity. The main materials of the building have a very low thermal conductivity coefficient (under 1 W/[m.k] wood and hollow fill fiber insulation), except for a few rooms, some made of concrete and others made of steel. These two materials, with different thermal conductivity coefficients, will bring the heat from the coldness of the outside environment—brought by the radiation of the sun or the night's dark vault—through the insulated glass of the façade. In physics, thermal conductivity, k, is the property of a material that indicates its ability to conduct heat. It appears primarily in Fourier's law of heat conduction, the transfer of thermal energy between neighboring molecules in a substance due to a temperature gradient. Thermal conductance is the quantity of heat that passes in unit time through a plate of particular area and thickness when its opposite faces differ in temperature by one Kelvin. Thermal conductivity depends on many properties of a material, notably its structure and temperature. The main aim of this project is to reintroduce different climatic qualities in different places and different moments inside of the modern apartment, as was done in old houses with building material and sun exposure. Here, it could become very comfortable in the summer to sit near or inside the concrete rooms, which maintain the freshness of the night during the day. Or at the opposite spectrum, it could be very pleasant during the day in winter to sit near the steel rooms heated by the sunrays in the façade. The collective indoor space of the building, which constellates the shared program of stairs, elevator, laundry, storage, drying room, et cetera, is made according to the same thermal principle. Some spaces are made of steel, others of concrete. The program will be placed in relation to the climatic qualities of these two materials. Inside the spaces made of concrete cement, we will find the shared wine cave, the laundry room, and bicycle storage, for example. Inside the steel rooms, we might find the drying rooms for clothes, the corn storage, and the area for strollers. Instead of keeping all of our items and provisions in an individual refrigerator and cupboards, we propose to use the natural climatic conditions of the public spaces to store them. ▪

Conductive Condominium

Program: Apartment building
Location: Hamburg, Germany
Client: IBA Hamburg
Date: 2010
Architects: Philippe Rahm architectes

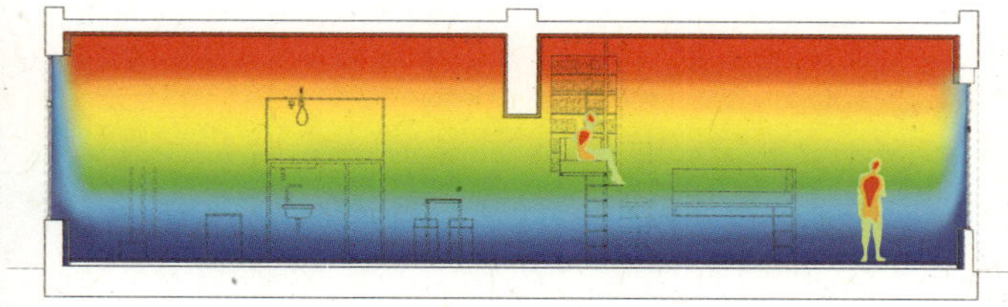

9

Philippe Rahm architectes, Apartment for a young doctor | Wohnung für einen jungen Arzt, thermal image | Wärmebildaufnahme, Lyon, 2011 © Philippe Rahm architectes

zu skizzieren, sondern die Möbel bzw. deren Gebrauch in bestimmten Höhen, Temperaturen und Lichtintensitäten anzusiedeln. Mit dieser Methode gelangt man zu einer Atmosphäre, die ein wenig einer natürlichen Landschaft gleicht, wo man bei Regen Zuflucht unter einem Baum sucht, oder sich in den Schatten eines Felsens setzt, wenn es zu heiß wird. Entsprechend befindet sich der Sessel, in dem man allein sitzt, auf dem höchsten Punkt in der wärmeren Luft. Dasselbe gilt für die Dusche, in der man nackt ist. Das Sofa dagegen, wo man geselliger und interaktiver ist, befindet sich etwas darunter, da es dank der Wärmemultiplikation zu einem Temperaturanstieg kommt, wenn mehrere Personen drauf sitzen. Der Küchenboden liegt noch ein Stück tiefer, was die Temperatur weiter absenkt, und das Bett steht auf der Erde, dem kältesten Teil der Wohnung.

Verdampfte Räume

Programm: Wohnung für einen jungen Arzt
Standort: Perrache, Lyon, Frankreich
Auftraggeber: Louis Malachane
Jahr: 2011
Architekten: Philippe Rahm architectes (Entwurfsteam: Renaud Pinet, Mathieu Bujnowskyj, Huguet Marina i Blasi)

Sonnenhaus. Der Entwurf dieses Hauses beruht auf Wärmeleitfähigkeit. Die Hauptmaterialien des Gebäudes besitzen einen sehr geringen Wärmeleitkoeffizienten (Holz und Hohlfaserisolierung mit unter 1W/[m . k]) mit Ausnahme einiger weniger Räume, die teils aus Beton, teils aus Stahl sind. Diese beiden Materialien, die andere Wärmeleitkoeffizienten haben, befördern die durch Sonneneinstrahlung entstandene Wärme oder durch das Dunkel der Nacht hervorgerufene Kühle der Außenwelt durch das isolierte Glas der Fassade ins Innere. Unter der Wärmeleitfähigkeit k versteht man in der Physik die Fähigkeit eines Materials, Wärme zu transportieren. Sie tritt meist in Form des Fourier'schen Gesetzes auf, das die Übertragung von Wärmeenergie zwischen den benachbarten Molekülen einer Substanz entlang eines Temperaturgradienten beschreibt. Die Wärmeleitung ist die Menge der Wärme, die in einer Zeiteinheit durch eine Platte von einer bestimmten Fläche und Dicke fließt, wenn die gegenüberliegenden Seiten einen Temperaturunterschied von 1 Kelvin aufweisen. Die Wärmeleitfähigkeit hängt von vielen Materialeigenschaften ab, insbesondere seiner Struktur und Temperatur. Hauptziel dieses Projekts ist es, in moderne Wohnungen wieder unterschiedliche Klimaqualitäten an verschiedenen Orten und zu verschiedene Zeiten einzuführen, so wie das bei alten Häusern mithilfe von Baumaterial und Besonnung geschah. In diesem Gebäude könnte es z.B. im Sommer sehr angenehm sein, in den Räumen aus Beton zu sitzen, die tagsüber die Frische der Nacht konservieren. Wogegen es im Winter bei Tag sehr angenehm sein könnte, in der Nähe der Räume aus Stahl zu sitzen, die durch die Sonneneinwirkung auf die Fassade erwärmt werden. Die öffentlichen Räume des Gebäudes, auf die sich die Gemeinschaftszonen von Treppenhaus, Lift, Waschraum, Lager, Trockenraum usw. verteilen, sind nach denselben thermischen Prinzipien angelegt. Einige Räume sind aus Stahl, einige aus Beton. Das Programm folgt den jeweiligen klimatischen Qualitäten der beiden Materialien. In den Räumen aus Beton werden etwa der gemeinsame Weinkeller, Waschraum und Fahrradraum untergebracht. In den Räumen aus Stahl werden sich Trockenräume, Getreidespeicher und der Kinderwagenraum befinden. Statt alle Sachen und Vorräte in persönlichen Kühl- und Küchenschränken aufzubewahren, schlagen wir vor, die Klimabedingungen der öffentlichen Räume dafür zu nutzen. ▪

Leitfähige Eigentumswohnungen

Programm: Wohnbau
Standort: Hamburg, Deutschland
Auftraggeber: IBA Hamburg
Jahr : 2010
Architekten: Philippe Rahm architectes

Übersetzung: Wilfried Prantner

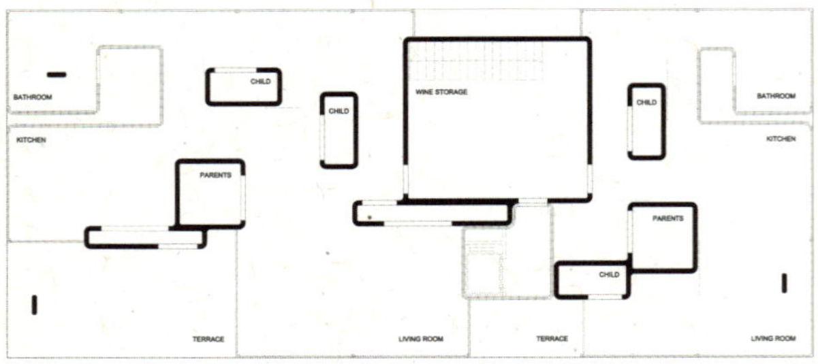

floor plan_second level

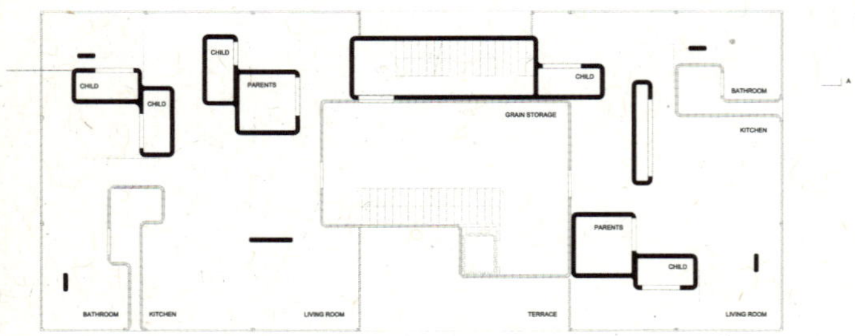

floor plan_first level

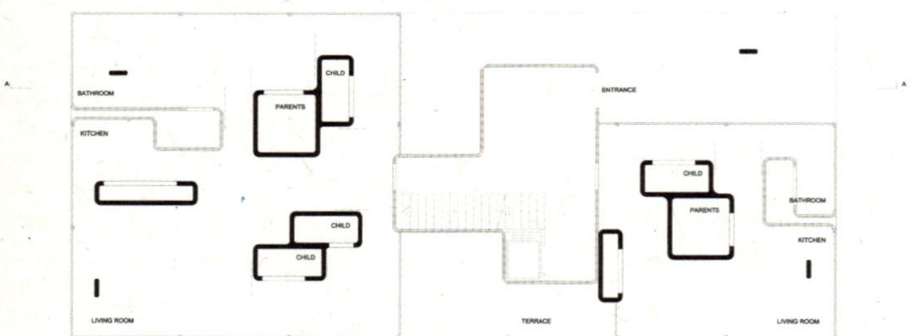

floor plan_ground level

10

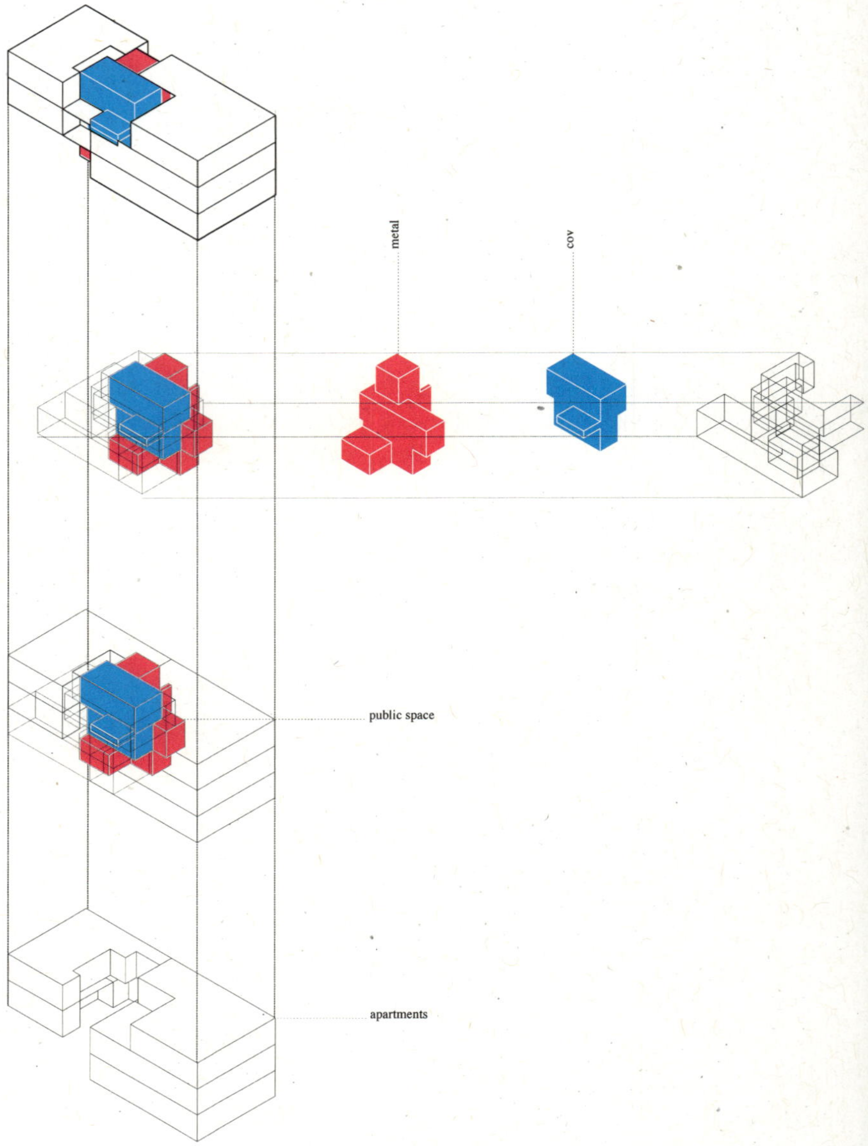

11

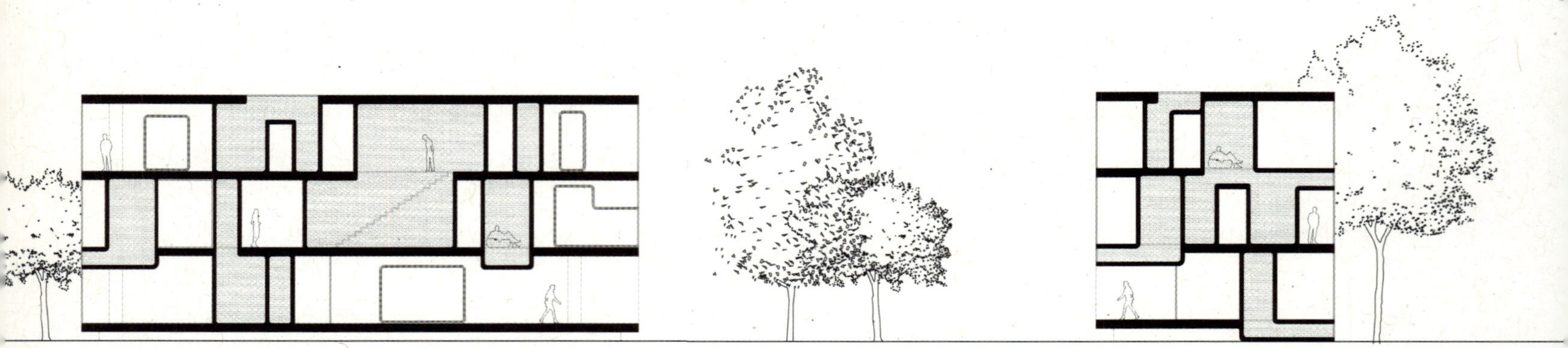

section_aa

section_bb

12

13

10–13 Philippe Rahm architectes, Conductive Condominium | Leitfähige Eigentumswohnungen, Hamburg, Germany | Deutschland, 2010
(10) Floor plans | Grundrisse
(11) Exploded drawing, different coefficient of conductivity of the public space related to the material | Explosionszeichnung, verschiedene Leitfähigkeitskoeffizienten des öffentlichen Raums im Bezug auf das Material
(12) Sections | Schnitte

Tape

Choreography Becomes Architecture
Choreografie wird Architektur

Sven Jonke | Christoph Katzler | Nikola Radeljković
(Numen/For Use)

MÉDIATION
CULTURELLE

The idea for the installation originated from a set design concept for a dance performance in which the form evolved from the movement of the dancers between the pillars. The dancers were stretching the tape while they moved, so the resulting shape was a (tape) recording of the choreography. The tape concept has developed further towards more sculptural architectonic forms. It is practically realized through the act of chaotic wrapping, where a one-dimensional line (tape) slowly turns into a two-dimensional plane, which then finally curves into volume.

The installation is entirely made of conventional transparent sticky tape, like the one we all use in everyday life. No other materials or means are used to build these structures. No computer or computing is used, neither for the designing process nor for the construction. The equipment for setting up the installation consists of ladders and lifting devices, several telescopic sticks with a simple tape-dispenser at one end and cutters.

The tendons of multiple layers of tape are firstly stretched in between a construction. The following continuous wrapping of tendons results in a complex, amorphous surface through a process reminiscent of growing of organic forms. The surface of the volume slowly and automatically shrinks from the first few tape lines, which are totally straight, into hyperbolic forms just by wrapping more and more tape around. During this process the tapes get many wrinkles which give the surface a more natural appearance. After adding several layers of tape, the structure is strong enough to carry people.

With every additional layer, the figure becomes more and more corporeal as it picks up on the slow increase of the curvature. The interior of the structure is supple, elastic, and pliable while the form itself is statically perfect as it ideally follows the trajectories of forces, being literally defined by them. The moment the audience enters the installation, what started off as a sculpture seamlessly morphs into architecture.

The installation is envisaged as a site-specific, parasitical structure invading an arbitrary location and was already on display in Paris (2015), Örebro (2014), Tokyo (2013), Stockholm (2012), Berlin (2012), Hasselt (2012), Melbourne (2011), Belgrade (2010), Frankfurt (2010), and Vienna (2009–10). ▪

Die Idee für die Installation entstand aus einem Bühnenbild für eine Tanzaufführung, dessen Form sich aus der Bewegung der Tänzer zwischen Säulen entwickelte. Die Tänzer zogen Klebebänder hinter sich her und erzeugten dadurch eine Art (Band-)Aufnahme der Choreografie. Das Bandkonzept hat sich durch skulpturale architektonische Formen weiterentwickelt. Es wird praktisch durch den Akt des chaotischen Einpackens umgesetzt, wo eine eindimensionale Linie (Band) sich langsam in eine zweidimensionale Fläche verwandelt, die sich dann schließlich zu einem Volumen krümmt.

Die Installation besteht ausschließlich aus konventionellem, transparentem Verpackungsklebeband, wie wir es alle auch im Alltag benutzen. Kein anderes Material und keine anderen Mittel kommen bei der Konstruktion dieser Strukturen zum Einsatz. Kein Computer wird verwendet, weder für den Entwurfsprozess noch für die eigentliche Konstruktion. Die Ausrüstung für den Aufbau der Installation besteht aus Leitern und Hebegeräten, mehreren ausziehbaren Teleskopstangen mit einem integrierten Klebebandabroller an einem Ende und Messern.

Die Bahnen der vielfachen Klebebandschichten werden während der Konstruktion gedehnt. Das darauf folgende kontinuierliche Verpacken mit den Klebestreifen führt durch einen an das Wachstum organischer Formen erinnernden Prozess zu einer komplexen, amorphen Oberfläche. Die Oberfläche des Körpers schrumpft langsam und automatisch von den ersten Klebebandlinien, die vollkommen gerade sind, in hyperbolische Formen – nur, indem immer mehr Klebeband umwickelt wird. Während dieses Prozesses bekommt das Klebeband viele Falten (ähnlich einer alten Haut), was der Oberfläche eine natürlichere Erscheinung verleiht. Nachdem mehrere Klebebandschichten hinzugefügt werden, ist die Struktur stark genug, Menschen zu tragen.

Mit jeder zusätzlichen Schicht wird die Figur immer körperlicher, wenn sie die langsame Zunahme der Krümmung aufnimmt. Das Innere der Struktur ist weich, elastisch und nachgiebig, während die Form selbst statisch perfekt ist, da sie auf ideale Weise den Bahnen von Kräften folgt, von denen sie ja im Wortsinn definiert werden. In dem Moment, in dem das Publikum die Installation betritt, morpht sich das, was als Skulptur begann, nahtlos in Architektur.

Die Installation ist konzipiert als eine ortsspezifische, parasitäre Struktur, die in einen beliebigen Ort eindringt. Sie wurde bereits in Paris (2015), Örebro (2014), Tokio (2013), Stockholm (2012), Berlin (2012), Hasselt (2012), Melbourne (2011), Belgrad (2010), Frankfurt (2010) und Wien (2009/2010) gezeigt. ▪

Übersetzung: Wilhelm von Werthern

Mapping Transitions

lejos

Exercising Spatial Ability

(Aus)Übungen des räumlichen Vorstellungsvermögens

Malcolm McCullough

1 Rafael Lozano-Hemmer, "Zoom Pavilion" at the exhibition "Pseudomatismos" in cooperation with Krzysztof Wodiczko, MUAC Museum, Mexico City | „Zoom Pavillon" im Rahmen der Ausstellung „Pseudomatismos" in Kooperation mit Krzysztof Wodiczko, MUAC Museum, Mexico City, 2015 © Photo: Oliver Santana

An expedition skillfully discovers a richer world. For of course the world does not reveal itself so well to a bystander's gaze, nor in documents, as is does through active, purposeful engagement.[1] An expedition's direct encounters with situations and events alter not only its path but also its sensibilities. The members of an expedition value not just the findings but also the process of seeking, especially its adaptations for future expeditions. Spatial ability itself enjoys exercise. It values fluency more than novelty, and fascination more than entertainment. It plays situations without need for names, rules, or survey perspectives. Instead it builds implicitly adaptive paths, whether physical, mental, or cultural. Indeed it makes sport, craft, and culture of these. So without the crown charters or distant destinations that the word "expedition" may recall, without nostalgia for wilderness exploration, and without a refusal of media (such as the refusal to ask for directions) it seems fair, vital, and constructively critical to speak of the local, hometown expedition.

The appeal of the expedition can perhaps begin from the enduring notion of the urban *dérive*: unplanned journeys, temporary, critical, ironically revelatory paths through an overdesigned, disturbingly behavioralist world, casually exposed psychogeographies.[2] More to the point, this call seeks a new expedition for a much-changed world, in which media have become so much more diversified, personalized, sensate, and ambient than the broadcast industry that twentieth-century Situationism mainly reacted against. Today one must react to something much more pervasive. Otherwise it is being forgotten that some data remain local, not all media are visual, and not all that informs has been sent as a message.

The expedition seeks tangible situations that slowly fascinate more than they immediately entertain. It recognizes how the fixity and scale of architecture provide a valuable channel for the flux of everyday life. It suspects that spatial abilities have become still less exercised in the last half century since the early Situationalists. It is both wondrous and critical of an increasingly pervasive diversity of mediated appeals to attention, which this essay will describe as "the ambient."[3] For the expedition crosses through conditions where no one entertainment, spectacle, or appeal to attention seems half so phenomenal as an emerging continuum of them.

This essay reexamines spatial ability amid habitual physical settings now somehow transformed by ambient information, especially as that affords tangible foraging at the scale of body, room, and expeditionary group, particularly amid habitual physical settings now somehow sensate. Beyond clichés about deskilling under GPS, paranoia under surveillance, or distraction under perpetual messaging, this essay describes a more active, rewarding engagement of an inescapably mediated world.

Play of Spatial Ability. Toward the trope of the expedition, consider three simple claims. First, the exercise of spatial ability motivates the expedition. Second, new forms of informational mediation alter the expedition's design encounters, some favorably and some not. Thus third, so much as it can set the stage for expeditions, design for habits and sensibilities of engagement sometimes supplants design for visual novelties.

For many architects, the idea of spatial ability may begin from orientation. For instance the ability to estimate and compare abstract spatial forms from no particular point of view has long been a feature of standard intelligence tests. This is what makes forming a survey perspective on yourself in a city much more rewarding than being provided with a route perspective. No mental mapping ever becomes completely coherent; it is more like an ever-changing collage. And for that ever-adaptive process, active engagement works better than detached gaze. So this is not all visual. Orientation is also haptic. Activity plays spatial configurations and the proximities, props, and cues that comprise them.

In what the disciplines of interaction design, cognitive science, and activity theory would call "embodied cognition" and "extended mind," context remains an active component to

1 This essay draws on many related works too numerous to cite individually here but described in greater detail in my own book-length writings, which themselves make no claim on originating concepts so much as offering a potentially useful synthesis on engagement of media, surroundings, and place. On activity theory especially with respect to ambient information, see for instance Paul Dourish, *Where the Action Is: The Foundations of Embodied Interaction* (Cambridge, MA, 2001) or Victor Kaptelinin and Bonnie Nardi, *Acting with Technology: Activity Theory and Interaction Design* (Cambridge, MA, 2006).

2 The Situationists tend to be well known among architects. See Guy Debord and Gil Wolman, "A User's Guide to Detournement," originally published as "Mode d'emploi du détournement," *Les Lèvres Nues* 8 (1956), pp. 4–5.

3 "The ambient" was an internal trope for my own book *Ambient Commons: Attention in the Age of Embodied Information* (Cambridge, MA, 2013), pp. 17–21.

Eine Expedition entdeckt kunstvoll eine reichhaltigere Welt. Denn natürlich tritt diese im Blick eines passiven Beobachters oder in Dokumenten weniger deutlich zutage als in der aktiven, zielgerichteten Auseinandersetzung mit ihr.[1] Die direkte Konfrontation mit Situationen und Ereignissen ändert nicht nur den Verlauf einer Expedition, sondern auch deren Empfindungsspielraum. Den TeilnehmerInnen einer Expedition kommt es nicht nur auf die gewonnenen Erkenntnisse an, sondern auch auf den Prozess des Suchens, insbesondere dessen Adaption für künftige Forschungsreisen. Das räumliche Vorstellungsvermögen liebt es, sich zu betätigen. Es schätzt das Erkunden mehr als das Neue, die Faszination mehr als die Unterhaltung. Es spielt mit Situationen und benötigt dafür weder Namen noch Regeln noch eine Überblicksperspektive. Stattdessen erschafft es implizit adaptive Pfade, sowohl materieller als auch mentaler oder kultureller Art. Es macht daraus Sport, Handwerk und Kultur. Ohne die Regierungsaufträge oder abgelegenen Ziele, die man mit dem Wort „Expedition" verbindet, ohne Nostalgie für die Eroberung der Wildnis und ohne die Verweigerung von Orientierungshilfen (wie etwa, nach dem Weg zu fragen) scheint es sinnvoll, unumgänglich und durchaus kritisch-konstruktiv zu sein, von der lokalen Expedition in der eigenen Stadt zu sprechen.

Der Reiz der Expedition beginnt möglicherweise mit der bekannten Technik des urbanen *dérive*: dem ungeplanten Umherschweifen, dem temporären, kritischen, ironisch-aufschlussreichen Durchqueren einer überdesignten, verstörend behavioralistischen Welt, dem beiläufigen Freilegen von Psychogeografien.[2] Im Folgenden soll es um eine neue Art der Expedition gehen, eine Forschungsreise in eine drastisch veränderte Welt, in der die Medien deutlich diversifizierter, personalisierter, sinnlich wahrnehmbarer und allgegenwärtiger geworden sind als es die Rundfunkindustrie war, auf die der Situationismus des 20. Jahrhunderts in erster Linie reagierte. Heute muss man auf etwas sehr viel Umfassenderes reagieren, sonst läuft man Gefahr zu vergessen, dass manche Daten lokal bleiben, nicht alle Medien visuell sind und nicht alles, was informiert, als Botschaft versandt wurde.

Eine Expedition begibt sich in sinnlich erfahrbare Situationen, die eher mählich faszinieren, als unmittelbar zu unterhalten. Sie erkennt, dass die Beständigkeit und der Maßstab von Architektur einen wertvollen Kanal für den Flow des Alltagslebens bilden. Sie ahnt, dass das räumliche Vorstellungsvermögen in den letzten sechs Jahrzehnten seit den frühen Situationisten immer weniger (aus)geübt wurde. Sie staunt über die immer allgegenwärtigere Vielfalt an mediatisierten Aufmerksamkeitsappellen, die in diesem Essay als „das Umgebende" (*the ambient*) bezeichnet wird,[3] und kritisiert sie zugleich. Denn eine Expedition durchstreift Bedingungen, in denen das unterhaltende, spektakuläre oder aufmerksamkeitsheischende Einzelereignis nur halb so phänomenal wirkt wie das durch sie entstehende Kontinuum.

Dieser Aufsatz untersucht das räumliche Vorstellungsvermögen in gewohnten, heute aber durch die Allgegenwart von Informationen veränderten physischen Umgebungen, insbesondere in Hinblick darauf, als dies sinnlich erfahrbare Streifzüge im Maßstab des Körpers, des Raums und der Expeditionsgruppe gestattet. Jenseits aller Klischees über den Verlust gewisser Fähigkeiten durch die Verwendung von GPS, über Überwachungsparanoia oder die Ablenkung durch permanentes Messaging geht es in diesem Beitrag um einen aktiveren und lohnenderen Umgang mit einer unumkehrbar mediatisierten Welt.

Das Spiel des räumlichen Vorstellungsvermögens. Zum Begriff der Expedition stelle ich drei Thesen auf. Erstens, die (Aus)Übung des räumlichen Vorstellungsvermögens motiviert die Expedition. Zweitens, neue Formen der Informationsvermittlung verändern die Art, wie die Expedition der gestalteten Umwelt begegnet, manchmal zum Vorteil, manchmal zum Nachteil. Und drittens, in dem Maß, in dem die Gestaltung von Gewohnheiten und Sensibilitäten des Umweltzugangs den Boden für die Expedition bereitet, ersetzt sie mitunter die Gestaltung des visuell Neuen.

Für viele ArchitektInnen beginnt das räumliche Vorstellungsvermögen vermutlich bei der Orientierung. So ist etwa die Fähigkeit, abstrakte räumliche Formen ohne konkrete Perspektive einzuschätzen und zu vergleichen, seit Langem Bestandteil standardisierter Intelligenztests. Darum ist es auch so viel befriedigender, sich in einer Stadt selbst eine Überblicksperspektive zu verschaffen, als eine Routenperspektive geboten zu bekommen. Kein mentales Mapping wird je vollkommen kohärent; es gleicht eher einer sich ständig verändernden Collage. Und für diesen fortwährenden Adaptionsprozess ist die aktive Auseinandersetzung besser geeignet als der distanzierte Blick. Es geht also nicht nur um das Visuelle. Orientierung ist auch haptisch.

1 Dieser Essay stützt sich auf viele verwandte Arbeiten, die zu zahlreich sind, um sie hier im Einzelnen aufführen zu können. In meinen Buchpublikationen werden sie ausführlicher beschrieben, wobei letztere wiederum nicht den Anspruch erheben, neue Konzepte zu entwickeln, sondern vielmehr potenziell hilfreiche Synthesen zum Zusammenspiel von Medien, Umgebungen und Ort zu fabrizieren. Zur Aktivitätstheorie im Zusammenhang mit der Umgebungsinformation vgl. beispielsweise Dourish, Paul: *Where the Action Is: The Foundations of Embodied Interaction*, Cambridge, MA 2001 sowie Kaptelinin, Victor/Nardi, Bonnie: *Acting with Technology: Activity Theory and Interaction Design*, Cambridge, MA, 2006.

2 Unter ArchitektInnen sind die Situationisten in der Regel ziemlich bekannt. Vgl. Debord, Guy/Wolman, Gil: „Gebrauchsanweisung für die Zweckentfremdung", in: *Der Beginn einer Epoche. Texte der Situationisten*. Hamburg 1995, 20–26.

3 „The ambient" war ein Leitbegriff für mein Buch *Ambient Commons. Attention in the Age of Embodied Information*, Cambridge, MA 2013, 17–21.

knowing, and not just a passive setting.[4] It is easier (and often more satisfying) to construct skillful engagement on the fly than to process it linguistically beforehand. Spatial ability arises from physical pattern creation and not necessarily from nameable procedures.[5] Embodiment allows many kinds of knowing that do not rise to the level of names, methods, or deliberative thought. For instance you can catch something thrown at you before recognizing what it is. In the famous example of tacit knowledge, ask a pianist or a downhill skier how they are doing it and they may have to stop doing it to try to explain, if they can do so at all. This means well-designed physical settings help users make sense of what is going on without need for instructions, apps, and rules. Whereas visual attention tends to be fragmented, fleeting, something to be paid and often stolen, this more embodied engagement involves a more effortless, coherent sense of flow, in which more skillful actions do not necessarily feel like more work.[6]

So to refine the initial claim, spatial ability motivates the expedition, and not just spatial mental modeling but also skillfully engaged spatial play. Much about memory, ritual, sport, etiquette, problem-solving, and public participation depends on the kinds of tacitly embodied knowledge that often can only be gained, felt, or expressed through engagement. Thus amid today's debates whether endless feeding on remote media has eroded physical intuition, many practices of physical-spatial-phenomenal skills have caught on, not only in, say, yoga and sport, but also many forms of participatory urban life from community gardens to artisan collectives to public interactive art, to perhaps the simple art of going for a walk.

For example, spatial abilities shape the play of interpersonal distances in social events. They shape expert work in specialized settings, where objects and configurations cue the action and reduce the need for codified procedures and instructions. The intrinsic spatial qualities of situations do this, especially with practice. Thus one can have ability with situations, and take satisfaction in situational awareness. This is what makes going back to a great city better than going to yet another unfamiliar one. Less a question whether so many individual features make a better mental map, instead this is about some deeper topophilia to forms, textures, and relationships of spaces and scales. An understanding of such aspects of spatial ability helps relieve the misconception that an experiential perspective on architecture mainly recognizes visual features and nameable things. It also helps qualify the argument for the expedition.

Mediation of Encounters. Expeditions into built space nevertheless encounter ever more forms and contexts of informational mediation. This has not just been a matter of people bringing their smartphones everywhere—which can work for or, mostly, against the spirit of expedition. For in the meantime the formats, contexts, and expectations for situated technologies have proliferated too. Whereas the dominant use of handhelds has been for remote Internet services, today more locative, sometimes public, increasingly tangibly embodied, often invisibly embedded media have begun to arise.[7] The expedition engages an unpredictably augmented terrain of increasingly ambient information. That engagement points beyond the text-centric practices of handhelds. Although alas so many apps for choosing and finding and labeling and commenting have created conditions where people appear to be led about by their smartphones, it is not the moment to lament or unpack that, nor to wonder, like Borges, if the map has at last become larger and more detailed than the territory. For now the territory beckons in new ways, with new layers, not as wilderness but as civilization. Where these layers remain more territory than map, or where they successfully blur that distinction by means of affordances to embodied cognition, there new design opportunities arise.

While this is not the moment for a survey catalogue of recent work, know that there has been a boom in ambient information installations, street-level gaming, public interactive art, media facades, kinetic building components, and ever more Internet of things. At this writing, public play has been dramatized by Pokémon, and now rather than debate whether or how that craze is a form of expedition, it would be better to just remember that not all play is gaming! Eventually within this rapidly expanding range of cultural production, screen-based media may not motivate the expedition so well as other

4 On embodied cognition, see Andy Clark, *Supersizing the Mind: Embodiment, Action, and Cognitive Extension* (New York, 2008) and Anthony Chemero, *Radical Embodied Cognitive Science* (Cambridge, MA, 2011).

5 On spatial ability, see what is perhaps still the most inclusive guide: Reginald Golledge and Robert Stimson, *Spatial Behavior: A Geographic Perspective* (New York, 1997).

6 On getting into flow, see Brian Bruya, *Effortless Attention: A New Perspective in the Cognitive Science of Attention and Action*, (Cambridge, MA, 2010).

7 "Locative media" may be a term from the aughts, but the developments are playing out in the 2010s. See Jason Farman, *Mobile Interface Theory: Embodied Space and Locative Media* (London, 2011).

Aktivität spielt mit räumlichen Konfigurationen und den Umgebungen, Requisiten und Hinweisen, aus denen sie bestehen.

Bei dem, was Fachbereiche wie Interaktionsdesign, Kognitionswissenschaften und Aktivitätstheorie als „verkörperte Kognition" und „erweiterten Geist" bezeichnen, bildet der Kontext ein aktives Element des Wissens und nicht nur passives Umfeld.[4] Es ist einfacher (und oft auch befriedigender), spontan in eine kunstvolle Interaktion einzutreten, als sie vorher sprachlich auszuformulieren. Räumliche Vorstellung entsteht durch die Gestaltung physischer Muster und nicht unbedingt mittels benennbarer Verfahren.[5] Die Verkörperung ermöglicht viele Arten des Wissens, die immer unterhalb der Ebene des Begriffs, der Methode oder des bewussten Denkens bleiben. Beispielsweise kann man etwas, was einem zugeworfen wird, fangen, bevor man erkennt, was es ist. Berühmte Akteure impliziten Wissens sind der Pianist oder der Skiläufer: Fragt man sie, wie sie machen, was sie tun, müssen sie ihre Tätigkeit vermutlich erst einmal unterbrechen, um eine Erklärung zu versuchen – so sie dazu überhaupt imstande sind. Kurzum, gut gestaltete materielle Umgebungen helfen Nutzern, zu verstehen, was los ist, ohne dafür Anleitungen, Apps oder Regeln zu benötigen. Ist die visuelle Aufmerksamkeit eher lückenhaft und flüchtig, entsteht bei dieser verkörperten Interaktion ein müheloseres, kohärenteres Gefühl von einem Flow, bei dem auch kompliziertere Aktivitäten nicht anstrengend erscheinen.[6]

Um also die anfängliche Behauptung zu präzisieren: Räumliches Vorstellungsvermögen motiviert die Expedition, nicht nur eine mentale Modellierung des Raums, sondern auch eine geschickte spielerische Interaktion mit ihm. Viele Prozesse der Erinnerung, des Rituals, des Sports, der Etikette, der Problemlösung und der öffentlichen Partizipation stützen sich auf diese Art von implizit verkörpertem Wissen, das häufig nur durch direkte Auseinandersetzung mit der Umwelt erworben, gefühlt oder zum Ausdruck gebracht werden kann. Während aktuell darüber debattiert wird, ob uns durch den endlosen Medienkonsum die physische Intuition abhanden kommt, gewinnen physisch-raumphänomenologische Fähigkeiten zunehmend an Bedeutung, und zwar nicht nur etwa beim Yoga und Sport, sondern auch in vielen Bereichen des partizipatorischen urbanen Lebens: von Gemeinschaftsgärten bis zu Kunsthandwerkskollektiven und interaktiver Kunst im öffentlichen Raum – und vielleicht sogar zur einfachen Kunst des Spazierengehens.

Das räumliche Vorstellungsvermögen prägt z.B. das Spiel der zwischenmenschlichen Abstände bei sozialen Ereignissen. Es prägt die Arbeit von Fachleuten in spezialisierten Umgebungen, in denen Objekte und Konfigurationen als Handlungsauslöser fungieren und die Notwendigkeit von kodifizierten Prozeduren und Anweisungen reduzieren. Ermöglicht wird dies durch die situationsimmanenten räumlichen Qualitäten, insbesondere wenn man viel Übung hat. Man kann sich also situative Fähigkeiten aneignen und Befriedigung aus seinem Situationsbewusstsein ziehen. Deshalb ist es auch besser, in eine bereits bekannte großartige Stadt zurückzukehren als in eine weitere noch unbekannte zu reisen. Das hat weniger damit zu tun, dass eine Vielzahl an Einzelmerkmalen eine bessere mentale Landkarte ergibt, sondern eher mit einer tiefer reichenden Topophilie zu Formen, Strukturen, Raumverhältnissen und Maßstäben. Ein Verständnis solcher Aspekte des räumlichen Vorstellungsvermögens trägt dazu bei, dem Missverständnis abzuhelfen, eine auf Erfahrung beruhende Sicht der Architektur würdige vor allem visuelle Merkmale und benennbare Dinge. Es trägt auch dazu bei, die Argumente für die Expedition zu verfeinern.

Vermittlung von Begegnungen. Expeditionen in gebaute Räume implizieren Begegnungen mit immer mehr Formen und Kontexten der Informationsvermittlung. Das liegt nicht nur daran, dass Leute ihre Smartphones überall hin mitnehmen – was dem Geist der Expedition manchmal entgegenkommt, meist aber zuwiderläuft –, denn mittlerweile haben sich auch die Formate und Kontexte situierter Technologien sowie die Erwartungen an sie vermehrt. Wurden mobile Handgeräte früher vornehmlich für entfernte Internetdienste benutzt, so kommen heute zunehmend lokative, manchmal öffentliche, mehr und mehr verkörperlichte, oft unsichtbar in den Raum eingebettete Medien auf.[7] Die Expedition hat mit einem unvorhersehbar durch immer mehr Information erweiterten Terrain zu tun, was nach neuen Praktiken jenseits der textzentrierten Handgeräte verlangt. Zwar haben die vielen Apps zum Suchen, Finden, Markieren und Kommentieren dazu geführt, dass mancher nun von seinem Smartphone geleitet zu werden scheint, doch ist dies nicht der Moment, das zu beklagen oder auszubreiten, und auch nicht, mit Borges zu fragen, ob die Karte nun größer und detaillierter geworden sei als das Gebiet. Denn jetzt lockt das Gebiet auf neue Art und mit neuen Informationsschichten, nicht als Wildnis, sondern als Zivilisation. Wo diese Schichten eher Gebiet als Karte bleiben oder diesen Unterschied durch Handlungsangebote an die verkörperte Kognition zum Verschwimmen bringen, entstehen neue Gestaltungsmöglichkeiten.

Auch wenn dies nicht der Moment für einen Überblickskatalog über neuere Medienarbeiten ist, so sollte man doch wissen, dass es derzeit einen Boom von mit Umgebungsinforma-

4 Zum verkörperten Denken, vgl. Clark, Andy: *Supersizing the Mind: Embodiment, Action, and Cognitive Extension* New York 2008, sowie Chemero, Anthony: *Radical Embodied Cognitive Science,* Cambridge, MA 2011.

5 Zum räumlichen Vorstellungsvermögen, vgl. den vielleicht immer noch umfassendsten Leitfaden: Golledge, Reginald/Stimson, Robert: *Spatial Behavior – A Geographic Perspective*, New York 1997.

6 Zur Frage, wie man in einen Flow kommt, vgl. Bruya, Brian: *Effortless Attention: A New Perspective in the Cognitive Science of Attention and Action*, Cambridge, MA 2010.

7 „Lokative Medien" mag ein Begriff aus den Nullerjahren sein, aber die Entwicklungen sieht man in den 2010er Jahren. Vgl. Farman, Jason: *Mobile Interface Theory: Embodied Space and Locative Media*, London 2011.

more tangible, atmospheric, and slowly ambient genres. Public interactivity has indeed become one of the great art forms of the times.[8] While as yet something separate from architecture, this has been a noteworthy and popular genre.

Despite such works, it might still seem very odd to most people to suggest that some technological interactivity might not involve screens. But then not so long ago, it might have seemed odd to suggest that a computer might not be something to sit at, and that it might not involve a mouse and keyboard. Like the sociocultural questions surrounding them, technological expectations quickly change. Today a very different set of technological inquiries, values, and means occurs around tangible and embedded interaction.[9] Many of its instances occur as elements or attributes of a larger inhabitable landscape, and as cultural works, and not as figurative objects like smartphones. Technologically, sensing can be as important as sending. Informationally, the intrinsic form, scale, and configuration of a work can take the place of maps and messages. Psychologically, that is of course the core principle of embodied cognition.

Architecturally, this means that spatial perception remains important, and moreover that perception has proximal aspects, as of texture, scale, and kinesthetic discovery of unnamed affordances, besides the more distal aspects of visual orientation in the gaze that architecture theory so often favored.[10] Thus on the editorial question of "concrete techniques and modi of perception," when the expedition encounters local, tangibly mediated phenomena amid an increasingly ambient landscape made of ever diversifying formats and scales of mediated phenomena, that at least temporarily breaks the obsession with perpetual smartphone interactivity, or at least attaches it to a context, where architecture provides some fixity, scale, and scene, where "information" might not always be something sent, but, like tracks in the snow, can emerge intrinsically from the shape of things.[11]

A pluralism that is both physical and political motivates this argument. No one format, neither building, nor signage, nor broadcast media, nor handheld apps, nor interactive installations, nor augmented reality overlays, nor any one future technology can or should become the governing basis for public cultural experience. Instead an ever diversifying landscape of these many productions invites expeditions among them. Although no one design genre may feel it has much cultural authority, conversely no one expedition may set out to subvert one genre, as Situationist *dérives* did to then much more monocultural practices of broadcast. Nevertheless, the ambient aggregate of all these mediations assumes ever more cultural energy.

A Short Lexicon for the Expedition. The design challenge of tangibly situated media demands better discourse than "Cool, how did they do that?" Critics may want to think carefully about words for how the expedition engages architecture and the city. This essay has been invited to interpret one such word. "The ambient" describes the territory of the expedition differently than ubiquity, augmented, hybrid, or other more usual words for how physical and digital artifacts blend. Yet it is unusual, perhaps awkward, to use the word as a noun. Moreover it conflates a number of ideas, much as the urban scene conflates the works of ever more design media and disciplines. It has been attempted once for the purposes of a book on attention and the environmental history of information.[12] There it described how the built and media-augmented environment increasingly feels replete with affordances to shift attention. While there was always sensory overload, and indeed the industrial city was far more abrasive, never has so much of the human perceptual field been engineered for cognition, and put there with a purpose. The ambient may thus describe some kind of governable phenomenon. So while this form of the word was never intended to catch on, nevertheless the thinking around it might well continue. For it does touch on several ideas relevant to the expedition, and to how the expedition itself raises ideas for architecture and urbanism.

8 Katja Kwastek, *Aesthetics of Interaction in Digital Art* (Cambridge, MA, 2013). One might be able to name a dozen designers of sensate public installations, for instance: Jason Bruges, Cantoni-Crescenti, Future Cities Lab, Usman Haque, Ned Kahn, Rafael Lozano-Hemmer, Random International, Realities:United, RVTR, Studio Roosegaarde, Niels Volker, Meejin Yoon.

9 The conference "Tangible and Embedded Interaction (TEI)" has now run for more than ten years. See www.tei-conf.org.

10 On haptic orientation, it is worth recalling an old classic from an earlier wave of interest in spatial ability: Kent Bloomer and Charles Moore, *Body, Memory and Architecture* (New Haven, 1977).

11 On natural data and environmental information, see the work of epistemologist Luciano Floridi, best summarized in *The Philosophy of Information* (Oxford, 2011).

12 See McCullough, *Ambient Commons* (see note 3).

tion arbeitenden Installationen, auf die Straße getragenem Gaming, interaktiver Kunst im öffentlichen Raum, Medienfassaden, kinetischen Bauteilen und immer mehr Internet der Dinge gibt. Gerade während ich dies schreibe, erreicht das öffentliche Spielen durch Pokémon einen neuen Höhepunkt, aber statt jetzt zu debattieren, ob oder inwiefern dieser Hype eine Form der Expedition ist, wäre es besser, sich einfach in Erinnerung zu rufen, dass nicht alles Spiel Gaming ist! In diesem rapide wachsenden Sortiment kultureller Produktion sind bildschirmbasierte Medien wahrscheinlich weniger motivierend für die Expedition als stärker be-greifbare, atmosphärische, den Nutzer langsam umhüllende Genres. Öffentliche Interaktivität ist wirklich eine der großen Kunstformen der Zeit geworden.[8] Zwar findet das noch außerhalb der Architektur statt, aber es ist ein bemerkenswertes und populäres Genre.

Ungeachtet solcher Arbeiten dürften viele die Vorstellung immer noch merkwürdig finden, dass einige Formen technologischer Interaktivität auch ohne Bildschirme auskommen können. Aber es ist ja auch noch gar nicht so lange her, dass man die Vorstellung merkwürdig fand, ein Computer sei nicht unbedingt etwas, wovor man sitzen muss und was über eine Maus und Tastatur verfügt. Technologische Erwartungen verändern sich ebenso schnell wie die damit verbundenen soziokulturellen Fragen. Heute ist im Zusammenhang mit begreifbarer und eingebetteter Interaktion ein ganz anderes Set an technologischen Fragestellungen, Werten und Mitteln am Werk.[9] In vielen Fällen tritt diese Interaktion in Form von Elementen oder Attributen einer größeren bewohnbaren Landschaft und Werken der Kultur in Erscheinung, nicht in Form figurativer Objekte wie Smartphones. Technologisch kann Erfassen genauso wichtig sein wie Senden. Informationell können intrinsische Form, Maßstab und Konfiguration eines Werks den Platz von Karten und Botschaften einnehmen. Psychologisch ist dies natürlich das Grundprinzip der verkörperten Kognition.

Architektonisch bedeutet dies, dass räumliche Wahrnehmung wichtig bleibt und dass sie neben den distalen Aspekten der visuellen Orientierung und des Blicks, den die Architekturtheorie so oft bevorzugt, auch proximale Aspekte, wie die der Textur, des Maßstabs und der kinästhetischen Entdeckung namenloser Handlungsangebote besitzt.[10] Zur redaktionellen Frage nach den „konkreten Techniken und Modi der Wahrnehmung": Trifft die Expedition auf lokale, handgreiflich vermittelte Phänomene in einer immer umfassenderen Landschaft aus sich stetig ausdifferenzierenden Formaten und Größenordnungen derartiger Phänomene, so bricht dies zumindest temporär die Obsession mit der ständigen Smartphoneaktivität oder setzt sie wenigstens in einen Kontext, in dem Architektur eine gewisse Beständigkeit, einen Maßstab und eine Bühne bietet und „Information" nicht immer etwas Gesendetes ist, sondern wie Spuren im Schnee intrinsisch aus der Form der Dinge entstehen kann.[11]

Motiviert wird diese Argumentation durch einen Pluralismus, der ebenso materieller wie politischer Natur ist. Weder ein Format, noch Gebautes, noch Schilder, noch Rundfunkmedien, noch Handheld-Apps, noch interaktive Installationen, noch Augmented-Reality-Schichten, noch irgendeine Technologie der Zukunft kann oder sollte die Grundlage für kulturelle Erfahrungen im öffentlichen Raum sein oder werden. Stattdessen lädt die sich immer mehr ausdifferenzierende Landschaft aus diesen vielen Hervorbringungen dazu ein, Expeditionen in ihr zu unternehmen. Auch wenn sich keine Gestaltungsdisziplin im Besitz übermäßiger kultureller Autorität wähnen kann, so kann umgekehrt auch keine einzelne Expedition eine Disziplin auszuhebeln versuchen, wie dies die situationistischen *dérives* damals mit den monokulturellen Praktiken des Rundfunks taten. Nichtsdestotrotz akkumuliert das uns umgebende Aggregat all dieser Vermittlungsformen immer mehr kulturelle Energie.

Kurzes Lexikon für die Expedition. Die gestalterische Herausforderung begreifbarer situierter Medien erfordert einen ernstzunehmenderen Diskurs als „Cool, wie haben die das gemacht?". Kritiker sollten sich die Worte für den Umgang mit Architektur und Stadt, der bei der Expedition stattfindet, genau überlegen. Dieser Essay möchte ein solches Wort interpretieren. „Das Umgebende" (*the ambient*) beschreibt das Territorium der Expedition anders als Begriffe wie allgegenwärtig, erweitert, hybrid oder andere geläufigere Worte für die Verquickung physischer und digitaler Artefakte. Es ist ungewöhnlich, vielleicht ungelenk, dieses Wort nominal zu verwenden. Zudem verbindet es eine Reihe von Ideen, ebenso wie das Urbane die Arbeiten von immer mehr Gestaltungsmedien und -disziplinen verbindet. In diesem Sinn habe ich es einmal für ein Buch über Aufmerksamkeit und die Umweltgeschichte der Information verwendet.[12] Dort beschreibt es, wie die gebaute und medial

8 Kwastek, Katja: *Aesthetics of Interaction in Digital Art,* Cambridge, MA 2013. Man könnte ein Dutzend Gestalter von sinnlich wahrnehmbaren öffentlichen Installationen nennen, beispielsweise Jason Bruges, Cantoni-Crescenti, Future Cities Lab, Usman Haque, Ned Kahn, Rafael Lozano-Hemmer, Random International, Realities: United, RVTR, Studio Roosegaarde, Niels Volker, Meejin Yoon.

9 Die Konferenz „Tangible and Embedded Interaction (TEI)" findet nun schon seit über zehn Jahren statt. Vgl. www.tei-conf.org

10 Zum Thema haptische Orientierung lohnt es sich, auf einen alten Klassiker zurückzugreifen, der einem früheren Interesse am räumlichen Vorstellungsvermögen entsprang: Bloomer, Kent/Moore, Charles: *Body, Memory and Architecture*, New Haven 1977.

11 Zu natürlichen Daten und Umweltinformation vgl. die Arbeiten des Erkenntnistheoretikers Luciano Floridi, am besten zusammengefasst in seinem Buch *The Philosophy of Information*, Oxford 2011.

12 Vgl. McCullough, *Ambient Commons* (wie Anm. 3).

Let us quickly consider a few such words (and then perhaps slowly try them on the next expedition):[13]

Discovery: Not everything can be known, mapped, choosable, and predictable in advance.

Affordance: The perception of usability can be of a configuration that has been found, and practiced, and not necessarily declared and designed in advance.

Tangible: Phenomena arise from texture, kinesthetics, bodily proximity, and active engagements like grasping, sitting, entering, climbing—and not just looking.

Fixity: The opposite of flux, this is persistent configuration with a purpose, and that is the main advantage for architecture, for it supports the practice of spatial ability.

Scale: Architecture's core trait and main relation to human embodiment, and something very different from so many other systems and networks of everyday life, which instead aspire to be "scalable." There may be no more simple, powerful form of interactivity than to walk up to something the same size as you and have it respond. So whatever the experiential primacy of things at a scale you can hold, grasp, and manipulate, there also remains great power to things you enter and inhabit.

Atmosphere: In aesthetics, the perception of ambient phenomena without identification of its particular source(s). Not just a luxury but everywhere.

Affect: Once a popular word for the experiential perspective of how works communicate without overt messages, symbols, or codes, but by now an overexposed word and too often an excuse for having few other words.

Ontology: The more recently fashionable word in design culture, for the study of perceptions at the horizon of thingness. This has deepened the question of what is nameable, phenomenal, and with agency, and that may have enhanced designers' understandings of how phenomena anchor cognitive construct development, even some spatial abilities.

Periphery: This was a core word long ago in the origins of ambient information and pervasive computing at Xerox PARC.[14] Not just passive context, different from atmosphere, different from more distal media effects, intrinsic to embodied cognition, periphery affords bringing many proximate things in and out of focal attention. A well designed urban environment provides especially rich periphery. In its diversifying possibilities for shifting attention, especially in its hybrid layering of information into the unmediated fixity and unnamed affordances of the built environment, it has approached the density of the continuum.

Information environmentalism: Stewardship and curation of all the above. Perhaps a better catch-all phrase than "the ambient," and one that may yet get some traction, "information environmentalism" emphasizes curation or governance of the ambient.

Upkeep of the Ambient. For the expedition to provide worthwhile exercise of spatial ability, some kind of information environmentalism may arise. Perhaps nobody knows what that is just yet. To begin, certainly there could be some consideration of the legacy of ubiquitous broadcast: television, which long ago was found in just a few places of the home or the tavern and was mostly left turned off, now appears just about anywhere and always on, and that is an information-environmental concern. Yet television has become just one of many media. Surely, today's smartphone obsession has more impact as a distraction, for it detracts from presence and creates a taste

13 Again, naturally none of these is an original coinage or a stable definition, and space does not allow detailed attributions here, yet together they may nevertheless provide some fresh take.

14 See "The Periphery," in Mark Weiser and John Seely Brown, "Designing Calm Technology," December 21,1995, http://www.ubiq.com/weiser/calmtech/calmtech.htm

erweiterte Umwelt sich immer mehr mit aufmerksamkeitsheischenden Handlungsangeboten füllt. Zwar ist Reizüberflutung nichts Neues und die industrielle Stadt war diesbezüglich noch viel unerbittlicher, doch war noch nie ein so großer Teil des menschlichen Wahrnehmungsfelds darauf programmiert, wahrgenommen zu werden und bewusst darauf angeordnet. Das „Umgebende" könnte also gewissermaßen ein Phänomen beschreiben, das steuerbar ist. Und auch wenn nie daran gedacht war, dass sich das Wort in dieser Form allgemein durchsetzen sollte, so könnte es doch weiter als Denkanstoß dienen. Denn es berührt mehrere Begriffe, die auch für die Expedition von Belang sind, und zeigt, wie die Expedition selbst Ideen für Architektur und Urbanistik generiert.

Betrachten wir schnell einige solcher Begriffe (und erproben wir sie dann vielleicht langsam bei der nächsten Expedition):[13]

Entdeckung: Nicht alles kann im Voraus gewusst werden, ist planbar, wählbar und vorhersehbar.

Handlungsangebot: Die Wahrnehmung von Nutzbarkeit kann die Form von etwas Vorgefundenem und Praktiziertem haben und muss nicht unbedingt im Voraus erklärt und gestaltet sein.

Begreifbar: Phänomene entstehen durch Textur, Kinästhetik, körperliche Nähe und aktive Betätigung wie Greifen, Sitzen, Eintreten, Klettern – nicht nur durch Schauen.

Beständigkeit: Das Gegenteil von Wandel, eine dauerhafte Konfiguration mit einem Zweck, und das ist auch der Hauptvorteil der Architektur, denn sie stützt die Praxis des räumlichen Vorstellungsvermögens.

Maßstab: Wesenskern der Architektur und wichtigste Verbindung zur menschlichen Verkörperung; etwas ganz anderes als viele andere Systeme und Netzwerke des Alltags, die stattdessen nach „Skalierbarkeit" streben. Vielleicht gibt es keine einfachere, stärkere Form der Interaktivität als an etwas heranzutreten, das genauso groß ist wie man selbst und zu schauen, wie es reagiert. Doch was immer der erfahrungsmäßige Vorrang von Dingen, die man halten, ergreifen und manipulieren kann, auch Dinge, die man betritt und bewohnt, besitzen immer noch viel Kraft.

Atmosphäre: Ästhetisch gesprochen, die Wahrnehmung von Umgebungsphänomenen, ohne deren jeweiligen Ursprung zu identifizieren. Kein bloßer Luxus, sondern überall zu finden.

Affekt: Früher ein beliebtes Wort für die Erfahrungsperspektive, dafür, wie etwas ohne erkennbare Botschaften, Symbole oder Codes kommuniziert, aber inzwischen ein abgenutztes Wort und zu oft eine Entschuldigung für das Fehlen anderer Worte.

Ontologie: Das in der Gestaltungskultur neuerdings in Mode gekommene Wort für das Studium von Wahrnehmungen am Horizont des Dinghaften. Es hat die Frage vertieft, was benennbar, phänomenal und mit Handlungsmacht ausgestattet ist, und könnte dazu beigetragen haben, das Verständnis von Gestaltern dafür zu verbessern, dass Phänomene als Ankerpunkte für die Entwicklung kognitiver Konstrukte inklusive einiger Aspekte des räumlichen Vorstellungsvermögens fungieren.

Peripherie: Seinerzeit, in den Xerox-PARC-Anfängen der umfassenden Information und des Pervasive Computing, ein Schlüsselbegriff.[14] Nicht nur passiver Kontext und auch etwas anderes als Atmosphäre und eher auf Distanz wirkende Medieneffekte, ist die Peripherie ein intrinsischer Bestandteil verkörperter Kognition, der es ermöglicht, nahe liegende Dinge ins Zentrum der Aufmerksamkeit zu rücken oder daraus zu entfernen. Eine gut gestaltete urbane Umgebung stellt eine besonders reichhaltige Peripherie dar. In ihren immer weiter ausdifferenzierenden Möglichkeiten zur Verschiebung von Aufmerksamkeit, insbesondere der hybriden Schichtung von Information im unvermittelten Bestand und den namenlosen Handlungsangeboten der gebauten Umgebung, kommt sie der Dichte des Kontinuums nahe.

Informationsumweltschutz: Verwaltung und Kuratierung alles bisher genannten. Mit seiner Betonung der Pflege oder Steuerung des Umgebenden ist er vielleicht ein besserer Allgemeinbegriff als „das Umgebende" – einer, der sogar eine gewisse Zugkraft haben könnte.

Pflege des Umgebenden. Damit die Expedition eine lohnenswerte Möglichkeit zur (Aus)Übung räumlichen Vorstellungsvermögens bietet, könnte es eine Art Informationsumweltschutz geben. Wahrscheinlich weiß zur Zeit noch niemand, was das ist. Sehen wir uns also zunächst die Geschichte des heute allgegenwärtigen Rundfunks an: Der Fernseher, der einstmals nur an wenigen Stellen im Haus oder in der Kneipe stand und zumeist ausgeschaltet blieb, ist jetzt fast überall zu finden und

13 Natürlich ist keiner dieser Begriffe eine eigene Wortschöpfung oder auch nur eindeutig definiert, und aus Platzmangel sind keine genaueren Zuschreibungen möglich. Zusammen ermöglichen sie aber vielleicht einen frischen Zugriff.

14 Vgl. Weiser, Mark/Brown, John Seely: „Designing Calm Technology", 21. Dezember 1995, online unter: http://www.ubiq.com/weiser/calmtech/calmtech.htm

for whatever next thought or step would be most instantaneously clickable, messagable, or sharable. Never did so many citizens favor that which provides the most instantaneously clickable, messagable, sharable next step.[15] Yet, fortunately, much about smartphone use is becoming more context-sensitive, even driven by location. For it, too, is one of many. When no one feed can command attention, the dense landscape of them feels more like an environment.

Furthermore, as early developments in tangible interface and public interactivity have suggested, at least some mediation need not always consist of feeds from afar. Besides all those media feeds and network links to somewhere else, there has been a noteworthy increase in more local media and data, that sense, describe, and operate proximate things, like building access, retail counters, bike shares, pollution monitoring, historic guides, green building, public art. Here lies the opportunity and challenge. Very many of these have become data-rich, app-like, interactive, surveillant, and instructive. Alas with too much annotation and instruction, the more intrinsically, namelessly rewarding role of the built environment in the exercise of spatial ability could get unpleasantly masked. Augment reality, perhaps, but do not cover it over!

Thus the trope of the expedition helps raise the prospect of information environmentalism. Much as expeditions have long been the main whistleblowers on all manner of environmental offenses, now too they might become so for the increasingly information-augmented city. Much as other environmentalisms, as of mountain park lands, have been necessary for the practice of simpler, outdoor recreational expeditions, some kind of urban, architectural, experiential, upkeep of the ambient informational layering of architecture and the city may now be necessary.

Upkeep of the ambient can take lessons from lighting, noise control, and signage. Not all pollution is chemical; not all restrictions are censorship; doing more sometimes uses less; civility is a practice; atmosphere is subject matter not only for luxury settings but also in everyday life. First, do no harm by covering the world with overdesigned affordances, entertainments, instructions, and distractions. Then instead, as public art has done best first but which other design endeavors may eventually surpass, cultivate the prospects for more tangible, local discovery in mediation. Much as affordances for earlier (hunting) kinds of expeditions gave rise to the first land conservation, which policies on pollution control eventually extended into a more general environmentalism, so now might design, policy, and cultural sensibilities enact a new kind of urban attentional conservation. Light planning has shown that design can do more with less. Signage law demonstrates that restrictions reduce contention without causing censorship. Electronic billboards and media facades have reminded all that mediation that people have to live with raises very different issues. Public art has shown that very good and strong cultural energy arises around more local, subtle, and tangibly engaging forms of interactivity. Architecture now gets its turn. ▪

15 Douglas Rushkoff, *Present Shock: When Everything Happens Now* (New York, 2013).

läuft ständig, und das ist ein Thema für den Informationsumweltschutz. Aber das Fernsehen ist mittlerweile nur noch eines von vielen Medien. Zweifellos hat die heutige Smartphone-Obsession einen stärkeren Ablenkungseffekt; sie lenkt von dem ab, was hier und jetzt gegeben ist, und erzeugt eine Sucht nach dem sofort klickbaren, versendbaren oder teilbaren nächsten Gedanken oder Schritt. Nie zuvor hatten so viele Bürger eine solche Vorliebe für das, was ihnen den schnellst klickbaren, versendbaren und teilbaren nächsten Schritt ermöglicht.[15] Aber zum Glück wird auch die Smartphoneverwendung immer kontextsensibler, sogar ortsspezifischer. Denn auch sie ist nur eine von vielen. Wenn kein einzelner Feed mehr die Aufmerksamkeit zu fesseln vermag, beginnt sich die dichte Landschaft aus den vielen Feeds wie eine Umwelt anzufühlen.

Wie frühe Entwicklungen begreifbarer Interfaces und öffentlicher Interaktivität zeigen, muss nicht jede Vermittlung ausschließlich aus Fernmeldungen bestehen. Neben der Vielzahl an Medienfeeds von und Netzwerklinks zu anderen Orten ist ein bemerkenswerter Anstieg an lokaleren Medien und Daten zu verzeichnen, die mit der Erfassung, Beschreibung und Ausführung näher liegender Dinge wie dem Zugang zu Gebäuden, dem Verkauf von Waren, der gemeinsamen Nutzung von Fahrrädern, der Umweltbeobachtung, historischen Führungen, nachhaltigem Bauen und Kunst im öffentlichen Raum zu tun haben. Hier liegen auch die Möglichkeiten und Herausforderungen. Vieles davon ist inzwischen äußerst datenintensiv, app-artig, interaktiv, überwachend und belehrend. Mit zu viel Annotation und Belehrung könnte die eher intrinsische, begriffslos bereichernde Rolle, die die gebaute Umwelt für die (Aus)Übung räumlichen Vorstellungsvermögens spielt, sogar ungebührlich verdeckt werden. Erweiterung der Wirklichkeit, schön und gut, aber bitte keine Überdeckung!

Demnach kann der Begriff der Expedition einen Beitrag zum Informationsumweltschutz leisten. So wie Expeditionen seit jeher alle möglichen Umweltsünden aufdeckten, so könnten sie dies auch in Bezug auf die immer stärker mit Informationen angereicherten Städte tun. Und ebenso wie es anderer Arten des Umweltschutzes, etwa Naturschutzparks bedurfte, um einfache Outdoor-Expeditionen zu Erholungszwecken durchzuführen, so könnte auch eine Art urbaner, architektonischer, erfahrungsgestützter Pflege der Informationsschichten nötig sein, die Architekturen und Städte umgeben.

Die Pflege des Umgebenden kann vom Umgang mit Beleuchtung, Lärm und Beschilderungen lernen. Nicht alle Verschmutzung ist chemisch; nicht alle Einschränkungen sind Zensur; mehr zu tun, bedeutet manchmal, mit weniger auszukommen; ziviles Verhalten ist eine Praxis; Atmosphäre nicht nur ein Thema für Luxusumgebungen, sondern auch fürs Alltagsleben. Zuallererst sollten wir keine Schäden anrichten, indem wir die Welt mit überdesignten Angeboten, Vergnügungsmöglichkeiten, Anleitungen und Ablenkungen überziehen. Stattdessen sollten wir – wie es die Kunst im öffentlichen Raum als erste vorbildlich gezeigt hat, die von anderen Gestaltungsdisziplinen aber durchaus noch übertroffen werden könnte – die Möglichkeit greifbarerer, lokalerer Entdeckungen kultivieren. So wie die Angebote früherer (jagdartiger) Expeditionsformen die ersten Anstöße zum Landschaftsschutz gaben, der dann durch die Regelungen verschiedener Arten von Umweltverschmutzung zu einem allgemeineren Umweltschutz erweitert wurde, so könnten heute Design, Politik und kulturelle Sensibilität einen neuen urbanen Aufmerksamkeitsschutz in die Wege leiten. Die Lichtplanung hat gezeigt, dass Design mit weniger mehr erreichen kann. Beschilderungsordnungen zeigen, dass Einschränkungen Streit reduzieren können, ohne Zensur auszuüben. Elektronische Werbetafeln und Medienfassaden erinnern daran, dass die ganze Vermittlung, mit der wir leben müssen, höchst unterschiedliche Fragen aufwirft. Die Kunst im öffentlichen Raum zeigt, dass von lokaleren, subtileren, uns sinnlich ansprechenderen Formen der Interaktivität eine große kulturelle Energie ausgehen kann. Jetzt ist die Architektur dran. ▪

Übersetzung: Wilfried Prantner und Wilhelm von Werthern

15 Rushkoff, Douglas: *Present Shock. Wenn alles jetzt passiert*, Übers. von Andy Hahnemann und Gesine Schröder, Freiburg 2014.

„The Body Is Playing Space Like an Instrument“

Veronika Mayerböcks Raumexperimente
Spatial Experiments by Veronika Mayerböck

Franziska Hederer

1 Veronika Mayerböck, „Bodyscapes_corpoPhonolux", in Kooperation mit | In cooperation with Simon Laburda & David Pirro/IEM Graz, Forum Stadtpark, Graz, 2013 © Bernadette Moser

Veronika Mayerböck baut Räume aus Licht. Sie interessiert sich dafür, was einen Raum erzeugt, welche Erfahrungsräume sich zwischen Körper, Licht und physischer Raumgrenze aufspannen und wie Klang dazu in Interaktion treten kann. Sich selbst als Lichtgestalterin definierend, ist Mayerböcks Verständnis von Licht und Raum beeinflusst durch ihre interdisziplinäre Auseinandersetzung, die bereits während ihrer Ausbildung, dem Studium der Architektur sowie der Ausbildung zur Tänzerin, eingesetzt hat. Dieser körperbezogene Zugang zu Architektur und Raum, der stets auf Tuchfühlung ist mit dem Gebauten, geht weit über das visuelle Erfassen räumlicher Situationen hinaus. Vielmehr fungiert die Interaktion zwischen Körper und gebauter Umgebung als Modus der Raumwahrnehmung und involviert in einen sinnlichen Prozess, in dem man selbst zum Gestalter, zur Gestalterin von Räumen wird. Ausgehend von der Vorstellung, dass unser sinnliches Erleben eigene Raumvorstellungen kreiert, macht Mayerböck den Raum als solchen in seiner Vielschichtigkeit zugänglich und erfahrbar. Es sind Stimmungen und Atmosphären, die sie erzeugt, aufspürt und vermittelt. Licht, Klang und Bewegung – Parameter, die den Raum für sie seismografisch umreißen – werden in fragile, veränderliche und unscharfe räumliche Kompositionen verwandelt, in denen sie aktiv mit ihrem Körper als Wahrnehmungsinstrument auf eine räumliche Expedition geht, um suchend, tastend, horchend den sie umgebenden Raum auszuloten.

In der Performance „Bodyscapes_corpoPhonolux" installiert Mayerböck zunächst mittels verschiedener Lichtquellen eine Choreografie aus Lichtfeldern und Lichträumen, die den gebauten Raum, in dem die Performance stattfindet, hinsichtlich seiner Farbe, seiner Materialität, seiner Richtungen und Ausdehnung unterschiedlich strukturieren, schichten und konturieren. Die Architektin und Choroegrafin konstruiert differenzierte, sich in der Zeit verändernde, durch Licht definierte Raumvolumina, die ihr als Strukturgerüst oder Skelett dienen, entlang dessen sich die räumliche Erkundung orientiert, um sich zu einer Expedition aufzumachen. Der als Wahrnehmungsinstrument eingesetzte Körper wird durch mobile Lichtsensoren erweitert, die an verschiedenen Körperstellen angebracht und an ein komplexes Feedback-System gekoppelt sind, das wiederum die über das Licht empfangenen Daten in Klänge umwandelt. Diese computergestützte Erweiterung des Wahrnehmungssystems, durch die in gewisser Weise eine *augmented reality* erzeugt wird, assoziiert Licht über Bewegung mit Klang. Das eingesetzte Tracking-System erlaubt es der Performerin, auf eine völlig neue Weise mit Raum in Interaktion zu treten, diesen wahrzunehmen und zu erkunden und nicht zuletzt zu vermitteln. Mayerböck schlägt so eine Brücke zwischen der gebauten Umgebung und deren immateriellen Eigenschaften. Wie zusätzliche kleine, am Körper verteilte Augen messen die Sensoren unterschiedliche Lichtintensitäten und Lichtfarben entlang der Körperoberfläche. Mit der Vertonung von Licht durch Bewegung wird die Verbindung zwischen Raum, Körper und Klang wahrnehmbar. Der Körper als interaktives Element ist über die Bewegung simultanes Medium der Übersetzung von Licht- zu Klangräumen.

Während die Technologie einer *augmented reality* zumeist für die Erweiterung der visuellen Wahrnehmung mittels Textinformationen und Grafiken angewandt wird, steckt die Innovation in Mayerböcks Arbeit in der Erweiterung der sinnlichen Wahrnehmung auf akustischer und körperbezogener Ebene. Diese Erweiterung des Realraums zielt nicht auf eine Mehrinformation hinsichtlich eines faktischen Wissens ab, sondern auf die Vermittlung atmosphärischer Informationen. Der Realraum wird durch Zusatzinformationen in Form von Klängen erweitert, wobei zwischen der Wahrnehmung des Realraums und der Zusatzinformation eine Echtzeitinteraktion besteht. Nicht der körperliche Ausdruck ist im Fokus der performativen Installation, sondern der Körper als eine Art Resonanzkörper. Die durch verdichtete Bewegungsfolgen entstehenden Klänge werden unmittelbar in ihrer Schwingung verstärkt. Körper und Raum werden so in einer gemeinsamen Schwingung wahrnehmbar.

In den Vordergrund rückt statt des geometrischen Raumes der atmosphärische, für den Mayerböck die BetrachterInnen sensibilisiert, indem sie diese unmittelbar involviert und zu Zeugen einer Live-Komposition macht, die aus der performativen Interaktion raumerzeugender Elemente inklusive den im Realraum stattfindenden Bewegungen hervorgeht. Mit jedem erzeugten Klang entsteht eine neue Spannung im Raum sowie eine weitere Bewegungssuggestion, die in eine nächste Raumformation leitet, in der sich auch das Licht verändert. Neben dem Licht tragen vor allem Geräusche, Klänge, Laute und Musik wirkmächtig zur Schaffung von Atmosphären bei. Sie umfangen die Wahrnehmenden, hüllen sie ein und durchdringen sie leiblich. So eröffnen Mayerböcks Bewegungsfolgen ein mehrdimensionales Raumerlebnis, in dem sich Licht und

Veronika Mayerböck builds spaces out of light. She is interested in what generates a space, which spaces of experience open up between body, light, and the physical boundaries of space, and how sound can interact with them. Defining herself as a light designer, Mayerböck's understanding of light and space is influenced by her interdisciplinary engagement, which already began during her studies, when she studied architecture and trained as a dancer. This body-related approach to architecture and space, which is always in close contact with the built environment, goes far beyond visually grasping spatial situations. Rather, the interaction between bodies and the built environment functions as a mode of spatial perception and involves us in a sensual process, in which we become designers of spaces ourselves. Starting from the idea that our sensual experience creates own notions of space, Mayerböck makes the space itself accessible and experienceable in its multifacetedness. Moods and atmospheres are what she creates, detects, and conveys. Light, sound, movement—parameters that seismographically contour the space for her—are transformed into fragile, mutable, and blurred spatial compositions, in which the artist sets out on a spatial expedition with her body as an instrument of perception, seeking, touching, listening, in order to probe the space surrounding her.

Starting by using various light sources, in the performance "Bodyscapes_corpoPhonolux" Mayerböck installs a choreography of light fields and light spaces, which differently structure, layer, and contour the built space where the performance takes place, in terms of its color, its materiality, its directions and extension. The performer constructs differentiated spatial volumes changing over time, defined by light, which serve her as a structural framework or skeleton, along which the spatial exploration is oriented. With this, she sets out on an expedition. Used as an instrument of perception, the artist's body is expanded with mobile light sensors attached to various parts of the body and connected to a complex feedback system, which in turn transforms the data received through light into sounds. This computer-aided expansion of the perception system, through which a kind of augmented reality is created, associates light with sound through movement. The tracking system allows the performer to interact with the space in a completely new way, perceiving it, exploring it, and not least of all conveying it. Mayerböck thus creates a bridge between the built environment and its immaterial properties. Like additional, small eyes distributed on the body, the sensors measure different intensities and colors of light along the surface of the body. Turning light into sound through movement makes it possible to perceive the connection between space, body, and sound. As an interactive element, through movement the body becomes a simultaneous medium for the translation of light spaces into sound spaces.

Whereas the technology of augmented reality is usually applied to expand visual perception using text information and graphics, the innovativeness in Mayerböck's work is found in the expansion of sensual perception to the acoustic and corporeal level. The expansion of this real space never aims to supply more information in terms of factual knowledge, but rather to convey atmospheric information. The real space is expanded by additional information in the form of sounds, whereby there is a real-time interaction between the perception of the real space and the additional information. The performative installation does not focus on bodily expression, but rather on the body as a kind of resonance body. The sounds arising through the condensed sequences of movement are directly amplified in their vibration. Body and space can thus be perceived in a common vibration.

Instead of geometrical space, atmospheric space is shifted to the foreground. Mayerböck raises the sensitivity of

Körper wechselseitig berühren, wobei genau aus dieser Berührung Klangfiguren entstehen, die eine weitere Schicht des Räumlichen erfahrbar machen. Die Berührung von Körper und Licht erzeugt für die BetrachterInnen eine akustische Landschaft. Gesehenes wird simultan in Klänge übertragen. Zusammenhänge raumkonstituierender Elemente werden erlebbar gemacht. Dabei löst sich die scheinbare Stabilität des Raumes gewissermaßen auf, sie wird fragil in der Flüchtigkeit der Klänge.

Der Rhythmus des Raums wird durch die Bewegung hörbar. Wenngleich diese Übersetzungen durch ihre Flüchtigkeit eine gewisse Unschärfe in sich tragen, so ist dies zugleich das Potenzial der Raumvermittlung. Tastend wird der Raum erforscht und verändert. Die Spuren der Bewegungen der Tänzerin im Raum erscheinen wie Aufzeichnungen von Phasenübergängen; unterschiedliche Aggregatzustände des Raums lösen einander in der Bewegung ab. Durch die Unmittelbarkeit der Übersetzung sind die Motive der Klangbilder nicht mehr eindeutig auszumachen. Im Schatten verstummen die Klänge des Raums. Die klingenden Bewegungen konfrontieren das Helle mit dem Dunklen und erzeugen räumliche Übergänge vom Hörbaren zur Stille.

Wenn sich Mayerböck mit ihrem Körper auf die Suche nach Klangfolgen macht, versucht sie von innen heraus die räumlichen Verknüpfungen zu erforschen. Es geht nicht um die Kontrolle der Szenerie, sondern um das ständige Aufbrechen in Versuchsmomente, von denen ausgehend die Dynamik des Raums überhaupt erst zum Vorschein kommt. Die erzeugten Klänge zeichnen eine Raumspur, die wie ein filigranes Gerüst den Grundtenor des Raumes wahrnehmbar macht. In ihren installativen Versuchsanordnungen verknüpft die Künstlerin mehrere sensorische Wahrnehmungsebenen miteinander. Durch die Verbindung von gleichzeitig gesehener, gehörter und ausgeführter Bewegung erzeugt Mayerböck auch für die BetrachterInnen ein multidimensionales Raumerleben, bei dem ansonsten getrennt voneinander erfahrene *layer* des Raumes gleichzeitig erlebbar werden. Es entsteht eine Gestalt atmosphärischer Folgen, die weniger darauf verweisen, wie der Raum an sich ist, sondern eher, wie er sich im Zuge der Interaktion erschließt und sich den BetrachterInnen bzw. der Akteurin eröffnet. Oder wie die Künstlerin es selbst formuliert: „As if someone is playing the piano, the moving body is playing the space like an instrument“[1].

1 Veronika Mayerböck in einem Gespräch mit Franziska Hederer im Forum Stadtpark Graz im Rahmen ihrer Performance „Bodyscapes_corpoPhonolux“ im November 2013.

Mayerböcks räumliche Expeditionen handeln vom Erforschen des Im-Raum-Seins. Licht, Klang, Bewegung – ungreifbar, flüchtig und fließend – sind paradoxerweise Konstanten in ihrer Arbeit, von denen aus sie sich in Richtung einer nicht festhaltbaren Kartografie aufmacht. Ihre Raumvermessungen bleiben als bewegte Raumfiguren und Klangformen nur in der Erinnerung der BetrachterInnen. Mayerböcks Arbeit führten sie zu einer stetigen Weiterentwicklung ihrer vorerst künstlerisch-architektonisch angelegten Installationen und Performances. Mit der Konzeption des Projekts „LIGHTSCORES“ findet ihre technische „Erfindung“ im Rahmen eines Forschungsprojekts Anwendung im medizinisch-therapeutischen Bereich: Das für blinde und mehrfachbehinderte Menschen als auch für Anwendungen im Bereich der neurologischen Rehabilitation – vor allem im Rahmen der Physio- und Ergotherapie – mit ihrem Team entwickelte Sensorsystem fördert als Trainingstool die eigene Bewegungsmotivation und -leistung durch das unmittelbare akustische Feedback. Initiiert wird der Prozess eines multisensorischen Lernens, sowie einer Förderung der neuronalen Plastizität. Dies bedeutet, durch Einsatz des tragbaren Sensorsystems den Nutzer in seiner Wahrnehmung zu zentrieren und zudem ein Aktionsfeld zu öffnen, in dem auf individuelle Fähigkeiten und vorhandene Potenziale aufgebaut wird. Umgebungseigenschaften, die vom Nutzer selbst nicht wahrgenommen werden können, werden computergestützt sinnlich erfahrbar. Die Herausforderung an das System ist es daher, die entsprechende Komplexität zu ermöglichen, um die Eigenkreativität zu fördern. Nachdem das System unmittelbar an den NutzerInnen entwickelt wird, spielen das Unvorhergesehene und der Zufallsfaktor eine wesentliche Rolle. Im Zentrum steht stets die Frage, auf welchen Ebenen der Wahrnehmung das interaktive Feedbacksystem die NutzerInnen tatsächlich erreicht und wie diese Informationen insbesondere für blinde Menschen hinsichtlich einer Orientierung im Raum dienlich sind.

In weiteren Versuchsanordnungen, in denen mehrere NutzerInnen mit den Lichtsensoren ausgestattet sind und sich im Raum bewegen, wird die Aufmerksamkeit der Menschen zueinander gefördert und für die Wechselwirkung einzelner AkteurInnen innerhalb eines dynamischen Systems namens Raum sensibilisiert, in dem über Bewegung eine kollaborative

2

3

2–3 Veronika Mayerböck, „Bodyscapes_corpoPhonolux“ in Kooperation mit | in cooperation with Simon Laburda & NOID, Posthof Linz, 2011
© Konstanze Rehberger

4

5

4–5 Veronika Mayerböck, „Bodyscapes_corpoPhonolux“ in Kooperation mit | in cooperation with Simon Laburda & NOID, Posthof Linz, 2011 © Konstanze Rehberger

observers for this by directly involving them and making them witnesses of a live composition, which emerges from the performative interaction of space-generating elements, including the movements taking place in the real space. Every sound generated results in a new tension in the space and a further suggestion for movement, which leads into a next spatial formation, in which the light also changes. In addition to light, especially noises, tones, sounds, and music effectively contribute to the creation of atmospheres. They surround those perceiving them, envelop them, and physically permeate them. Mayerböck's movement sequences thus open up a multidimensional experience of space, in which light and bodies mutually touch. It is exactly out of this touch that sound figures emerge, which make it possible to experience a further layer of the spatial. The touch of body and light creates an acoustic landscape for the viewers. What is seen is simultaneously transferred into sounds. The connections between elements constituting space become experienceable. At the same time, the apparent stability of the space is dissolved, to a certain extent; it becomes fragile in the transience of the sounds.

The rhythm of the space becomes audible through movement. Although a certain blurriness is inherent to these translations due to their transience, this is also the potential for conveying the space at the same time. The space is explored and changed by feeling one's way along. Traces of the performer's movements appear like recordings of transitions between phases; different aggregate states of the space alternate with one another in the movement. Due to the immediacy of the translation, the motifs of the sound images can no longer be unequivocally distinguished. In the shadows the sounds of the space become silent. The sounding movements confront the light with the dark, creating spatial transitions from the audible to stillness.

When Mayerböck sets out in search of sound sequences with her body, she seeks to explore spatial links from the inside out. It is not a matter of controlling the setting, but rather of continually setting out into moments of experiment, which are the starting point for the dynamics of the space to first even become apparent. The sounds thus generated draw a spatial trace, which makes the basic tenor of the space perceptible like a delicate scaffolding. In her installative experimental arrangements the artist links multiple levels of sensory perception with one another. Through the connection of simultaneously seen, heard, and executed movements, Mayerböck also creates a multidimensional spatial experience for the viewers, with which layers of the space that are otherwise separate from one another can be experienced at the same time. The result is a form of atmospheric sequences, which refer less to how the space is per se, but rather to how it opens up to the viewers and the performer in the course of the interaction. Or as the artist herself puts it: "As if someone is playing the piano, the moving body is playing the space like an instrument."[1]

Mayerböck's spatial expeditions deal with exploring being-in-space. Light, sound, movement—elusive, fleeting, and flowing—are paradoxically constants in her work; from here she sets out in the direction of a cartography that cannot be captured. Her surveys of space remain in the viewers' memory only as moving spatial figures and sonic forms. Mayerböck's work has led her to a constant further development of her initially artistic-architecturally arranged installations and performances. With the conception of the project "LIGHTSCORES," her technical "invention" has found application within the framework of a research project in the medical-therapeutic field. As a training tool, the sensor system developed with her team for visually impaired and multiply handicapped people and for use in the field of neurological rehabilitation, especially in the field of Ergo- and Physiotherapy promotes movement motivation and performance through immediate acoustic feedback. This initiates a process of multisensory learning. This means centering the users in their perception through the use of the portable sensor system and additionally opening up a field of action, in which individual abilities and existing potentials can be developed. The properties of the surroundings, which the users themselves are not able to perceive, are made sensually experienceable with computer support. The challenge for the system is therefore to enable the appropriate complexity, in order to promote own creativity. Since the system is developed directly on the users, the unforeseen and the factor of chance play an essential role. The focus is always on

1 Veronika Mayerböck in conversation with Franziska Hederer at Forum Stadtpark Graz in conjunction with her performance "Bodyscapes_corpoPhonolux" in November 2013.

Komposition entsteht. Dieses Verständnis, Raum aus der Interaktion von Körper und Umgebung heraus wahrzunehmen und auch zu gestalten, prägt bis heute Mayerböcks Zugang zur Lichtgestaltung. Licht als ephemeres Gestaltungsmittel begleitet auch nach dem Architekturstudium an der TU Graz ihre berufliche Entwicklung – ausgehend von der klassischen Architekturlichtplanung zum Bühnenlicht für Tanz und Theater bis hin zu ihrem heutigen Schwerpunkt des Ausstellungslichtdesigns. Ihre Expeditionen lassen sie nicht nur in unerforschte Möglichkeiten einer Anwendung, sondern ebenso in neue Modi der Raumwahrnehmung und Raumerfahrung vordringen, die ihr zur Weiterentwicklung ihrer Arbeit dienen. ▪

6

7

Team „LIGHTSCORES“

Idee/Projektleitung/Leitung/Forschung und Entwicklung |
Idea/Project Leader/Director/Research and Development
Veronika Mayerböck, www.allesoderlicht.com
Business Development Sektor Gesundheitswesen |
Business Development Sector Health Care
Andreas Diensthuber, Martin Lichtenberger
Leitung Technische Systementwicklung IT/Hardware/Software |
Head of Technical System Development IT/Hardware/Software
Simon Laburda
Mitarbeit Interface Design, Systemoptimierung |
Collaboration Interface Design, System Optimization
Julian Rubisch
Entwicklung Klangfeedback und Komposition |
Development Sound Feedback and Composition
Jorge Sanchez Chiong
Frühere Kooperationspartner für einzelne Performances |
Earlier Cooperation Partners for Single Performances
NOID (Wien), David Pirro (IEM Graz)
Produktdesign |
Product Design
taliaYstudio

6

6 Veronika Mayerböck, „Bodyscapes_corpoPhonolux" in Kooperation mit | in cooperation with Simon Laburda & NOID, CYNEART Transmediale Hellerau, 2011 © Marco Prill

7–8 Veronika Mayerböck, „Bodyscapes_corpoPhonolux" in Kooperation mit | in cooperation with Simon Laburda & David Pirro/IEM Graz, Forum Stadtpark Graz, 2013 © Bernadette Moser

the question of which levels of perception the interactive feedback system actually reaches the users on, and on how this information can be useful, especially for visually handicapped people in terms of orientation in a space.

In other experimental arrangements, in which several users are equipped with light sensors and move in a space, people's attention to one another is enhanced, and they become more sensitive to the interaction of single actors within a dynamic system called space, in which a collaborative composition emerges through movement. This understanding of perceiving and also shaping space from the interaction of bodies and surroundings is what still characterizes Mayerböck's approach to light design today. Light as an ephemeral means of design also accompanied her professional development following her studies of architecture at Graz University of Technology—starting from classical architectural light planning to stage lighting for dance and theater all the way to her current focus on exhibition lighting design. Her expeditions allow her to advance not only into unexplored possibilities of application, but also into modes of spatial perception and spatial experience that serve the further development of her work. ▪

Translation: Aileen Derieg

Non-Places of Intelligence
Exploring the Live Fire Villages at Fort Riley

Nichtorte der Aufklärung
Die Truppenübungsdörfer von Fort Riley

Shreepad Joglekar

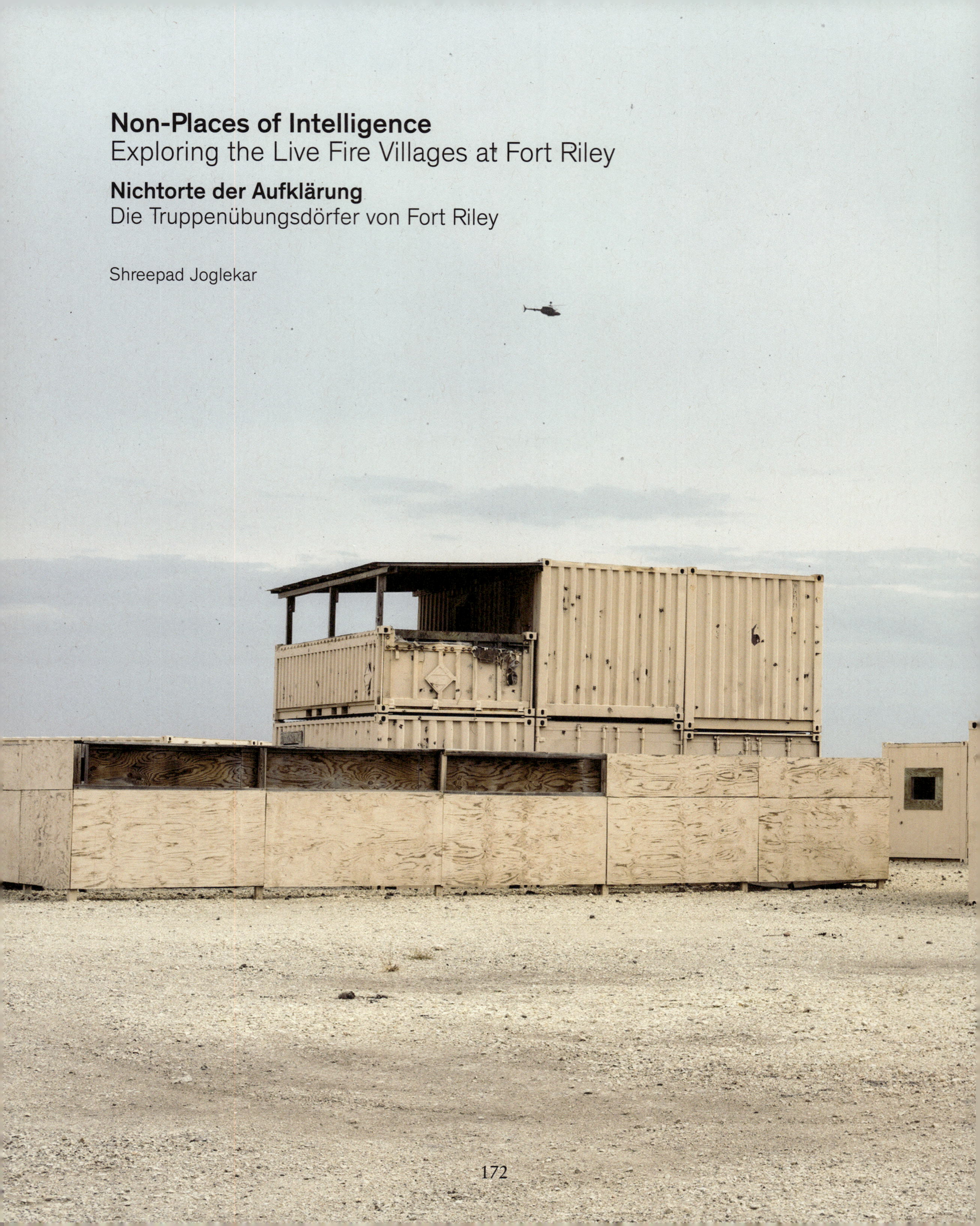

The photo series *Non-Places Of Intelligence* documents the live fire villages at the Fort Riley Military Base in Kansas, USA. These training sites designed by the US military simulate typical environments in Iraq and Afghanistan and are used to develop tactical memory in soldiers before deployment. Nameless gravel and dirt roads characterize the training sites, and for security reasons GPS based mapping devices do not work there. These circumstances make every visit to the villages an expedition, suggesting a mild preview of international conflict.

Each live fire village is composed of primitive dwellings, businesses, and a mosque. The grounds are covered with gravel to simulate the arid desert lands of the Middle East. The structures are painted in earth tones; often they are wrapped in life-size textures of adobe printed on vinyl. Experiencing these spaces is fascinating and paradoxical. On the one hand they offer a distinct and almost attractive sense of place. On the other hand they bear signs of violent military force. They are devoid of advertising and other visual elements that saturate the typical urban areas with cultural meaning. In their "otherness" they appear to be familiar and yet anachronous. These sites represent „non-places" in Marc Augé's sense of the word in that they are environments of transit in which soldiers act according to predetermined and formalized patterns of military experience, hence also losing their individual identity by following orders and protocols.

The villages are primarily constructed from recycled shipping containers that symbolize the global flow of goods and capital. They link these representations of desert hamlets from the Middle East with the corporate power centers in the Western world. Made up of rough materials including plywood, clay, plastic tarp, printed vinyl, gravel, and concrete boulders, the villages have an aggregated, approximate, and heterotopic character. "Non-Places Of Intelligence" illuminates the profound social and political imaginations that define the "us-them divide" in the collective unconscious as well as their translation into built space. ▪

Die Fotoserie „Non-Places Of Intelligence" (Nichtorte der Aufklärung) dokumentiert die fünf Truppenübungsdörfer am Militärstützpunkt Fort Riley in Kansas, USA. Diese vom US-Militär angelegten Übungsplätze simulieren typische Gegenden im Irak und in Afghanistan, um das taktische Gedächtnis von Soldaten vor dem Einsatz zu trainieren. Die Übungsplätze sind von namenlosen Schotterpisten und Feldwegen durchzogen, wobei GPS-gestützte Kartenwerke aus Sicherheitsgründen nicht funktionieren. Aufgrund dieser Gegebenheiten wird jeder Besuch in den Dörfern zu einer Expedition, die eine leise Vorahnung von internationalen Konfliktlagen vermittelt.

Jedes Truppenübungsdorf besteht aus primitiven Behausungen, Läden und einer Moschee. Der mit Schotter bedeckte Boden soll die trockenen Wüstengegenden des Nahen Ostens simulieren. Die Bauten sind erdfarben bemalt, oft auch mit auf Vinyl gedruckten Lehmziegelstrukturen verkleidet. Diese Räume sind zugleich faszinierend und paradox. Einerseits bieten sie ein distinktes und beinahe attraktives Ortserlebnis. Andererseits sind sie von militärischen Gewalthandlungen gezeichnet. Es gibt keinerlei Werbung oder sonstige visuelle Elemente, die den urbanen Raum gewöhnlich mit Bedeutung befrachten. In ihrer „Andersheit" erscheinen sie zugleich vertraut und anachronistisch. Es sind „Nichtorte" im Sinn von Marc Augé, insofern es sich um Durchgangsorte handelt, in denen Soldaten nach vorgegebenen, formalisierten Mustern militärischer Erfahrung agieren, auch die eigene Identität ablegen, indem sie Befehlen und Vorschriften folgen.

Die Dörfer bestehen vor allem aus recycelten Schiffscontainern, den Symbolen globaler Waren- und Kapitalströme. Sie verbinden diese Abbilder von Wüstensiedlungen mit den kapitalistischen Machtzentren des Westens. Aus groben Materialien wie Sperrholz, Lehm, Plastikplanen, bedrucktem Vinyl, Kies und Betonblöcken erbaut, haben die Dörfer etwas Kumuliertes, Approximatives, Heterotopes. „Non-Places Of Intelligence" wirft ein Licht auf die unterschwelligen sozialen und politischen Vorstellungen, welche die „Wir-Die-Grenze" im kollektiven Unbewussten markieren, sowie auf deren Übersetzung in gebauten Raum. ▪

Übersetzung: Wilfried *Prantner*

ENTRE (BETWEEN)*

Marta Traquino

I entered the flat, slowly, wondering what could simultaneously arouse my body and my mind. António Maria Cardoso Street 13, third and last floor, Lisbon. The art school Nextart was using the flat after it had been a private residence for 200 years, and Teresa Rutkovski, the school's head, invited me to do an intervention there.

In front of the flat's entrance, two flights of stairs led up to a roomy hall lined by six doors. From the left: a door to the largest room (classroom); a door to a corridor which, after another door, led to the kitchen; a door leading to two small connected rooms, adjacent to the kitchen (painting studios); a door to another corridor which, after another door, led to two other contiguous rooms (graphic design studios); a door to the second largest room (classroom); a door to another corridor which, after another door (unopenable), led to a bathroom at risk of ruin.

The flat was composed of the changes made by its dwellers at various distant time intervals. A collective *assemblage*. Nextart had just renewed the paint on the walls, all white except the corridors: yellow, blue, and beige. At that time I was reading *La production de l'espace* (1974) by Henri Lefebvre, and the three corridors seemed "absurd" to me, generating a curious perceptive exercise combining "perceived, conceived and lived space."[1] Why was there a need to build such narrow "spaces between spaces," restricting the fluidity of mobility and blocking natural light diffusion? However, they became fusion zones of subjectivity, channels of expressiveness. One dweller gave it shape, another a new color ... I took the three corridors as an "architectonic" element according to the idea of M. M. Bakhtin, as an active principle in architecture, considered in relation to other parts of their spatial context, permanent or ephemeral, and the immaterial links of the simultaneities that connect these.[2] To be revealed, the architectonic needs the passage of a body through the architecture that integrates it.

In architectural theory, the "absurd" usually has a negative quality: when form doesn't follow function. From here starts the old debate that opposes architect/artist, architecture/art, buildings/sculptures. Maybe the relation "absurd/architectonic," usually eluding consideration, reveals how it can be illusory to think that architects are able to anticipate the movements of a space's users. For Albert Camus, the "absurd" was a separation between things, identifiable in their confrontation. It is toward the "absurd" that man says "no" and freedom of action arises.[3] The "absurd" of the three corridors settled the issue of "why?" in the spatial practice of that flat. A possibility of questioning and, therefore, of reaction.

Using the floor plan of the flat, I outlined the three corridors (1:50 cm), colored with the respective colors. The abstract drawing was embroidered on a tablecloth and placed on a table in the empty, roomy hall, concentrically to the three-corridor arrangement. A lamp was suspended over the table's center and over each corridor's entrance door. Only the corridors's doors stayed open. At the building's entrance, a board was placed with the title *ENTRE*, the floor number, and the visiting hours. I was sitting at the flat's entrance, available for questions. Visitors were invited to explore the found situation alone, previously not knowing if it was someone's home, a gallery, or a workspace, if the table and lighting belonged there or not. Reactions toward what they found after each corridor were unpredictable ... Only a few people related the embroidery to the three corridors.

Were people able to perceive the shape of the space in which they were situated? And what was framing the possibilities of their movements? What can we discover about ourselves based on our interaction with unknown spaces? *ENTRE* is the Portuguese word for "between" (in a temporal or spatial sense) and also for "come in." ▪

* ***ENTRE** (BETWEEN)* took place from June 4–19, 2005, and it was possible thanks to the collaboration of the following people: **Ana Cristina Traquino**: translation from Portuguese to English | **Daniel Malhão**: photography | **Henrique Traquino**: technical support | **Maria Odete Traquino**: embroidery | **Paulo T. Silva**: graphic design and general support | **Ricardo Trindade**: lighting | **Rosário Sousa**: technical photography support | **Rui Clemente**: communication | **Teresa Rutkowski**: hostess
The **Nextart team** at that time and **all visitors**, for the maintenance and activation of the installation.

1 See Henri Lefebvre, *La production de l'espace* (1974; repr., Paris, 2000). Published in English as: Henri Lefebvre, *The Production of Space*, trans. Donald Nicholson-Smith (Cambridge, MA, and Oxford, 1991).

2 See M. M. Bakhtin, introduction to *Art and Answerability: Early Philosophical Essays by M. M. Bakhtin*, ed. Michael Holquist and Vadim Liapunov, trans. Vadim Liapunov and Kenneth Brostrom (Austin, 1990), pp. xxiii–xxiv.

3 See Albert Camus, *L'Étranger* (1942; repr., Paris, 2005). Published in English as: Albert Camus, *The Outsider*, trans. Sandra Smith (London, 2012).

Marta Traquino, *ENTRE (BETWEEN)*, Installation view at António Maria Cardoso Street, 13, 3°, Lisbon |
Marta Traquino, *ENTRE (ZWISCHEN)*, Installationsansicht in der António Maria Cardoso Straße 13/3, Lissabon, 2005
© Photos: Daniel Malhão

ENTRE (ZWISCHEN)*

Marta Traquino

Ich betrat die Wohnung langsam und fragte mich, was gleichzeitig meinen Körper und meinen Verstand erregen könnte. António-Maria-Cardoso-Straße 13, dritter und letzter Stock, Lissabon. Die Kunstschule Nextart nutzte die Wohnung, die zuvor 200 Jahre privat bewohnt war, und Teresa Rutkowski, die Leiterin der Schule, lud mich ein, dort eine Intervention zu machen.

Vor dem Eingang der Wohnung führten zwei Treppen in eine geräumige Diele mit sechs Türen. Von links: eine Tür zum größten Raum (Klassenraum); eine Tür zu einem Flur, der nach einer weiteren Tür in die Küche führte; eine Tür zu zwei miteinander verbundenen Zimmern neben der Küche (Malerateliers); eine Tür zu einem weiteren Flur, der, nach einer weiteren Tür, zu zwei weiteren zusammenhängenden Zimmern führte (Grafikerateliers); eine Tür zum zweitgrößten Zimmer (Klassenzimmer); eine Tür zu einem weiteren Zimmer, das nach einer weiteren (nicht zu öffnenden) Tür zu einer halb verfallenen Toilette führte.

Die Wohnung war das Ergebnis der Umbauten und Veränderungen, die ihre diversen Bewohner in unterschiedlichen, entfernten Zeitabständen vorgenommen hatten. Eine gemeinschaftliche Assemblage. Nextart hatte nur frisch gestrichen, alles weiß mit Ausnahme der Flure: Die waren gelb, blau und beige. Damals las ich gerade *La production de l'espace* (1974) von Henri Lefebvre und die drei Flure kamen mir „absurd" vor; sie generierten eine merkwürdige Wahrnehmungsübung, die „wahrgenommenen, konzipierten und gelebten Raum" kombinierte.[1] Warum bestand das Bedürfnis, solche schmalen „Zwischenräume" zu bauen, die den Bewegungsfluss einschränkten und das Tageslicht blockierten? Dennoch wurden sie zu Fusionszonen der Subjektivität, zu Kanälen der Expressivität. Ein Bewohner gab ihnen die Form, der nächste eine neue Farbe … Ich sah die drei Flure als ein „architektonisches" Element nach der Idee von M. M. Bachtin, als ein aktives Prinzip in der Architektur, betrachtet in Beziehung zu anderen Teilen ihres räumlichen Kontextes, permanent oder flüchtig, und in ihren immateriellen Verbindungen von Gleichzeitigkeiten.[2] Um offenbar zu werden, benötigt das Architektonische die Passage eines Körpers durch die Architektur, die ihn integriert.

In der Architekturtheorie hat das „Absurde" üblicherweise einen negativen Klang: wenn die Form nicht der Funktion folgt. Hier beginnt die alte Debatte, die Architekt/Künstler, Architektur/Kunst, Gebäude/Skulpturen gegenüberstellt. Vielleicht offenbart die Beziehung „absurd/architektonisch", die üblicherweise nicht bedacht wird, wie illusorisch es sein kann, zu denken, Architekten wären in der Lage, die Bewegungen der Nutzer eines Raums vorherzusehen. Für Albert Camus war das „Absurde" eine Trennung von Dingen und an ihrer Konfrontation erkennbar. Wenn der Mensch dem Absurden „nein" sagt, ergibt sich Handlungsfreiheit.[3] Das „Absurde" der drei Flure stellte die Frage des „Warum?" in der räumlichen Praxis der Wohnung. Eine Möglichkeit des Hinterfragens und daher für Reaktion.

Auf dem Grundriss der Wohnung konturierte ich die drei Flure (1:50 cm) und kolorierte sie mit den jeweiligen Farben. Die abstrakte Zeichnung wurde auf ein Tischtuch gestickt und auf einen konzentrisch zum Arrangement der drei Flure platzierten Tisch in der leeren, geräumigen Diele gelegt. Eine Lampe hing über dem Mittelpunkt des Tisches sowie über jeder der drei Türen. Nur die Türen zu den Fluren blieben geöffnet. Am Hauseingang wurde eine Tafel mit dem Titel *ENTRE* sowie der Angabe des Stockwerks und der Öffnungszeiten platziert. Ich saß an der Eingangstür und stand für Fragen zur Verfügung. Besucher waren eingeladen, die vorgefundene Situation allein zu erkunden, ohne zuvor zu wissen, ob dies eine Privatwohnung, eine Galerie oder ein Arbeitsplatz war und ob nun der Tisch und die Beleuchtung dorthin gehörten oder nicht. Die Reaktionen darauf, was sie nach jedem Flur vorfanden, waren unvorhersehbar… Nur einige wenige Menschen brachten die Stickerei mit den drei Fluren in Verbindung.

Waren die Menschen in der Lage, die Form des Raumes wahrzunehmen, in dem sie sich befanden? Und was war der Rahmen ihrer Bewegungsmöglichkeiten? Was können wir auf Grundlage unserer Interaktion mit unbekannten Räumen über uns selbst entdecken? *ENTRE* ist das portugiesische Wort für „zwischen" (im zeitlichen wie räumlichen Sinn) und auch für „komm rein!" ▪

Übersetzung: Wilhelm von Werthern

* ***ENTRE** (ZWISCHEN)* fand vom 4. bis 19. Juni 2005 statt und wurde durch die Kooperation folgender Personen ermöglicht:
Ana Cristina Traquino: Übersetzung aus dem Portugiesischen ins Englische | **Daniel Malhão**: Fotografie | **Henrique Traquino**: Technik | **Maria Odete Traquino**: Stickerei | **Paulo T. Silva**: Grafik und allgemeine Unterstützung | **Ricardo Trindade**: Beleuchtung | **Rosário Sousa**: Technische Unterstützung der Fotografie | **Rui Clemente**: Kommunikation | **Teresa Rutkowski**: Gastgeberin
Das damalige **Nextart-Team** und **alle Besucher**, für die Instandhaltung und Aktivierung der Installation.

1 Vgl. Lefebvre, Henri: *La production de l'espace*, 1974; Neuaufl. Paris, 2000. Deutsch: „Die Produktion des Raums", in: Dünne, Jörg/Günzel, Stephan (Hg.): *Raumtheorie. Grundlagentexte aus Philosophie und Kulturwissenschaften*, Frankfurt 2006, 330–343.

2 Vgl. Bakhtin, M. M.: „Introduction", in: Holquist, Michael/Liapunov, Vadim/Brostrom, Kenneth (Hg.): *Art and Answerability: Early Philosophical Essays by M. M. Bakhtin*, Austin 1990, pp. xxiii–xxiv.

3 Vgl. Camus, Albert: *Der Fremde*, Übers. von Uli Aumüller, Reinbek 1997.

Transforming Urban

Die temporäre Produktion von alternativem Raum in Tel Aviv
The Temporary Production of Alternative Space in Tel Aviv

Martin Grabner

1 Copyright für alle Abbildungen in diesem Beitrag außer Abb. 2 und 3 | Copyright for all figures of this paper except figs. 2 and 3 © Martin Grabner

Tel Aviv im September. Die Sonne steht schon tief am Himmel. Man hört Vögel zwitschern, der Wind rauscht durch die Bäume. Irgendetwas ist anders. Der Verkehrslärm fehlt! In den Geschäftsstraßen herrscht eine gespenstische Ruhe, nur die Verkehrsampeln wechseln unbeachtet weiter die Farben. Die Luft über den innerstädtischen Hauptstraßen ist noch heiß, unter der schon abgenutzten Platzüberbauung am Dizengoff-Platz riecht es nach Verkehr. Aber kein Auto ist zu sehen. Dafür hunderte Menschen – viele weiß gekleidet –, die scheinbar ziellos, oft in Gespräche vertieft die Straße entlang schlendern. Die unwirklich erscheinende Szenerie ist nur einmal im Jahr zu beobachten: zu Jom Kippur, dem höchsten Feiertag des Judentums. Beginnend mit Sonnenuntergang verwandelt sich der öffentliche Raum der westlich-liberal geprägten israelischen Metropole für einen Tag in das Gegenteil dessen, was er den Rest des Jahres über ist: einen Ort ohne Autoverkehr, ohne Geschäftsleben. Der Alltag ist ausgeblendet. In einem Film[1]- und Fotoprojekt habe ich gemeinsam mit Hans-Dieter Edler die Transformation des öffentlichen Raums in Tel Aviv zu Jom Kippur untersucht und portraitiert: die Veränderung der Nutzung, Wahrnehmung und Produktion von Raum, hervorgerufen durch eine gesellschaftliche Konvention.

364 Tage im Jahr herrscht in Tel Aviv, wie in allen Städten der westlichen Welt, ein kapitalistisches Raumregime, ein abstrakter Raum,[2] dominiert durch räumliche Praxis, welche die gesellschaftlichen Verhältnisse als gegeben hinnimmt und festigt. Da nicht nur die streng religiösen, sondern auch die liberalen Juden und Araber – also die gesamte israelische Gesellschaft – die Verhaltensregeln zu Jom Kippur akzeptieren, führt der Feiertag zu einer temporären allumfassenden Auflösung des Alltags der kapitalistischen Stadt. Die sonst dominante Raumproduktion aus der nicht-reflexiven Erfahrung des Alltagsraums, die gegebene räumliche und gesellschaftliche Verhältnisse reproduziert,[3] wird weitgehend ausgesetzt und so ein alternativer Raum denkbar. Die kollektive Wiederaneignung des Stadt- und Straßenraums ist Ausdruck des gelebten Raums, dessen Bedeutung, wie z.B. Henri Lefèbvre ausführt, durch den Gebrauch erzeugt wird.[4] Die Entfremdung und Fragmentierung des städtischen Raumes, die durch die Vermessung und Verplanung des Raumes, sowie unter anderem, die Nutzung des Autos, dessen Geschwindigkeit und immanenter Isolation, entstehen, werden für einige Stunden überwunden. Ursprünglich vielfältige Straßenräume, die zu monofunktionalen Verkehrsräumen transformiert wurden, werden für einige Stunden aus ihrer Existenz als spätmoderne Nicht-Orte[5] herausgerissen und zu urbanen Orten der sozialen Interaktion.

Der Dizengoff-Platz war ursprünglich als ein lebendiger Begegnungsort gedacht, als ihn Sir Patrick Geddes 1930 in seinem Plan für Tel Aviv als einen der wichtigsten öffentlichen Räume der Stadt konzipierte.[6] Nach seiner Fertigstellung nach den Plänen der Architektin Genia Averbouch wurde er ab 1937 mit seinen attraktiven Freiräumen und zwei Kinos zu einem Mittelpunkt des öffentlichen Lebens.[7] Seine räumliche Qualität lag vor allem in der Realisierung als (Bauhaus-)Ensemble mit aufeinander abgestimmten, geschwungenen Fassaden, die von einer Moderne des menschlichen Maßstabs anstatt funktionalistischer Dogmen zeugte. Selbst der Kreisverkehr, der die fordistische Stadt andeutete, fügte sich in die geschlossene, letztlich vormoderne Raumkonzeption.

Mit dem zunehmenden Verkehr und der Realisierung einer autogerechten Stadt wurde der Platz 1978 umgebaut und der Stadtraum dem ungehinderten Fluss des Autoverkehrs untergeordnet. Nach den Plänen Tsvi Lissars wurde eine erhöhte Fußgängerplattform über der Dizengoff-Straße errichtet,[8] die über Rampen und Treppen die Platzränder und die umliegenden Straßen jedoch mehr trennt als verbindet. Der Verkehr konnte fließen, die Split-Plaza wurde aber trotz einer musizierenden Springbrunnenskulptur von den Bewohnern nie angenommen. Die funktionalistische Stadtplanung hatte den Platz zu einem transitorischen Raum degradiert und schlussendlich das Gegenteil von Urbanität bewirkt.

Zwischen der Intention dieses kognitiv konstruierten Platzraums der modernen Stadt und seinem tatsächlichen Gebrauch als auch seiner Auswirkung auf die Stadt klafft eine unübersehbare Lücke. In ihrem vollen Umfang werden die Eigenschaften des kapitalistischen, funktionalisierten, regulierten und kontrollierten Raums des neoliberalen Flusses jedoch erst sichtbar, wenn die Hektik des geschäftigen Stadtlebens abebbt und der Alltag in Form der auf den Gehsteigen ausgebreiteten Waren und Kaffeehaustische und -stühle schließlich weggeräumt wird. Mit dem kollektiven Begehen des auf biblische Zeiten zurückgehenden Feiertags Jom Kippur wird die Produktion von Stadtraum derart verändert, dass – wenn auch nur temporär – ein egalitärer sozialer Raum mit einem subversiven Potenzial zu Veränderung entstehen kann. ▪

1 „Transforming Urban: Tel Aviv", Österreich 2016. Regie: Hans-Dieter Edler/Martin Grabner.

2 Vgl. Lefèbvre, Henri: *The Production of Space*, Oxford 1991, 229ff.

3 Vgl. ebd., 376f.

4 Vgl. ebd., 38f sowie Elden, Stuart: „Material zu: Henri Lefèbvre, *Die Produktion des Raums*", in: *An Architektur* 1 (2002), 17.

5 Zum Begriff der „Nicht-Orte" siehe Augé, Marc: *Orte und Nicht-Orte. Vorüberlegungen zu einer Ethnologie der Einsamkeit*, Frankfurt/M. 1994, 44f und 92ff.

6 Vgl. Metzger-Szmuk, Nitza: *Dwelling on the Dunes. Modern Movement and Bauhaus Ideals*, Paris/Tel Aviv 2004, 40f.

7 Vgl. ebd., 422f.

8 Vgl. Hai, Yigal: „Turn Back Time and Retrieve Dizengoff Square", in: *Haaretz* (14.8.2007), online unter: http://www.haaretz.com/turn-back-time-and-retrieve-dizengoff-square-1.227463 (Stand: 8. Juli 2016).

Tel Aviv in September. The sun is already low in the sky. Birds are twittering, the wind rustles in the trees. Something is different. Traffic noise is missing! The shopping streets are eerily quiet; only the traffic lights continue to change unnoticed. The air above the main streets in the city center is still hot, and under the rundown, elevated platform of Dizengoff Square it still smells like traffic. But there is no car to be seen. Instead there are hundreds of people—many of them dressed in white—wandering seemingly aimlessly through the street, often engrossed in conversations. The almost unreal scene is only to be observed once a year: on Yom Kippur, the highest holy day in Judaism. Beginning at sundown, the public space of the Israeli metropolis marked by western liberalism is transformed for one day into the opposite of what it is during the rest of the year: a place without motorized traffic, without commercial business. Everyday life is blanked out. Together with Hans-Dieter Edler, I investigated and portrayed the transformation of public space in Tel Aviv for Yom Kippur in a film[1] and photo project: the change in the use, perception, and production of space, evoked by a social convention.

For 364 days a year, Tel Aviv is pervaded, like all cities in the western world, by a capitalist regime of space, an abstract space,[2] dominated by a spatial practice that takes social conditions as given and affirms them. Since not only the piously religious, but also liberal Jews and Arabs—in other words the whole of Israeli society—accept the rules of behavior for Yom Kippur, the holiday leads to a temporary, comprehensive dissolution of the everyday life of the capitalist city. The otherwise dominant production of space from the non-reflected experience of everyday space, which reproduces the given spatial and social conditions,[3] is largely halted, so an alternative space becomes imaginable. The collective reappropriation of the space of the city and the street is an expression of lived space, the significance of which is generated through use, as Henri Lefèbvre explains, for instance.[4] The alienation and fragmentation of urban space, which arise through the surveying and overplanning of urban space and through the use of cars with their speed and immanent isolation, among other things, are overcome for a few hours. Originally multifaceted street spaces, which were transformed into monofunctional traffic spaces, are ripped out of their existence as non-places[5] for a few hours and become urban sites of social interaction.

Dizengoff Square was originally envisioned as a lively meeting place, as it was conceived by Sir Patrick Geddes in 1930 as one of the most important public spaces in the city in his plan for Tel Aviv.[6] After it was finished according to plans by the architect Genia Averbouch, starting in 1937 it became a center of public life with its attractive open spaces and two cinemas.[7] Its spatial quality was due primarily to its realization as a (Bauhaus) ensemble with mutually harmonized, curving facades, testifying to a modernism of human dimensions rather than functionalist dogmas. Even the roundabout, which alluded to the Fordist city, fits into the closed, ultimately pre-modernist spatial conception.

With the increase in traffic and the realization of a car-friendly city, the square was redesigned in 1978, and urban space was subordinated to the unhindered flow of traffic. According to plans by Tsvi Lissar, an elevated pedestrian platform was built across Dizengoff Street.[8] With its ramps and stairs it, however, separates the edges of the square and the surrounding streets more than it conjoins them. Traffic was able to flow, but even despite a fountain sculpture playing music, the split-level square was never accepted by the residents. Functionalist urban planning degraded the square to a transitory space, ultimately achieving the opposite of urbanity.

Between the intention of this cognitively constructed plaza space of a modern city and its actual use, as well as its effect on the city, there is an obvious, glaring gap. The characteristics of the capitalist, functionalized, regulated, and controlled space of the neoliberal flow first become visible in their full extent, however, when the hectic of busy city life slows down and everyday life in the form of the goods spread out on the sidewalks and the coffee house tables and chairs are finally cleared away. With the collective celebration of Yom Kippur, which goes back to biblical times, the production of urban space is so changed that an egalitarian social space with a subversive potential for change can emerge—even if only temporarily. ▪

Translation: Aileen Derieg

1 *Transforming Urban: Tel Aviv*, Austria, 2016. Directed by Hans-Dieter Edler and Martin Grabner.

2 See Henri Lefèbvre, *The Production of Space* (Oxford, 1991), pp. 229ff.

3 See ibid., pp. 376f.

4 See ibid., pp. 38f., and Stuart Elden, "Material zu: Henri Lefèbvre, *Die Produktion des Raums*," *An Architektur* 1 (2002), p. 17.

5 On the concept of "non-places," see Marc Augé, *Non-Places: An Introduction to Supermodernity*, trans. John Howe (London, 2009).

6 See Nitza Metzger-Szmuk, *Dwelling on the Dunes: Modern Movement and Bauhaus Ideals* (Paris and Tel Aviv, 2004), pp. 40f.

7 See ibid., pp. 422f.

8 See Yigal Hai, "Turn Back Time and Retrieve Dizengoff Square," Haaretz, August 14, 2007, http://www.haaretz.com/turn-back-time-and-retrieve-dizengoff-square-1.227463 (accessed July 7, 2016).

2

Genia Averbouch, Dizengoff Square, Luftaufnahme aus den 1940er Jahren | Arial photo from the 1940s, Tel Aviv
© Metzger Szmuk, Nitza: *Dwelling on the Dunes*, Paris/Tel Aviv 2004, Photo: Paul Gross

3

Tsvi Lissar/Lissar Architects and City Planners, Dizengoff Square, Luftaufnahme | Arial photo, Tel Aviv, 2012
© Photo: דרא וליא (https://commons.wikimedia.org/wiki/File:Dizengoff_Square_Tel_Aviv_Lowshot.jpg), „Dizengoff Square Tel Aviv Lowshot", https://creativecommons.org/licenses/by-sa/3.0/legalcode

SUNWAY

טורק לחמג'ון
כשר
אקספרס
Coca-Cola
טורק לח
כשר
Coca-Cola

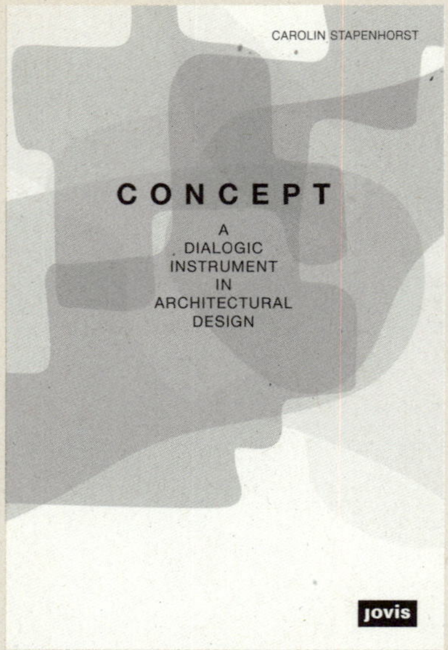

Concept. A Dialogic Instrument in Architectural Design
Carolin Stapenhorst
Berlin: Jovis, 2016
Englisch, 208 Seiten, 65 Farb- und SW-Abbildungen, broschiert | English, 208 pages, 65 color and b/w illustrations, paperback
ISBN 978-3-86859-364-8
EUR 32,00 | EUR 32.00

Forschendes Entwerfen mit Diagrammen

Ingrid Böck

Carolin Stapenhorst analysiert im vorliegenden, auf ihrer Dissertation basierenden Buch *Concept: A Dialogic Instrument in Architectural Design* den Konzeptbegriff nicht nur als Strategie im Diskurs, sondern auch als Werkzeug im Entwurfsprozess. Für die Autorin können Entwerfer durch Konzepte, vor allem in der grafischen Form von Diagrammen, anders auf das spezifische Programm einer komplexen Aufgabe eingehen, um durch abstrakte Prinzipien die etablierten Standards zu überwinden und Raum für neue Lösungen zu schaffen.

Stapenhorsts These ist in drei thematische Bereiche gegliedert, an die ein Case-Study-Teil anschließt: Zu Beginn wird der Begriff *Konzept* als Schnittstelle der interdisziplinären Kommunikation interpretiert, um, wie im zweiten Teil ausgeführt, als Instrument der Entscheidungsfindung und als Speichermedium der Entwurfskriterien zu funktionieren. Der dritte Abschnitt untersucht die konkrete Form der Konzepte, die bildliche, textliche oder auch kartografische Medien sein können.

Für Stapenhorst nimmt das konzeptionelle Verständnis der Moderne im Werk von Le Corbusier, Ludwig Mies van der Rohe oder Walter Gropius eine zentrale Rolle ein, da sie jenseits von Formalismen und Stilen die Entwurfsaufgabe in den Mittelpunkt stellen (S. 15). Dieser Haltung der Moderne wird die deterministische Entwurfskonzeption von Christopher Alexander und Oswald Mathias Ungers gegenübergestellt, um den spezifischen Zugang der einzelnen Protagonisten differenziert darzustellen. Für Alexander beispielsweise verkörpern Diagramme das zentrale Entwurfsproblem wie auch die Lösung, da sie die kontextuellen Parameter durch Ordnungsmuster grafisch abbilden, die zugleich Lösungskonzepte darstellen und konkrete Ergebnisse für die physische Form erzeugen (S. 122).

Die Hinwendung der Architektur zur Ingenieurkunst – wie sie für Le Corbusier im Ozeandampfer, Automobil oder Flugzeug verkörpert wird – ist für Stapenhorst ein wesentliches Element für die verstärkte interdisziplinäre Zusammenarbeit und Kommunikation, die eine Objektivierung der Entwurfsprämissen fordere, doch zugleich den „Legitimationsdruck" zwischen den einzelnen Disziplinen steigere. Von besonderem Interesse seien daher auch die Methoden, die interdisziplinäre Design-Laboratorien, wie beispielsweise das Lapa (*Laboratoire de la production d'architecture*) in Basel, anwenden, um einen Wissenstransfer zwischen den verschiedenen Experten im Entwurfsteam zu ermöglichen (S. 59–64).

Das Konzept als dialogisches Instrument, um Daten aus verschiedenen Disziplinen darzustellen, wird nicht nur zum Abbild der vielfältigen Bedingungen, Anforderungen und Interessen, sondern zum Modell der Ideenfindung in den verschiedenen Stufen des selektiven Prozesses, wie Louis Kahns Zirkulations- und Wahrnehmungsdiagramme verdeutlichen (S. 129–131). Peter Eisenman hingegen benutzt Diagramme als rein kompositorische Werkzeuge, um im Dialog mit dem historischen Kontext auf den Ort Bezug zu nehmen und dadurch den Entwurf als Produkt verschiedener *scaling*-Operationen zu generieren (S. 118–119). Für Eisenman wird der architektonische Raum dadurch frei von anthropomorphen „Zwängen", da er nicht mehr Bezug auf den menschlichen Maßstab nimmt.[1]

Texte, Fotografien und Zeichnungen können – wie beispielsweise beim Team 10 oder Aldo Van Eyck – ebenso zentraler Bestandteil von Diagrammen sein und durch eine Collage von Assoziationen einen eigenen Handlungsstrang (*storyline*) bilden. Das 1995 erschienene Buch *S,M,L,XL* von Rem Koolhaas und Bruce Mau bezeichnet in dieser Entwicklung eine neue Stufe, da seine assoziative, (scheinbar) chaotische Akkumulation von Text- und Bildteilen auch eine Vielzahl an Diagrammen enthält, zum Beispiel den Wettbewerbsbeitrag für den Parc de la Villette in Paris (1982–1983), bei dem durch *mapping* aller möglichen internen und externen Einflussfaktoren das Funktionsdiagramm und somit der Entwurf

1 Vgl. Eisenman, Peter: *Diagram Diaries*, New York 1999.

entsteht (S. 134). Stapenhorst untersucht auch die Konzeptfunktion von Texten in Diagrammen ebenso wie rein textliche „Programmarchitektur“, etwa von Leonardo da Vinci oder Adolf Loos, die Texte sowohl als analytische oder reflexive Instrumente wie auch als Entwurfswerkzeuge verwenden.

Die Autorin hat seit 2014 die Juniorprofessur für Werkzeugkulturen an der RWTH Aachen inne und beschäftigt sich mit den spezifischen Methoden, die im Entwurfsprozess angewendet werden, sowie der Entwicklung eigener Verfahrensweisen, die helfen, die komplexen und heterogenen Informationen im Entwurf simultan zu verarbeiten. Das Entwerfen wird dabei als eine Verbindung von intuitiven und diskursiven Praktiken beziehungsweise von manuellen und theoretischen Tätigkeiten verstanden. Wesentlich in der Erforschung dieses Entscheidungsprozesses ist die Abbildbarkeit, um die Möglichkeit von wissenschaftlichem Arbeiten in Richtung eines „reflexiven Entwerfens“ zu vertiefen.

Stapenhorst nimmt mit der Neubewertung des Konzeptbegriffs Bezug auf den aktuellen Diskurs in der Entwurfsforschung und architektonischen Praxis. Unter dem Blickwinkel der Wissenschaftlichkeit von Entwurfsmethoden wird auch im bereits 2007 erschienenen Buch *Methoden der Formfindung* von Kari Jormakka, Oliver Schürer und Dörte Kuhlmann untersucht, wie konzeptionelle Entwurfspraktiken die architektonischen Denkmuster und Ergebnisse prägen.[2] Im Gegensatz zu Stapenhorsts Analyse wird hier jedoch im besonderen auf die digitalen Entwurfsmethoden, wie *scaling* und *datascapes* (Peter Eisenman), und einem parametrischen Entwurfsansatz, wie *folding* und *morphing* (Greg Lynn), eingegangen. Auch der 2013 von Sabine Ammon und Eva Maria Froschauer herausgegebene Band *Wissenschaft entwerfen: Vom forschenden Entwerfen zur Entwurfsforschung der Architektur* beschäftigt sich mit der wissenschaftlichen Erforschung des Konzeptbegriffs:[3] Zum einen bringe der Entwurfsprozess neue interdisziplinäre Instrumentarien und Werkzeuge hervor, zum anderen jedoch diene das Entwurfskonzept auch als Mittel, um neues Wissen zu gewinnen.

Im Gegensatz zu den beiden oben genannten Untersuchungen geht Stapenhorsts These über diese Auffassungen des Konzeptbegriffs hinaus und artikuliert den operativen Charakter des Konzepts als interdisziplinäres Kommunikations- und Speichermedium, das wesentlich die Entwurfsentscheidungen im Formfindungsprozess bestimmt. Dadurch zeigt die Autorin in ihrer kritischen Auseinandersetzung nicht nur eine profunde Kenntnis der Entwurfswerkzeuge der Avantgarde, sondern bietet auch eine synoptische Darstellung der Entwicklungsgeschichte von im Entwurfsprozess verwendeten Konzepten und Strategien. ▪

2 Jormakka, Kari/Schürer, Oliver/Kuhlmann, Dörte: *Methoden der Formfindung*, Basel 2007.

3 Ammon, Sabine/Froschauer, Eva Maria (Hg.): *Wissenschaft entwerfen. Vom forschenden Entwerfen zur Entwurfsforschung der Architektur*, München 2013.

Research-Based Design with Diagrams

In the book reviewed here, *Concept: A Dialogic Instrument in Architectural Design*, which is based on the author's dissertation, Carolin Stapenhorst analyzes the term "concept"—not only as a strategy used in discourse, but also as a tool in the design process. In the author's view, concepts—especially in the graphic form of diagrams—enable designers to take a different approach to solving the specific problem of a complex task. Abstract principles are used to bypass established standards and to make space for new solutions.

Stapenhorst's thesis is divided into three thematic parts, followed by a case study section. Initially, the term "concept" is interpreted as an interface for interdisciplinary communication, in order to function—as detailed in the second part—as an instrument for decision-making and as a storage medium for design criteria. The third part explores the concrete form of the concepts, which can be visual, textual, or even cartographic media.

In Stapenhorst's analysis, the conceptual understanding of modernism in the work of Le Corbusier, Ludwig Mies van der Rohe, and Walter Gropius plays a central role because these individuals moved beyond formalisms and styles to focus on the design task (p. 15). This attitude toward modernism is juxtaposed with the deterministic design ideas of Christopher Alexander and Oswald Mathias Ungers so as to portray the specific approaches taken by the individual protagonists in a differentiated way. In the case of Alexander, for example, diagrams embody both the main design problem and the solution since they graphically render the contextual parameters through patterns of order that simultaneously represent solution concepts and engender concrete results for the physical form (p. 122).

Stapenhorst considers the fact that architecture embraced the art of engineering—as embodied by ocean liners, automobiles, and airplanes, according to Le Corbusier—to be an essential element involved in the intensified interdisciplinary collaboration and communication, which calls for an objectification of the design premises while enhancing the "legitimation pressure" between the individual disciplines at the same time. Of special interest, therefore, are also the methods employed by interdisciplinary design laboratories, such as Lapa (Laboratoire de la production d'architecture) in Basel, to facilitate knowledge transfer among the various experts in the design team (pp. 59–64).

The concept as a dialogical instrument used to render data from various disciplines becomes not only a reflection of the diverse conditions, demands, and interests, but also a brainstorming model in the different stages of the selective process, as illustrated by Louis Kahn's diagrams of circulation and perception (pp. 129–31). By contrast, Peter Eisenman uses diagrams as purely compositional tools for referencing the site in dialogue with the historical context, thus generating the design as a product of various scaling operations (pp. 118–19). To Eisenman, this is how architectural space becomes liberated from anthropomorphic "constraints" since it is no longer referencing the human scale.[1]

Texts, photographs, and drawings can also be main components of diagrams—as for instance seen in the work of Team 10 or Aldo van Eyck—and form its own storyline through a collage of associations. The book *S,M,L,XL* by Rem Koolhaas and Bruce Mau, published in 1995, indicates a new stage in this development since its associative, (seemingly) chaotic accumulation of text and image segments likewise contains a variety of diagrams. One such example is the competition entry for the Parc de la Villette in Paris (1982–83), where the functional diagram and thus also the design are created by mapping all possible internal and external determinants (p. 134). Stapenhorst also examines the conceptual function of texts in diagrams, along with purely textual "program architecture" such as that of Leonardo da Vinci or Adolf Loos, who used texts as analytical or reflexive instruments, but also as design tools.

Since 2014, the author has held a Junior Professorship for Tool Cultures at RWTH Aachen University and deals with the specific methods utilized in the design process, as well as with the development of her own methods that help to simultaneously process the complex and heterogeneous information in a design. Here, the act of designing is understood to be a nexus of intuitive and discursive practices or of manual and theoretical activities. Vital in the investigation of this decision-making process is the aspect of renderability, so as to be able to explore in more depth the possibility of scientific work focused on "reflexive design."

By subjecting the term "concept" to a new analysis, Stapenhorst is making reference to current discourse in the context of design research and architectural practice. In considering the perspective of the scientific character of design methods, the book *Methoden der Formfindung* (Methods of Form-Finding) by Kari Jormakka, Oliver Schürer, and Dörte Kuhlmann, published in 2007, likewise explores how conceptual design practices influence architectural thought patterns and results.[2] Yet in contrast to Stapenhorst's analysis, the book is focused especially on digital design methods like scaling and datascapes (Peter Eisenman) and a parametric design approach like folding and morphing (Greg Lynn). The 2013 volume *Wissenschaft entwerfen: Vom forschenden Entwerfen zur Entwurfsforschung der Architektur* (Designing Science: From Research-Based Design to Design Research of Architecture), edited by Sabine Ammon and Eva Maria Froschauer, deals with scientific research on the term "concept":[3] the authors note that the design process, on the one hand, evokes new interdisciplinary instruments and tools and yet the design concept, on the other, also serves as a means of gaining new knowledge.

As opposed to the other two projects cited above, Stapenhorst's theory goes beyond these views of the term "concept" to instead articulate the operative character of the concept as an interdisciplinary communication and storage medium that significantly informs the design decisions being made during the form-finding process. Indeed, the author not only displays profound knowledge of avant-garde design tools in her critical study; she also offers a synoptic rendering of the developmental history of the concepts and strategies being used in the design process. ▪

Ingrid Böck (Translation: Dawn Michelle d'Atri)

1 See Peter Eisenman, *Diagram Diaries* (New York, 1999).

2 Kari Jormakka, Oliver Schürer, and Dörte Kuhlmann, *Methoden der Formfindung* (Basel, 2007).

3 Sabine Ammon and Eva Maria Froschauer, eds., *Wissenschaft entwerfen: Vom forschenden Entwerfen zur Entwurfsforschung der Architektur* (Munich, 2013).

Urban Commons.
Moving Beyond State
and Market
Mary Dellenbaugh,
Makrus Kip, Majken Bieniok,
Agnes Katharina Müller,
Marin Schwegmann (Hg. | eds.)
Bauwelt Fundamente 154
Basel: Birkhäuser, 2015
Englisch, 244 Seiten,
50 SW-Abbildungen, broschiert |
English, 244 pages,
50 b/w illustrations, paperback
ISBN 978-3-03821-495-3
EUR 29,95 | EUR 29.95

Common = alltäglich, gemeinsam, verbreitet?

Sigrid Verhovsek

Wie kann Stadt als gemeinsame Ressource gelebt werden, wie können ihre materiellen und immateriellen Güter kooperativ ge- und benützt werden? Urbane Dichte bedingt ein besonderes Bewusstsein für die Verknappung des Gutes (Lebens-)Raum und die allgegenwärtigen Einhegungen durch bestimmte soziale Schichtungen. Als Alternative zur herrschenden neoliberalen Logik bieten sich verschiedene Formen von Gemeinwesen an, „Allmenden“ oder „Commons“.

Eine transdisziplinäre Studiengruppe am Georg-Simmel-Zentrum für Metropolenforschung der Humboldt-Universität zu Berlin versucht seit 2011, inmitten all der verschiedenen Formen, die diese Gemeinwesen in ihren historischen, sozialen und kulturellen Zusammenhängen einnehmen können, die wichtigen und inspirierenden Aspekte in Hinblick auf das städtische Zusammenleben aufzuspüren.

Den Diskussionen über Urban Commons, jenen vorzugsweise oder ausschließlich im städtischen Raum gebildeten „Allmenden“, folgte 2013 ein Symposium, aus dem wiederum das vorliegende Buch entstand, das 2015 im Birkhäuser-Verlag erschienen ist. Die HerausgeberInnen setzen sich aus der Stadtforscherin und Landschaftsarchitektin Mary Dellenbaugh, dem Soziologen Markus Kip, der Psychologin Majken Bieniok, der Architektin und Städteplanerin Agnes Katharina Müller und dem Stadtforscher, Städteplaner und Architekten Martin Schwegmann zusammen. Als weitere AutorInnen finden sich GeographInnen, PolitwissenschaftlerInnen, AnthropologInnen, europäische EthnologInnen, Städte- und RaumplanerInnen, SchriftstellerInnen und AktivistInnen. All diese Disziplinen sind im Erkenntnisinteresse der einzelnen Beiträge deutlich spürbar, machen letztere aber nicht bis zur Unlesbarkeit fachspezifisch.

In der Einleitung, in schönster Commons-Manier gemeinsam von allen fünf HerausgeberInnen verfasst, erfolgt eine knappe, perfekt komprimierte Einführung zum Thema Commons bzw. zu den Spezifika der „Urban Commons“: Ob und wie kann städtischer Raum Gemeingut sein oder werden? In der Folge finden sich vier themenzentrierte Abschnitte mit jeweils drei bis vier Beiträgen.

Der erste Teil des Buches widmet sich verschiedenen Perspektiven: Mit Elinor Ostrom, der Grande Dame der Commons, in die theoretische Tiefe der Gemeingüter eintauchend, setzt sich Brigitte Kratzwald in „Dissident Practices in Emancipatory Spaces“ mit den spezifischen Ausprägungen der vergleichsweise neuen städtischen Commons im Gegensatz zu traditionellen ländlichen Allmenden auseinander. Markus Kip fragt in „Conceptualizing Urban Commons“ nach der (Stadt-)planbarkeit von Urban Commons. Majken Bieniok spürt den komplexen psychologischen Beziehungen zwischen städtischem Leben und Commons nach und vergleicht die institutionellen Strukturen kleinmaßstäblicher und größerer Organisationsformen.

In den folgenden drei Abschnitten werden die definierenden Bestandteile der Commons, gemeinsame Ressourcen, Gruppe der „Commoner“ sowie deren Institutionen und Modalitäten, näher erläutert. Um diesen roten Faden sammeln sich spannende, vielfältige internationale Fallstudien vor dem Hintergrund einer stringenten Auseinandersetzung mit dem theoretischen Background der Commons. Kaum ein Beitrag, wo die von Elinor Ostrom definierten Prinzipien für das Funktionieren einer Allmende[1] nicht erwähnt werden, um die jeweilige Eigenart und Individualität urbaner Allmenden zu beschreiben, ihre Authentizität zu prüfen und ihren tatsächlichen gesamtgesellschaftlichen Status zu reflektieren.

Unter dem Titel „Community“ gruppieren sich im zweiten Teil Beispiele aus Indien, Südkorea oder den USA zum Thema der Grenzziehung einer selbstdefinierten Gruppe nach außen, zu Mechanismen der Aneignung des knappen Stadtraumes und der Verteidigung des eroberten

1 Acht Grundprinzipien für ein langfristig bestehendes Gemeingut, formuliert von Elinor Ostrom: Existenz klarer Grenzen der Nutzungsberechtigten, Kohärenz mit lokalen Bedingungen, gemeinschaftliche Entscheidungen, Monitoring, abgestufte Sanktionen, Konfliktlösungsmechanismen, Anerkennung von Rechten, eingebettete Institutionen; vgl. Ostrom, Elinor: *Die Verfassung der Allmende. Jenseits von Staat und Markt*, Tübingen 1999.

Raumes, zu Zusammenleben, Ansehen und sozialer Stellung einer Gemeinschaft im urbanen Raum.

Der dritte Teil, „Institutions“, schildert die selbstgeschaffene und gemeinschaftlich ausgehandelte Verwaltung, die zur Schaffung und Bearbeitung der Ressource nötig ist, und den Zusammenhang mit Institutionen mit anderen oder ähnlichen Interessenslagen. Bedeutet „jenseits“ Distanz, Zusammenhang oder Abhängigkeit „von Staat und Markt“?

Im vierten und abschließenden Teil geht es schließlich um die Vielfalt der gemeinsam verwalteten Ressourcen, von verschiedenen Formen des sozialen Wohnbaus in der Schweiz und in Deutschland bis zum Versuch einer Umgestaltung der Energieverwaltung in Berlin. Am ungewöhnlichsten ist vielleicht der letzte Aufsatz vom Schriftsteller und Aktivisten AK Thompson: „The Battle for Necropolis: Reclaiming the Past as Commons in the City of the Dead“. Tatsächlich geht es nicht um Zombies oder um Urban Gardening am örtlichen Tierfriedhof, sondern um die Frage nach der zeitlichen Perspektive der Commons-Thematik. Die Marx'sche Definition vom „Kapital als tote Arbeit“ bedeutet auch, dass der produzierte städtische Raum – der Überschuss, in dem wir uns täglich neu einrichten – auf der Arbeit vieler anderer, mittlerweile Verstorbener, beruht, deren Output Stadt aber derzeit von einigen wenigen Eigentümern „bestimmt“ wird. Diese raumzeitliche Überlegung fordert auf, unsere herrschenden Denkschemata dazu zu durchbrechen und wieder über das Phänomen der *longue durée* nachzudenken. Die Beispiele, die Thompson heranzieht, scheinen manchmal etwas willkürlich, aber die aufgespannte Raumzeit-Achse ist ein provokativer Hinweis auf die Frage nach dem historischen soziokulturellen Erbe eines angeeigneten Territoriums.

Die derzeit vieldiskutierte Frage nach alternativen Betätigungs- und/oder Besitzformen ist Zeichen einer anhaltenden Verunsicherung inmitten der globalen ökonomischen Krise, wenn auch die erste Euphorie über Commons als Rettung vor dem Neoliberalismus endgültig vorbei scheint. Die mittlerweile distanziertere Haltung zum Heilsversprechen für eine schöne neue Welt zeigt zum Beispiel Tom Slee: In *Deins ist Meins: Die unbequemen Wahrheiten der Sharing Economy*[2] beschreibt er die Hintergründe von scheinbaren Commons-Strukturen wie Uber[3] und AirBnB,[4] die sich nach außen wie innovative soziale Bewegungen inszenieren, hinter denen jedoch tatsächlich Unternehmen, Investoren und Manager stehen, die von einer deregulierten und gewerkschaftsbefreiten Marktwirtschaft substanziell profitieren. Aber diese kritische Auseinandersetzung zielt nicht auf ein Ende der städtischen Allmenden, sondern fordert eine genaue Analyse, um den Blick für die vielfältigen Möglichkeiten der Commons zu schärfen und um neue Ansätze für öffentliche Räume, kollektives Wohnen oder gemeinschaftlich getragene Energieversorgung zu finden. Dieses Ziel haben die AutorInnen von *Urban Commons: Moving Beyond State and Market* konsequent verfolgt.

Der vielleicht einzige Wermutstropfen dieses sehr informativen, logisch aufgebauten, komprimiert-kurzweiligen und trotzdem niemals seichten Buches: Sollte ein Buch über Commons, bzw. ein Buch, das zur Installation weiterer Commons ermuntert, eigentlich nicht auch – wie die beiden Standardwerke von Silke Helfrich[5] – als Wissensallmende, als geistiges Gemeingut, allen frei zugänglich sein …? „This work is subject to copyright. All rights are reserved …“ ▪

2 Vgl. Slee, Tom: *Deins ist Meins. Die unbequemen Wahrheiten der Sharing Economy*, München 2016.

3 „Uber“ ist eine Online-Plattform für Fahrdienstleistungen. Fahrgäste werden auch an Privatfahrer vermittelt, was den Eindruck einer Mitfahrbörse erweckt; tatsächlich ist ‚Uber“ ein amerikanisches Unternehmen, finanziert mittels Risikokapital von u.a. Google und Goldmann Sachs.

4 „AirBnB“ ist eine Online-Plattform für die Vermietung privater Unterkünfte, basierend auf der Idee eines gastfreundlichen Couch-Surfings; ähnlich wie Uber mittlerweile finanziert von großen Risikokapitalgesellschaften.

5 Vgl. Helfrich, Silke/Heinrich-Böll-Stiftung (Hg.): *Commons. Für eine neue Politik jenseits von Markt und Staat*, Bielefeld 2012. http://www.boell.de/sites/default/files/2012-04-buch-2012-04-buch-commons.pdf (Stand 30. August 2016). Helfrich, Silke/Bollier, David/Heinrich-Böll-Stiftung (Hg.): *Die Welt der Commons. Muster gemeinsamen Handelns*, Bielefeld 2015. http://www.transcript-verlag.de/978-3-8376-3245-3/die-welt-der-commons (Stand 30. August 2016).

Commons = Quotidian, Collective, Widespread?

How can city be lived as a collective resource? How can its material and immaterial goods be cooperatively used and utilized? Urban density necessitates a special awareness of the scarcity of good (living) space and the ever-present demarcations arising through certain social stratifications. Various forms of collectivity or "commons" provide an alternative to the prevailing logic of neoliberalism. Since 2011, a transdisciplinary study group at the Georg-Simmel Center for Metropolitan Studies at the Humboldt University of Berlin has been tracing the important and inspiring aspects related to urban commons, with all the different forms that such collectivity can assume in its various historical, social, and cultural contexts.

Following discussions about the urban commons—those collective domains usually or exclusively arising in urban space—a symposium was held in 2013, which resulted in the book reviewed here, *Urban Commons: Moving Beyond State and Market*, published in 2015 by Birkhäuser Verlag. The editing team was made up of Mary Dellenbaugh (urban researcher and landscape architect), Markus Kip (sociologist), Majken Bieniok (psychologist), Agnes Katharina Müller (architect and urban planner), and Martin Schwegmann (urban researcher, urban planner, and architect). Further authors originate from the fields of geography, political science, anthropology, European ethnology, urban and spatial planning, literature, and activism. All of these disciplines are clearly tangible in the areas of interest reflected by the individual contributions, yet without the latter being too subject-specific to the point of unreadability.

The preface, which was penned collaboratively by all five editors in the best commons manner, gives a brief, perfectly condensed introduction to the topic of commons and to the specifics of "urban commons": Can urban space be or become commons, and if so, how? This is followed by four thematic sections, each featuring three to four contributions. The first section of the book is devoted to various "Perspectives." Citing Elinor Ostrom, the grand dame of commons, and delving into the theoretical depths of the subject, Brigitte Kratzwald explores the specific manifestations of the relatively new urban commons in comparison to traditional rural commons. Markus Kip investigates the (urban) planability of urban commons, while Majken Bieniok traces the complex psychological relations between urban life and commons, comparing the institutional structures of small- and larger-scale organization forms.

In the following three sections, the defining components of the commons—common resources, the group of "commoners," as well as their institutions and modalities—are examined in more detail. Concentrated around this golden thread are exciting, multifaceted international case studies against the backdrop of a stringent analysis of the theoretical background of the commons. There is hardly a contribution that fails to mention the principles of a functioning commons as defined by Elinor Ostrom,[1] in order to describe the respective character and individuality of urban commons, to examine its authenticity, and to reflect on its actual macrosocial status. Grouped under the second section titled "Community" are examples from India, South Korea, and the United States on the topic of demarcating a self-defined group to the outside world, on ways of appropriating scarce urban space and the defense of conquered space, on coexistence, standing, and social position within a community in urban space. The third section, "Institutions," explores the self-constructed and collaboratively negotiated administration necessary for the creation and processing of resources, as well as their connection to institutions with other or similar concerns. Does "Beyond" in the book title imply distance from, connection with, or dependence on "State and Market"? Lastly, the fourth and last section, "Resources," deals with the diversity of jointly administered resources, from the various forms of social housing in Switzerland and in Germany to the attempt to reconfigure energy management in Berlin. Perhaps most unusual is the last essay by the author and activist AK Thompson, where despite a title including the words "City of the Dead" the topic is not zombies or urban gardening in the local animal cemetery, but rather the issue of temporal perspective in the thematic complex of commons. The Marxist definition of capital as "dead or expended labor" also implies that the produced urban space—the surplus in which we reaccommodate ourselves daily—is based on the work of many others who have meanwhile died, whose output "city" is currently being determined by just a few property owners. Such spatiotemporal reflection prompts us to break through our prevailing thought patterns and once again contemplate the phenomenon of the *longue durée*. The examples cited by Thompson occasionally seem somewhat arbitrary, but the delineated spatiotemporal axis is a provocative reference to the question of the historical sociocultural heritage of an appropriated territory.

The issue of alternative forms of activity and/or ownership, much discussed at present, is a sign of sustained uncertainty amid the global economic crisis, even if the initial euphoria about commons as the salvation from neoliberalism appears to finally be over. What is now a more distanced stance on the promise of salvation for a beautiful new world is aptly shown, for instance, by Tom Slee in *What's Yours Is Mine: Against the Sharing Economy*,[2] where he describes the background of apparent commons structures like Uber[3] and Airbnb.[4] While such platforms outwardly stage innovation social movements, they are in fact run by corporations, investors, and managers who substantially profit from a deregulated market economy unfettered by unions. Yet instead of striving for an end to the urban commons, this critical examination demands a precise analysis in order to sharpen one's perspective on the multifarious opportunities presented by the commons and to arrive at new approaches to public spaces, collective living, and jointly controlled energy supply. The authors of *Urban Commons: Moving Beyond State and Market* follow this objective in a consistent way.

The only drop of bitterness in this highly informative, logically structured, condensed and diverting yet never shallow book: Shouldn't a book about commons, or a book that encourages us to initiate further commons, actually be freely accessible to all—like the two standard volumes by Silke Helfrich[5]—as commons of knowledge, as intellectual commons? Yet the credits state: "This work is subject to copyright. All rights are reserved ..." ▪

Sigrid Verhovsek (Translation: Dawn Michelle d'Atri)

1 The eight principles for sustainable commons, as outlined by Elinor Ostrom, involve the definition of clear group boundaries, coherency with local needs and conditions, collective decision-making, monitoring, graduated sanctions, dispute resolution mechanisms, recognition of rights, and nested tiers. See Elinor Ostrom, *Governing the Commons: The Evolution of Institutions for Collective Action* (Cambridge, 1990).

2 See Tom Slee, *What's Yours Is Mine: Against the Sharing Economy* (New York, 2016).

3 Uber is an online platform for driving services. Passengers are linked up with private drivers, which evokes the impression of a carpooling exchange. In reality, Uber is an American company funded by venture capital from investors like Google or Goldman Sachs.

4 Airbnb is an online platform for renting private accommodations, based on the idea of hospitable couchsurfing. Similar to Uber, it is funded by large venture capital companies.

5 See Silke Helfrich and Heinrich-Böll-Stiftung, eds., *Commons: Für eine neue Politik jenseits von Markt und Staat* (Bielefeld, 2012) and Silke Helfrich, David Bollier, and Heinrich-Böll-Stiftung eds., *Die Welt der Commons: Muster gemeinsamen Handelns* (Bielefeld, 2015).

The Weltanschauung as an Ersatz Gestalt. Eine Happy-open-end-environmental-design-science-fiction-image-story
Jan Turnovský
Eva Guttmann, Gabriele Kaiser, Claudia Mazanek (Hg. | eds.)
Zürich | Zurich: Park Books, 2016
Englisch, Deutsch, 144 Seiten, 7 SW-Abbildungen, broschiert | English, German, 144 pages, 7 b/w illustrations, paperback
ISBN 978-3-03860-000-8
EUR 29,90 | EUR 29.90

Ein Plädoyer für die Offenheit

Evelyn Temmel

Wem Jan Turnovský (1941–1995) noch kein Begriff ist oder wer sich eine genauere Vorstellung von der Vielseitigkeit dieser Person machen möchte, dem sei zu Beginn der Lektüre das Nachwort und die Biografie am Ende des Buches zum Einstieg empfohlen. Ein Freund des Autors, František Lesák, wird hier aus dem Ausstellungskatalog der Biennale Venedig 2002 zitiert (bei der Arbeiten und Schriften Turnovskýs im Österreich-Pavillon ausgestellt waren) und angesichts seines vielfältigen Schaffens als jemand beschrieben, der „all seine vielfältigen Interessen an Sprachwissenschaft, Zeichentheorie, Philosophie, Erkenntnistheorie, Kunsttheorie und Poesie sowie an den Sinnwidrigkeiten des zivilen Lebens unter das Primat der Architektur stellte“ (S. 124). Dass dies durchaus mit einer Prise Humor geschah, lässt sich schon durch den Buchtitel *The Weltanschauung as an Ersatz Gestalt*, der 1978 an der AA Graduate School in London auf Englisch verfassten Master-Thesis, vermuten und der Verdacht wird durch den Untertitel *Eine Happy-open-end-environmental-design-science-fiction-image-story* noch bekräftigt. Die kleinen „m“ einer Schreibmaschine, die den Titel ornamenthaft darstellen, werden auf den weiteren Seiten zum Rahmen der Abhandlung. Diese ist vor dem Klassiker *Die Poetik eines Mauervorsprungs*[1] entstanden, dem bis dato einzigen verlegten Buch des ehemaligen Lehrenden am Institut für Wohnbau der TU Wien.

Es ist den Herausgeberinnen vom Verein Diachron zu verdanken, dass mit diesem Buch ein weiteres interessantes und intelligentes, ebenso erheiterndes, aber auch anspruchsvolles Werk aus dem Nachlass von Jan Turnovský geborgen wurde und im Verlag Park Books erschienen ist. Es beinhaltet einen Faksimiledruck der im Original 58 Seiten umfassenden Arbeit mitsamt sieben Grafiken, welche die textlichen Erläuterungen auf unterhaltsamste Weise verbildlichen: zum Beispiel die Abbildung „Variable Befestigung eines vorfabrizierten Elements“ (S. 36), die achtzehn Möglichkeiten, einen Knopf anzunähen, aufzeigt und mit der Methode der Befestigung die dahinterstehende Ideologie in Verbindung setzt. Oder „Die platzsparendste Verpackung von Spaghetti und Makkaroni“ (S. 27), die viel über das praktische Designverständnis Turnovskýs verrät.

Die deutsche Übersetzung von Claudia Mazanek und Gabriele Kaiser ist nahe am Ton und Witz Turnovskýs angelehnt. An manchen Stellen wurde vom Autor jedoch mit Wortspielen gearbeitet, die sich kaum in eine andere Sprache übertragen lassen.

Wo bei Wittgensteins Mauervorsprung am Beginn ein bauliches Detail steht, das zum Angelpunkt der Abhandlung wird, stehen bei *The Weltanschauung as an Ersatz Gestalt* am Anfang zwei gedankliche Konzepte, das der Weltanschauung und das der Gestalt, die in ihrer Entstehung, Bedeutung und Abhängigkeit umrissen werden, um im Weiteren als Grundlagen unserer kulturellen Codierung offengelegt zu werden.

Die vielfältigen Interessen des Autors bilden sich im Text durch die Bandbreite der herangezogenen Quellen und Theorien ab. Das führt zu einer außergewöhnlichen Dichte und Verdichtung von Ideen, Vorstellungen und Denkmodellen. Man kann das Buch als eine mentale Karte verstehen, auf der die Positionen von Philosophen und Denkern wie z.B. Wittgenstein, Popper, Kant, Heidegger und Hegel verzeichnet und von Turnovský zu einem dichten Netz verflochten werden, um seine Hypothesen zu stützen und sein Verständnis des Zusammenhangs von Weltanschauung, Gestalt und der Bedeutung dieser Begriffe für eine Gesellschaft zu erläutern.

Zu Beginn erörtert Turnovský das Problem der Wahrnehmung, zieht Kants Feststellung heran, dass alles Dasein der Dinge auf reinem Glauben beruhe und man es im Grunde nicht beweisen könne und widmet sich damit im Kapitel „Gestalt“ der Frage, „ob Gestaltqualitäten objektive Eigenschaften von objektiv existenten Objekten sind oder bloß unsere Ideen“ (S. 18). Wie dem auch sei, führt Turnovský weiter aus, es werde wahrgenommen und dieser Wahrnehmung würden Konzepte wie die Gestalttheorie zugrunde liegen: „Wir behalten die erste Sessel-

1 Vgl. Turnovský, Jan: *Die Poetik eines Mauervorsprungs* (Bauwelt-Fundamente Bd. 77), Braunschweig 1987 (Diss., TU Wien 1985).

Gestalt als ‚Theorie eines Sessels' in Erinnerung und diese wird die Basis unserer Einschätzung von derartigen Gegenständen für unsere ‚Theorie von Sesseln' bilden. Jeder Gegenstand, den wir künftig sehen, wird unweigerlich dahingehend überprüft, ob er nicht auch ein Sessel sein könnte. Das versteht man unter ‚Gestalttransposition'. Wir werden imstande sein einen Sessel zu erkennen, auch wenn ihm z.B. ein Bein fehlt. Das versteht man unter ‚Gestaltprägnanz'. Selbst am Kopf stehend werden wir einen Sessel erkennen, auch wenn er sich uns verkehrt herum zeigt. Das versteht man unter ‚Gestaltkonstanz'" (S. 40).

Die Wahrnehmung und die Konstruktion einer Weltanschauung werden als komplexe Vorgänge erklärt und die Veränderung der Weltanschauung durch die eigenen Erfahrungen zum Teil einer unerlässlichen Weiterentwicklung. Erst ein zugrunde liegender kultureller Code mache Verständnis innerhalb einer Gesellschaft möglich. Mit der Entlehnung des von Umberto Eco beschriebenen Konzepts der „offenen Systeme" aus der Semiotik wird die Dialektik von *Form* und *Interpretation* beschrieben: „[…] in der Semiotik ist ein Zeichen keine bloße Information, es ist eine signifikante Form, die ihr Empfänger mit Bedeutung füllen muss" (S. 78) und dies sei „normalerweise eine Sache gesellschaftlicher Übereinkunft" (S. 78). Somit könne die Weltanschauung einer Kultur letzten Endes „als identisch mit der Struktur ihres kulturellen Codes" (S. 82) gesehen werden. Die Funktion der Semiotik sowie die progressive Funktion von Kunst werden hierbei als ein Überprüfungsmechanismus der Möglichkeiten dieses Codes verstanden.

Turnovský ist der Meinung, dass die Aufgabe der Architektur nicht darin besteht, „den kulturellen Code zu erschüttern, sondern vielmehr, der Gesellschaft einen Dienst zu erweisen" (S. 88) und spricht sich für eine Haltung zwischen einer „absoluten Loyalität gegenüber dem gegenwärtigen Gesellschaftssystem" (S. 88) und einer „extrem avantgardistischen Destruktivität, die alle Normen bricht" (S. 88), aus.

Das Buch kann als ein Plädoyer für die Ablehnung totalitärer Systeme gelesen werden sowie für eine Offenheit der Architektur gegenüber Weiterentwicklung und den Möglichkeiten einer Neuinterpretation, sozusagen einer *open-end-architecture*, und für die relative Unabhängigkeit der Gestalt vom Objekt und umgekehrt. Ebenso erinnert Turnovský daran, dass die Architektur „das Leben mit all seiner Großartigkeit, Absurdität und seinen Widersprüchen; den Kampf des Menschen mit der Natur, den Kampf der Vernunft mit sich selbst, ja selbst den Klassenkampf" (S. 72) reflektiere, dass sie „[…] Ausdruck von Weisheit und Dummheit, Armut und Reichtum, Individuum und Gesellschaft, Epochen und Ungereimtheiten, Folgen und Verlusten […]" (S. 72) sei und trotzdem ein Werk zur Interpretation bleibe, dass innerhalb einer Kultur ähnlich, aber im Detail von jedem ein bisschen anders aufgenommen und verstanden werde, wie unsere Umwelt im Gesamten. ▪

A Plea for Openness

Whoever is not familiar with Jan Turnovský (1941–1995), or wants to get an idea of the versatility of this individual, should first read the epilogue and the biography in the appendix before embarking on a full reading of the book. There, František Lesák, a friend of the author, is cited from the 2002 exhibition catalogue for the Venice Biennale (where works and writings by Turnovský were presented in the Austrian Pavilion). In view of Turnovský's diverse creative activity, he is described by Lesák as someone who "pursued all of his many and varied interests in linguistics, the theory of signs, philosophy, art theory and poetry as well as the absurdities of everyday life primarily in the context of architecture" (p. 134). The fact that all this was accomplished with a dash of humor is already evident in the book titled *The Weltanschauung as an Ersatz Gestalt*, the master's thesis penned 1978 in English at the AA Graduate School in London, and this impression is further reinforced by the subtitle *Eine Happy-open-end-environmental-design-science-fiction-image-story*. The lower-case "m" from a typewriter, a plethora of which serve to decoratively render the book title, becomes a framework for the discourse playing out on the following pages. This discourse was elaborated before the classic work *Die Poetik eines Mauervorsprungs* (The Poetics of a Wall Projection),[1] which was the only book published by the former faculty member of the Institute of Housing at Vienna University of Technology in his lifetime.

It is thanks to the editors at Verein Diachron that, in the form of *The Weltanschauung as an Ersatz Gestalt*, another interesting and intelligent, but equally amusing and ambitious work has been retrieved from the estate of Jan Turnovský and released by the publisher Park Books. It contains a printed facsimile of the original work, comprising fifty-eight pages, including seven graphic works that illustrate the textual elucidations in an entertaining way: for example, the illustration captioned "Variable attachment of a prefabricated element" (p. 77), which shows eighteen possibilities for sewing on a button, associating the method of fastening with the underlying ideology. Or "The most space-saving package for spaghetti and macaroni" (p. 59), which reveals much about Turnovský's approach to practical design.

The German translation by Claudia Mazanek and Gabriele Kaiser is closely aligned to the tone and humor of Turnovský's original. In certain places, however, the author worked with plays on words that are nearly impossible to transfer into another language.

Whereas in the case of Wittgenstein's wall projection the initial focus is on an architectural detail that becomes the fulcrum of the treatise, at the beginning of *The Weltanschauung as an Ersatz Gestalt* there are two conceptual ideas—Weltanschauung and Gestalt—outlined in terms of their formation, meaning, and dependencies, so as to unfold thereafter as fundaments of our cultural coding.

1 See Jan Turnovský, *Die Poetik eines Mauervorsprungs*, vol. 77: *Bauwelt-Fundamente* (Braunschweig, 1987). Originally written as a disseration, Vienna University of Technology, 1985.

In the text material, the author's varied interests are depicted through the broad spectrum of cited sources and theories. This leads to a remarkable densification and concentration of ideas, beliefs, and conceptual models. The book can be viewed as a mental map upon which the positions of philosophers and thinkers like Wittgenstein, Popper, Kant, Heidegger, and Hegel have been recorded—woven by Turnovský into a dense web that supports his hypotheses and outlines his understanding of the connection between Weltanschauung, Gestalt, and the meaning of these concepts for society.

Early on in the book, Turnovský discusses the problem of perception, mentioning Kant's statement that the existence [*Dasein*] of things must be accepted on pure faith and that it ultimately cannot be proven. The chapter titled "Gestalt" is thus devoted to the question of whether "Gestalt qualities are objective properties of objectively existent objects or just our ideas" (p. 19). Be that as it may, Turnovský elaborates further on perception and on how concepts like Gestalt theory underlie this perception: "We will keep the first chair Gestalt in our memory as a 'theory of a chair,' and it will create the basis for our opinion of such objects, for our 'theory of chairs.' Every object we see in future will automatically be examined in the sense of whether it could not be a chair again. This is 'Gestalt transposition.' We will be able to identify an object as a chair, though e.g. one of its legs is missing. This is 'Gestalt pregnancy.' Standing on our heads, we will recognize a chair, even if it is an overthrown one. This is Gestalt 'constancy.'" (p. 41).

The perception and construction of a Weltanschauung are explained as being complex processes, and the transformation of a Weltanschauung as being part of an essential evolution thanks to one's own experiences. It is an underlying cultural code that first permits understanding within a society. Borrowing from the concept of "open systems" from semiotics as detailed by Umberto Eco, the dialectic of *form* and *interpretation* is described: "… in semiotics a signal is not only an information, it is a significant form which its receiver has to fill with meaning" (p. 79) and this is said to be "usually a matter of social convention" (pp. 79–81). As such, the Weltanschauung of a culture could ultimately be viewed "as identical with the structure of the cultural code" (p. 83). Here, the function of semiotics and also the progressive function of art are considered to be a mechanism for reviewing the potentialities of this code.

It is Turnovský's opinion that the task of architecture does not mean "to shake the cultural code, but to render a social service" (p. 89). He argues in favor of a stance situated between "absolute loyalty to the present social system" (p. 89) and "extremly 'avantgardistic' destructivity breaking all norms" (p. 89).

The book can be seen as making a case for the rejection of totalitarian systems, and also as a plea for openness in architecture in terms of further development and possibilities for new interpretations—an *open-end-architecture*, as it were—and for the relative independence of the Gestalt from the object and vice versa. Turnovský also reminds us that architecture reflects on "life with all its magnificence, absurdity, and contradictions: man's struggle with nature, the struggle of reason with itself, and even the class struggle" (p. 73) and that it "… expresses wisdom and imbecility, poverty and wealth, individuals and society, epochs and inconsistencies, causalities and casualities …" (p. 73). It nonetheless remains a matter of interpretation, according to Turnovský, for within a culture everyone assimilates and understands things similarly, yet, when it comes to detail, in slightly different ways, like our surroundings as a whole. ▪

Evelyn Temmel (Translation: Dawn Michelle d'Atri)

Reformarchitektur.
Die Konstituierung der
Ästhetik der Moderne
Nils Aschenbeck
Basel: Birkhäuser, 2016
Deutsch, 340 Seiten, 29 Farb- und 167 SW-Abbildungen, Hardcover | German, 340 pages, 29 color and 167 b/w illustrations, hardcover
ISBN 978-3-0346-1590-7
EUR 49,95 | EUR 49.95

Erziehung durch Architektur

Kathrin Hirsch

Kann Architektur den Menschen zu einem besseren erziehen?

Dieser von den Reformern zu Beginn des 20. Jahrhunderts aufgeworfenen Frage und dem damit verbundenen „Wie?“ widmet sich der deutsche Kunsthistoriker und Journalist Nils Aschenbeck in seinem 2016 erschienenen Buch *Reformarchitektur. Die Konstituierung der Ästhetik der Moderne*. In drei Teilen geht Aschenbeck sorgfältig auf die Anfänge der Reformarchitektur in der Gesundheitsbewegung, ihr sukzessives Wachstum in Europa sowie letztendlich ihre Transformation in der Zeit des Ersten Weltkrieges ein. Ziel des Autors ist es, wie schon in seiner Dissertation *Die Moderne, die aus den Sanatorien kam*,[1] den eigenständigen Charakter der Reformarchitektur, deren bauliche Ausgestaltung oftmals historistischen Baustilen zugeordnet wird, zu belegen und ihre Relevanz für die moderne Architektur aufzuzeigen. Weitere Veröffentlichungen des Autors, wie *Heinz Stoffregen 1879–1929*,[2] *Moderne Architektur in Ostpreußen*[3] oder *Schnelldampfer Bremen*,[4] aber auch Beiträge in diversen Zeitschriften und Ausstellungskatalogen,[5] welche diese Epoche der Architekturentwicklung in Deutschland behandeln, zeugen von einer langjährigen Auseinandersetzung mit der Thematik.

Wie Aschenbeck selbst vorausschickt, hat sich die Zuwendung zur Architekturentwicklung um 1900 in der jüngsten Zeit verstärkt, wobei er die Arbeiten des Berliner Architekturhistorikers Julius Posener besonders hervorhebt.[6] Oftmals werde jedoch die Reformarchitektur noch immer bloß als kleiner Teil eines Paradigmenwechsels angesehen oder bleibe gar gänzlich unerwähnt, weswegen ebenfalls die Übersichtsarbeit zur Schweizer Reformarchitektur von Elisabeth Crettaz-Stürzl[7] vom Autor lobenswert hervorgestrichen wird. Der Kritikpunkt, einige Überblickswerke hätten darauf verzichtet, der Bewegung zu Beginn des 20. Jahrhunderts einen eigenen Platz zuzuweisen, mag durchaus zutreffen, jedoch sollten Publikationen, die sich der Reformarchitektur als eigenständiger Thematik angenommen haben, nicht außer Acht gelassen werden.[8]

Der Autor lokalisiert den Ursprung der Veränderung in der Form und den Prinzipien der Architektur in der Mitte des 19. Jahrhunderts, als die Städte aus ihren alten Strukturen herauswuchsen und die vertraute Ordnung einem verunsichernden Chaos wich. Zunehmende Angst vor Krankheiten, wie der immer wieder ausbrechenden Tuberkulose, führten zum Umdenken in Bezug auf die eigenen Lebensumstände und die Aufgaben der Architektur. Der vorherrschende Historismus wurde als bloße Kopie alter Architekturstile abgetan und diente nur noch als Projektionsfläche für alle Unzufriedenheit mit der Entwicklung und Dekadenz des städtischen Lebens. Durch die Dezimierung aller unnötigen kulturellen und materiellen Güter sollte der Mensch einem einfachen Leben frönen und sich dadurch zum Besseren entwickeln, wie auch die Architektur durch die Reduktion auf naturgesetzliche Formen und die Befreiung von überflüssiger Dekoration als Instrument zur Gesundung und Weiter-

1 Vgl. Aschenbeck, Nils: *Die Moderne, die aus den Sanatorien kam. Reformarchitektur und Reformkultur um 1900*, Delmenhorst 1997.

2 Aschenbeck, Nils: *Heinz Stoffregen: 1879–1929. Architektur zwischen Tradition und Avantgarde*, Braunschweig/Wiesbaden 1990.

3 Aschenbeck, Nils: *Moderne Architektur in Ostpreußen*, Hamburg 1991.

4 Aschenbeck, Nils: *Schnelldampfer Bremen. Die Legende*, Delmenhorst 1999.

5 Vgl. Aschenbeck, Nils: „Reformarchitekten in Delmenhorst. Eine Dokumentation der Jahre 1905–1930“, in: *Mitteilungsblatt der Oldenburgischen Landschaft* 82 (1994), 11–17; ders.: „Die Wiedergewinnung der Heimat, Pflegefälle: Die im Ersten Weltkrieg entstandene Reformstadt Gerdauen bei Königsstadt verfällt“, in: *Frankfurter Allgemeine Zeitung*, 25.08.1993; ders.: „Hugo Wagner – Heimatschutz und Moderne“, in: Arnold, Beate (Hg.): *In erster Linie Hausbau. Heinrich Vogeler und die Bremer Reformarchitekten*, Ausst.-Kat., Oldenburg 2002, 111–124.

6 Vgl. Posener, Julius: *Anfänge des Funktionalismus. Von Arts and Crafts zum Deutschen Werkbund*, Berlin 1964.

7 Crettaz-Stürzl, Elisabeth: *Heimatstil. Reformarchitektur in der Schweiz 1896–1914*, Frauenfeld u.a. 2005.

8 Vgl. Lampugnani, Vittorio Magnago (Hg.): *Moderne Architektur in Deutschland 1900 bis 1950. Reform und Tradition*, Stuttgart 1992; Hübner, Ulrich et al.: *Symbol und Wahrhaftigkeit. Reformbaukunst in Dresden*, Dresden 2005; Hofer, Sigrid: *Reformarchitektur 1900–1918. Deutsche Baukünstler auf der Suche nach dem nationalen Stil*, Stuttgart/London 2005.

entwicklung der Bürger fungieren sollte. Architektur und Mensch stellten in ihrer von städtischer Zivilisation und Degeneration gereinigten Form die Repräsentanten der Wahrheit und der damit gleichgesetzten Schönheit dar.

Das stete Wachstum der Industrie sowie der Anspruch, der Naturgesetzlichkeit folgende, logische und somit wahre Formen nachzubilden, hätten im gesamten Bauwesen zur Typisierung und Reproduktion einzelner Elemente im kleinen wie im großen Maßstab geführt. Diese neue Herangehensweise habe sich – über ganz Europa verstreut – gezeigt. In diesem Sinne wurde, so Aschenbeck, in den neuen Verkehrsmitteln des Industriezeitalters, wie Autos, Straßenbahnen, Eisenbahnen und Dampfern, das neue Vorbild der Architektur gefunden, die sich nunmehr als ein maschinenartiges Bauwerk präsentierte. Somit war auch die bisherige Unvereinbarkeit von Kultur und Technik überwunden.

Nach der Vorstellung der Reformarchitektur, ihrer Entstehung wie ihrem Bedeutungswandel, legt der Autor seinen Fokus auf Ostpreußen und dessen Wiederaufbau. Dieser habe – anders als in Westdeutschland – bereits vor Kriegsende begonnen und den Reformern eine nie dagewesene Gelegenheit geboten, ganze Landstriche einheitlich nach den neuen Werten zu gestalten. Gerade hier zeigt sich deutlich durch die vielfältige Formensprache der Bauwerke, dass die Gemeinsamkeit nicht in ähnlichen Gestaltungselementen zu finden ist, sondern auf der Idee einer durch Schlichtheit, Funktionalität und Sachlichkeit bestechenden Architektur fußt. Aschenbecks Analyse der Sanatorien, Reformerhütten und anschließend der Industriebauten im gesamten deutschen Raum zeigt, dass diese Bauten keinem Stil zuzuordnen sind, sondern vielmehr einer neuen, modernen Idee von Architektur entsprechen. Diese Idee der Reformarchitektur findet sich in der modernen Architektur wieder. Beispielsweise weisen heutige Wohnsiedlungen noch einige gleiche Merkmale auf wie einst die Sanatorien um die Jahrhundertwende, wie etwa möglichst südseitig gelegene Loggien, einfache, lichtdurchflutete Räume dahinter, schmucklose Fassaden und leicht zu reinigende Materialien.

In diesem Buch unternimmt Aschenbeck eine umfassende Bestandsaufnahme nicht bloß allseits bekannter Architekten und Bauten, sondern einer Vielzahl auch bisher weniger beachteter Beispiele. So finden neben Hermann Muthesius, der als Gründer des Deutschen Werkbundes eine Leitfigur der Reform darstellte, oder Heinz Stoffregen, der an der Neuplanung von Bremen, Delmenhorst oder Gerdauen wesentlich beteiligt war, auch Hugo Häring oder Adolf Kellermüller, die am Wiederaufbau Ostpreußens mitwirkten, hier ihren Platz.

Das besondere Verdienst Aschenbecks ist es, nicht nur die wesentlichen Veränderungen der Architektur um 1900 in Zentraleuropa darzulegen, sondern den LeserInnen ein umfassendes Verständnis für deren gesellschaftliche Hintergründe zu vermitteln. Äußerst anschaulich beschreibt er die Umstände, die zu einer Verschiebung der Prioritäten, einer Umdeutung des Menschen selbst und damit zur Forderung nach einem ganz neuen Architekturverständnis führten. Der Zeitsprung in das Jahr 1961 zu Alvar Aaltos Hochhaus in Bremen wirkt jedoch etwas aus dem Zusammenhang gerissen. Dieser Exkurs scheint auch nicht notwendig, da die Aktualität der Weiterentwicklungen aus der Reformarchitektur mittels eingehender Beschreibungen sowie Bildmaterial überzeugend erläutert wird. Auch die vereinzelten Druckfehler hätten durch ein aufmerksameres Lektorat sicherlich vermieden werden können. Insgesamt trübt dies jedoch keinesfalls das Lesevergnügen, ist Aschenbeck nicht nur eine ausführliche Bestandsanalyse der Reformarchitektur und -architekten in Deutschland gelungen, sondern darüber hinaus eine überzeugende Argumentation für die Auffassung von Reformarchitektur als grundlegender Idee, die sehr stark die moderne Architektur geprägt hat. ▪

Education through Architecture

Can architecture help change people for the better?

This question posed by reformers in the early twentieth century—as well as the related question "How?"—is explored by the German art historian and journalist Nils Aschenbeck in his book *Reformarchitektur: Die Konstituierung der Ästhetik der Moderne* (Reform Architecture: Designing a New Century), published in 2016. In three sections, Aschenbeck meticulously traces the beginnings of reform architecture in the health movement, its successive growth in Europe, and ultimately also its transformation during the period marked by the First World War. As was already the case in his dissertation titled *Die Moderne, die aus den Sanatorien kam* (Modernism Originating from the Sanatoriums),[1] the author's objective is to substantiate the independent character of reform architecture, the structural design of which is frequently classified under historical building styles, and to underscore its relevance for modern architecture. Other publications by the author attest to a long-standing exploration of this issue, such as *Heinz Stoffregen 1879–1929*,[2] *Moderne Architektur in Ostpreußen* (Modern Architecture in East Prussia),[3] and *Schnelldampfer Bremen* (Express Steamer Bremen),[4] as do contributions to various journals and exhibition catalogues[5] focused on this era of architectural development within Germany.

As Aschenbeck himself states in advance, an interest in architectural development around 1900 has increased in more recent times, and he places special emphasis on the work of the Berlin-based architectural historian Julius Posener.[6] However, reform architecture was frequently seen as merely a small part of a paradigm shift or left unmentioned altogether, which is why Aschenbeck likewise emphasizes the survey of Swiss reform architecture provided by Elisabeth Crettaz-Stürzl.[7]

The point of criticism that some published surveys have failed to assign a place to the movement in the early twentieth century may well be true; however, publications that have thematized reform architecture as a stand-alone topic should not be left unconsidered.[8]

The author localizes the origin of change in the form and principles of architecture in the mid-nineteenth century, at a time when cities were growing out of their old structures and the familiar order was yielding to disconcerting chaos. Increasing anxiety about diseases, such as the repeated outbreaks of tuberculosis, led to a shift in thinking regarding one's own living conditions and the function of architecture. The prevailing historicism was discounted as being a mere copy of old architectural styles and now served only as a projection surface for all dissatisfaction with the development and decadence of urban life. Through the decimation of all unnecessary cultural and material goods, people were expected to indulge in a simple life and thus improve themselves, just as architecture was meant to act as an instrument of convalescence and improvement for citizens by being reduced to the laws of nature and by being liberated from superfluous decoration. Architecture and men, in a form that was cleansed of urban civilization and degeneration, were considered representatives of truth and concomitant beauty.

According to Aschenbeck, the continual growth of industry, along with the claim to emulate logical and thus true forms following the laws of nature, had led, in the building trade in general, to the typification and reproduction of individual elements on both small and large scales. He notes that this new approach was apparent here and there throughout all of Europe. In this sense, a new standard of architecture emerged—evident in new means of transport arising during the industrial age, such as cars, trams, trains, and steamboats—which was henceforth presented as a machinelike architecture. And so the previous irreconcilability of culture and technology was overcome.

After introducing reform architecture, both its inception and the phases of meaning it went through, the author places a focus on East Prussia and its reconstruction. In contrast to West Germany, this process already began before the war was over, which offered reformers an opportunity never available before, namely, to design entire tracts of land in a uniform way according to the new ideals. Clearly evident here in particular, through the varied design vocabulary of the architectural structures, is how commonality is not found in similar design elements but is rooted in the idea of an architecture that captivates with its simplicity, functionality, and objectivity. Aschenbeck's analysis of the sanatoriums, reform lodges, and later of the industrial buildings throughout all of Germany shows how these buildings cannot be classified under a certain style. Instead, they reflect a new, modern conception of architecture. This idea of reform architecture is rediscovered in modern architecture. For example, present-day housing developments display some of the same features as the sanatoriums once did around the turn of the century, such as loggias situated to the south if possible, simple rooms permeated by light behind them, unadorned façades, and easy-to-clean materials.

In this book, Aschenbeck undertakes a comprehensive inventory, not only of well-known architects and buildings, but also of many still little noted examples. For example, he mentions individuals like Hugo Häring and Adolf Kellermüller, who were involved in the rebuilding of East Prussia, alongside Hermann Muthesius, who as founder of the Deutscher Werkbund was a leading reformist, and Heinz Stoffregen, who helped redesign the cities of Bremen, Delmenhorst, and Gerdauen.

Aschenbeck's particular achievement rests in not only communicating the essential changes in architecture around 1900 in Central Europe, but also in conveying to the readers a broad understanding of the related sociopolitical contexts. He very vividly describes the circumstances that led to a shifting of priorities, a reinterpretation of people themselves, and thus to the demand for a totally new conception of architecture. However, the leap in time to the year 1961—to Alvar Aalto's high-rise in Bremen—has the feel of being totally detached from the book's context. This digression does not really seem necessary since the topicality of the further developments evolving from reform architecture are convincingly elucidated by way of detailed descriptions and image material. Also, the occasional typo would surely have been avoidable with more diligent copyediting. Nonetheless, on the whole, these points in no way detract from a pleasant reading experience. Aschenbeck has succeeded in presenting an extensive analysis of the state of reform architecture and architects in Germany—and what is more, he has convincingly argued for the notion of reform architecture as fundamental idea, one that had a very significant impact on modern architecture. ▪

Kathrin Hirsch (Translation: Dawn Michelle d'Atri)

1 See Nils Aschenbeck, *Die Moderne, die aus den Sanatorien kam: Reformarchitektur und Reformkultur um 1900* (Delmenhorst, 1997).

2 Nils Aschenbeck, *Heinz Stoffregen 1879–1929: Architektur zwischen Tradition und Avantgarde* (Braunschweig and Wiesbaden, 1990).

3 Nils Aschenbeck, *Moderne Architektur in Ostpreußen* (Hamburg, 1991).

4 Nils Aschenbeck, *Schnelldampfer Bremen: Die Legende* (Delmenhorst, 1999).

5 See Nils Aschenbeck, "Reformarchitekten in Delmenhorst. Eine Dokumentation der Jahre 1905–1930," *Mitteilungsblatt der Oldenburgischen Landschaft* 82 (1994), pp. 11–17; Nils Aschenbeck, "Die Wiedergewinnung der Heimat, Pflegefälle: Die im Ersten Weltkrieg entstandene Reformstadt Gerdauen bei Königsstadt verfällt," *Frankfurter Allgemeine Zeitung*, August 25, 1993; Nils Aschenbeck, "Hugo Wagner: Heimatschutz und Moderne," in *"In erster Linie Hausbau ...": Heinrich Vogeler und die Bremer Reformarchitekten*, ed. Beate Arnold, exh. cat. (Oldenburg, 2002), pp. 111–24.

6 See Julius Posener, *Anfänge des Funktionalismus: Von Arts and Crafts zum Deutschen Werkbund* (Berlin, 1964).

7 Elisabeth Crettaz-Stürzl, *Heimatstil: Reformarchitektur in der Schweiz 1896–1914* (Frauenfeld et al., 2005).

8 See Vittorio Magnago Lampugnani, ed., *Moderne Architektur in Deutschland 1900 bis 1950: Reform und Tradition* (Stuttgart, 1992); Ulrich Hübner et al., *Symbol und Wahrhaftigkeit: Reformbaukunst in Dresden* (Dresden, 2005); Sigrid Hofer, *Reformarchitektur 1900–1918: Deutsche Baukünstler auf der Suche nach dem nationalen Stil* (Stuttgart and London, 2005).

Das Lager vorstellen: Die Architektur der nationalsozialistischen Vernichtungslager
Annika Wienert
Berlin: Neofelis, 2015
Deutsch, 302 Seiten,
70 SW-Abbildungen, broschiert |
German, 302 pages,
70 b/w illustrations, paperback
ISBN 978-3-95808-013-3
EUR 32,00 | EUR 32.00

Fetzen der Architekturgeschichte

Antje Senarclens de Grancy

Der Untersuchungsgegenstand des Buches ist klar umrissen: Im Fokus stehen die Architekturen der drei nationalsozialistischen Lager der „Aktion Reinhard“ in Bełżec, Sobibór und Treblinka im besetzten östlichen Polen, die ab Dezember 1941 ausschließlich zur Ermordung der jüdischen Bevölkerung im „Generalgouvernement“ und des Bezirks Bialystok errichtet wurden und bis Ende 1943 in Betrieb waren. Nur sehr wenige Menschen haben diese Lager überlebt. Die materiellen Spuren wurden danach von der SS nahezu vollständig getilgt, die baulichen Elemente abgerissen, die Geländeflächen planiert und bepflanzt sowie zur Täuschung zum Teil auch überbaut. Es existieren keine Baupläne oder andere Planungsunterlagen, auch keine Architekturfotos im eigentlichen Sinn.

Diese für eine architekturhistorische Untersuchung besondere Quellenlage ist einer der Angelpunkte für die Kunsthistorikerin Annika Wienert, deren Arbeit als Dissertation an der Ruhr-Universität Bochum entstanden ist. Die Autorin war bereits 2011 neben Alexandra Klei und Katrin Stoll Mitherausgeberin eines Sammelbandes zur Transformation der nationalsozialistischen Lager und ist derzeit als wissenschaftliche Mitarbeiterin am Lehrstuhl für Theorie und Geschichte von Architektur, Kunst und Design der TU München tätig.

Wienert stellt fest, dass heute einerseits so gut wie keine materiellen Relikte oder bildlichen Spuren der ausgewählten Lager vorhanden und diese deshalb im Grunde nicht imaginierbar sind, andererseits aber die Bildproduktion in Bezug auf den Holocaust und die Repräsentation der Lager kontinuierlich fortschreitet und in Wissenschaft und Kunst neue Bilder generiert und verhandelt werden. Da man sich den Lagern nicht als materiellem Objekt, sondern nur vermittelt annähern könne, sei die Einbeziehung der Erinnerung an die Lager sowie von Vorstellungen und Repräsentationen im Sinne einer Nachgeschichte besonders wichtig. Konkret bedeutet das für die Autorin die Verbindung einer bildwissenschaftlichen Untersuchung von zum Teil unveröffentlichten, vom Lagerpersonal und von Überlebenden hergestellten Bildquellen mit einer Rückbesinnung auf die – auch archäologisch – fassbaren historischen Orte.

Den französischen Kunsthistoriker und Bildtheoretiker Georges Didi-Huberman zitierend, interpretiert Wienert die Architektur der ausgewählten Lager als „Fetzen“, die bruchstückhaft auf die Wirklichkeit verweisen – wobei erwähnt werden muss, dass der von Didi-Huberman verwendete französische Ausdruck „bribe“ die im deutschen Begriff mitschwingende pejorative Bedeutung nicht aufweist. In Anlehnung an eine von Robert Jan van Pelt bereits Ende der 1980er Jahre erhobene Forderung plädiert die Autorin dafür, die nationalsozialistischen Vernichtungslager als eine grundlegende Infragestellung aller Annahmen über gebaute Umwelt zu verstehen und sich nicht auf ein normativ-positiv gesetztes zivilisatorisches Erbe der Architektur zu berufen, für das die Planer der Lager das Bewusstsein verloren bzw. das sie, wie von vielen AutorInnen postuliert, pervertiert hätten. Wienert arbeitet dabei mit einem erweiterten Begriff von Architektur und versteht diese im Sinne einer raumorganisierenden Struktur, die umbaute Räume generiert, aber auch Freiflächen und Verkehrswege setzt und sowohl als sozial hergestellt als auch als sozial wirkmächtig aufzufassen ist. Sie geht dabei über eine traditionelle Fokussierung der NS-Architektur auf Repräsentationsbauten und deren etablierte Planer, wie es etwa in der seit 2008 von Winfried Nerdinger und Raphael Rosenberg herausgegebenen Monografiereihe „Hitlers Architekten“ (Troost, Speer, Fick und Giesler) der Fall ist, weit hinaus.

Das Provisorische, das Lagern ganz allgemein eigen ist, tritt bei den von Wienert untersuchten Vernichtungslagern der „Aktion Reinhard“ noch stärker hervor: Sie waren, wie detailliert ausgeführt wird, einem den Nutzungsveränderungen und Optimierungsbestrebungen folgenden permanenten Transformationsprozess unterworfen, weshalb es bei den bildlichen Vorstellungen und Beschreibungen der Überlebenden immer darauf ankomme, zu welchem Zeitpunkt diese sich im Lager befanden.

Im ersten Kapitel arbeitet die Autorin heraus, wie Täter und Opfer das Lager räumlich wahrnehmen und ihre Erfahrung bildlich vorstellen. Sie untersucht die Lesbarkeit und Aussagefähigkeit von zwei Arten von – zum Teil unveröffentlichten oder auch neu bewerteten – bildlichen Quellen: zum einen Fotografien aus Bełżec und Treblinka, die von Angehörigen des Lagerpersonals trotz Fotografierverbots aufgenommen wurden, zum anderen Zeichnungen, Karten und Pläne der Lager, die nachträglich von jüdischen Überlebenden eigenständig oder für Untersuchungskommissionen angefertigt wurden. Bemerkenswert ist dabei, dass die Vernichtungslager von verschiedenen Überlebenden als Stadt wahrgenommen wurden. Untersucht wird immer, welche Intention bei der Bildproduktion jeweils dahinter stand, aber auch was nicht in den Blick genommen wird. Speziell die Fotos von Alltagssituationen, die ohne Hintergrundwissen nur schwer als Bilder aus dem Lager erkennbar sind, erzeugen starke Irritation, wobei deren Ungeheuerlichkeit erst nach Lektüre der anschließenden Kapitel fassbar wird.

Im Folgenden zeugt die präzise und detailreich dokumentierte Beschreibung der zum Teil chaotischen organisatorischen Abläufe, der Aus- und Umbaumaßnahmen sowie der jeweiligen Planungsentscheidungen vom Bemühen der Autorin, durch korrekte Wiedergabe den Opfern gerecht zu werden. Aus architekturhistorischer Perspektive ist das dritte, raumtheoretisch orientierte Kapitel besonders aufschlussreich, in dem es um die Zonierung als Hauptmerkmal der Lager, die äußeren und inneren Grenzziehungen mittels meist blickdicht gemachten Stacheldraht- und Holzzäunen sowie die Funktion von Wachtürmen geht. Teil des Kapitels sind auch die Freiflächen als Sonderform von Plätzen, auf denen viele Handlungen unter freiem Himmel stattfanden, sowie die Verkehrswege, die diese offenen Flächen umschlossen.

Im vierten Kapitel werden die höchst unterschiedlichen Baracken und Wohnunterkünfte dreier Personengruppen im Lager – jüdische Gefangene, nicht-deutsche Wachmänner („Trawniki") und SS-Personal – untersucht, wobei aber nicht eine bautypologische Abhandlung im Zentrum steht, sondern die Analyse der Nutzung und des Umgangs mit diesen Bauten. Die überbelegten Gefangenenbaracken, die zunächst aufgrund der unmittelbar erfolgenden Ermordung nicht einmal vorgesehen waren, stellten aufgrund der sanitären Zustände und disziplinierenden Maßnahmen kaum Rückzugsräume bereit. Die an traditionellen Wohnformen orientierten Unterkünfte des Lagerpersonals hingegen zeigten, wie die SS im Lager das Bild harmloser Normalität herzustellen und den Tatort wie einen normalen Dienstort wohnlich-beschaulich zu gestalten suchte. Der letzte Abschnitt befasst sich schließlich mit den Orten des Massenmordes, die nicht nur die Gaskammern umfassen, sondern auch die Exekutionsstätten im Freien.

Die Autorin bearbeitet die im Allgemeinen von ZeithistorikerInnen dominierte Materie der Vernichtungslager mit den Methoden einer bildtheoretisch orientierten Kunstgeschichte, ergänzt durch raumtheoretische und architekturhistorische Fragestellungen. An der Sorgfalt im Umgang mit den vorhandenen Quellen und der methodischen Präzision – etwa wenn jeder der untersuchten Aspekte jeweils separat an den drei Lagern durchgearbeitet wird – erkennt man das Bemühen, keine ungerechtfertigten Vermischungen oder Verallgemeinerungen in der Rede über die Vernichtungslager zuzulassen.

Ein Manko des Buches ist hingegen das Fehlen einer Bestimmung und Abgrenzung des Begriffsfeldes „Lager", das hier auf das Vernichtungslager als extremsten Ort der Exklusion reduziert wird. Dies gilt nicht nur im Allgemeinen hinsichtlich der verschiedenen Bedeutungen und unterschiedlichen Grade der Selbstbestimmtheit, die mit dem Lager-Begriff umfasst werden können, sondern auch im engeren Sinn im Hinblick auf die inkludierenden und exkludierenden Lagertypen im Nationalsozialismus. Um die Charakteristik des Lagersystems der „Aktion Reinhard" tatsächlich zu erfassen, wäre aber auch eine Skizzierung der anderen NS-Vernichtungslager nötig.

Nichtsdestotrotz ist Annika Wienerts beeindruckende Arbeit im Zusammenhang mit einer interdisziplinären Erweiterung der Architekturgeschichtsschreibung des 20. Jahrhunderts bedeutsam. Dabei ist die Frage, ob die Vernichtungslager von ausgebildeten, dem Berufsstand der Architekten zugehörigen Personen geplant wurden, zweitrangig. Tatsächlich zeigt Wienert, dass bei Planung und Bau der Anlagen – im Gegensatz zu anderen NS-Lagern – keine ausgebildeten Architekten involviert waren. Wenn man Architektur nicht nur wertend als zivilisatorische Bereitstellung von Schutz und Nutzbarkeit, sondern in einem breiteren Sinn als Generierung von räumlichen und sozialen Situationen versteht, kann die Geschichte der Vernichtungslager des Nationalsozialismus, so macht auch diese Studie deutlich, nicht außerhalb der Disziplin gedacht werden. ▪

Shreds of Architectural History

This book's object of study is clearly delineated: the focus is placed on the respective architecture of the three National Socialist "Operation Reinhard" extermination camps in Bełżec, Sobibór, and Treblinka in occupied eastern Poland. Starting in December 1941, these camps were erected for the sole purpose of killing the Jewish population stemming from the General Governorate and Bezirk Bialystok territories, and they remained in operation through late 1943. Only very few people survived these camps. The material traces were almost completely obliterated by the SS after their closure: the structural elements were demolished, the premises leveled and replanted, in some places even overbuilt in order to cover up the former camp. No building plans or other design documents still exist, nor architectural photos in the proper sense.

This unique source material for an architectural-historical survey is one of the core issues explored by the art historian Annika Wienert, whose doctoral work along with the related dissertation was conducted at the Ruhr-Universität Bochum. In 2011, the author already co-edited, together with Alexandra Klei and Katrin Stoll, an anthology on the transformation of National Socialist camps and is currently working as research associate at the Chair of Theory and History of Architecture, Art and Design at the Technical University of Munich.

Wienert determined, on the one hand, that today almost no material remnants or visual traces of the selected extermination camps remain, which means that they are basically not imaginable. On the other hand, image production related to the Holocaust and representation of the camps has continually advanced so that new images are being generated and negotiated in the context of science and art. Since it was only possible to approach the extermination camps in a mediated way rather than as a material object, the inclusion of memories of the camps and also of ideas and representations in the sense of a post-history is especially important. In concrete terms, the author associated a study of visual culture related to image sources, sometimes unpublished, produced by camp workers and survivors with a recollection of (archaeologically) tangible historical sites.

Citing the French art historian and visual theorist Georges Didi-Huberman, Wienert interprets the architecture of the selected extermination camps as "shreds" that make fragmentary reference to reality. However, it is important to note that the French expression bribe used by Didi-Huberman does not carry the pejorative meaning associated with the German equivalent. In line with a claim already asserted by Robert Jan van Pelt in the late 1980s, the author suggests that the National Socialist extermination camps be understood as a fundamental reconsideration of assumptions made about the built environment, rather than citing a normative-positive civilizational heritage of architecture that the camp planners lost sight of or actually perverted, as postulated by many other authors. Here, Wienert works with an expanded notion of architecture, which she views in the sense of a space-organizing structure that gives rise to enclosed spaces but also to open areas and traffic routes, and that is to be considered both socially produced and socially powerful. She moves far beyond exploring the traditional focus of Nazi architecture on representational buildings and related planners as for instance pursued by the monograph series "Hitlers Architekten" (Troost, Speer, Fick, and Giesler), released and edited by Winfried Nerdinger and Raphael Rosenberg since 2008.

The provisional nature inherent to all such camps in general is even more evident in the case of the "Operation Reinhard" extermination camps selected by Wienert for her study: they were, as is elaborated in detail, subject to a perpetual process of transformation due to changes in use and optimization efforts. For this reason, when reviewing the image-based perceptions and descriptions given by survivors, it is always important to consider the point in time at which they were staying in the camp.

In the first chapter, the author reviews how the perpetrators and victims spatially perceived the camp and visualized their experiences there. She explores the interpretability and the informative value of two kinds of visual sources (some unpublished, others newly evaluated): first, photographs from Bełżec and Treblinka taken by relatives of the camp personnel despite a ban on photography; second, drawings, maps, and diagrams of the camps later drafted by Jewish survivors on their own or for investigative committees. Noteworthy here is the fact that the extermination camps were perceived as a city by various survivors. The book invariably examines the intention behind the respective image production, but not always what is seen in the image itself. Especially the photos of everyday situations, which would hardly be attributed to such a camp without background knowledge, foster a strong sense of irritation, their dreadfulness only graspable after reading the following chapters.

In the material that follows, the descriptions—documented with precision and detail—of the sometimes chaotic organizational procedures, of the expansion and conversion measures and the related planning decisions, attest to the author's endeavor to honor the victims by providing accurate renderings. From an architectural-historical perspective, the third chapter with a focus on spatial theory proves to be especially informative. It deals with zoning as the key property of the camps, with the external and internal delimitations using barbed wire and wooden fencing, usually made visually impenetrable, and with the function of watchtowers. Also investigated here are the open areas as a special form of plaza, host to many open-air activities, and the traffic routes that encompassed these open areas.

In the fourth chapter, the strongly varying barracks and accommodations of three groups of people present in the camps are studied: Jewish prisoners, non-German guards (called "Trawniki"), and SS personnel. However, the apparent aim here is not to examine construction typology, but rather to analyze the use and handling of these buildings. The overcrowded prisoner barracks, which weren't even planned in the first place because of the subsequent killings, offered hardly any privacy due to sanitary conditions and disciplinary measures. By contrast, the accommodations for the camp personnel, oriented to traditional housing types, showed how the SS attempted to create the image of harmless normalcy and to design the site of crime as a normal work situation with a homey, tranquil touch. The last section finally deals with the locations where mass murder was carried out, both the gas chambers and the outdoor execution sites.

The author approaches the extermination camp material, which is generally dominated by the work of contemporary historians, with the methods of an art history oriented to image theory, supplemented by spatial-theoretical and architectural-historical explorative questions. The diligent treatment of the existing sources and the methodological precision applied—for example, when each of the scrutinized aspects is worked through separately for each of the three camps—illustrate how much effort has been put into avoiding any unjustified overlapping or generalization when speaking of the extermination camps.

One shortcoming of the book, however, is the lack of definition and differentiation of the key term Lager (camp), which is here reduced to the extermination camp as an utterly extreme site of exclusion. This applies not only generally in terms of the different meanings and varying degrees of self-determination potentially covered by the word Lager, but also in a more narrow sense in terms of camp types inclined toward inclusion and exclusion under National Socialism. Yet in order to actually grasp the characteristics of the "Operation Reinhard" camp system, it would really be necessary to provide a brief overview of the other Nazi extermination camp types.

Nonetheless, Annika Wienert's impressive work is meaningful in connection with an interdisciplinary broadening of architectural historiography of the twentieth century. Indeed, the question as to whether the extermination camps were planned by trained individuals belonging to the field of architecture is of secondary importance. In fact, Wienert shows that here, as opposed to other Nazi camps, no trained architects were actually involved in the planning and building of the facilities. If architecture is viewed not only valuationally as the civilizational provision of protection and usability, but rather also in a wider sense as the generation of spatial and social situations, then the history of the National Socialist extermination camps—as this study likewise underscores—cannot be treated outside of the discipline. ▪

Antje Senarclens de Grancy
(Translation: Dawn Michelle d'Atri)

Research Methods for Architecture
Ray Lucas
London: Laurence King Publishing, 2016
Englisch, 208 S., ca. 200 Farb- und SW-Abbildungen, broschiert | English, 208 pages, ca. 200 color and b/w illustrations, paperback
ISBN 978-1-78067-753-8
EUR 26,08 | EUR 26.08

Kein komplettes Fundament, aber eine faszinierende Perspektive

Stefan Fink

Ray Lucas, Senior Lecturer an der Manchester School of Architecture, widmet sich in *Research Methods for Architecture*, seiner ersten monografischen Veröffentlichung, der Analyse von Forschungsmethoden für die Disziplin Architektur. Vergleichbar mit der umfangreichen Publikation *Architectural Research Methods* von Linda Groat und David Wang – 2013 in zweiter Auflage bei Wiley erschienen –, ist Lucas' Projekt sogar noch etwas ambitionierter: Wie der Einband verspricht, soll das 2016 bei Laurence King erschienene Buch nicht weniger bieten als „a complete grounding in architectural research" – in komprimierter Form als nur rund 200-seitiges „practical handbook". Um diesem Anspruch genügen zu können, erscheint eine weitere Eingrenzung des Themas und Fokussierung bestimmter Aspekte unabdingbar. Lucas wählt auch genau diesen Weg und ordnet gleich in der Einleitung die Disziplin Architektur im Kanon der Wissenschaften den „Humanities" zu. In weiterer Folge werden auch vornehmlich Forschungsansätze aus den Human- und Geisteswissenschaften – vornehmlich Philosophie, Sozial- und Geschichtswissenschaften – und ihre Anwendung bzw. Anwendbarkeit in Bezug auf architektonische Forschungsfragen behandelt. Forschungsmethoden aus den naturwissenschaftlichen und technischen Disziplinen sowie das Konzept einer künstlerischen oder gestalterischen Forschung – Stichwort: „design-based research" – werden hier von Vornherein ausgeklammert.

Innerhalb dieses human- und geisteswissenschaftlichen Rahmens entfaltet Lucas nun ein Panoptikum von historischen Verweisen, theoretischen Grundlagen, praktischen Hinweisen und Case Studies. „Lesbar" wird dieser vielschichtige Wissensraum durch einen klaren Aufbau und eine ebenso klare Struktur. Die insgesamt 15 Kapitel bilden zwei Hauptteile, wobei die sieben Kapitel von „Part 1: Fundamentals of architetural research" einen Leitfaden für das wissenschaftliche Arbeiten in der Architektur bilden. Die Frage der Themenfindung wird hier ebenso erörtert wie die Wahl des Forschungsansatzes oder die Suche, Auswahl und Auswertung von Literatur oder archivalischen Quellen. Weitere Kapitel befassen sich mit den Besonderheiten von interdisziplinärer Forschungszusammenarbeit und mit architektonischer Feldforschung mittels Skizzenbuch oder Foto-, Video- und Audioaufnahmen. Danach befasst sich ein eigenes Kapitel mit der Durchführung, Dokumentation und Auswertung von Interviews, bevor „Chapter 7: Writing up", das sich der Textproduktion für Architekturpublikationen – vom Blog bis zur Dissertation – widmet, den ersten Hauptteil beschließt. Der Mehrwert dieser ersten Hälfte von *Research Methods for Architecture* im Vergleich zu übrigen Ratgebern für wissenschaftliches Arbeiten liegt in der klaren Ausrichtung auf die Disziplin Architektur. Etwas zu knapp ist hier vielleicht das letzte Kapitel ausgefallen: Gerade das Schlüsselthema Text- und Buchproduktion in der Architektur behandelt Lucas etwas zu oberflächlich – eine vertiefende Auseinandersetzung bietet diesbezüglich zum Beispiel eine aktuelle Publikation von André Tavares: *The Anatomy of the Architectural Book*, erschienen 2016 bei Lars Müller.

Der zweite Hauptteil beschäftigt sich darauf aufbauend und seinem Titel zufolge mit „Practical Applications and Case Studies". Jedes seiner ersten sieben Kapitel stellt zunächst einen spezifischen Forschungsansatz vor und zeigt danach Anwendungsmöglichkeiten anhand eines konkreten Projekts, das jeweils von Lucas bzw. unter seiner Mitwirkung durchgeführt wurde. Im Einzelnen werden betrachtet: „Materielle Kultur" als Forschungsfeld, Umweltpsychologie nach James Gibson, architekturhistorische Forschungsansätze anhand von Manfredo Tafuri, Colin Rowe, Robin Evans, Joseph Rykwert und Nikolaus Pevsner, Raumsoziologie nach Henri Lefebvre, Philosophie mit dem Schwerpunkt Phänomenologie, Ethnographie und schließlich verschiedene Darstellungstechniken der Architektur – Zeichnung, Diagramm und Plan –, die nun selbst als Methode für architektonische Forschung interpretiert werden. Im Gegensatz zu den übrigen Kapiteln, die in erster Linie zeigen, wie architektonische Forschung durch den Im-port von Methoden anderer akademischer Disziplinen in Gang gebracht und befeuert werden kann, verweist dieser letzte Abschnitt somit auf das methodische Potential, das in der Disziplin Architektur selbst liegt. Lucas verfolgt diesen Zugang aber nicht weiter und so geht es im zweiten Hauptteil im Wesentlichen um importierte „research methods for architecture“ – nur angedeutet wird das nicht minder interessante Thema der „architectural methods for research“.

Die jeweils einem Kapitel dieses zweiten Hauptteils zugeordneten Case Studies bieten Beschreibungen von Projekten, die im Rahmen der akademischen Karriere von Ray Lucas an den Universitäten von Strathclyde, Edinburgh und Manchester durchgeführt wurden. Das demonstriert zum einen die ganze Bandbreite dieser individuellen Forschungstätigkeit. Highlights sind hier zum Beispiel das Projekt „Getting Lost in Tokyo“, das sich 2005 mit dem U-Bahnnetz Tokios und der Erfahrung von Verlorenheit in der Metropole auseinandersetzt und methodologisch den Darstellungstechniken zugeordnet ist, oder „Inflecting Space“, eine mit der Umweltpsychologie assoziierte Untersuchung über den psychologischen Einfluss von akustischen Wahrnehmungen in Bahnhofshallen. Zum anderen liefert Lucas mit den Case Studies jedoch nicht bloß eine persönliche Werkschau ab, sondern spannt – meistens gekonnt, in manchen Fällen etwas bemüht – den Bogen vom theoretischen Ansatz hin zum konkreten Forschungsvorhaben. Der Leser erhält dabei aufschlussreiche Einblicke in die Hintergründe und die Entstehung der einzelnen Projekte, wie es wohl nur durch die Darstellung eines unmittelbar Beteiligten möglich ist. Selbstdarstellung ist hier also keinesfalls Selbstzweck.

Das 15. und letzte Kapitel von *Research Methods for Architecture* widmet sich schließlich unter dem Titel „Conclusion: Theory and practice“ dem Zusammenhang von Forschung und Architekturpraxis. Hier bieten zuerst zwei Interviews mit Robert Adam, dem Gründer und Geschäftsführer von ADAM Architecture, und dem Snøhetta-Partner Craig Dykers Faszinierendes zum Thema, bevor einige Absätze folgen, in denen Lucas die unterschiedlichen im Buch vorgestellten Facetten architektonischer Forschung resümiert. Obschon dieser Abschnitt – genauso wie der Rest des Buches – sehr lesenswert ist, kann er jedoch als Quintessenz aller zuvor behandelten Aspekte von Architekturforschung nicht überzeugen.

Obwohl also das Finale etwas enttäuschend ausfällt, ist Ray Lucas insgesamt ein faszinierendes Kompendium gelungen, dass sowohl Studierenden als auch Lehrenden an Architekturfakultäten nur empfohlen werden kann – sofern sie eine Affinität zu human- und geisteswissenschaftlichen Forschungsmethoden hegen. Auf das vom Autor versprochene grundlegende Handbuch zur Architekturforschung muss aber wohl weiter gewartet werden. ▪

Not a Complete Grounding, but a Fascinating Perspective

Ray Lucas, Senior Lecturer at the Manchester School of Architecture, pursues the analysis of research methods for the discipline of architecture in *Research Methods for Architecture*, his first monographic publication. Similar to the comprehensive volume *Architectural Research Methods* by Linda Groat and David Wang—a second edition was released by Wiley in 2013—the "Lucas project" is actually even more ambitious: as the cover promises, this book published by Laurence King in 2016 offers nothing less than "a complete grounding in architectural research"—in abridged form as a "practical handbook" with only 200 pages. In order to satisfy this aspiration, further narrowing of the topic and a focus on certain aspects seems inevitable. Lucas embarks on just such a path and, in the introduction, already assigns the discipline of architecture to the humanities in the canon of scholarship. Further, mainly research approaches from the humanities—especially philosophy, the social sciences, and historical studies—and their application or applicability to architectural research questions are discussed. Research methods from the natural sciences and technical disciplines, as well as the concept of artistic or "design-based research," are excluded from the outset.

Within this humanities framework, Lucas proceeds to develop a panopticon of historical references, theoretical tenets, practical advice, and case studies. This multifaceted knowledge space becomes "readable" through a clear composition and an equally clear structure. A total of fifteen chapters are divided into two main sections, whereby the seven chapters found in "Part 1: Fundamentals of architectural research" form a manual for scholarly work in the field of architecture. The issues of theme selection and choice of research approach are discussed here, as is the search, selection, and evaluation of literature and archival sources. Other chapters deal with the particularities of collaborative research and with architectural fieldwork using sketchbooks or photo, video, and audio recordings. This is followed by a chapter solely devoted to conducting, documenting, and evaluating interviews before the subsequent "Chapter 7: Writing up"—dedicated to text production for architectural publications, from blogs to dissertations—concludes the first main section of the book. The added value of this first half of *Research Methods for Architecture*, as compared to other manuals for scholarly works, lies in the clear orientation to the discipline of architecture.

The latter chapter is perhaps a bit too concise: in particular, the key topic of text and book production in architecture is given a somewhat too superficial treatment by Lucas. A more in-depth analysis of this topic is provided, for example, by André Tavares in *The Anatomy of the Architectural Book*, published in 2016 by Lars Müller.

The second main section builds on the preceding one and, according to its title, deals with "Practical Applications and Case Studies." Each of the first seven chapters of this section initially introduces a specific research approach and then goes on to detail possible applications by example of a concrete project that was carried out by or in conjunction with Lucas himself. Specifically explored are the following: "material culture" as a field of research, environmental psychology according to James Gibson, architectural-historical research methods according to Manfredo Tafuri, Colin Rowe, Robin Evans, Joseph Rykwert, and Nikolaus Pevsner, sociology of space according to Henri Lefebvre, philosophy with a focus on phenomenology, ethnography, and finally various techniques for rendering architecture—drawing, diagram, and building plan—which are then interpreted as methods for conducting architectural research. As opposed to the other chapters, which primarily show how impetus may be lent to architectural research by importing methods from other academic disciplines, this last section references the methodological potential inherent to the discipline of architecture itself. However, Lucas fails to pursue this point of access further, so that the second main section mostly involves imported "research methods for architecture"—the equally fascinating topic of "architectural methods for research" is thus only suggested.

The case studies assigned to each chapter of this second main section offer descriptions of projects that were carried out in the scope of Ray Lucas's academic career at the universities in Strathclyde, Edinburgh, and Manchester. This demonstrates, for one, the broad spectrum of this individual research activity. Highlights here include, for example, the 2005 project "Getting Lost in Tokyo," which examined Tokyo's subway network and the experience of feeling forlorn in a metropolis and which, in terms of methodology, is more strongly associated with the rendering techniques. The project "Inflecting Space," in turn, is a study aligned with the theme of environmental psychology, dealing with the psychological influence of acoustic perception in train station concourses. On the other hand, Lucas with his case studies not only delivers a showcase of his own work but also forges a bridge—usually in a deft manner, but occasionally somewhat forced—from theoretical approach to concrete research activity. In the process, the reader is given meaningful insights into the background and development of the individual projects, which is likely only possible when portrayed by someone directly involved. So in this case, self-presentation is certainly not an end in itself.

The fifteenth and last chapter of *Research Methods for Architecture*, titled "Conclusion: Theory and practice," is solely focused on correlations between research and architectural practice. Here, fascinating information on the topic is conveyed through two interviews—with Robert Adam, founder and principal of ADAM Architecture, and Craig Dykers, a partner at Snøhetta—before leading into several paragraphs in which Lucas summarizes the various facets of architectural research introduced in the book. Although this section is highly worth reading—as is the rest of the book—it does not embody a convincing quintessence of all aspects of architectural research explored in the preceding material.

Although the conclusion proves slightly disappointing, Ray Lucas succeeded overall in compiling a fascinating compendium that recommends itself to both students and teachers in architectural departments—assuming they harbor an affinity for humanities-based research methods. It looks like we'll still have to wait for the fundamental manual on architecture research promised by the author. ■

Stefan Fink (Translation: Dawn Michelle d'Atri)

Yona Friedman.
The Dilution of Architecture
Yona Friedman/Manuel Orazi
hg. von | edited by Nader Seraj
Zürich | Zurich: Park Books, 2015
Englisch, 582 Seiten,
578 Farb- und 183 SW-Abbildungen, broschiert | English, 582 pages, 578 color and 183 b/w illustrations, paperback
ISBN 978-3-906027-68-5
EUR 48,00 | EUR 48.00

Von der Faszination des Andersdenkens!

Erika Petric

Nicht zuletzt mit der 2016 gezeigten Installation im Nebenprogramm der Serpentine Gallery rückt der Architekt Yona Friedmann (*1923) wieder ins Rampenlicht der internationalen Architekturszene. Neben der Arbeit von Asif Kahn wird Friedmans Arbeit, die auf seine berühmte Space-Chain-Konstruktion Bezug nimmt, in den Kensington Gardens ausgestellt.[1] Sein Beitrag wird von der Architekturkritik gerade in ihrer Abstraktion auf das sinnliche Erfassen von Raum reduziert.[2] Wenngleich Friedmans architektonische Experimente einen festen Platz in der Architekturgeschichte haben, scheint gerade die leichtfertige Verortung seines Werks im Bereich des gedanklichen Experiments ein reflexartiges Urteil zu sein. Dass es sich dabei um eine bestenfalls unvollständige Charakterisierung handelt, lässt die Lektüre des vorliegenden Buches verstehen.

Yona Friedman. The Dilution of Architecture ist kein leichtes Buch, weder im übertragenen, noch im buchstäblichen Sinne. Das fast 600 Seiten starke Werk untersucht, begründet und illustriert gerade Friedmans „Andersdenken" als eine architektonische und politische Position.

Den ersten Teil des Buches – „The Dilution of Architecture" – bildet eine beeindruckende und erstmalig klassifizierte Anthologie von Yona Friedmans Projekten und theoretischen Aufsätzen. Man findet hier Positionen zur Improvisation in der Architektur, zur "Space-Time"-Architektur und dem Auflösen (*dilution*) der Architektur, die als Postulate von Friedmans Architekturphilosophie einem als „Anthologie des Prozesses" (S. 43) bezeichneten Überblick der Projekte bevorstehen. Zahlreiche Diagramme, Strip-Cartoons (die programmatische Ausdrucksform Friedmans), Fotomontagen, Zeichnungen und Modellfotos – viele davon hier zum ersten Mal publiziert – sind in acht Kategorien strukturiert: „Massive", „Ville Spatiale", „Accumulation", „Transparency", „Dissipated", „Nature made habitable", „The Labyrinth" und „Build Less".

Im zweiten Teil – „The Erratic Universe of Yona Friedman" – findet sich der umfangreiche Forschungstext von Manuel Orazi, der Friedmans Werk in einem biographischen, geografischen und politischen Kontext betrachtet, sodass wir von einer kontextualisierten Biografie des Architekten im Sinne von Jacques Revel sprechen können.

Manuel Orazi promovierte 2007 in Venedig mit einer Arbeit über Friedman. Seit Beginn seiner Forschung trägt er regelmäßig mit Veröffentlichungen verschiedener Texte über Friedmans Werk zum aktuellen Architekturdiskurs bei. Das vorliegende Buch rundet diese langjährige Forschung ab. Orazis Text erhebt hier den Anspruch, Friedman aus der „Fußnote der Architekturgeschichte" (S. 269) zu holen, indem bisher unerforschte Kontextualisierungen beleuchtet werden. Die Studie erstreckt sich über drei Kapitel: Im ersten, „The Early Years", rekonstruiert Orazi bisher völlig unterbewertete geschichtliche Aspekte der Biographie Friedmans, vom Ungarischen Faschismus der 1930er und 1940er Jahre über den Zionismus und die Beteiligung beim Aufbau des Staates Israel bis hin zu Friedmans Teilnahme am letzten CIAM Kongress 1956 in Dubrovnik, die sein endgültiges Erscheinen auf der internationalen Architekturszene markierte. Dabei werden auch Friedmans intellektuelle Verbindungen und daraus entstandene Einflüsse und Konfrontationen weit über die Grenzen der Disziplin erforscht: von der Philosophie Werner Heisenbergs, den Wissenschaftstheorien Karoly Kerenyis bis zu den Theoretikern der Situationisten. Vor allem in diesem brillant recherchierten Kapitel findet man Ansätze der Postulierungen, die als roter Faden durch das gesamte Oeuvre Friedmans aufs Neue zu entdecken sind: eine Ablehnung der

1 http://www.serpentinegalleries.org/exhibitions-events/serpentine-summer-houses-2016-yona-friedman (Stand: 30. September 2016).

2 „Ganz leicht und vielmehr Skulptur als Architektur sind schließlich Asif Khans sanft gewellte Reihe getünchter Holzstäbe und Yona Friedmans Stapelung von Stahlrohrwürfeln. Hier geht es wirklich nur noch um das sinnliche Erfassen von Raum. Damit bringen Khans und Friedmans Beiträge auf die Spitze, was bei all diesen sommerleichten Versuchen in den Kensington Gardens zu vernehmen ist: Vorsichtige Architekturexperimente stehen vor der starken Position oder einem vermittelnden Andersdenken." http://www.baunetz.de/meldungen/Meldungen-Serpentine_Pavilion_von_Bjarke_Ingels_4763330.html (Stand: 30. September 2016)

strikten („top-down"-)Planung, ein Glaube an die Partizipation in der Architektur und an die „dilution" der Rolle des Architekten und der Architektur (als Masse) selbst („L'Architecture mobile").

Das zweite Kapitel, „Theories, Society and Technology", analysiert und dokumentiert die Entwicklung Friedmans theoretischer Ansätze nach seiner definitiven Übersiedlung nach Paris 1957, wobei der Fokus auf der Suche nach den neuen Definitionen der sich in der Krise befindenden Rolle des Architekten liegt. Schließlich dreht sich das dritte Kapitel „Architecture and Autoregulation" um Friedmans spätere Arbeit und sein immer mehr in den Mittelpunkt rückendes Interesse an der Soziologie und vor allem an den Modellen der Partizipation in der Architektur („Utopies réalisables"). Exemplarisch wird hier auch das einzig erhaltene realisierte Projekt Yona Friedmans, „Lycée David" in Angers, präsentiert.

Wenngleich chronologisch strukturiert, erinnert Orazis Text vor allem dank seines Schreibstils nicht selten an die Konstruktionen von Friedman: Wie beim Space-Chain zeichnet er immer mehr und immer weitere Loops um das angesprochene Thema herum, nur um am Ende scharfsinnig den Bezug zu Friedmans Position(en) herzustellen. Nicht selten bringen diese Exkurse auch pointierte persönliche Aussagen, wie zum Beispiel über Technologie (S. 350), Ideologie (S. 318) oder den Mythos (S. 299) hervor.

Unbeachtet bleibt die Mitarbeit und der entscheidende Einfluss von Denise Friedman, Yona Friedmans Frau, auf seine spezifisch visuelle Sprache, die auf die von ihr initiierte gemeinsame Produktion der animierten Filme (einer davon 1962 mit dem Goldenen Löwen in Venedig gekürt) zurückzuführen ist, worauf Yona Friedman selbst im Vorwort der Publikation aufmerksam macht.

Interessanterweise wird das Buch nicht mit einem einleitenden Text, sondern mit dem Foto-Essay von Stefano Graziani eingeleitet, der mit der Abbildung der Pariser Wohnung, die Friedman seit 1968 bewohnt, einen unmittelbaren Einblick in das persönliche erratische Universum des Architekten gewährt. Abschließend findet sich noch eine Transkription von Orazis Forschungsinterviews mit Friedman und Bernard Tschumi, eine Dokumentation der Ausstellung im Archizoom mit weiterführenden Links zur Aufnahmen der Vortragsreihe, die im Rahmen der Ausstellung stattgefunden hat, sowie eine umfassende, chronologisch aufgelistete Bibliografie.

Das Fehlen überleitender Texte überlässt es den LeserInnen, die Zusammenhänge zwischen einzelnen Teilen des Buches zu konstruieren, was den Raum für den kreativen gedanklichen Umgang mit dem dargestellten Inhalt öffnet – ganz im Sinne von Friedmans Philosophie der Selbstinterpretation der dargebotenen Konstruktionselemente. Es ist ein interessanter Zufall, dass dieses Buch, das grundlegende Überlegungen zum Thema mobile und temporäre Architektur sowie „bottom-up"-Urbanismus und partizipative Planung behandelt, gerade jetzt, in der Brisanz der Migrationsthematik und der Verschiebung des Architekturdiskurses auf das „reporting from the front",[3] seinen Weg zum Publikum findet. *Yona Friedman. The Dilution of Architecture* ist ein Buch, das nicht nur gelesen, sondern über das dringend geredet werden sollte. ▪

3 „We are not interested in architecture as the manifestation of a formal style, but rather as an instrument of self-government, of humanist civilisation, and how it demonstrates the ability of humans to become masters of their own destinies." Aus der Einführung zur 15. Architekturbiennale in Venedig von Paolo Baratta; http://www.labiennale.org/en/architecture/exhibition/baratta/ (Stand: 30. September 2016).

On the Fascination of Alternative Thinking!

The architect Yona Friedman (b. 1923) has once again moved into the limelight of the international architecture scene, not least due to his installation shown in the auxiliary program of the Serpentine Gallery in 2016. Friedman's work, which references his famous Space Chain structures, is being shown at Kensington Gardens alongside the work of Asif Kahn.[1] His contribution to this exhibition, especially in terms of its abstraction, is presently being reduced to the sensory perception of space by architecture critics.[2] Despite the fact that Friedman's architectural experiments are already firmly established in the history of architecture, this rather careless localization of his work in the realm of mental experimentation especially appears to be a reflexive assessment. Reading the book reviewed here fosters an awareness of this being, at best, an incomplete characterization.

Yona Friedman: The Dilution of Architecture is not a light book, neither in a figurative nor a literal sense. The volume, which boasts nearly 600 pages, investigates, substantiates, and illustrates Friedman's "alternative thinking" in particular as an architectural and political position. The first section of the book—"The Dilution of Architecture"—forms an impressive anthology of Yona Friedman's projects and theoretical essays, classified here for the first time. We find positions on improvisation in architecture, on "Space-Time" architecture, and on the dilution of architecture, which, as postulates of Friedman's philosophy of architecture, preface an overview of the projects called an "Anthology of a Process" (p. 43). Numerous diagrams, strip cartoons (the programmatic form of expression favored by Friedman), photo montages, drawings, and photos of models—many published for the first time here—are structured in eight categories: "Massive," "Ville Spatiale," "Accumulation," "Transparency," "Dissipated," "Nature Made Habitable," "The Labyrinth," and "Build Less."

Found in the second section—"The Erratic Universe of Yona Friedman"—is the comprehensive research text by Manuel Orazi, which views Friedman's work in a biographical, geographic, and political context. Here we can speak of a contextualized biography of the architect along the lines of Jacques Revel.

Manuel Orazi earned his doctorate in 2007 in Venice with a dissertation on Friedman. Since initiating his research activity, he has been contributing regularly to current discourse on architecture by publishing various texts about Friedman's work. The book *Yona Friedman: The Dilution of Architecture* rounds off this long-standing research. Orazi's text asserts a claim to retrieve Friedman from the "footnote in architectural historiography" (p. 269) by illuminating previously unresearched contextualizations. The analysis covers three whole chapters. In the first one, "The Early Years," Orazi reconstructs historical aspects of Friedman's biography that had previously been fully underrated, including the Hungarian fascism of the 1930s and 1940s, Zionism and the architect's involvement in establishing the state of Israel, and his participation in the last CIAM congress in Dubrovnik in 1956, which marked his final appearance on the international architecture scene. In the process, Friedman's intellectual connections and related influences and confrontations were explored far beyond the discipline itself: from the philosophy of Werner Heisenberg and the economic theories of Károly Kerényi to the Situationist theorists. Especially found in this brilliantly researched chapter are postulative approaches, running like a golden thread through Friedman's oeuvre and lending themselves to rediscovery: dismissal of strict (top-down) planning, a belief in participation in architecture and in the dilution of the role of architect and of architecture (as mass) itself ("L'Architecture mobile").

The second chapter, "Theories, Society and Technology," analyzes and documents the development of Friedman's theoretical approaches after his definitive move to Paris in 1957, although here the focus is placed on the quest for new definitions of the crises-laden role of the architect as a profession. Finally, the third chapter, "Architecture and Autoregulation," revolves around Friedman's later work and his ever-growing interest in sociology, and especially in models of participation in architecture ("Utopies réalisables"). Presented as a perfect example of this is the only project realized by Yona Friedman still preserved today, his "Lycée David" in Angers.

Even though it is arranged chronologically, Orazi's text quite frequently calls to mind Friedman's structures, especially thanks to his writing style: similar to Space Chain, Orazi draws ever more and ever bigger loops around the addressed topic, before astutely establishing a connection to Friedman's position(s) in the end. Such excurses quite often include trenchant personal statements, for instance about technology (p. 350), ideology (p. 318), or myth (p. 299).

Remaining unheeded are the contributions and decisive influence of Denise Friedman, the wife of Yona Friedman, when it comes to his unique visual language that originates in the joint production of animated films initiated by her (one of which was granted the Golden Lion in Venice in 1962), to which Yona Friedman himself makes reference in the publication's preface.

Interestingly, the book is introduced by a photo essay by Stefano Graziani rather than an introductory text, offering an immediate glimpse of the architect's erratic personal universe by showing the Paris apartment in which Friedman has been dwelling since 1968. In appendix we can find a transcription of Orazi's research-related interviews with Friedman and Bernard Tschumi, a documentation of the exhibition in Archizoom with outside links to recordings of the lecture series that took place in the scope of the exhibition, as well as an extensive, chronologically itemized bibliography.

The lack of lead-over texts leaves it up to the reader to find correlations between the different parts of the book. This makes room for the creative, conceptual handling of the rendered content—fully in line with Friedman's philosophy of self-interpretation of the presented structural elements. It is an interesting coincidence that this book, which negotiates fundamental reflection on the topic of mobile and temporary architecture, as well as bottom-up urbanism and participative planning, has made its way into the public sphere just now, amid the explosive nature of the migration issue and the shifting of discourse on architecture to "reporting from the front."[3] Not only is *Yona Friedman: The Dilution of Architecture* a book that should be read—it is imperative that it be discussed as well. ■

Erika Petric (Translation: Dawn Michelle d'Atri)

1 Exhibition *Serpentine Summer Houses 2016: Yona Friedman*, Serpentine Pavilion, June 10 to October 9, 2016, http://www.serpentinegalleries.org/exhibitions-events/serpentine-summer-houses-2016-yona-friedman (accessed September 2016).

2 "Asif Khan's gently corrugated series of whitewashed wooden bars and Yona Friedman's piles of tubular steel dice are very light and ultimately more sculptural than architectural. Here we are really only dealing with a sensory perception of space. Khan's and Friedman's contributions emphasize everything that is perceptible in these summery explorations at Kensington Gardens: careful architectural experiments preside over the strong position or a mediating dissent." See "Unzipping of the Wall: Serpentine Pavilion von Bjarke Ingels," *BauNet*, June 8, 2016, http://www.baunetz.de/meldungen/Meldungen-Serpentine_Pavilion_von_Bjarke_Ingels_4763330.html (accessed September 2016).

3 "We are not interested in architecture as the manifestation of a formal style, but rather as an instrument of self-government, of humanist civilisation, and how it demonstrates the ability of humans to become masters of their own destinies." From the introduction to the 15th Architecture Biennale in Venice by Paolo Baratta, http://www.labiennale.org/en/architecture/exhibition/baratta/ (accessed September 2016).

Dieter Kienast. Stadt und Landschaft lesbar machen
Anette Freytag
Zürich | Zurich: gta Verlag, 2016
Deutsch, 432 Seiten, 257 Farb- und SW-Abbildungen, Hardcover | German, 432 pages, 257 color and b/w illustrations, hardcover
ISBN 978-3-85676-312-1
EUR 94,00 | EUR 94.00

Die stete Frage nach dem eigenen Garten

Claudia Volberg

Das heutige Verständnis der europäischen Landschaftsarchitektur wurde entscheidend von dem Schweizer Landschaftsarchitekten Dieter Kienast (1945–1998) geprägt. Er war ein wichtiger Vorreiter des Paradigmenwechsels der Landschaftsarchitektur des ausgehenden 20. Jahrhunderts und trug wesentlich zu deren Neuausrichtung und Stellenwert bei, was ihn zur Leitfigur einer ganzen Generation machte. Sein stetes Eintreten für die Gestaltung und Vermittlung der „Stadtnatur" als lebenswertem und sinnlichem Freiraum für die heutige Gesellschaft war jahrzehntelang tonangebend im Diskurs der Landschaftsarchitektur.

Als Dieter Kienast 1998 mitten in seinem Schaffen und im Aufbau des Lehrstuhls für Landschaftsarchitektur an der Architekturfakultät der ETH Zürich verstarb, hinterließ er nicht nur ein Werk mit unverwechselbarer Sprache, sondern auch eine kontroverse Rezeption seines Schaffens und seiner Person. Die einen sahen in ihm den genialen Virtuosen und Denker einer eigenen Formensprache zur Bewusstseinsschaffung der Beziehung zwischen Mensch und Umwelt, die anderen verurteilten seine Ästhetisierung als inhaltslosen Formwillen[1], die sie als Abkehr von seinen wissenschaftlichen Anfängen lasen.

Peter Stöckli prognostizierte im Nachruf: „Es ist noch lange nicht alles über Dieter Kienast gesagt."[2] Doch schien „das Sediment der Geschichte" noch nicht „abgetragen",[3] denn zahlreiche Publikationen von Zeitzeugen folgten, doch blieb bis dato eine kritische, distanzierte Betrachtung seines Gesamtwerks unter Berücksichtigung der Bedeutung seiner Anfänge als Student in Kassel für sein Spätwerk aus. Nun liegt in Form der Monografie *Dieter Kienast. Stadt und Landschaft lesbar machen* von Anette Freytag diese fehlende wissenschaftliche Arbeit vor. Die österreichische Kunsthistorikerin versucht mit ihrer Arbeit eine Entschlüsselung der „reziproken Ignoranz" (S. 11) und Neueinordnung Dieter Kienasts im aktuellen Diskurs der Landschaftsarchitektur.

Der Monografie geht eine intensive Auseinandersetzung der Autorin in Form der Archivierung des Nachlasses von Dieter Kienast[4] und ihrer preisgekrönten Dissertation[5] voraus. Diese jahrelange Beschäftigung, aber auch zeitliche Distanz ermöglichen Freytag, den „*missing link*" (S. 12) im Schaffen Kienasts herauszuarbeiten, der eine wesentliche Neudeutung nahelegt.

Durch die Arbeit wird erstmals die Wichtigkeit der „Kasseler Schule" für das Verständnis seines Gesamtwerks betont und stellt sich somit gegen die Kritik einer nutzerfernen Ästhetisierung.

Freytag strukturiert die Monografie nicht in einer traditionellen chronologischen Abfolge, sondern in drei thematischen Hauptteilen: „Die Natur der Stadt", „Formen der Nutzung" und „Zeichnung und Wahrnehmung".

Der erste Teil, „Die Natur der Stadt", beleuchtet den gesellschaftlich-kulturellen Kontext der 1970er Jahre, der prägend für die Ausrichtung von Kienasts Werdegang war. In diesem Abschnitt stellt Freytag den Ursprung von Kienasts Interesse an der Methodik der Spurensuche zur Aufnahme der „spontanen Vegetation" und deren Bedeutung für das Verständnis des Kulturraums dar. Hierfür wird das Aufzeigen der Gegensätze von Natürlichkeit und Künstlichkeit elementar, denn durch sie soll das Verständnis von Freiräumen als „Orte[n] sozialer ästhetischer Erfahrung" (S. 12) geschaffen werden. In den folgenden Projektanalysen zeigt sich die Entwicklung von Kienasts Ästhetikverständnis der „Stadtnatur". Die formgebenden Parameter für die Gestaltung sind hierbei eine zentrale Frage. Anfänglich basierte die Herleitung auf pflanzensoziologischer Grundlage, die in Harmonie mit der Nutzung stehen sollte. Doch im Paradigmenwechsel der 1980er Jahre interessierte sich Kienast für eine komplexere Sprache, die zusätzlich über gartengeschichtliche Referenzen das Verständnis der Landschaft und Stadt zu begreifen suchte. Das Prinzip der Allegorisierung von Vegetation aus der Kasseler Zeit bildet somit die Basis für das Prinzip der „Ästhetisierung und Symbolisierung von Natur" (S. 124) in seinem Spätwerk. Kienast ging es nicht um die Harmonisierung der Natur, sondern um das Ermöglichen, die Vielzahl an unterschiedlichen Deutungsmöglichkeiten wahrnehmbar zu machen. Er arbeitete das Spannungsfeld zwischen

Künstlichkeit und Natürlichkeit über den Einsatz an geometrischen Formen neben sich wild entwickelnder Vegetation heraus, um über diese Störungen eine bewusste Wahrnehmung hervorzurufen. Der folgende Teil, „Formen der Nutzung“, setzt sich mit der Formfindung in Entwurf und Planung bei Kienast auseinander. Rückschlüsse werden aus einer Analyse der Entwurfsprozesse und Entscheidungen zu Projekten aus seinen Anfängen bis in die 1990er Jahre gezogen, die aufgrund des bisher unveröffentlichten Planmaterials möglich sind. Für die „Lesbarkeit“ der Räume arbeitet Kienast die Kontraste der Natürlichkeit und Künstlichkeit in Material, Oberfläche, Vegetation und Form heraus. Referenzen aus wiederkehrenden Motiven der Gartenkunst werden von Kienast virtuos eingesetzt. Die Intention der Alltagsbewältigung über das Verstehen und Aneignen der Landschaft war eine Konstante bei Kienast: vorerst über reine Nutzung, die bis in die 1990er eine sinnliche Gewichtung bekam – vom Gebrauch zur Kontemplation. Erst durch bewusste Wahrnehmung und Innehalten wird die Umwelt sowie ihre Bedeutung und die eigene Beziehung zu ihr erlebbar. Diese Tendenz der Suche nach der Bewusstseinsschärfung über die Vollkommnheit sprich Schönheit liege, so Freytag, an dem sich ändernden Zeitgeist der 1990er.

Im Kapitel „Zeichnung und Wahrnehmung“ fließen die drei Hauptaspekte zusammen und zeigen die Vielschichtigkeit im Vokabular Dieter Kienasts zur Schaffung lebenswerter Landschaften, die über ihre Ästhetik eine bewusste Wahrnehmung erreichen und hiernach eine eigene Haltung zur Umwelt als Mittel zur Alltagsbewältigung initiieren sollen. Denn für Kienast war das künstlerisch-entwerferische Gestalten der Landschaft notwendig, um kulturelle Lebensräume und ihre Unterschiede und Grenzen aufzuzeigen und somit erlebbar zu machen. Das strikte Verfechten einer scheinbaren „Natürlichkeit“ war nach Kienast ein verstecktes Zeichen einer konservativen Haltung gegen kulturelle Veränderungen, da sie ein nostalgisches und verfälschtes Bild des Naturbegriffes suggerieren würde.[6] Freytag zeigt die Abhängigkeit der Entwicklung vom Zeitgeist und Kienasts stetes rege Interesse an neuem Vokabular zur Vermittlung seiner Position, das auch aus der interdisziplinären Zusammenarbeit entstand. Insbesondere war für sein Spätwerk die Phänomenologie bedeutend, die seinem Verständnis der Wahrnehmung von Raum und Bild entsprach. In diesem Teil analysiert Freytag die weite Palette der Darstellungsmethodik von Kienasts Projekten sowie die Stilisierung seiner eigenen Marke, die eine Virtuosität in der kontinuierlichen Schärfung zeigt.

Die unorthodoxe wissenschaftliche Arbeit besticht durch einen spielerisch anmutenden Einsatz der Auswahl und Analyse der Projekte, Bildmaterial sowie Zitate, wodurch eine Klarheit der Zusammenhänge und Rückschlüsse hergestellt wird. Speziell angefertigte Farbfotos von Georg Aerni zeigen Projekte in heutiger Wahrnehmung, die zwar eine andere Ästhetik als die von Kienast bestimmten Schwarzweißfotografien Christian Vogts sprechen, aber weiterhin die eigene Unaufgeregtheit und Tiefe vermitteln. Abstrahierte Schwarzweißmatrizen Kienasts durchziehen das Layout – verweisen und doch heben sie sich von der „Marke Kienast“ ab. Die Autorin hat sich eine Distanz sowie einen analytischen kritischen Blick bewahrt, der gleichzeitig die Person Dieter Kienast mitberücksichtigt und zu Wort kommen lässt. Sie zeigt ihn als gesellschaftspolitischen, innovativen Denker, Gärtner und Künstler, der gleichzeitig ein „bodenständiger, ironischer“ Mensch war und Auseinandersetzung im Gespräch suchte. Den Abschluss bilden zwei Fotos, die Kienast als Bergsteiger zeigen – die einzigen in der Publikation mit ihm als Sujet. Freytag verweist hier genau wie in ihrer Analyse auf eine Sichtweise, die die Vielschichtigkeit der Persönlichkeit Kienast und der Aktualität seiner Haltung hervorhebt und zu einem Überdenken bestehender Meinungen über sein Schaffen anregt.

Anette Freytag hat eine Monografie geschaffen, die eine eigene Haltung und Wertschätzung nicht nur zu Kienast und seiner Position, sondern auch gegenüber unserem Lebensraum initiiert; ganz nach Kienasts Frage „Möchten Sie einen Garten?“. Denn in ihm sah Kienast den Raum zum Innehalten in der Schönheit der Welt verkörpert, der das wertvollste Gut unserer Gesellschaft – „Zeit, Zuwendung und Raum“ – beinhaltet und das nur durch respektvolle Behandlung bestehen und geschützt werden kann (S. 397). Dieser Aufruf zur bewussten individuellen und kontinuierlichen Auseinandersetzung und Wertschätzung des Lebensraums scheint gerade heute – in der fortschreitenden Überlappung realer Alltagswelt mit Schnelllebigkeit und virtuellen Welten aktueller und notwendiger denn je. ▪

1 Diese Beurteilung über Dieter Kienasts Formensprache wird insbesondere von Protagonisten der Kassler Schule wie Reto Mehli vertreten, die Kienast eine Abkehr von seinen früheren Lehrmeistern ebendieser Schule mit ihrer naturwissenschaftlichen-rationalen Haltung zur Schärfung des Naturraums vorwerfen. Sie werten sein Schaffen als nutzerferne Stilisierung der Natur ab. Jedoch setzte Kienast die Form nicht als inhaltslosen Code ein, sondern entwickelt sie, wie Freytag aufzeigt, je nach Projekt von dem Kontext, dem Ort oder den Nutzern heraus. In Publikationen fechteten Mehli und Kienast die unterschiedlichen Positionen aus. Vgl. Mehli, Reto: „Die mit den Förmchen spielen“, in: *Festschrift Karl Heinrich Hülbusch zum 60. Geburtstag am 21. Mai 1996.* Hg. AG Freiraum und Vegetation. Notizbücher Kassler Schule, Kassel 1996, 77–88. Kienast spielte hierauf in einer Befragung darauf an. Vgl. Weilacher, Udo: „Gärten gegen Menschen? Dieter Kienasts Suche nach der Balance zwischen Ästhetik und Ökologie“, in: Eisel, Ulrich/ Körner, Stefan (Hg.): *Landschaft in einer Kultur der Nachhaltigkeit. Band 2.* Kassel 2007, 140.

2 Stöckli, Peter: „Am Ende der Strasse – ein Nachruf auf Dieter Kienast“, in: *anthos* 1 (1999), 58–59.

3 Weilacher, Udo: „Fährtenlese – Wirkungen des protagonistischen Schaffens von Dieter Kienast“, in: *Dieter Kienast*, Basel 2004, 284–295.

4 Vgl. Forschungsprojekt *Grau und Grün. Dieter Kienasts (1945–1998) Beitrag zur Landschaftsarchitektur*, ETH Zürich/TH-Forschungsprojekt (abgeschlossen 2012). Durchführung: Dissertation von Anette Freytag unter Leitung von Prof. Christophe Girot, ETH Zürich. Größtenteils seit 2013 im NSL-Archiv im gta-Archiv der ETH Zürich zu finden.

5 Freytag, Anette: *Natur entwerfen. Zum Werk des Schweizer Landschaftsarchitekten Dieter Kienast (1945–1998).* Dissertation am Institut für Landschaftsarchitektur, ETH Zürich 2011. Betreuer Prof. Christophe Girot.

6 Vgl. Weilacher, „Gärten gegen Menschen?“, 136–145 (wie Anm. 1).

The Ubiquitous Question of One's Own Garden

The present-day understanding of European landscape architecture was decisively influenced by the Swiss landscape architect Dieter Kienast (1945–1998). He was an important trailblazer for the paradigm shift in landscape architecture of the late twentieth century and made vital contributions to its reorientation and significance, making him an idol for an entire generation. His inexhaustible advocacy for the design and mediation of "urban nature" as a livable and sensory open space for today's society set the tone for discourse on landscape architecture for decades.

When Dieter Kienast passed away in 1998, right in the middle of his creative activity and while working to develop the Faculty of Architecture at the Swiss Federal Institute of Technology in Zurich (ETH Zürich), he left behind not only a distinctive body of work, but also a controversial reception of his creative activity and himself as a person. Some saw him as an ingenious virtuoso and thinker with his own language of form meant to raise awareness for the relationship between man and nature, while others denounced his proclivity for aestheticization as an expression of form[1] devoid of content, which they interpreted as a renunciation of his academic beginnings.

As Peter Stöckli predicted in his obituary: "This is certainly not the last that we will hear about Dieter Kienast."[2] However, "the sediment of history" did not yet seem to be "ablated,"[3] for numerous publications by contemporary witnesses followed. Nonetheless, until recently, a critical, more detached analysis of his entire body of work, including the importance of his origins as a student in Kassel for his later work, failed to materialize. We now find this missing academic analysis in the form of the monograph *Dieter Kienast: Stadt und Landschaft lesbar machen* (Dieter Kienast: Readable City and Landscape) by Anette Freytag. In her book, the Austrian art historian attempts to decipher "reciprocal ignorance" (p. 11) and to reclassify Dieter Kienast within the context of current discourse on landscape architecture.

The monograph was preceded by an intense process of exploration on the part of the author, taking the form of the archivization of the Dieter Kienast estate[4] and her award-winning dissertation.[5] This long-standing preoccupation with the subject, but also temporal distance, allowed Freytag to carve out the "missing link" (p. 12) in Kienast's creative activity, suggesting an essential reinterpretation.

This analysis highlights for the first time how important the "Kassel School" is in understanding Kienast's work as a whole and thus counters the censure of an aestheticization that would only be of remote significance to the user.

Instead of structuring the monograph in a traditional chronological sequence, Freytag creates three main thematic sections: "Die Natur der Stadt" (The Nature of the City), "Formen der Nutzung" (Forms of Use), and "Zeichnung und Wahrnehmung" (Drawing and Perceiving).

The first section, "Die Natur der Stadt," illuminates the sociocultural context of the 1970s, which strongly influenced the trajectory of Kienast's career. In this part, Freytag outlines the origins of Kienast's interest in methods of seeking and recording "spontaneous vegetation" and its meaning for the understanding of cultural space. To this end, it becomes vital to point out opposites like naturalness and artificiality, for they are meant to foster a perception of open spaces as "places of social and aesthetic experience" (p. 12). Evident in the ensuing project analyses is the development of Kienast's aesthetic view of "urban nature." The parameters that lend form to the design are a pivotal issue here. Early on, derivation was based on phytosociological foundations that were meant to harmonize with utilization. However, during the paradigm shift in the 1980s, Kienast was interested in a more complex language that additionally sought to grasp landscape and city through garden-historical references. The principle of allegorizing vegetation, which stemmed from the Kassel period, thus forms the basis for his principle of the "aestheticization and symbolization of nature" (p. 124) as found in his later work. Kienast was not interested in harmonizing nature, but rather in making it possible to perceive the multitude of different interpretive possibilities. He was exploring the charged space between the poles of artificiality and naturalness by implementing geometric forms alongside vegetation growing in the wild, with the aim of evoking conscious perception by way of these disruptions.

The second section, "Forms of Use," deals with form-finding in Kienast's designs and plans. Conclusions are drawn from an analysis of the design processes and decisions on projects ranging from his early period into the 1990s, made possible by the previously unpublished planning material. In furthering the "readability" of the spaces, Kienast works with the contrasts between naturalness and artificiality in terms of material, surface, vegetation, and form. References taken from recurring garden art motifs are expertly applied by Kienast. The intention of mastering everyday life by understanding and appropriating the landscape was a constant theme for him: first through utilization only, which into the 1990s enjoyed a sensory emphasis—from usage to contemplation. It is first through conscious perception and pausing that the environment becomes experienceable, along with one's own relationship to it and the meaning assigned. According to Freytag, this tendency to seek more acute con sciousness by way of perfection or beauty is related to the shifting zeitgeist during the 1990s.

In the chapter "Zeichnung und Wahrnehmung," three main aspects flow together and illustrate the intricacy of Dieter Kienast's vocabulary for creating livable landscapes that attain conscious perception through their aesthetic nature and are then meant to initiate a personal stance toward the environment as a means of dealing with everyday life. Indeed, for Kienast, the artistic, design-rooted configuration of the landscape is necessary in order to call attention to, and thus make experienceable, cultural living spaces along with their differences and boundaries. In Kienast's eyes, the strict assertion of an apparent "naturalness" signifies a hidden sign of a conservative attitude toward cultural change, since this change suggests a nostalgic and distorted picture of the concept of nature.[6] Freytag points out how development is influenced by the zeitgeist and how Kienast had a strong and unceasing interest in new vocabulary for conveying his position, which also evolved through interdisciplinary collaboration. Phenomenology played an important role, especially in his later work, corresponding to his understanding of the perception of space and imagery. In this section of the book, Freytag analyzes the broad palette of representational methods employed in Kienast's projects and also the stylization of his own brand, both of which display virtuosity when it comes to the process of continual refinement.

Freytag's unorthodox academic work captivates with an almost playful approach to the selection and analysis of projects, image material, and quotations, giving rise to clarity of interdependencies and conclusions. Specially prepared color photographs by Georg Aerni show projects from today's perspective. Although displaying a different aesthetics than the black-and-white photographs by Christian Vogt that Kienast commissioned, they still continue to convey a personal sense of calmness and depth. The layout is infused with Kienast's abstracted black-and-white matrices—they reference the "Kienast brand" yet are set apart at the same time. The author has succeeded in maintaining a certain distance, as well as an analytical, critical gaze, that still takes Dieter Kienast as an individual into consideration, allowing him to speak, as it were. She portrays him as a sociopolitical, innovative thinker, gardener, and artist who was also a "grounded, irony-loving" person and who enjoyed discussing issues verbally. The book concludes with two photos showing Kienast as a mountain climber—the only ones in the publication in which he is the subject. Here, as in her analysis, Freytag is referencing a viewpoint that sheds light on the complexity of Kienast's personality and the topicality of his position, encouraging us to rethink existing opinions about his creative activity.

Anette Freytag has created a monograph that initiates a unique stance on and appreciation of Kienast and his position, with the same applying to our living space—to quote Kienast's question "Would you like a garden?" For it is in the garden that Kienast saw the space to pause amid this world's beauty embodied, containing the most valuable commodity in our society—"time, attentiveness, and space"—which can only exist and be protected through respectful treatment (p. 397). This call to engage in a conscious individual and continual exploration and appreciation of living space seems—especially today, in the progressive overlapping of the day-to-day world with a fast pace and virtual realities—more topical and necessary than ever. ■

Claudia Volberg (Translation: Dawn Michelle d'Atri)

1 This assessment of Dieter Kienast's language of form is especially advocated by protagonists of the Kassel School like Reto Mehli, who accuse Kienast of turning his back on his early teachers from this very school with their rational stance, rooted in the natural sciences, toward refining the natural environment. They devaluate his creative activity as a stylization of nature that is of little significance to the user. Yet Kienast did not apply form as a contentless code. As Freytag shows, he developed it from the context, site, or individuals involved depending on the specific project. Mehli and Kienast waged a battle about their divergent positions in various publications. See Reto Mehli, "Die mit den Förmchen spielen," in *Festschrift Karl Heinrich Hülbusch zum 60. Geburtstag am 21. Mai 1996*, ed. Arbeitsgemeinschaft Freiraum und Vegetation, vol. 40: Notizbücher Kasseler Schule (Kassel, 1996), pp. 77–88. Kienast alluded to this in a survey. See Udo Weilacher, "Gärten gegen Menschen? Dieter Kienasts Suche nach der Balance zwischen Ästhetik und Ökologie," in *Landschaft in einer Kultur der Nachhaltigkeit*, ed. Ulrich Eisel and Stefan Körner, vol. 2 (Kassel, 2007), p. 140.

2 Peter Stöckli, "Am Ende der Strasse – ein Nachruf auf Dieter Kienast," *anthos* 1 (1999), pp. 58–59.

3 Udo Weilacher, "Fährtenlese: Wirkungen des protagonistischen Schaffens von Dieter Kienast," in *Dieter Kienast* (Basel, 2004), pp. 284–95.

4 See the research project *Grau und Grün: Dieter Kienasts (1945–1998) Beitrag zur Landschaftsarchitektur*, ETH Zürich/TH-Forschungsprojekt (completed in 2012). Results: dissertation by Anette Freytag under the advising of Prof. Christophe Girot, ETH Zürich. Most of the material has been available since 2013 in the NSL-Archiv at the gta-Archiv of the ETH Zürich.

5 Anette Freytag, *Natur entwerfen: Zum Werk des Schweizer Landschaftsarchitekten Dieter Kienast (1945–1998)*, dissertation at the Institute of Landscape Architecture, ETH Zürich, 2011. Advisor: Prof. Christophe Girot.

6 See Weilacher, "Gärten gegen Menschen?," pp. 136–45.

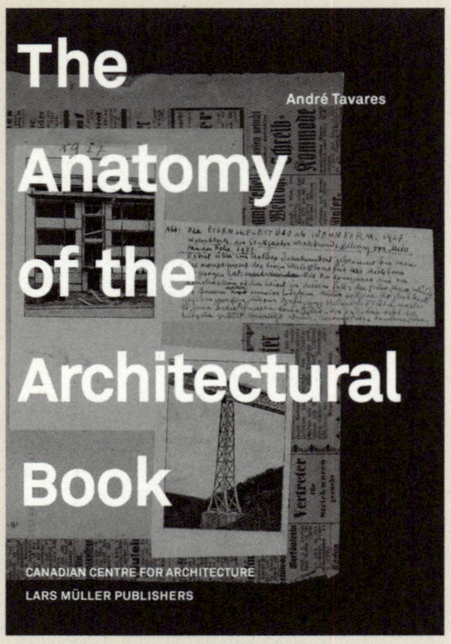

The Anatomy of the Architectural Book
André Tavares
Mitherausgeber | co-published by: Canadian Centre for Architecture, Montréal
Zürich | Zurich: Lars Müller Publishers, 2016
Englisch, 384 Seiten, 120 Farb- und SW-Abbildungen, Hardcover | English, 384 pages, 120 color and b/w illustrations, hardcover
ISBN 978-3-03778-473-0
EUR 40,00 | EUR 40.00

Bücher bauen, Bauten lesen

Sophia Walk

Betrachtet man die Verwandtschaft von Architektur und Buch, gehören das Lesen eines Bauwerks und das Auffassen eines Buches als Haus wohl zur gängigsten Metaphorik. Diese Erkenntnis begreift Haus und Buch vor allem gegenständlich: Wie lässt sich die Raumwahrnehmung des einen mit dem Vokabular des anderen umschreiben?

In *The Anatomy of the Architectural Book* bilden diese Sprachbilder zwar den Hintergrund, Autor André Tavares geht aber weit über diese bloße Metaphorik hinaus und zeigt auf, wie das Wesen von Architektur mit dem Wesen von Architekturbüchern verwandt ist. Er setzt seine Untersuchung dort an, wo Haus und Buch nicht nur in ihrer Form aufgefasst und beschrieben werden, sondern analysiert die Wechselbeziehung von Baukultur und Buchkultur.

Dabei typisiert Tavares den Architekten als unkonventionellen Buchmacher, der die Buchproduktion als Bauprozess begreift. Dieses Verständnis sowie die Auffassung eines Buches als räumliches Äquivalent zu Gebäuden hilft dem Entwerfer, Zeichner und Planer nicht nur, sondern bringt abseits von festgetrampelten Pfaden des Buchmachens auch überraschende, andersartige Bücher hervor. Mehr noch als um den Inhalt geht es Tavares darum, wie Bücher als Ausdruck architektonischer Ideen fungieren.

Das architektonische Buch war stets ein besonderer Bereich, sowohl in der Buchwissenschaft als auch in der Architektur. In der Buchwissenschaft sind Architekturbücher nicht umsonst die frühesten Zeugnisse des neu entstehenden Handwerks des Buchdrucks im ausgehenden 15. Jahrhundert.

Und in der Architektur selbst? Man kann sagen, Architektur kann nicht mit Architektur beschrieben werden. Damit ist nach dem Philosophen Tassilo Eichberger gemeint, „dass man den jeweiligen Begriffsinhalt nicht durch Verweis auf den anderen Begriff erklären kann“.[1] Für Eichberger ist „die Auskunft, Architektur sei, was Architekten machen, ebenso unbefriedigend, wie die Erklärung, ein Architekt ist, wer Architekturen mache“.[2] Und hier kommt das architektonische Buch ins Spiel. Denn wenn das Gebaute nicht zwingend Architektur ist, kann Architektur sehr wohl auch das Buch selbst sein. Dann ist Architektur nur im Kopf ihres Verfassers vorhanden – alle Arten der Kommunikation, Darstellung oder Vermittlung, also das Modell, der Text, die Zeichnung und das gebaute Haus, sind nur Hilfestellungen für den Rezipienten. Somit ist das Gebaute nicht der Zeichnung oder dem Text als überlegen zu sehen.

Der Leser sitzt mit Tavares im Archiv des Canadian Centre for Architecture in Montréal und in der Bibliothek der Fundação Marques da Silva in Porto, sieht, wie dessen Hände behutsam durch die Seiten von Perraults Vitruv blättern, beugt sich über seine Schulter, während er Sebastiano Serlios *Quarto Libro* liest, und beobachtet ihn, wie er die großformatigen Zeichnungen von Giambattista Nolli studiert. Die von Tavares untersuchten Bücher sind fotografisch in einer Weise dokumentiert, die dem Leser genau diesen Eindruck vermittelt. So bleibt das Buch in seiner Form erkennbar, verständlich und meist sogar lesbar. Diese Art der optischen Vermittlung zelebriert den Wert dieser Bücher – Vitruv, Palladio, Serlio –; sie erscheinen dem Leser fast wie Reliquien.

Die Geschichte des architektonischen Buches ist bisher nicht unerforscht; Tavares erschließt in *The Anatomy of the Architectural Book* jedoch einen *missing link*: den Raum zwischen Architektur und Buch, die Beziehung, die gebaute Häuser und gedruckte Architekturbücher eingehen. Diese Beziehung meint für den Autor auch, wie sich die jeweiligen Technologien in Buchproduktion und Baubetrieb gegenseitig bedingen, verändern und aufeinander wirken.

André Tavares vereint in seiner Person viele der von ihm erörterten Blickwinkel auf Baukultur und Buchkultur: Er ist Architekt, leitet den

1 Eichberger, Tassilo: *Systeme der Architektur. Eine strukturelle Analyse der Rolle(n) des Architekten in den Systemen der Architektur*, Berlin 2003, 1.

2 Ebd.

in Porto ansässigen Verlag Dafne Editora, arbeitete als Chefredakteur des Architekturmagazins *Jornal Arquitectos* und als leitender Kurator der Architekturtriennale Lissabon 2016.

The Anatomy of the Architectural Book ist in zwei Teile gegliedert, die beide auf ihre Weise die wechselseitigen Einflüsse von gebauter Architektur und publiziertem Buch beinhalten. Im ersten Teil werden in zwei Essays einerseits ein Bauwerk – der Kristallpalast in London aus dem Jahr 1851 – und andererseits ein Architekturbuch – Siegfried Giedions *Befreites Wohnen* aus dem Jahr 1929 – dahingehend untersucht, wie Bauwerke das Wissen aus dem Buchdruck und Bücher architektonisches Wissen verkörpern.

Im ersten Essay „Colorful Crossroads – From Paper to the Crystal Palace" legt Tavares dar, wie sich Mitte des 19. Jahrhunderts Chromolithografie im Buchdruck und Polychromie in der Architektur gegenseitig bedingen und wie die zu dieser Zeit entstehenden Gebäude die Entwicklung von Drucktechnologien beeinflussen. Im zweiten Essay „Modern Clumsiness – Building *Befreites Wohnen* and Siegfried Giedion's Loom" zeichnet Tavares das Bild des Buchs als Objekt und diskutiert die Frage, ob äußeres Erscheinungsbild, Layout und Bildmaterial von *Befreites Wohnen* ungeschickt, plump (*clumsy*) sind und wie sich diese Aspekte auf die Architekturdebatte dieser Zeit auswirkte.

Im zweiten Teil seziert Tavares, um im medizinischen Vokabular zu bleiben, die Körperteile von Architekturbüchern. Dabei ist das Trägerobjekt dieser Untersuchung die Buchseite, gleichsam als Blutbahn, die durch den Buchkörper fließt. In den Kapiteln „Textur, Oberfläche, Rhythmus, Struktur" und „Maßstab" beschreibt der Autor Typografie und Schriftsatz auf Buchseiten, analysiert das Verhältnis von Text und Bild, untersucht das Seitenlayout hinsichtlich der Argumentation von Inhalten, lotet die Grenzen des Formats Buch aus, die sich wie Mauern vor Buchmachern auftun, zeigt auf, wie diese Grenzen im Architekturbuch überwunden wurden und befasst sich mit der Herausforderung, die Maßstäbe eines Bauwerkes innerhalb derer eines Buches darzustellen.

Architektonisches Wissen verläuft nicht ausschließlich linear von Buch zu Bauwerk und zurück. Laut André Tavares liegt die Verbindung von gebauter Architektur und gedrucktem Buch im Nichtgreifbaren: nicht in Buchseiten, die wie Räume durchschritten werden können, sondern im Diffundieren des architektonischen Wissens zwischen Büchern und Gebäuden, Buchproduktion und Bauprozess, Buchkultur und Baukultur. Dann ist die Verkörperung von Wissen und sind Manifeste, ob gebaut oder niedergeschrieben, das, was Bücher und Häuser verbindet.

"And as architects shaped books, books shaped their architecture." (S. 387) ▪

Building Books, Reading Buildings

In considering the affinity between architecture and books, the most common metaphors include reading a building and viewing a book as a building. This awareness involves a primarily representational approach to both house and book: How can the spatial perception of the one be rewritten with the vocabulary of the other?

While in The *Anatomy of the Architectural Book* these figures of speech may provide the backdrop, the author André Tavares goes far beyond this simple use of metaphor to demonstrate how the essence of architecture is akin to the essence of books on architecture. He initiates his study at the point where building and book are interpreted and described not only in terms of form and then goes on to analyze the reciprocal relations between building culture and book culture.

In the process, Tavares typecasts the architect as an unconventional bookmaker, who grasps book production as a building process. This conceptual approach, along with the notion of a book as the spatial equivalent of a building, not only serves to help the designer, drafter, and planner, but rather also gives rise to unique and surprising books off the beaten bookmaking path. Aside from content, Tavares is even more interested in how books function as an expression of architectural ideas.

The architectural book has always been special field, both in the world of books and in the context of architecture. It is not without reason that, in the former, architectural books were the earliest witnesses to the newly developing craft of letterpress printing in the late fifteenth century.

And architecture itself? One might say that architecture cannot be used to describe architecture. This means, to cite Tassilo Eichberger, "that we cannot explain the respective connotations of a term by referencing another term."[1] To Eichberger, "the assertion that architecture is what architects create is just as unsatisfactory as the explanation that anyone who makes architectural structures is an architect."[2] And this is where the architectural book comes into play, for if built structures are not necessarily architecture, then architecture certainly could be a book itself. Then architecture only exists in the mind of its creator; indeed, all kinds of communication, representation, or mediation—that is, model, text, drawing, and the built house—merely serve to support the recipient. As such, built

1 Tassilo Eichberger, *Systeme der Architektur: Eine strukturelle Analyse der Rolle(n) des Architekten in den Systemen der Architektur* (Berlin, 2003), p. 1.

2 Ibid.

structures cannot be considered superior to drawings or text.

The reader sits with Tavares in the archive of the Canadian Centre for Architecture in Montréal and in the library of the Fundação Marques da Silva in Porto, watching how his hands gingerly leaf through the pages of Claude Perrault's Vitruvius, leaning over his shoulder while he reads Sebastiano Serlio's *Quarto Libro*, and observing him while he examines the large-format drawings of Giambattista Nolli. The books studied by Tavares are photographically documented in such a way that precisely this impression is conveyed to the reader. The books thus remain recognizable, understandable, and in most cases even legible in their original form. This manner of visual mediation celebrates the value of these books—Vitruvius, Palladio, Serlio. To the reader, they almost seem like relics.

The history of the architectural book has not eluded research so far. However, Tavares explores a missing link in *The Anatomy of the Architectural Book*: the space between architecture and book, and the relationship that built structures and printed books on architecture engage in. In the author's view, this relationship also includes how the respective technologies related to book production and architectural construction are mutually dependent, changing and impacting one another.

André Tavares himself unites many of the discussed perspectives on building culture and book culture: he is an architect and also runs the publishing company Dafne Editora in Porto, works as editor-in-chief of the architecture magazine *Jornal Arquitectos*, and served as head curator of the Lisbon Architecture Triennale 2016.

The Anatomy of the Architectural Book is divided into two parts, both of which explore, each in their own way, the reciprocal interaction between built architecture and published books. In the first part, two essays examine how architectural structures embody knowledge related to the art of book printing and how books embody architectural knowledge: one essay deals with a building, the Crystal Palace in London of 1851, and the other with a book on architecture, Sigfried Giedion's *Befreites Wohnen* (Living Liberated) of 1929.

In the first essay, "Colorful Crossroads: From Paper to the Crystal Palace," Tavares explains how, in the mid-nineteenth century, chromolithography in book printing and polychromy in architecture mutually influenced each other and how the buildings being erected at the time impacted the development of printing technologies. In a second essay, "Modern Clumsiness: Building *Befreites Wohnen* and Sigfried Giedion's Loom," Tavares sketches a picture of the book as object and discusses the question of whether the outer appearance, layout, and image material of *Befreites Wohnen* are "clumsy" and what effect these aspects had on the architectural discourse of the time.

In the second part, Tavares dissects (let's stick with medical vocabulary here) the body parts of architectural books. Here, the carrier object of this study is the page of a book, like a blood vessel, as it were, that runs through the body of the book. In the five chapters "Texture," "Surface," "Rhythm," "Structure," and "Scale," the author describes the typography and typesetting of book pages, analyzes the relation between text and imagery, examines the page layout with a view to the argumentation of content, fathoms the bounds of the book format which rise like walls in front of bookmakers, illustrates how such boundaries have been surmounted in architectural books, and addresses the challenge of rendering the scale of an architectural structure within the dimensional confines of a book.

Architectural knowledge does not only run linearly from book to structure and back. According to André Tavares, the connection between built architecture and printed book lies in the intangible: not in book pages, which may be traversed like rooms, but in the melding of architectural knowledge among books and buildings, book production and building process, book culture and building culture. Then what connects books and buildings is the embodiment of knowledge and also manifestos, either built or put to paper. "And as architects shaped books, books shaped their architecture" (p. 387). ▪

Sophia Walk (Translation: Dawn Michelle d'Atri)

AUS DER FAKULTÄT
Faculty News

Faculty

Research

Publications

Awards

Exhibitions

Events/Projects

Joost Meuwissen © Florian Lierzer, HDA Graz

Goodbye Joost Meuwissen
* 9. Februar 1950 | † 5. September 2016

Die erste Vorlesung von Professor Meuwissen an der TU Graz am 14. November 1995 um 08.15 Uhr im Hörsaal 6 begann mit folgenden Worten: „Worum es in dieser Vorlesungsreihe geht, ist, Städtebau und Architektur nicht nur zu denken, sondern sie auch in einem Projekt, bei der Entwurfsarbeit denken zu können. Nicht nur zu theoretisieren, sondern theoretisch fundiert zu entwerfen. Um an Städtebau während eines städtebaulichen Entwurfs denken zu können, braucht man nur an Städtebau an sich zu denken. So einfach ist das." In der folgenden dreistündigen Vorlesung hatte er die Hälfte der Zeit damit verbracht, die Komplexität der politischen und raumplanerischen Zusammenhänge zu erklären und die andere damit, ein eigenes Projekt und dessen theoretische Grundlage detailliert zu erläutern und mit eigenen Zeichnungen zu untermalen. Er beendete die Vorlesung mit einem Appell an die Studierenden, sie sollten doch auch einmal versuchen, „im Entwurf zu denken" bzw. es wagen, „in einem Entwurf theoretisch denken zu können, statt, wie üblich, mit dem Denken ganz aufzuhören, sobald man zu zeichnen anfängt. Seinen Verstand auf Null zu stellen hat mit Kreativität doch nichts zu tun!"

So war Joost Meuwissen – von seiner ersten bis zu seiner letzten Vorlesung. Aber auch in unzählbaren Korrekturen und Jurysitzungen von Projektübungen, Workshops oder Diplomarbeiten vertrat er immer mit Verve, dass Theorie und Praxis untrennbar seien. Sein theoretisches Wissen schöpfte er aus seinem Architekturstudium an der TU Delft, seiner Dissertation bei Professor Geert Bekaert, unzähligen Recherchen für Artikel, Ausstellungen und Publikationen und der Arbeit an seiner eigenen Architekturzeitschrift *Wiederhall*, aber natürlich vor allem aus seinen Lehrtätigkeiten und Professuren an der TU Eindhoven, am Berlage Institute, an der Universität Karlsruhe, der Akademie der bildenden Künste in Wien und natürlich den insgesamt 16 Jahren (1995–2002 und 2007–2016) an der TU Graz. Seine praktischen Erfahrungen stammten aus Kooperationen mit anderen Architekten, wie zum Beispiel Jo Coenen, Wiel Arets oder Matthijs Bouw. Mit letzterem gründete er 1995 das Architekturbüro One Architecture in Amsterdam, das er fünf Jahre später wieder verließ, um lieber wieder mit wechselnden ProjektpartnerInnen arbeiten zu können.

Von dieser Synthese aus Theorie und Praxis konnten Studierende und KollegInnen nur profitieren. Meuwissens scharfsinnige Kritiken, vorgetragen in einer Mischung aus Nonchalance und Ironie, sowie seine Fähigkeit, auch in den abstrusesten Projekten noch Qualitäten zu finden und ernsthaft zu diskutieren, waren legendär und inspirierend.

Am 10. November 2016 fand in der Aula der TU Graz eine sehr schöne und gut besuchte Abendveranstaltung „In Memoriam Joost Meuwissen" statt, in der viele seiner fachlichen und menschlichen Qualitäten deutlich wurden. An diesem Abend des gemeinsamen Gedenkens an den Menschen, Architekten und Professor Joost Meuwissen galt frei nach Novalis: „Alle Erinnerung ist Gegenwart". In Kurzvorträgen in der Aula und später in individuellen Gesprächen bei einem Glas Wein wurden gemeinsame Erlebnisse erzählt, seine originelle Persönlichkeit geschildert, von seiner Beliebtheit berichtet, seine Thesen diskutiert und vor allem offen über die Trauer gesprochen, die dieser menschliche und intellektuelle Verlust mit sich zieht. Ein Kondolenzbuch lag an diesem Abend aus und steht immer noch im Dekanat all jenen zur Verfügung, die eine persönliche Erinnerung teilen möchten.

In Joost Meuwissens Doktorarbeit „Architektur als alte Wissenschaft", die den niederländischen Rationalismus der Nachkriegsmoderne beschreibt, schrieb er 1988 auch folgenden Absatz: „Architecture exists by the sake of opportunity. Good architecture is, as Kenzo Tange phrased it, the exploitation of ‚fortune occasions'. Paul Valéry says the same about literature." Man möchte fast hinzufügen, dass dies auch seit 21 Jahren für das Architekturstudium in Graz galt. Die Berufung von Joost Meuwissen war ein solcher Glücksfall, der ein gutes Studium ermöglichen konnte.

Seit seinem Tod am 5. September 2016 bleiben der Fakultät leider nur noch seine Texte, seine Zeichnungen und die Erinnerungen der Studierenden, KollegInnen, MitarbeiterInnen und FreundInnen an einen außergewöhnlich gebildeten, toleranten, eloquenten, aufmerksamen, humorvollen und immer freundlichen Menschen. Die Anteilnahme und das größte Mitgefühl gelten seiner Witwe, der Malerin Marian Plug, seiner Tochter, der Philosophin Meredith Plug, und seiner Enkelin Aimée. ▪

Mathieu Wellner

Good-bye to Joost Meuwissen
* February 9, 1950 | † September 5, 2016

The first lecture by Professor Meuwissen at Graz University of Technology, on November 14, 1995, at 8:15 a.m. in Lecture Hall 6, began with the following words: "The point of this lecture series is not only to think about urban design and architecture, but to conceptually situate them in a project setting, as part of design work, as well. Not only to theorize, but to design in a theoretically sound way. In order to be able to think urban design while working on an urban-design project, one must merely think about urban design itself. That's how easy it is!" In the subsequent three-hour lecture, he spent half of the time explaining the complexity of political and spatial-planning interdependencies, and the other half expounding on one of his own projects in detail, including its theoretical basis, underscoring the discussion with his own drawings. Meuwissen ended the lecture by appealing to the students to try and "think within the design" or to dare to "be able to theoretically think through a design rather than, as usual, totally stop thinking as soon as the drawing begins. Turning off one's brain completely certainly has nothing to do with creativity!"

That was Joost Meuwissen—from his first to his last lecture. But in countless corrections and jury sessions for project exercises, workshops, or diploma theses as well, he always asserted with verve that theory and practice are inseparable. His theoretical knowledge was drawn from his architecture studies at Delft University of Technology, his dissertation written under Professor Geert Bekaert, as well as from untold research for articles, exhibitions, and publications, and work on his own architecture journal *Wiederhall*. But naturally, most especially, from his teaching activity and professorships at Eindhoven University of Technology, Berlage Institute, the University of Karlsruhe, the Academy of Fine Arts Vienna, and of course the total of sixteen years spent at Graz University of Technology. His practical experience stemmed from cooperative relationships with other architects, such as Jo Coenen, Wiel Arets, and Matthijs Bouw. With the latter, he founded the architectural firm One Architecture in Amsterdam in 1995, which he left five years later in order to once again work with various different project partners instead.

Students and colleagues could not but benefit from this synthesis of theory and practice. Meuwissen's astute critiques, presented with a blend of nonchalance and irony, along with his ability to find qualities worthy of serious discussion in even the most abstruse projects, were legendary and inspiring.

On November 10, 2016, a quite lovely and well-visited evening event titled "In Memoriam Joost Meuwissen" was held in the auditorium of Graz University of Technology, where many of his professional and human qualities were brought to light. A freely adapted aphorism by Novalis was fitting on this evening of joint remembrance of Joost Meuwissen as man, architect, and professor: "All memory is the present." In short lectures in the auditorium, and later in personal conversations over a glass of wine, joint experiences were related, his original personality rendered, his popularity explained, his theses discussed, and, above all, the grief shared which inevitably accompanies this human and intellectual loss. A condolence book was available on this evening and is still present in the dean's office for anyone who wishes to share a personal memory.

In Joost Meuwissen's 1988 dissertation *Architektur als alte Wissenschaft* (Architecture as Ancient Science), which explores Dutch Rationalism in the context of postwar modernism, he also penned the following paragraph: "Architecture exists by the sake of opportunity. Good architecture is, as Kenzo Tange phrased it, the exploitation of 'fortune occasions.' Paul Valéry says the same about literature." It makes one want to add that this has also applied to the study of architecture in Graz for the past twenty-one years. The appointment of Joost Meuwissen was just such a "fortune occasion," favorably impacting studies.

Remaining to the Faculty since his death on September 5, 2016, are sadly only his texts, his drawings, and the memories cherished by students, colleagues, coworkers, and friends of an extraordinarily cultured, tolerant, eloquent, attentive, humorous, and ever-friendly person. Our heartfelt condolences and compassion are extended to his widow, the painter Marian Plug, his daughter, the philosopher Meredith Plug, and his granddaughter Aimée. ▪

Mathieu Wellner

Peter Zinganel © IGL

Nachruf auf Peter Zinganel
* 12. März 1959 | † 24. Oktober 2016

Der plötzliche und völlig unerwartete Tod von Peter trifft uns schmerzlich und hinterlässt eine Leerstelle, die er als beliebter und geschätzter Entwurfslehrer am Institut für Gebäudelehre für viele Jahre besetzte.

Peter prägte Studierende durch seine Offenheit und sein Vertrauen. Entwickeln und Ausprobieren, Auffinden und Verwerfen: Ideen, Gedanken, Skizzen und

Modelle. Er gab keine Anleitungen, sondern Hilfestellungen, Hinweise, Einschätzungen, er legte Fährten – etwa zu Jean Prouvé, aber auch zu vielen künstlerischen Arbeiten, die das Sensorium der Studierenden trainieren und um mögliche Entwurfsideen bereichern konnte. Peters Lehre war zutiefst vom Vertrauen in die unschlagbaren Qualitäten von Architektur bestimmt, die immer künstlerische bleiben. Natürlich war er dabei auch geprägt von seinen eigenen Lehrern, allen voran Günther Domenig, in dessen Büro er von 1985 bis 1996 gearbeitet hatte. Er wusste aber auch um die Gefahr, die von einer so charismatischen Lehrerfigur für die nicht ganz so Talentierten ausgeht. Deswegen stellte er auch sicher, dass am Ende aller Bemühungen eine architektonische Formulierung getroffen wird, die eine gestalterische Absicht mit den einzuübenden Mitteln der Architektur formuliert. Auf dem Weg dorthin war er aber sehr geduldig, er war nie laut oder ärgerlich, manche würden sagen, er war liebevoll. Peter kehrte nie den Lehrer hervor und pflegte – wie auch in seinem 1996 gegründeten Büro – einen offenen, gesprächsfreudigen und unhierarchischen Umgang.

Obwohl oder gerade weil Architektur unabdinglich mit dem Leben, mit den Routinen des Alltags ebenso wie mit der Fähigkeit zum sinnlichen Genuss verknüpft ist, war Peters Lehre so wertvoll. Mit Aufmerksamkeit, Feinsinn und Humor begleitete er die Studierenden und schätzte sich eher als Ermöglicher denn als Lehrer ein – eine Besonnenheit, die auf seinem grundsätzlichen Vertrauen auf die Lern- und Entwicklungsfähigkeiten der Studierenden beruhte. Peter leitete viele Jahre ganz bewusst eine Entwurfsübung fast am Beginn des Studiums. Ihm war klar, dass man gerade zu diesem Zeitpunkt wichtige Impulse geben kann, um ein Verständnis für eine Profession zu wecken, die sich weder in technischen Problemlösungen noch in Dienstleistungen oder Fachwissenschaften erschöpfen kann. Ihm war die kulturelle Dimension wichtig, das Ermöglichen von neuen Gedankenwelten. Als Lehrer war er entsprechend auch kein Akademiker, sondern näherte sich dem Entwerfen immer über künstlerische Zugänge. Das entsprach auch seinem eigenen Talent. Zugleich war er aber auch Realist. Er wusste, was es bedeutet, diesen Beruf tatsächlich mit allen seinen Konsequenzen auszuüben. Dieses Wissen um diese beiden Pole – die Notwendigkeit, offen, neugierig und auf der Suche zu bleiben und den Studierenden die zermürbenden Aspekte der Praxis auch wohldosiert zu vermitteln – machte ihn zu einem herausragenden Lehrer.

Peter hat immer auch vermittelt, dass Architektur und Genuss zusammengehören. Unvergessen sind die gemeinsamen Exkursionen mit den Studierenden zur Biennale nach Venedig, wo es unter seiner Anleitung galt, die geheimsten, verschwiegensten und natürlich zugleich besten Osterias und Bars der Lagunenstadt zu erkunden. Am Ende des Entwurfssemesters werden sich viele seiner Studierenden gedacht haben: Genau so ist ein Architekt! Wir vermissen diesen Architekten, Lehrer und Freund und werden ihm ein ehrendes Andenken bewahren. ▪

Hans Gangoly

Obituary for Peter Zinganel
* March 12, 1959 | † October 24, 2016

The sudden and totally unexpected death of Peter has touched us painfully and leaves behind a void that he had filled for many years as a beloved and valued design teacher at the Institute of Design and Building Typology.

Peter made a lasting impression on students with his openness and his trust. Developing and trying out, detecting and discarding: ideas, thoughts, sketches, and models. Instead of instructions, he gave assistance, tips, assessments. He paved paths—for instance to Jean Prouvé, but also to many artistic works that engaged the sensorium of students and was able to enrich it with possible design ideas. Peter's teaching was deeply informed by a trust in the invincible qualities of architecture that always remain artistic. Of course he was also influenced by his own teachers in the process, most especially by Günther Domenig, in whose firm he worked from 1985 to 1996. But Peter was likewise cognizant of the danger that such a charismatic teacher as authority figure harbors for students who are not quite as talented. This is why he also ensured that all efforts resulted in an architectural formulation that expresses a creative intention through the means of architecture. Throughout the process, he was extremely patient, was never loud or frustrated, and some might even say that he was affectionate. Peter never emphasized his teacher status and—in his firm as well, founded in 1996—maintained an open, conversational, and non-hierarchal approach.

Although, or precisely because, architecture is vitally connected with life, with the routines of everyday life, but also with the ability to enjoy sensory pleasures, Peter's teaching was so valuable. He guided the students with attentiveness, subtlety, and humor and considered himself more of a facilitator than a teacher—a considerate approach founded on his basic trust in the students' capacity to learn and develop. For many years, Peter very deliberately held a design class almost at the beginning of the degree program. He was aware that it is possible to give important impulses at precisely this point in time, so as to rouse interest for a profession that cannot be drained by technical problem-solving or by services and academic disciplines. Important to him was the cultural dimension, the cultivation of new conceptual worlds. Accordingly, as a teacher he refrained from playing the role of academic, instead approximating design through artistic approaches. This reflected his own personal talent. But he was a realist at the same time. He knew what it actually means to work in this profession with all of the related consequences. This knowledge about these two poles—the necessity of remaining open, inquisitive, and on the scout, and of conveying to students the more grueling aspects of praxis in easy doses—made him an outstanding teacher.

In fact, Peter always imparted the notion that architecture and pleasure belong together. Unforgettable are the joint excursions with students to the Venice Biennale, where the idea was to discover, under his guidance, the most secret, secluded, and of course best osterias and bars of the lagoon city. At the end of the design semester, many of his students will have thought: "Now that is an architect!" We miss this architect, teacher, and friend and will treasure our fond memories of him. ▪

Hans Gangoly

Mensch und Raum neu verbinden
Aglaée Degros (AD) im Gespräch mit Anselm Wagner (GAM)

Aglaée Degros ist Professorin und Vorstand des Instituts für Städtebau an der Technischen Universität Graz, als Nachfolgerin von **Joost Meuwissen**, der am 5. September 2016 verstarb. Degros wurde 1972 im belgischen Leuven geboren und hat in Brüssel, Karlsruhe und Tampere Architektur studiert. 2011 hat sie Artgineering mitgegründet, ein Büro mit Sitz in Rotterdam, das 2014 nach Brüssel wechselte. Degros hatte diverse Lehrpositionen und Gastprofessuren inne, u.a. an der Delft University of Technology, der Rotterdam Academie van Bouwkunst, der Freien Universität Brüssel, der Akademie der bildenden Künste Wien und der Technischen Universität Wien. Degros ist Mitherausgeberin von *Public Space and the Challenges of Transformation in Europe* (2013) und Mitautorin von *Brussels, [Re] discovering its Spaces* (2014). Sie ist regelmäßig Jurymitglied bei internationalen Stadtplanungs- und Entwurfswettbewerben.

Aglaée Degros © Alexandra Zifferer

GAM: In den letzten Jahrzehnten scheint der Beruf des Stadtplaners erodiert und zugleich breiter geworden zu sein. Einerseits haben wir Leute wie Jan Gehl, die ihre Aufgabe darin sehen, Städte von der Moderne zu kurieren oder minimale Eingriffe vorzunehmen, auf der anderen Seite haben wir die KollegInnen, die in China Megastädte bauen und große Masterpläne entwerfen. Urbanistik ist ein breites Feld geworden – vielleicht könntest du die Position beschreiben, in der du dich hier siehst?

AD: Ich werde nicht gegen oder für die Moderne Position beziehen, wie Jan Gehl es tut, denn das ist eine überholte Diskussion. Trotzdem finde ich es ziemlich interessant, dass wir heute stark fragmentierte Regionen haben und dass viel Potenzial vorhanden ist, sie wieder zu verbinden. Für mich ist Städtebau eine Disziplin, die von jeher verbindet. Nehmen wir zum Beispiel die Haussmann-Boulevards in Paris: Sie sind Teil eines großen Plans, nutzen aber das Potenzial, sowohl einzelne Teile der Stadt als auch offenen und bebauten Raum miteinander zu verbinden. Heute liegt die Herausforderung wahrscheinlich darin, nicht nur den Raum wieder zu verbinden, sondern auch die Menschen mit diesem Raum und den Raum mit der Umgebung zu verbinden. Die Maßnahmen zur Verbindung von Raum, Umgebung und Mensch beinhalten natürlich Eingriffe in unterschiedlichen Dimensionen: der territorialen und der menschlichen. Größere, territorial angelegte Elemente sollten Raum schaffen, damit kleinere, menschliche Eingriffe stattfinden können. Deshalb sind stufenweises Planen und Entwerfen sehr aktuelle Forschungsgebiete. Umgekehrt sollten sich aber auch kleinere Eingriffe aufeinander beziehen und in eine Gesamtplanung fügen. Das macht städtebauliche Strategien und Vorgehensweisen für mich sehr interessant.

GAM: Aber wenn Anknüpfungspunkte oder Verbindungen existieren, muss zuvor etwas da gewesen sein. Nur Verbindungen herzustellen ist etwas Anderes als Neues zu kreieren. Oder sagst du: „Nein, als Stadtplanerin muss ich nicht kreieren, ich muss nur verbinden?"

AD: Ich kreiere durch Verbinden! Wenn wir uns die Entstehung neuer Stadtteile in den 1990er Jahren in den Niederlanden anschauen, die so genannten *VINEX*-Viertel, oder den Archetypus der neuen asiatischen Stadt: Dort finden die gegebenen Verhältnisse kaum Beachtung. Für mich gibt es kein Blankoareal. Entwickeln bedeutet nicht, auf ein bestehendes Gebiet eine weitere Schicht Beton oben drauf zu legen. Es bedeutet, das Bestehende mit dem Neuen zu verbinden. Deshalb muss man die vorhandenen und latenten Ressourcen vor Ort erkennen und berücksichtigen. Kein Projekt fängt bei null an. Da gibt es ein Ökosystem, eine Sozialstruktur, es gibt Ortskenntnisse, die man verwenden kann … Wenn ich einen neuen Fahrradweg entwickle, dann ist das in der Tat eine neu geplante Infrastruktur, aber ich verankere sie sehr sorgfältig im Kontext und dadurch aktiviert sie bestehenden Raum – erschafft den Raum (neu).

GAM: Es ist wohl kein Zufall, dass Rem Kolhaas in den Niederlanden auf die Idee der *generic city* kam, in einem Land, das zum Großteil aus künstlich gebildetem Gelände besteht.

AD: Künstlich? So wirkt es auf den ersten Blick. Analysiert man jedoch einen Polder, dann stellt man fest, dass er ein Ökosystem hat, eine technisierte Funktionsweise, er hat seine eigene Logik, hat sogar eine Archäologie und strenge sozioökonomische Regeln … Darauf beruht für mich der Unternehmergeist der Holländer. Hältst du das für generisch?

GAM: Wenn wir uns große städteplanerische Vorbilder oder Konzepte anschauen, dann haben wir die *Beaux-arts*-Tradition des neunzehnten Jahrhunderts, gefolgt von der modernen Stadt der Charta von Athen und danach den *New Urbanism*, der gewissermaßen zum neunzehnten Jahrhundert zurückkehrte. Aber ich frage mich immer, was ist mit dem Konzept oder dem großen Vorbild für die Stadt des einundzwanzigsten Jahrhunderts – ist da schon etwas im Entstehen oder hantieren wir immer noch mit den alten Modellen?

AD: Vergiss Bernardo Secchi und Thomas Sieverts und das Modell des dispersiven Städtewachstums nicht, es ist ein Schritt in Richtung *everyday urbanism*. Jetzt sind wir sogar weiter, und das Modell ist komplexer, es soll nicht nur auf dem Beobachten und Erkennen von Mustern beruhen, sondern auf der von BürgerInnen ausgehenden Dynamik.

In diesem Sinne ist der Film *Demain* (Morgen) von Mélanie Laurent und Cyril Dion ein gutes Beispiel dafür, wie Bürger die Stadt von sich aus formen. Es geht um Menschen aller Art auf der ganzen Welt, die mit ihren Mitteln kleine Projekte starten, zur Verbesserung von Landwirtschaft, Wirtschaft oder der Stadt …

GAM: Diese Menschen sind also keine ExpertInnen, sondern normale Leute?

AD: Ja, da sind zum Beispiel Leute, die Detroit in Eigeninitiative verändern und Brachen zu Ackerland machen, oder Bürgervereinigungen, die unterschiedliche Formen der Energieerzeugung organisieren. Ich bin überzeugt, in dieser Dynamik steckt ein großes Potenzial für den heutigen Städtebau.

GAM: Und welche Position nimmt der/die StadtplanerIn in diesem Szenario ein?

AD: Der/Die StadtplanerIn wird der-/diejenige sein, der/die in der Lage ist, die unterschiedlichen Kräfte in eine übergeordnete Planung für das gesamte Gebiet zu integrieren. Der/Die StadtplanerIn versteht zum einen den Prozess, eine Vision für ein Gebiet zu entwickeln, und ist in der Lage, diese in eine räumliche Form zu übersetzen. Ohne StadtplanerIn bliebe die Dynamik der BewohnerInnen punktuell.

GAM: Es ist also ein Prozess „von unten nach oben", nicht einer „von oben nach unten", wie er früher üblich war … Ich habe immer die alten Fotos im Kopf, auf denen das Modell einer Stadt zu sehen ist und von oben die Hand des Architekten, etwa von Le Corbusier, der auf bestimmte Gebäude deutet.

AD: Nun ja, sicherlich verändern sich Stellung und Instrumentarium der Stadtplaner; so gesehen sollte er oder sie weniger deuten und mehr mitmachen! Mock-ups und Pilotprojekte sind Mittel, die heutzutage viel verwendet werden. Wenn man als Stadtplaner aber bürgernah planen soll, darf man nicht vergessen, dass man der- oder diejenige ist, der/die Strategien entwickeln muss, das Ganze auf den größeren Maßstab hochzurechnen, sonst ist das Engagement der Bürger zwar sympathisch, aber die Wirkung verpufft.

GAM: Wechseln wir zu deiner Position an der Universität. Was sind deine Pläne für Städtebau in Lehre und Studium an einer Architekturfakultät, die kein Masterprogramm in Städtebau hat, sondern nur in Architektur? Was sollte ein Architekt bzw. eine Architektin mit unserem Diplom am Ende über Städtebau wissen?

AD: Im Architekturcurriculum ist der Kontakt zum Städtebau für Studierende eine Chance, sich bewusst zu machen, dass es nicht nur Gebäude zu entwerfen gilt, sondern auch den Raum darum herum. Dieser Raum kann die unmittelbare Umgebung sein oder das gesamte Gebiet. Aber vor allem ist es die Aufgabe eines Instituts für Städtebau, den Studierenden das Verständnis zu vermitteln, dass man als ArchitektIn eine entsetzliche Verantwortung für und Auswirkung auf die Umwelt hat, und eine echte gesellschaftliche Verantwortung. An der Freien Universität Brüssel (VUB), wo ich Professorin war, gehörte der Städtebau zur geografischen Fakultät; die Thematik war Studierenden, die von der Soziologie, Geografie oder Landschaftskontexten kamen, leicht zu vermitteln. Aber sie hatten natürlich weniger Affinität zum Raumentwurf als ArchitektInnen. Die Tatsache, dass es kein eigenes Diplom gibt, ist ein Symptom dafür, dass die Disziplin in Österreich noch wenig entwickelt ist. Doch ich betrachte das lieber als Gelegenheit, innerhalb der Architektur eine Nische für die Gestaltung unbebauter Umwelt – des öffentlichen Raums – eines Gebiets – zu schaffen – die große Dimension. Das Institut in dieser Nische zu positionieren, unterstreicht die Bedeutung des Entwurfs. Ich bin ein totaler Newcomer und möchte keine vorschnellen Urteile fällen, aber mir scheint, dass dieses Wissen in Österreich verstärkt werden kann. Es gibt viele regionale Probleme in und um Graz, die sich durch *research through design* verringern lassen. Die Überalterung der Landbevölkerung, die Abwanderung vom Land in die Städte, die klimatischen Herausforderungen (Wasserwirtschaft, Luftverschmutzung), die Mobilität von Stadtrandgebieten …

GAM: Du glaubst also, du findest deine Themen in Graz und der hiesigen Region und es erübrigt sich dadurch, Masterstudios in Hongkong oder Südafrika zu organisieren?

AD: Graz ist exotisch genug für mich! (Beide lachen.) Und die Stadt steht vor vielen Herausforderungen, mit denen andere Regionen in Europa ebenfalls konfrontiert sind … Graz ist ein perfektes Labor, um innovative Lösungen zu testen.

GAM: Da ist was dran. Es heißt immer, die Hälfte der Menschheit lebe in Städten, deshalb müssten wir uns nur mit den Städten beschäftigen. Was nicht erwähnt wird und der Logik entsprechend daraus folgt, ist, dass fünfzig Prozent eben nicht in Städten leben, sondern auf dem Land. Was ist mit der Zersiedelung im städtischen Umland, was mit den kleineren Dörfern auf dem Land, in Österreich wirklich ein großes Thema? Wenn man mit dem Flugzeug anreist und auf die Landschaft hinabschaut, sieht man überall Zersiedelung, außer in den Alpen. Der Rest ist voll von freistehenden Häusern. Wird das auch Thema deines Unterrichts sein oder konzentrierst du dich nur auf Städte?

AD: Mit den Masterstudierenden und der Forschungsgruppe nehmen wir momentan die Umgebung von Regionalbahnhöfen unter die Lupe, von Graz nach Osten Richtung Gleisdorf und weiter. Steigt die Nutzung öffentlicher Verkehrsmittel in einer urbanen Region, dann steigt gleichzeitig die Pkw-Mobilität in ländlichen Gegenden. Das Ungleichgewicht bei der Mobilität zwischen einer Stadt und ihrer Umgebung war nie so stark. Das Potenzial kleiner Vorortbahnhöfe zu erforschen, könnte Alternativen zu diesem Trend liefern. Es ist kein Vorrecht von Graz, ein enormes Ungleichgewicht zwischen der Stadt und der umliegenden Region aufzuweisen.

Ich war kürzlich auf einer Konferenz in Badajoz, an der Grenze zwischen Portugal und Spanien. Badajoz ist wie viele ländliche Gegenden in Europa: Es gibt Probleme mit der Demographie, der Landflucht, einer alternden Bevölkerung, wirtschaftlicher Stagnation … Das sind Orte in Europa, wo es wehtut, wo es für uns als StadtplanerInnen viel zu tun gibt und wir die Verantwortung haben, die Lebensbedingungen zu verbessern. Wir müssen ländliche Gegenden wieder lebenswert machen! Das Thema Mobilität verdient in diesem Zusammenhang große Beachtung: Die alternde Bevölkerung, der Trend, dass SeniorInnen mangels Alternativen immer mehr Autos haben, und zu wenig öffentliche Einrichtungen (Schulen und Krankenhäuser) erfordern innovative Lösungen für Mobilität und Städtebau. Zusätzlich ist es aufgrund der kleinteiligen Behördenstruktur sehr schwierig, diese alternative Mobilität zu organisieren. Die Arbeit in ländlichen und stadtnahen Regionen erfordert ein starkes Prozessdesign, das die zuständigen Stellen mit einbezieht. Übrigens, mit Artgineering haben wir den Auftrag bekommen, angesichts eines dispersiven Stadtwachstums auf dem holländischen Land (ja, das gibt es …) nach alternativen Formen von Mobilität zu suchen. Weil, naja, du sagst, in Österreich gibt es das Phänomen der Zersiedelung, aber eure Berge halten es wenigstens im Rahmen. (Lacht.)

GAM: Wenn wir die Berge nicht hätten …

AD: Schau dir Luxemburg oder Belgien an: Dort gibt es keine Berge und Belgien ist, dank Renaat Braem, als „hässlichstes Land der Welt" bekannt. Das ist schlicht das Ergebnis einer sehr permissiven Planungspolitik. Die Zeiten scheinen sich neuerdings zu ändern, so hat die flämische Regierung einen „Beton-Stop" für 2040 angekündigt. Ziel ist es, den Flächenfraß von sechs Hektar unbebauten Bodens pro Tag auf drei Hektar im Jahr 2025 und null Hektar im Jahr 2040 zu reduzieren.

GAM: Wir haben den Unterschied zu Deutschland. Man sieht es vom Flugzeug aus, man erkennt von hoch oben wirklich die Grenze, weil sich die Regionalplanung in Österreich und Deutschland völlig unterscheidet. In Bayern zum Beispiel haben wir sehr kompakte Dörfer und darum herum nur Wiesen und Felder, keine Gebäude.

AD: Dasselbe Problem gibt es in Belgien. In dem Film *Archibelge* habe ich das erklärt. Natürlich, jeder will ein eigenes Haus mit eigenem Garten, hat aber kein Bewusstsein für die Auswirkungen auf die Allgemeinheit, abgesehen vielleicht von steigenden Verkehrsproblemen. Die Leute haben es satt, im Stau zu stehen, in Belgien sind es durchschnittlich einundfünfzig Stunden im Jahr. Das Ausbreitungsmuster im städtischen Umland hängt mit dem Autoverkehr zusammen. Als StadtplanerIn könnte man die Art der Mobilität verändern, um das Muster zu verbessern. Regionalbahnhöfe aufzuwerten, um einen kleinen Nukleus zu schaffen, könnte ein erster Schritt sein. In den Niederlanden, der Schweiz und in Bayern wird diese Strategie bereits umgesetzt. Natürlich bedeutet das eine enorme Investition in die Mobilität, aber wenn man es ernst meint …

GAM: Wenn du von Mobilität sprichst, sprichst du vom öffentlichen Verkehr, richtig? Oder was meinst du mit Mobilität?

AD: Mit Mobilität meine ich alle Arten … Als erstes sollte man sich die Straßen anschauen, unvoreingenommen, denn Verkehrsraum ist letztlich öffentlicher Raum. Die Straßenstandards wurden in den 1950er Jahren festgelegt, mit viel Asphalt. Heute traut sich niemand, die Zahl der Straßen zu reduzieren, während in den Etats der Gemeinden Unsummen schlicht in die Erhaltung eines tradierten Verkehrsraums fließen, der seine Relevanz weitgehend eingebüßt hat. Und natürlich haben öffentliche Verkehrseinrichtungen wie die bereits erwähnten Regionalbahnhöfe ein enormes Potenzial, aber ich frage mich, ob sich die Trennung zwischen privatem und öffentlichem Verkehr in der Zukunft überhaupt halten lässt, denn diese Vorstellung wird immer schwammiger. Vielleicht werden Individual- und Kollektivverkehr die wichtigeren Begriffe sein. Und die aktiven Fortbewegungsarten wie Zu-Fuß-Gehen oder Radfahren. In ländlichen Gegenden werden Fahrräder nur in der Freizeit benützt, aber sie haben echtes Potenzial für die Fahrt zur Arbeit und nach Hause, zum Beispiel mit dem E-Bike oder dem Ausbau von Fahrradschnellwegen und der Umwandlung ehemaliger Eisenbahntrassen zu Radwegen, wie wir das in ganz Europa neuerdings erleben.

GAM: Kommen wir nochmal auf die Lehre hier am Institut zurück. Hast du vor, etwas an den Titeln der Seminare oder des Curriculums zu ändern, oder sagst du, okay, hier ist alles gut?

AD: Mir ist es wichtig, Forschung und Lehre enger zu verknüpfen: *research through design* aufzubauen. Ich möchte ein RTC-Labor mit dem Namen Urba Graz gründen. Ich möchte das Institut ins Gespräch mit den örtlichen Behörden bringen. Ich glaube, dass man nur zu einem hochkarätigen Architekturprojekt kommt, wenn eine hochkarätige Beschreibung des Auftrags vorliegt. Ich möchte Urba Graz zu einem Think Tank machen, in dem Wissen zur Verfügung gestellt wird, um hochwertige Projekt-Entwürfe zu erstellen. Da kein Regierungsarchitekt und definitiv nicht viel Zeit und Ressourcen in ländlichen oder kleinen Kommunen vorhanden sind, um städtebauliche Aufträge gut zu definieren, könnte die Universität bei dieser Aufgabe Hilfestellung bieten …

GAM: In vorangegangenen Jahren war das Institut für Städtebau auch in Reininghaus und dem Smart City-Projekt hier in Graz stark engagiert. Wirst du das fortsetzen?

AD: Natürlich, das ist einer der großen Vorzüge des Instituts. Ich möchte die Forschungsergebnisse stärker mit der Raumplanung verbinden und das erworbene Wissen weitergeben. Wir haben bereits eine Vereinbarung mit der TU Wien, gemeinsam eine Sommerakademie für MitarbeiterInnen ländlicher Kommunen und kleinerer Städte zu organisieren. Gleichzeitig werden wir helfen, Projektbeschreibungen so zu formulieren, wie es ein Regierungsarchitekt tun würde, und insofern Fachwissen zu Smart Cities liefern, als wir über Themen wie Energie, Mobilität, öffentlichen Raum nachdenken …

GAM: Hast du ein Motto für deine Lehrtätigkeit?

AD: (Lachend.) Ein Motto fürs Lehren? Oh!

GAM: Ist es das Thema Verbindung?

AD: Ja, im Grunde auch im Institut. (Lacht.) Durchaus. Ja, ich denke, das könnte zum Thema Verknüpfung passen.

GAM: Viel Glück damit! Danke! ▪

(Re-)Connecting Territory and People
Aglaée Degros (AD) in Conversation with Anselm Wagner (GAM)

Aglaée Degros is professor and chair of the Institute of Urbanism at Graz University of Technology. She follows in the steps of **Joost Meuwissen**, who passed away on September 5, 2016. Degros was born in 1972 in Leuven, Belgium, and studied architecture in Brussels, Karlsruhe, and Tampere. In 2001, she cofounded Artgineering, an office based in Rotterdam, which moved to Brussels in 2014. Degros has held various teaching positions and visiting professorships at Delft University of Technology, the Rotterdam Academy of Architecture, the Free University of Brussels, the Academy of Fine Arts Vienna, and Vienna University of Technology, among others. Degros is co-editor of *Public Space and the Challenges of Urban Transformation in Europe* (2013) and co-author of *Brussels, [re]discovering its spaces* (2014). She regularly serves as jury member at international urban planning and design competitions.

GAM: In recent decades, it seems that the profession of urbanism has been eroded and expanded at the same time. On the one hand, we have these guys like Jan Gehl who see their duty in repairing the cities of modernism or in making some very small interventions, and on the other hand, we have these colleagues who build megacities in China and design big master plans. Since urbanism has become a very broad field, maybe you could describe the position in this field in which you see yourself?

AD: I will not position myself against or for modernism as Jan Gehl does, for this is an outdated discussion. Yet I find it rather interesting that today we have very fragmented territories and that there is a lot of potential in reconnecting them. For me, urbanism is a discipline that, from its very origins, connects. Take, for example, the Haussmannian boulevards in Paris: they are part of a big plan but use the potential of connecting fragments of the city as well as connecting open and built space. The challenge is now probably not only reconnecting the space, but also reconnecting the people with this space and reconnecting the space with the environment. These actions of reconnecting space, environment, and people imply, of course, different scales of intervention: the territorial and the human. Larger territorial-scale elements should provide space for smaller human interventions to happen. This is why incremental planning and design are very up-to-date fields of investigation. But also, vice versa, smaller interventions should be related to each other in order to fit into a larger strategy. This makes urbanistic stratagems and tactics very interesting for me.

GAM: But when you have links or connections, there has to have been something there before. Just connecting something is different than the creation of something new. Or do you say, "No, as an urbanist, I don't have to create, I just have to connect"?

AD: I create by connecting! If we look at the creation of city extensions in the 1990s in the Netherlands, the so-called *vinex* neighborhoods, or at the archetype of the Asian new town, there is little attention paid to the existing conditions of the territory. For me, there is no blanco territory. Creating is not adding a layer of concrete on top of an existing environment. It is connecting the existing environment with the new one. Therefore, you have to understand and recognize the existing and latent resources of the place. There is no project that starts from scratch. There is an ecological system, there is a social system, there are local skills to use …

If I develop a new bicycle path, it is indeed a new projected infrastructure, but I very carefully anchor it in the context; and by doing this, it activates existing space—it (re)creates the space.

GAM: I think it is no coincidence that in the Netherlands this idea of the generic city was invented by Rem Koolhaas, in a country where a big part of the land is artificial.

AD: Artificial? That's what seems to be the case at first. But if you analyze a polder, it has an ecosystem, an engineered way to how it functions, it has its own logic, it even has an archaeology and strong socioeconomic rules … which for me is the base of the entrepreneurial spirit of the Dutch people. Do you think that this is generic?

GAM: When we look at big role models or ideas of urbanism, then we have the tradition of the beaux-arts in the nineteenth century, followed by the modernist city of the Charter of Athens, and afterwards New Urbanism, which somehow returned to the nineteenth century. But I am always wondering, what about the idea or the big role model of the city of the twenty-first century—is there something already in evolution or are we still dealing with these old models?

AD: Don't forget Bernardo Secchi and Thomas Sieverts and the model of dispersive urban growth, which is a step in the direction of the recognition of an everyday urbanism. Now we are even further, and the model is more complex to understand because it should not only be based on the observation and recognition of patterns, but based on the dynamic made by citizens.

In this sense, the movie *Demain* (Tomorrow) by Mélanie Laurent and Cyril Dion is a good example of how citizens shape the city by themselves. It is about all kinds of people around the world who do some small projects with their means to improve agriculture, economy, or the city …

GAM: So these people are not experts, but normal people?

AD: Yes, you have, for example, people transforming Detroit by themselves and turning empty areas into agricultural ground, or groups of citizens organizing various kinds of energy production. I do think that there is a great potential in this dynamic for urbanism today.

GAM: And what's the position of the urbanist in this setting?

AD: The urbanist will be the one who is able to integrate these dynamics into a larger strategy for the overall territory. The urbanist is the one who understands, on the one hand, the process of producing a territorial vision and, on the other hand, is also able to translate it into a spatial form. Without urbanists, the citizens' dynamics would remain kind of anecdotic.

GAM: So it is some kind of "bottom-up" process, not this "top-down" one that was prevailing before … I always have these old photographs in mind when you see the model of a city and from above the hand of the architect, for example, Le Corbusier, who points to some structures.

AD: Well, for sure the position and instruments of the urbanists change; in this sense, he or she should point out less and be more a part of it! Mock-ups and pilot projects are tools that are used a lot nowadays. But if the urbanist has to understand the grassroots level, then he or she must not forget that he or she is the one who has to develop stratagems to extrapolate it to the larger scale . . . or the grassroots initiatives are likable, but they will be lacking impact.

GAM: Let's switch to your position at the university. What is your idea about teaching or studying urbanism at a faculty of architecture, which does not have a master's program in urbanism but just in architecture? What should an architect with our diploma know about urbanism in the end?

AD: Within the architectural curriculum, getting into contact with urbanism is a chance for students to be aware that there are not only buildings to design, but also the space around. This space could be the direct surroundings or the entire territory. But above all, it is the mission of an urbanism institute to make the students understand that as an architect you have a terrible responsibility and impact on the environment, as well as a real social responsibility. At the Free University of Brussels (VUB), where I was a professor, urbanism was part of the faculty of geography; those issues were easy to communicate to the students that came from sociology, geography, or landscape contexts. But of course they had less affinity with designing spaces than architects. The fact that there is not a proper diploma is a symptom that the discipline is not that mature in Austria. Yet I prefer to see it as an opportunity for creating a niche within architecture for designing the unbuilt environment—public space—and territory—the larger scale. Positioning the institute in that niche stresses the importance of designing. I am very much a newcomer, and I don't want to judge too fast, but it seems to me that this knowledge could be improved in Austria. There are a lot of territorial problems in and around Graz that could be improved by researching through design. The aging of the population in rural areas, the migration from the rural to urban areas, the climatic challenges (water management, air pollution), the mobility of peri-urban areas …

GAM: So you think you could take your themes from Graz and from the region here, making it unnecessary to organize master studios in Hong Kong or South Africa or somewhere else?

AD: Graz is exotic enough for me! (both are laughing) And it faces a lot of challenges that other areas in Europe have to face as well … it is a perfect laboratory for testing innovative solutions.

GAM: Good point. People always say that half of the people are living in cities and therefore we just have to deal with the cities. And what is not mentioned, which is logic in this equation, is that 50 percent actually do not live in cities but in the countryside. What about urban sprawl or what about the smaller villages in the countryside, which is really a big issue in Austria? When you arrive on an airplane and look down upon the landscape, you see urban sprawl everywhere except in the Alps. The rest is filled with detached houses. Will this also be an issue for your teaching here, or will you just concentrate on cities?

AD: With the master's students and the research group, we are currently looking at the surroundings of regional railway stations from Graz going east toward Gleisdorf and further. If the use of public transport increases in an urban area, then car mobility increases in the rural context at the same moment. The disparities in terms of mobility between a city and its surroundings were never that strong. In this sense researching the potential of small peri-urban railway stations could provide alternatives to this trend. It is not a privilege of Graz to show a huge disparity between the city and the surrounding region.

I recently attended a conference in Badajoz, at the border between Portugal and Spain. Badajoz is like many rural areas in Europe: facing problems of demography, of migration to the city, of aging population, of economic stagnation … These are places in Europe where it hurts and where we as urbanists have a great deal of work and responsibility to improve the living conditions and the spatial injustices. We have to make rurality habitable again! The mobility issue deserves a lot of attention in this respect: the aging population, the trend that 65+ have more and more cars due to lack of alternatives, and the scarce amenities (schools and hospitals) require innovative solutions for mobility and urbanism. In addition, it is very difficult to organize this alternative mobility due to fragmented local governance. Working in rural and peri-urban areas requires a strong process design involving the relevant actors. By the way, with Artgineering we received a commission in the Dutch countryside (yes, it exists …) to look for alternative forms of mobility related to a dispersive urbanism. Because, well, you say, there is a kind of sprawl phenomenon in Austria, but at least your mountains are framing it. (laughs)

GAM: If we had no mountains …

AD: Look at Luxembourg or Belgium: there are no mountains and Belgium is well known, thanks to Renaat Braem, as the "ugliest country in the world." It is simply the result of very permissive planning politics. The times seem to be changing recently, as the Flemish government has announced a "concrete stop" for 2040, the aim being to reduce the ground consumption from 6 hectares of empty ground by day to 3 hectares in 2025 and 0 hectares in 2040!

GAM: We have the difference to Germany. You see it from the aircraft; you can really recognize the border from high above because regional planning is absolutely different between Austria and Germany. In Bavaria, for example, we have very compact villages and around there just meadows and fields, no buildings.

AD: This is the same problem in Belgium. In the film *Archibelge*, I did explain that. Of course, everybody wants his own house with his own garden but doesn't have any conscience about the impact of it for collectivity, besides maybe the increase in mobility problems. People are tired of being in traffic jams, on average fifty-one hours per year in Belgium. The spread pattern of the sprawl is related to car mobility. As an urbanist, you could change the mobility to improve the pattern. Improving regional stations to create a small nucleus could be a first step. This is a strategy done in the Netherlands, Switzerland, and Bavaria. Of course this means a huge investment in mobility, but if you take it seriously …

GAM: When you speak of mobility, you are talking about public transport, right? Or what do you mean by mobility?

AD: By mobility I mean all kinds … First you should look at roads, without any prejudice, for traffic space is ultimately public space. Road standards were done in the 1950s with a lot of asphalt. Today, no one dares to decrease the amount of roads, while in the budget of local communities, a huge amount of money simply goes to the maintenance of a heritage of traffic space that is no langer very relevant today. And, of course, the public transport like regional train stations that I mentioned earlier have huge potential, but I wonder if in the future the segregation between public and private transport will still remain, for this notion is getting more and more blurred. Maybe individual and collective transport will be the more important notions. And also the active modes of transport like walking or cycling. In rural areas, bicycles are only used for leisure purposes, but they have a real potential for living-working travel, for example with the e-bike or the development of bicycle highways and the conversion of former railway tracks into bicycle paths as we have been experiencing recently all over Europe.

GAM: Let's get back to the teaching here at the institute: Do you plan to change something in the titles of the courses or the curriculum, or do you say, okay, everything is fine here?

AD: For me, it is important to better connect research and teaching: to develop research by design. I want to create a lab of research by design called Urba Graz. I would like to engage the institute in a discussion with the local authorities. I do believe that a qualitative architectural project can only be achieved if there is a qualitative description of the mission. I would like Urba Graz to be a think tank where knowledge could be provided to make high-quality project briefs. As there is no government architect, and surely not much time and resources, in rural or small-sized communities to define urbanistic briefs well, the university could help to fulfill this task …

GAM: In previous years, the Institute of Urbanism was also very much engaged in Reininghaus and the Smart City project here in Graz. Will you continue that?

AD: Of course, it is one of the great assets of the institute. I want to relate the research done more to the design of space and to distribute the acquired knowledge. We already have an agreement with Vienna University of Technology to jointly organize a summer school for civil servants from rural and small cities. We will then at the same time help to formulate the definition of projects as a government architect would do and provide knowledge about smart cities in the sense of reflecting on topics like energy, mobility, public space …

GAM: Do you have a motto for your teaching?

AD: (laughing) A motto for teaching? Oh!

GAM: Is it the connecting issue?

AD: Yes, it is, I think also in the institute basically. (laughs) Indeed. Yes, I think that could fit with this issue of stitching pieces together.

GAM: Good luck with that! Thank you! ▪

Gastprofessor Eyal Weizman

Als Gastprofessor am Institut für Zeitgenössische Kunst (IZK) im Sommersemester 2016 bot Eyal Weizman das Seminar „From Roundabout to the Round Table" an. Gestützt auf Weizmans Forschung zu den Zusammenhängen von Protest und urbaner Form nahm das Seminar zum einen die Ereignisse des Aufstands vom Mai 1980 in Gwangju zum Ausgangspunkt, erstmals 2013 bei der Gwangju Folly präsentiert, einer von Nikolaus Hirsch mit Philipp Misselwitz und Eui Young Chun kuratierten Ausstellung für die Gwangju Biennale, und zum anderen Weizmans Buch *The Roundabout Revolutions* (Bd. 6 der *Critical Spatial Practice*), herausgegeben von Sternberg Press, Berlin. Im Workshop erforschten die Studierenden das Thema konzeptuell und räumlich, was zur Erarbeitung eines realen modularen Roundtable für das IZK führte. Der Roundtable ist, zusammen mit dem Photo Video Lab, Teil der „legacy contributions", einem methodologischen und didaktischen, von mehreren ProfessorInnen eingeführten Instrument, das zum integralen Bestandteil des Lehrprozesses am Institut geworden ist. Der Roundtable wird auch in der Arbeit des IZK als didaktisches Instrument eingesetzt und wurde zu einem Treffpunkt für das Studio-Lab „Sans Souci: Four Faces of Omarska", das Milica Tomić und das IZK im Wintersemester 2016/17 am Kunsthaus Graz im Rahmen der zentralen, von Zasha Colah kuratierten Ausstellung des steirischen herbst „Body Luggage", einrichteten.

Während seines Aufenthalts hielt Weizman im Kunsthaus Graz auch den Vortrag „Violence at the Threshold of Detectability", organisiert als gemeinsame Veranstaltung von IZK, Kunsthaus, Camera Austria und Haus der Architektur, bei der die Arbeit von Forensic Architecture (FA) vorgestellt wurde, einer Agentur, die sich aus KünstlerInnen, FilmemacherInnen und ArchitekturwissenschaftlerInnen zusammensetzt und an der Schnittstelle zwischen Architektur, Gewalt und Gesetz operiert. Architektur als Sensor und treibende Kraft zur Analyse und Reaktion auf politische Konflikte verwendend, beschäftigt sich die Forschungsarbeit der FA mit diversen Themen und Fallstudien, von der Situation in Israel/Palästina über Umweltkriminalität in Guatemala bis zum Drohnenkrieg in Pakistan, Afghanistan, dem Jemen und Somalia. In seinem Vortrag zeigte Weizman, wie architektonische Methoden und neue Sensortechnologien/Fernerkundungstechnologien eingesetzt werden könnten, um die Logik des gewaltsamen Konflikts deutlich zu machen und gleichzeitig eine große Anzahl konzeptueller Probleme an der Schwelle von Sichtbarmachung und Gesetz aufzuwerfen.

Eyal Weizman ist Architekt, Professur für visuelle Kulturen und Direktor des Centre for Research Architecture am Goldsmiths College der Universität London. Er hat an der Architectural Association School of Architecture in London Architektur studiert und am London Consortium/Birkbeck College promoviert.

Seit 2011 leitet Weizman das vom Europäischen Forschungsrat finanzierte Projekt Forensic Architecture zur Position der Architektur in den internationalen Menschenrechten. Seit 2007 ist er Gründungsmitglied des Architekturkollektivs DAAR in Beit Sahour, Palästina. Weizman war Professor für Architektur an der Akademie der bildenden Künste Wien und hat an der Bartlett School (UCL) in London und an der Städel-Schule in Frankfurt gelehrt. Er ist Professeur invité an der École des hautes études en sciences sociales (EHESS) in Paris. Als Redner, Kurator und Organisator hat er weltweit an Konferenzen vieler Institutionen mitgewirkt.

Als Autor/Herausgeber veröffentlichte er *Mengele's Skull* mit Thomas Keenan (Sternberg Press 2012), *Forensic Architecture* (dOCUMENTA 13, Notizen 062, 2012), *The Least of all Possible Evils* (Nottetempo 2009, Verso 2011), *Sperrzonen. Israels Architektur der Besatzung* (Edtion Nautilus 2009) und *A Civilian Occupation* (Verso 2003). Er ist regelmäßiger Autor und Mitherausgeber von Journalen und Zeitschriften wie *Humanity, Inflexions* und *Cabinet,* wo er ein Sonderheft über Forensik (Heft 43, 2011) herausbrachte. Er hat mit unterschiedlichen NGOs in aller Welt gearbeitet und war im Vorstand der israelischen Menschenrechtsorganisation B'Tselem. Er ist derzeit Mitglied im Council des Institute of Contemporary Arts (ICA) in London, des Human Rights Project am Bard College in New York und diverser anderer akademischer und kultureller Institutionen. Weizman erhielt den James Stirling Memorial Lecture Prize 2006/2007, zählt zu den Trägern des Prince Claus-Preises 2010 (für DAAR) und war eingeladen, u.a. die Rusty Bernstein, Paul Hirst, Nelson Mandela, Mansour Armaly und Edward Said Memorial Lectures zu halten. ▪

Milica Tomić

Eyal Weizman © Marco Wenegger, IZK

Visiting Professor Eyal Weizman

As a visiting professor at the Institute of Contemporary Art (IZK) in summer semester 2016, Eyal Weizman offered the course "From Roundabout to the Round Table." Based on his research on the relations between protest and the urban form, which took as a starting point the events of May 1980 uprising in Gwangju, presented for the first time at the Gwangju Folly II in 2013, an exhibition curated by Nikolaus Hirsch with Philipp Misselwitz and Eui Young Chun for the Gwangju Biennale, followed by the book "The Roundabout Revolutions" (Critical Spatial Practice 6) published by Sternberg Press Berlin. During the workshop students explored the topic conceptually and spatially, resulting in the design of an actual modular roundtable for the IZK. The roundtable, together with the Photo Video Lab, is part of the legacy contributions, a methodical and didactic tool introduced by the series of visiting professors, which has become an integral part of the teaching process at the institute. The roundtable has been used as a didactic tool in the work of IZK and it was a gathering point of the studio lab "Sans Souci: Four Faces of Omarska," which Milica Tomić and IZK have set up in the winter semester of 2016/17 at Kunsthaus Graz within the central exhibition of steirischer herbst "Body Luggage," curated by Zasha Colah.

During his visit, Eyal Weizman also gave the lecture "Violence at the Threshold of Detectability" at the Kunsthaus Graz, organized as a collaboration among IZK, Kunsthaus, Camera Austria and HDA, introducing the work of Forensic Architecture, an agency composed of artists, filmmakers and architectural researchers, that operates at the intersection of architecture, violence and law. Using architecture as sensor and agent to analyze and respond to political conflicts, FA's research encompasses a range of issues and case studies, from the situation in Israel/Palestine, environmental violence in Guatemala to drone warfare in Pakistan, Afghanistan, Yemen, and Somalia. In his lecture Weizman demonstrated how architectural methods and new sensing technologies could be used to expose the logic of violent conflict while raising a host of conceptual problems to do with the thresholds of vision and law.

Eyal Weizman is an architect, professor of Visual Cultures and director of the Centre for Research Architecture at Goldsmiths University of London. He studied architecture at the Architectural Association in London and completed his PhD at the London Consortium/ Birkbeck College.

Since 2011 Weizman has directed the European Research Council funded project Forensic Architecture on the place of architecture in international humanitarian law. Since 2007 he has been a founding member of the architectural collective DAAR in Beit Sahour, Palestine. Weizman was a professor of architecture at the Academy of Fine Arts in Vienna and also taught at the Bartlett School (UCL) in London and at the Städel School in Frankfurt and he is a Professeur invité at the École des hautes études en sciences sociales (EHESS) in Paris. He lectured, curated and organized conferences in many institutions worldwide.

His books include *Mengele's Skull* (with Thomas Keenan at Sternberg Press 2012), *Forensic Architecture* (dOCUMENTA13 notebook, 2012), *The Least of all Possible Evils* (Nottetempo 2009, Verso 2011), *Hollow Land* (Verso, 2007), *A Civilian Occupation* (Verso, 2003). Weizman is a regular contributor and an editorial board member for several journals and magazines including *Humanity*, *Inflexions* and *Cabinet* where he has edited a special issue on forensics (issue 43, 2011). He has worked with a variety of NGOs worldwide and was a member of B'Tselem board of directors. He is currently on the advisory boards of the Institute of Contemporary Arts (ICA) in London, the Human Rights Project at Bard in NY, and of other academic and cultural institutions. Weizman is the recipient of the James Stirling Memorial Lecture Prize for 2006–2007, a co-recipient of the 2010 Prince Claus Prize for Architecture (for DAAR) and was invited to deliver the Rusty Bernstein, Paul Hirst, Nelson Mandela, Mansour Armaly and the Edward Said Memorial Lectures amongst others. ▪

Milica Tomić

Tim Vermeulen © Emilian Hinteregger

Gastprofessor Timotheus Vermeulen

Im Sommersemester 2016 war der holländische Medientheoretiker und Philosoph Timotheus Vermeulen (* 1983) Gastprofessor am Institut für Architekturtheorie, Kunst- und Kulturwissenschaften. Vermeulen war damals Assistenzprofessor für Kulturtheorie und Leiter des Zentrums für Neue Ästhetik an der Radboud Universiteit Nijmegen. Während seines Aufenthaltes in Graz nahm er einen Ruf als Associate Professor für Medien, Kultur und Gesellschaft an der Universität Oslo an, an der er seit Herbst 2016 lehrt.

Vermeulen studierte Kulturgeschichte (BA), Publizistik (MA), Philosophie der Kunst und Kultur (MA) und Medienwissenschaften (MA) an den Universitäten von Rotterdam und Warwick sowie an der Universität Reading, wo er im Fach Medienwissenschaften promovierte. 2010 wurde der damals erst 27-Jährige international bekannt, als er zusammen mit Robin van den Akker seine Thesen zur Metamoderne publizierte (die 2016 unter dem Titel *Anmerkungen zur Metamoderne* auch auf Deutsch herauskamen). Mit dem Begriff Metamoderne wurde eine Epochenbezeichnung für die Gegenwart gefunden, die sich von der um die Jahrtausendwende zu Ende gegangenen Postmoderne durch Eigenschaften wie eine neue Ernsthaftigkeit, politisches Engagement und eine Kultur des Affekts unterscheidet, in der aber die postmodernen Charakteristika Ironie, Relativismus und Zweifel auf scheinbar widersprüchliche Weise immer noch aufgehoben sind. Diese spezifische Pendelbewegung zwischen modernen und postmodernen Werten wird mit dem platonischen Begriff *metaxis* (etwa: Dazwischen-Sein) umrissen. Für die krisengeschüttelte Generation der Metamodernen, sagt Vermeulen, sind „große Erzählungen genauso notwendig wie sie problematisch sind, Hoffnung nicht automatisch etwas, dem man misstraut, Liebe nicht notwendigerweise etwas Lächerliches." Als zentrales Indiz der Metamoderne gilt eine neue Romantik in den Künsten, wie man sie etwa in der Architektur von Herzog & de Meuron, der Kunst von Olafur Eliasson, den Filmen von Wes Anderson, den Romanen von Jonathan Franzen oder der Musik von Sturgill Simpson finden kann.

Vermeulen ist Autor von *Scenes from the Suburbs* (Edinburgh 2014), Mitherausgeber von *New Suburban Stories* (London/New York 2013) und *Metamodernism: Historicity, Affect, Depth* (London 2017) sowie Mitbegründer des Webzines *Notes on Metamodernism*. Darüber hinaus hat er zahlreiche Aufsätze zur zeitgenössischen Kunst und Ästhetik und zu Film und Fernsehen publiziert, darunter in Zeitschriften wie *The Journal of Aesthetics and Culture, Screen, Monu, E-Flux, Frieze, Texte zur Kunst* und *The American Book Review*, und war als kuratorischer Berater für Ausstellungen zur Metamoderne in Moskau, Berlin und New York tätig.

Am Institut für Architekturtheorie, Kunst- und Kulturwissenschaften leitete Vermeulen ein Masterstudio zum Thema „Metamodernism: A New Cartography of the Present", dessen Ergebnis in der Ausstellung *Stages of Trust* bestand, die in der Grazer Galerie Zimmermann Kratochwill zu sehen war (siehe Rubrik *Exhibitions*).

Vermeulen wurde nicht nur als inspirierender Lehrer aufgrund seiner umfassenden Kenntnisse in Kunst, Philosophie und Populärkultur, sondern auch als geistreicher Entertainer von Studierenden und KollegInnen gleichermaßen hoch geschätzt. Es gelang ihm, wichtige Impulse zu setzen, die in Lehre und Forschung weiterwirken werden (u.a. ist ein gemeinsames Buchprojekt geplant). ▪

Anselm Wagner

Visiting Professor Timotheus Vermeulen

In summer semester 2016, the Dutch media theorist and philosopher Timotheus Vermeulen (b. 1983) was a visiting professor in the Institute of Architectural Theory, Art History and Cultural Studies. At the time, Vermeulen had been an assistant professor in cultural theory and co-director of the Centre for New Aesthetics at Radboud University Nijmegen. During his stay in Graz, he accepted an offer to serve as associate professor in media, culture, and society at the University of Oslo, where he has been teaching since the fall of 2016.

Vermeulen earned a BA in cultural history, an MA in both media and journalism and in the philosophy of arts and culture from Erasmus University Rotterdam in the Netherlands. He also received an MA in film and television studies from the University of Warwick and his PhD from the University of Reading in the United Kingdom. In 2010, Vermeulen, who was only twenty-seven at the time, gained international renown upon publishing his *Notes on Metamodernism* together with Robin van den Akker (released in German under the title *Anmerkungen zur Metamoderne* in 2016). An epochal designation for the present was found in the term "metamodernism," which sets itself apart from the postmodernism concluding around the turn of the century through properties like a new sense of earnestness, political commitment, and a culture of affect, yet the postmodern characteristics of irony, relativism, and doubt still remain intact. This specific oscillation between modern and postmodern values is summarized by the Platonic term *metaxis* (roughly meaning: in-between state). Vermeulen notes that, for the crisis-ridden generation of the metamoderns, "grand narratives are as necessary as they are problematic, hope is not simply something to distrust, love not necessarily something to be ridiculed." Considered to be a central indicator of metamodernism is a new romanticism in the arts, as for instance found in the architecture of Herzog & de Meuron, the art of Olafur Eliasson, the films of Wes Anderson, the novels of Jonathan Franzen, and the music of Sturgill Simpson.

Vermeulen is the author of *Scenes from the Suburbs* (Edinburgh, 2014), the co-editor of *New Suburban Stories* (London and New York, 2013) and *Metamodernism: Historicity, Affect, Depth* (London, 2017), as well as the co-founder of the webzine *Notes on Metamodernism*. Moreover, he has published numerous essays on contemporary art and aesthetics and made contributions to film and television, for instance in periodicals like *The Journal of Aesthetics and Culture*, *Screen*, *Monu*, *e-flux*, *Frieze*, *Texte zur Kunst*, and *The American Book Review*. He has also served as a curatorial consultant for exhibitions on metamodernism in Moscow, Berlin, and New York.

At the Institute of Architectural Theory, Art History and Cultural Studies, Vermeulen held a master studio on the topic "Metamodernism: A New Cartography of the Present." The results were presented in the exhibition *Stages of Trust*, shown at Galerie Zimmermann Kratochwill in Graz (see the rubric "Exhibitions"). Vermeulen was highly esteemed by students and colleagues alike, not only as an inspiring teacher due to his extensive knowledge of art, philosophy, and popular culture, but also as a quick-witted entertainer. He succeeded in sparking fresh impetus that will develop further in both teaching and research (for example, a joint book project is in planning). ▪

Anselm Wagner

Gastprofessor Markus Penell

Im Wintersemester 2016/17 konnte das Institut für Gebäudelehre nochmals Markus Penell als Gastprofessor gewinnen. Schon 2015 folgte er einer Einladung als Gastprofessor an die TU Graz, um in der Projektübung mit dem Thema „Groß Big Urban" den Studierenden die Großform näher zu bringen. Als langjähriger Mitarbeiter, seit 2001 Büroleiter und seit 2011 geschäftsführender Gesellschafter des Büros Ortner & Ortner Baukunst in Berlin, beschäftigt er sich verstärkt mit großmaßstäblichen Bauprojekten. Unter anderem realisierte O&O Baukunst auf dem Areal der ehemaligen Messe Stuttgart in Kooperation mit den Büros David Chipperfield Architects, Baumschlager Eberle und KCAP den Masterplan für das Quartierszentrum Killesberghöhe. Einige weitere Beispiele aus dem umfangreichen Œuvre des Büros sind das Mumok und das Leopold Museum im Wiener Museumsquartier, das Landesarchiv NRW in Duisburg, oder Alexa Berlin – ein Shoppingcenter am Alexanderplatz. Am Alexanderplatz wird auch der ABC-Tower entstehen, ein hybrides Hochhaus mit Wohn- und Büronutzung, künftig das höchste Wohngebäude Berlins und ein wichtiger städtebaulicher Marker.

Eine große Herausforderung für ArchitektInnen, Städte- und RaumplanerInnen in der mitteleuropäischen Stadt ist nach wie vor die Nachverdichtung und Entwicklung neuer Stadtquartiere und die Auseinandersetzung mit neuen urbanen Typologien. So fiel auch die Entscheidung, sich in der Wintersemester-Projektübung mit einem hybriden Gebäude zu beschäftigen, das unterschiedliche Nutzungen in seinem Sockel beherbergt und dessen Türme Wohnzwecken dienen. Verortet im drittgrößten Stadterweiterungsgebiet Wiens boten Fragestellungen wie z.B. „Wodurch lässt sich ein urbanes Quartier mit den Mitteln der Architektur und der Programmierung erzeugen?" oder „Wie lässt sich eine bestimmte Gebäudetypologie in ein Stadtquartier einflechten?" die maßgeblichen Ausgangspunkte der Entwurfsübung. ▪

Evelyn Temmel

Markus Penell © Schnepp Renou

Visiting Professor Markus Penell

In the winter semester of 2016–17, the Institute of Design and Building Typology was once again able to recruit Markus Penell as a visiting professor. Already in 2015 he had accepted an invitation as a visiting professor at Graz University of Technology in order to better acquaint students with big form through a project exercise focused on the theme "Groß Big Urban." As a long-standing staff member at the firm Ortner & Ortner Baukunst in Berlin, and office head since 2001 and managing partner since 2011, he has been increasingly occupied with large-scale construction projects. O&O

Baukunst has for instance realized, in collaboration with the firms David Chipperfield Architects, Baumschlager Eberle, and KCAP, the downtown area of the Killesberghöhe district on the former trade-fair premises in Stuttgart. Other examples from the firm's extensive oeuvre include the Mumok and the Leopold Museum in Vienna's Museumsquartier, the NRW State Archive in Duisburg, and Alexa Berlin, a shopping center at Alexanderplatz. The ABC-Tower will also be built at Alexanderplatz, a hybrid high-rise with housing and office space that in the future will be Berlin's tallest housing structure and an important urban-development marker.

Still today, a large challenge for architects, urban planners, and spatial planners in Central European cities rests with the retrospective densification and development of newer city districts and the exploration of new urban typologies. With this in mind, the decision was made to focus the winter semester master studio on a hybrid building that harbors different options for utilization in its base and whose towers serve housing purposes. Localized in Vienna's third largest urban expansion area, explorative questions came up—like "How can an urban quarter be engendered through the means of architecture and programming?" or "How can a certain building typology be woven into an urban quarter?"—thus providing the essential points of departure for the design task. ▪

Evelyn Temmel

Ferdinand Oswald erhält Gastprofessur in China

Die Küstenstadt Qingdao (*Tsingtao Shih*, Grüne Insel) in China ist weltweit bekannt für ihr Bier namens Tsingtao. Qingdao war von 1897 bis 1914 deutsche Kolonie und in dieser Zeit entstand dort die erste Brauerei Chinas. Neben Bauten von deutschen ArchitektInnen wie dem Gouverneurssitz, dem Ministerium und zahlreichen weiteren öffentlichen Bauten und Wohngebäuden ist ebenfalls der städtebauliche Bebauungsplan in dieser Zeit entstanden. Dieser architektonische Einfluss prägt bis heute das Stadtbild und die Architektur von Qingdao. Ebenso ist die Fakultät für Architektur davon geprägt und es sprechen einige UniversitätsmitarbeiterInnen die deutsche Sprache.

Im Oktober 2016 wurde Ferdinand Oswald, der am Institut für Architekturtechnologie der TU Graz als Projektassistent tätig ist, von der Fakultät für Architektur der Technischen Universität Qingdao zu einer Keynote Lecture an der Internationalen EAAF Konferenz (East Asian Architectural Forum) eingeladen und präsentierte dort ein Thema seiner Doktorarbeit mit dem Titel „Architectural Concepts for Reducing the Utilisation of Air Conditioning in Chinese Residential Buildings". Nach dem Vortrag wurde Oswald vom chinesischen Staatsfernsehen zum Thema deutsche Architektureinflüsse in Qingdao interviewt.

2017 übernahm Ferdinand Oswald eine Gastprofessur an der Technischen Universität Qingdao. Inhaltliches Ziel der Professur ist es, den bestehenden hohen Energieverbrauch für Heizen und Kühlen im Hochbau zu reduzieren, somit die CO_2-Emissionen zu reduzieren und den Klimawandel aufzuhalten. Hierzu sollen in Lehrveranstaltungen und Forschungsprojekten Gebäudekonzepte in Asien und Europa analysiert und mit architektonischen Mitteln hinsichtlich Energieeffizienz modifiziert werden. Koordinator dieses Vorhabens ist der Vizedekan der Fakultät für Architektur, Professor Chong Liu. ▪

Ferdinand Oswald © Ferdinand Oswald

Ferdinand Oswald Is Granted a Visiting Professorship in China

The coastal city of Qingdao (*Tsingtao Shih*, Green Island) in China is world-renowned for its beer called Tsingtao. Qingdao was a German colony from 1897 to 1914, and during this time China's first brewery was founded. In addition to buildings designed by German architects like the governor's residence, the ministry, and numerous other public and residential buildings, the urban-development zoning plan was created during this period. This architectural influence still today shapes the city image and the architecture of Qingdao. The Faculty of Architecture likewise shows signs of this influence, and some university employees speak the German language.

In October 2016, Ferdinand Oswald, who works as a project assistant in the Institute of Architecture Technology at Graz University of Technology, was invited by the Faculty of Architecture at Qingdao Technological University to hold a keynote lecture at the International EAAF Conference (East Asian Architectural Forum). There he presented one of the topics from his dissertation titled "Architectural Concepts for Reducing the Utilisation of Air Conditioning in Chinese Residential Buildings." Following the lecture, Oswald was interviewed by Chinese state television on the topic of German architectural influences in Qingdao.

In 2017, Ferdinand Oswald accepted a visiting professorship at Qingdao Technological University. The content-related objective of his stay as professor is to reduce the presently high expenditure of energy for heating and cooling in high-rise buildings, as well as to lower CO_2 emissions and slow down climate change. To this end, building concepts in Asia and Europe will be analyzed in courses and research projects, and then modified using architectural means with a view to energy efficiency. The coordinator of this endeavor is the Vice-Dean of the Faculty of Architecture, Professor Chong Liu. ▪

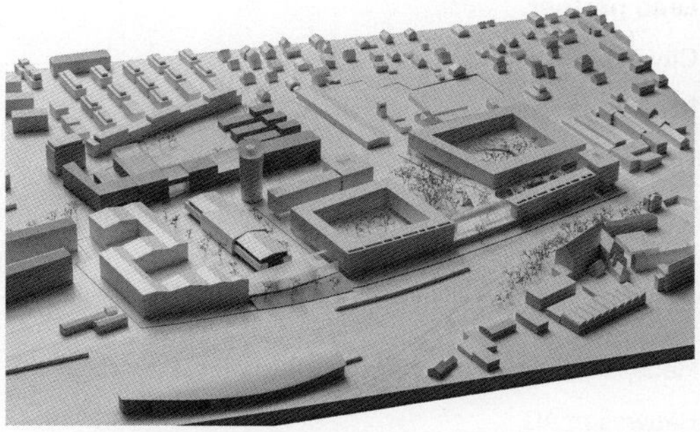

Modellfoto | Model Photo, SCG Waagner Biro © Martin Grabner

Smart City Project Graz

Institut für Städtebau

Der Stadtteil Waagner-Biro, ein bisher durch den Bahnhof vom Stadtzentrum getrenntes ehemaliges Industrie- und Gewerbegebiet, wird bis 2023 zu einem nachhaltigen multifunktionalen Stadtquartier entwickelt. Durch innovative Umsetzung soll ein zukunftsfähiger, lebenswerter und intelligenter CO_2-neutraler Stadtteil entstehen, der nicht nur erneuerbare Energien nutzt, sondern auch auf nachhaltige Mobilität und soziale Durchmischung abzielt. Das 127.000 m² große Quartier wird Platz für rund 3.500 BewohnerInnen und 1.000 Arbeitsplätze bieten.

Das Projekt baut auf „I Live Graz – smart people create their smart city“ (April 2011 bis Juli 2012, Klima- und Energiefonds) auf, im Rahmen dessen eine Vision für die Smart City Graz 2050 erstellt wurde. Im „Smart City Project Graz“ werden neue Modelle für integrierte und ganzheitliche Stadtplanungs- und -entwicklungsprozesse entwickelt, die auf weitere Stadtteile in Graz anwendbar sind. Auf Basis der Erkenntnis, dass die in Österreich geltenden formellen Instrumente der Raumplanung nicht ausreichend sind, um einen „smarten“ Entwicklungsprozess einzuleiten und zu steuern, greifen im „Smart City Project Graz“ mehrere formelle und informelle Planungsinstrumente ineinander.

Nach einem strukturellen Dialog mit den BewohnerInnen vor Ort und betroffenen AkteurInnen wurde von der Stadtplanung Graz ein Rahmenplan in Auftrag gegeben, um mit den betroffenen GrundbesitzerInnen die stadträumlichen Zielvorstellungen abzustimmen. Basierend darauf wurden ein Flächenwidmungsplanänderungsverfahren eingeleitet und stufenweise Architektur- und Städtebauwettbewerbe ausgeschrieben. Durch privatrechtliche, städtebauliche Verträge zwischen den EigentümerInnen und der Stadt Graz sollen Qualitäten hinsichtlich Baukultur, sozialer Nachhaltigkeit, Stadtteilmanagement, sanfter Mobilität, Energie und öffentlichkeitswirksamen Flächen gesichert werden.

Zur Planung und Steuerung von Entwicklungsstrategien und -prozessen in der Stadtentwicklung haben sich Indikatoren als hilfreiches Werkzeug erwiesen. Da bestehende Indikatorensysteme meist für Gesamtstädte oder einzelne Gebäude konzipiert sind, wird ein Indikatorenset entwickelt, das geeignet ist, den Entwicklungsprozess eines Smart-City-Quartiers von der Planung über die schrittweise Realisierung bis zur Nutzung zu begleiten und Handlungsempfehlungen abgeben zu können. ▪

Projektlaufzeit:
Juli 2012 bis Juni 2017
Finanzierung:
bmvit – Stadt der Zukunft; Klima und Energiefonds (Fördersumme rund EUR 4,2 Mio.)
Projektteam:
Forschungsteam TU Graz:
Institut für Städtebau
(Lead TU Graz; Ernst Rainer, Martin Grabner)
Institut für Straßen- und Verkehrswesen
Institut für Wärmetechnik
Institut für Elektrische Anlagen
Institut für Materialprüfung und Baustofftechnologie
Leadpartner:
Stadt Graz, Stadtbaudirektion
Projektpartner:
Holding Graz – Kommunale Dienstleistungen GmbH
Energie Steiermark AG
Energie Graz GmbH & Co KG
AVL List GmbH
Hans Höllwart – Forschungszentrum für integrales Bauwesen AG
SFL technologies GmbH
ECO WORLD STYRIA Umwelttechnik Cluster GmbH
Alfen Consult GmbH
DI Markus Pernthaler Architekt ZT GmbH
SOT – Süd-Ost Treuhand GmbH
StadtLABOR GRAZ – Innovationen für urbane Lebensqualität

Smart City Project Graz

Institute of Urbanism

The Waagner-Biro district, a former industrial and commercial area in Graz that has long been separated from the city center by the railway station, will be turned into a sustainable, multifunctional urban quarter by 2023. An innovative implementation process will give rise to a future-oriented, livable, and intelligent CO_2-neutral city district that not only uses renewable energy sources but also strives for sustainable mobility and social cohesion. The quarter, which is 127,000 m², offers space for around 3,500 residents and 1,000 jobs.

The project is based on "I Live Graz – smart people create their smart city" (April 2011 to July 2012, Climate and Energy Fund), in the scope of which a vision for the Smart City Graz 2050 was created. As part of the "Smart City Project Graz" new models are being developed for integrated and comprehensive urban-planning and -development processes that are applicable to other districts within Graz. Based on the awareness that the formal instruments of spatial planning prevalent in Austria are insufficient for introducing and managing a "smart" development process, in the "Smart City Project Graz" several different formal and information planning instruments have been intertwined.

After a structural dialogue with the residents on site and the affected individuals, a master plan was commissioned by the Graz urban planning office with the aim of coordinating the urban objectives together with the involved landowners. Based on this, a zoning plan was introduced and architecture and urban-design competitions were gradually advertised. Private-law, urban-development contracts between the owners and the City of Graz were meant to secure certain qualities related to building culture, social sustainability, urban-district management, gentle mobility, energy, and high-profile areas.

For planning and controlling development strategies and processes in an urban-development context, indicators have proven to be a useful tool. Since existing indicator systems are usually designed for entire cities or individual buildings, an indicator set is now being built that will be suitable for accompanying the developmental process of a smart city quarter from the planning stage to step-by-step realization and later use. It will also be capable of offering recommendations for action. ▪

Project duration:
July 2012 to June 2017
Funding:
bmvit – Stadt der Zukunft; Klima und Energiefonds
(Funding amount: ca. EUR 4.2 million)
Project team:
Research team, Graz University of Technology:
Institute of Urbanism (Lead: Graz University of Technology; Ernst Rainer, Martin Grabner)
Institute of Highway Engineering and Transport Planning
Institute of Thermal Engineering
Institute of Electrical Power Systems
Institute of Technology and Testing of Construction Materials
Lead partner:
City of Graz, Director of City Planning
Project partners:
Holding Graz – Kommunale Dienstleistungen GmbH
Energie Steiermark AG
Energie Graz GmbH & Co KG
AVL List GmbH
Hans Höllwart – Forschungszentrum für integrales Bauwesen AG
SFL technologies GmbH
ECO WORLD STYRIA Umwelttechnik Cluster GmbH
Alfen Consult GmbH
DI Markus Pernthaler Architekt ZT GmbH
SOT – Süd-Ost Treuhand GmbH
StadtLABOR GRAZ – Innovationen für urbane Lebensqualität

LightLAB des Instituts für Raumgestaltung mit Versuchsaufbau zum Zeitpunkt der Hauptstudie | LightLAB in the Institute of Spatial Design with Experimental Setup during the Main Study © IRG

Light Life. Geschlechterspezifische Wirkungsforschung von LED-Beleuchtung

Institut für Raumgestaltung

Beleuchtungssysteme werden in Zukunft nicht nur eine rein lichtgebende Funktion haben, sondern zunehmend auch physiologische und psychologische Wirkungen des Lichts auf den Menschen berücksichtigen. Dies wirft nicht nur technische Fragestellungen hinsichtlich der Leuchtensteuerung und des Mensch-Leuchte-Interfaces auf, sondern erfordert auch ein grundsätzliches, fundiertes Wissen über mögliche unterschiedliche Anforderungen von Männern und Frauen, älteren und jüngeren Personen an die Ausprägung von Licht. Die psychophysiologische Wirkung unterschiedlicher technischer Lichtvariablen auf den Menschen ist schon seit längerem Gegenstand der Forschung. Geschlechts- und altersspezifische Unterschiede in ihrer Wirkung sind aber noch kaum erforscht. Solche Untersuchungen sind aber entscheidend, um die Nützlichkeit und Akzeptanz von technischen Beleuchtungsprodukten für BenutzerInnen aller Geschlechter und Altersgruppen zu erhöhen. Für beide Versuchsreihen wurden die Lichtsituationen am Institut für Raumgestaltung im realräumlichen Kontext dargestellt, um Licht nicht als isolierten Einflussfaktor zu betrachten.

Ein Ziel des Projekts ist es, geschlechts- und altersspezifische Unterschiede in der Wirkung diverser Lichtvariablen wie z.B. Farbtemperatur und Beleuchtungsstärke auf den Menschen festzustellen. Zu diesem Zweck wurde ein zweistufiger Versuchsplan durchgeführt, in welchem ProbandInnen aus vier unterschiedlichen Gruppen (Männer zwischen 20 und 30 Jahren sowie 50 und 60 Jahren und Frauen zwischen 20 und 30 Jahren sowie 50 und 60 Jahren) diverse Lichtsituationen im Kontext von Aktivitäts- und Erholungssituationen erleben. Mittels psychophysiologischer Untersuchungen (z.B. Fragebögen, Messung der Herzfrequenzvariabilität etc.) wurde die Wirkung verschiedener Lichtsituationen auf die Geschlechts- und Altersgruppen bestimmt. Davon wird ein geschlechts- und altersspezifisches Modell der Lichtwirkung (Komfort, Diskomfort) abgeleitet.

Das zweite Ziel besteht darin, technische Empfehlungen für die Weiterentwicklung und Umsetzung zukünftiger LED-Beleuchtungssysteme bereitzustellen, wobei hierfür das Modell der Lichtwirkung in lichttechnische Kenngrößen übersetzt wird. Damit wird die Erreichung eines übergeordneten Ziels unterstützt, nämlich die Entwicklung zukünftiger Beleuchtungssysteme hin zu geschlechter- und altersgerechten Systemen, die dem Biorhythmus angepasst sind und weitere psychophysiologische Funktionen wie z.B. Aktivierung, Konzentrationssteigerung, Wohlbefinden oder Beruhigung der BenutzerInnen fördern. ▪

Projektlaufzeit:
Juni 2014 bis März 2017
Finanzierung:
Österreichische Forschungsförderungsgesellschaft FFG
(Fördersumme EUR 299.969)
Antragsteller | Projektleitung:
Joanneum Research, Forschungsgesellschaft mbH;
Projektleitung: Irmgard Frank, Institut für Raumgestaltung
ProjektassistentInnen: Birgit Schulz, Paul Pritz, Maik Bär, Theresa Cramer, Kanita Suvalic
Projektpartner:
Joanneum Research, Forschungsgesellschaft mbH (Konsortialführung)

Human Research, Institut für Gesundheitstechnologie und Präventionsforschung GmbH
Lumitech Produktion und Entwicklung GmbH

Light Life: Gender-Specific Impact Studies on LED Lighting

Institute of Spatial Design

In the future, lighting systems will not only have a purely light-giving function. Increasingly, they will also take into account the physiological and psychological effects of light on humans. This not only raises technical questions related to lighting control and the human-light interface; it also requires sound fundamental knowledge about the possibly different demands that men and women, older and younger people will place on the manifestation of light. The psychophysiological effects of different technical light variables on people have long been the subject of research. However, gender- and age-specific differences have hardly been researched in terms of their effects. Yet such studies are decisive in raising the practicality and acceptance of technical lighting products for users of all genders and age groups. For both test series, the lighting situation at the Institute of Spatial Design was rendered in a real spatial context in order to avoid viewing light as an isolated parameter.

One goal of the project was to ascertain gender- and age-specific differences in the effects of diverse light variables, such as color temperature and illumination intensity on the individuals. To this end, a two-level experiment was carried out in which volunteers from four different groups (men between 20 and 30 years of age and between 50 and 60, as well as women between 20 and 30 years of age and between 50 and 60) experienced diverse lighting situations in the context of activity and leisure settings. By means of psychophysiological analyses (e.g., questionnaires, measurement of heart rate variability, etc.), the effects of different lighting situations on the gender and age groups were determined. From this was derived a gender- and age-specific model of light impact (comfort, discomfort).

The second objective involved providing technical recommendations for the further development and implementation of LED lighting systems in the future, for which the model of light impact was translated into photometric parameters. This supports the attainment of a subordinate goal, namely, the development of future lighting systems that will include gender- and age-appropriate systems that are aligned to biorhythm and support other psychophysiological functions like activation, enhanced concentration, well-being, and calming of the users. ▪

Project duration:
June 2014 to March 2017
Funding:
Austrian Research Promotion Agency (FFG)
(Funding amount: EUR 299,969)
Submitter | Project lead:
Joanneum Research, Forschungsgesellschaft mbH;
Project lead: Irmgard Frank, Institute of Spatial Design
Project assistants: Birgit Schulz, Paul Pritz, Maik Bär, Theresa Cramer, Kanita Suvalic
Project partners:
Joanneum Research, Forschungsgesellschaft mbH (consortium leadership)
Human Research, Institut für Gesundheitstechnologie und Präventionsforschung GmbH
Lumitech Produktion und Entwicklung GmbH

ERP_hoch3. EnergieRaumPlanung für Smart City-Quartiere und Smart City-Regionen

Institut für Städtebau

Integrierte Energieraumplanung geht über die rein „klassische" regulative (Raum-)Ordnungsplanung hinaus und analysiert bewusstseinsbildende, finanzierende, marktaktivierende, standortentwickelnde und prozessuale Wirkungsweisen, um daraus verbesserte Lösungsstrategien entwickeln zu können.

Im Rahmen des national geförderten Forschungsprojekts „ERP_hoch3" wird der Themenschwerpunkt Energieraumplanung auf drei Fokusebenen betrachtet, untersucht und simuliert. Während „ERP" für Energieraumplanung steht, steht die „3" für drei verschiedene Raumbezüge: Stadtquartiere, öffentliche Verkehrsachsen und interkommunale Flächenpotenziale erneuerbarer Energien (Region).

Das Ziel von ERP_hoch3 ist es, in drei österreichischen Stadtregionen (Wien, Graz, Feldkirch-Vorderland) bestehende Steuerungsinstrumente mit Energierelevanz zu erforschen und daraus allgemein für Stadtregionen übertragbare Handlungsempfehlungen für die Energieraumplanung zu entwickeln.

Fokus 1 „Stadtquartiere" beschäftigt sich mit Energieträgerentscheidungen für Stadtteile und deren raumplanerische und rechtliche Verankerung bzw. Instrumente, um gesamtstädtische Energievorgaben in messbaren Umsetzungsschritten stadtteilweise zu etablieren. Das Untersuchungsgebiet in Wien liegt rund um die zwei größten innerstädtischen Entwicklungsareale, dem Nordwest- und dem Nordbahnhof. Das Untersuchungsgebiet in Graz deckt sich mit dem peripheren Areal des Smart-City-Zielgebiets Graz-Süd.

In Fokus 2 „ÖV-Achsen" (Quartiere um Bahnhöfe und Haltestellen) geht es um die Rolle der regionalen Hauptachsen der Infrastruktur und des ÖV bei der räumlichen (Nach-)Verdichtung nach Energieeffizienzkriterien. Es werden zwei Bahnachsen untersucht, die von den definierten Potenzialzonen in Wien und Graz ausgehen: „Wien – Gänserndorf" (Nordbahn) und „Graz – Gleisdorf" (Ostbahn).

Fokus 3 „Interkommunale Flächenpotenziale erneuerbarer Energien" zeigt interkommunale Ansätze auf, um die Flächenpotenziale erneuerbarer Energieträger zu mobilisieren.

Produkte sind drei Handlungsleitfäden, die für Stadtquartiere, Quartiere entlang ÖV-Haltepunkten (ÖV-Achsen) und zu interkommunalen Flächenpotenzialen für erneuerbare Energieträger energieraumplanerische Lösungsansätze aufzeigen. Die Synthese diskutiert diese einzelnen Energie-Raumbezüge und führt sie zum Handlungsraum der österreichischen Stadtregion als „Smart City"-Energieregion zusammen. ▪

Projektlaufzeit:
September 2014 bis Oktober 2016
Finanzierung:
bmvit – Stadt der Zukunft
(Fördersumme EUR 300.000)
Projektteam:
Department für Raumplanung, Fachbereich Regionalplanung und Regionalentwicklung, TU Wien (Leadpartner)
Department für Raumplanung, Fachbereich für örtliche Raumplanung, TU Wien
Institut für Städtebau, TU Graz (Ernst Rainer, Michael Malderle)
Institut für Prozess- und Partikeltechnik, TU Graz

ERP_hoch3: Energy and Spatial Planning for Smart City Quarters and Smart City Regions

Institute of Urbanism

Integrated energy and spatial planning goes beyond purely "classical" regulative (spatial) planning and analyzes awareness-raising, financing, market-activating,

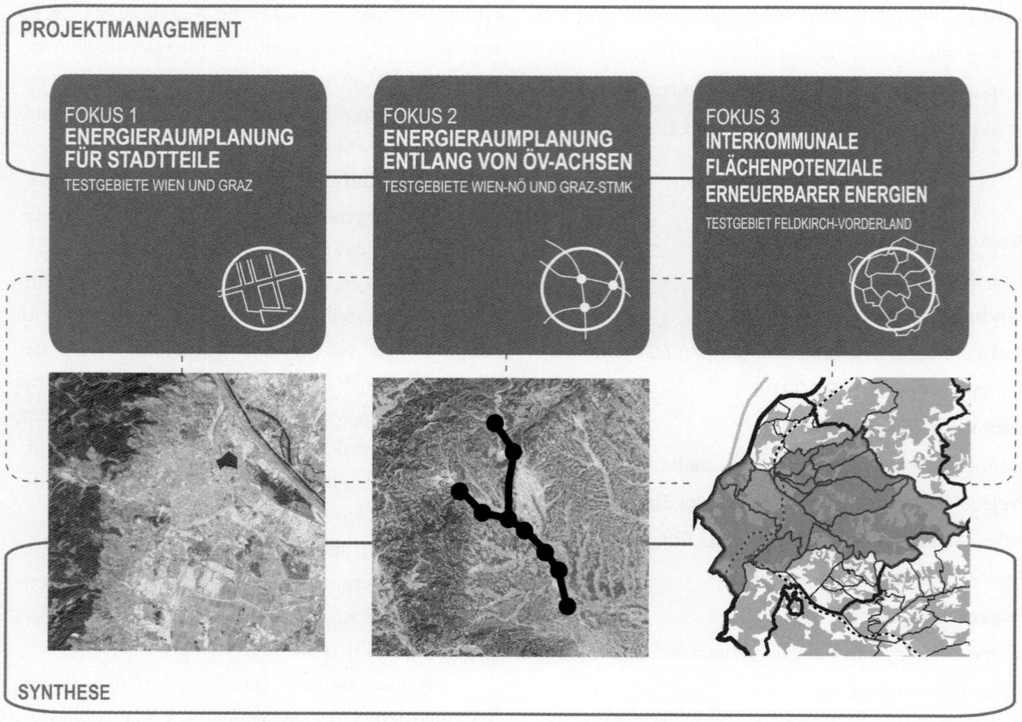

Projektdarstellung | Project Rendering ERPhoch3 © ERPhoch3-Forschungsteam

site-developing, and processual modes of action in order to arrive at improved solution strategies.

In the scope of the federally funded research project "ERP_hoch3," the thematic focus of integrated energy and spatial planning was considered, explored, and simulated on three focus levels. While the "ERP" in the name stands for energy and spatial planning, the "3" stands for three different spatial references: urban quarters, public traffic axes, and intermunicipal space potentials for renewable energies (regional).

The goal of ERP_hoch3 is to research existing control instruments with relevance to energy in three Austrian urban regions (Vienna, Graz, Feldkirch-Vorderland) and then to develop from this recommendations for action related to energy and spatial planning that can be transferred to other urban regions.

Focus 1 "Stadtquartiere" deals with decisions related to energy carriers for city districts and their spatial-planning and legal footholds, and with instruments needed for establishing overall urban energy requirements in quantifiable implementation measures for the respective districts. The study area in Vienna encompasses the two largest inner-city development areas, the Nordwest and the Nord railway stations. The study area in Graz corresponds to the peripheral area of the smart city target area of Graz-Süd.

Focus 2 "ÖV-Achsen" (quarters around trains stations and bus/tram stops) involves the role of the regional main infrastructural and public-transport axes in spatial retrospective densification according to energy efficiency criteria. Two railway axes are being studied that originate from the defined zones of potential in Vienna and Graz: "Wien – Gänserndorf" (northern railway) and "Graz – Gleisdorf" (eastern railway).

Focus 3 "Interkommunale Flächenpotenziale erneuerbarer Energien" identifies intermunicipal approaches to mobilizing the spatial potentials of renewable energy carriers.

Products resulting from the project are three guidelines for action that present solution approaches related to energy and spatial planning for urban quarters, districts situated along public transport axes (ÖV-Achsen), and intermunicipal spatial potentials of renewable energy carriers. The synthesis discusses these individual spatial references and coalesces them to create a space of agency for the Austrian urban region as a "smart city" energy region. ▪

Project duration:
September 2014 to October 2016
Funding:
bmvit – Stadt der Zukunft
(Funding amount: EUR 300,000)
Project team:
Department of Spatial Planning, Centre of Regional Planning and Regional Development, Vienna University of Technology (project lead)
Department of Spatial Planning, Centre of Local Planning, Vienna University of Technology
Institute of Urbanism, Graz University of Technology (Ernst Rainer, Michael Malderle)
Institute of Process and Particle Engineering, Graz University of Technology

---

insight/inside out_gries

Institut für Wohnbau

Die Stadt Graz führte in Vorbereitung einer möglichen Platzgestaltung des Griesplatzes einen vorbereitenden Prozess zur Ermittlung der Inhalte für einen Architekturwettbewerb durch. In diesem Prozess werden sowohl Partizipationselemente, städtebauliche Betrachtungen als auch umfangreiche Recherchetätigkeiten im umliegenden „Griesviertel" vorangetrieben. Das Institut für Wohnbau an der TU Graz ist Partner im Forschungsprozess, der sich ab Herbst 2015 über drei Semester erstreckt.

In insgesamt drei Phasen werden im Zeitraum von Oktober 2015 bis März 2017 sowohl interdisziplinäre Grundlagen als auch zukunftsweisende architektonische Projekte erarbeitet.

Die Projektinhalte basieren auf den ermittelten vorhandenen materiellen, sozialen bzw. kulturellen Ressourcen im Grazer Stadtbezirk Gries (Kerngebiet: Griesplatz und Griesgasse). Mittels Impulsveranstaltungen und Erhebungen vor Ort wird die Bevölkerung von Beginn an in den Prozess eingebunden.

Im ersten Schritt der Erhebung (Wintersemester 2015/16) wurden vom Institut für Wohnbau aus der Perspektive verschiedener Disziplinen (Ethnographie, Architekturforschung, Architektursoziologie und Kulturgeschichte) „offene" Fragen an unterschiedliche Bevölkerungsschichten/Milieus gestellt, um vorhandene Potenziale des Stadtbezirks sichtbar zu machen.

In diesem Forschungszeitraum befassten sich rund 80 Studierende mit der Recherche historischer und objektiver sowie qualitativer Daten (qualitative Befragungen, Statistiken, Raumanalysen, Quellenanalyse usw.).

Nach Auswertung und Interpretation der erhobenen Daten wurden zunehmend konkretere Projektideen entwickelt, die auf ihre Realisierbarkeit geprüft werden. Diversität steht dabei ganz besonders im Vordergrund, weil diese Verschiedenheit der Entwürfe die unterschiedlichen Potenziale des Bezirkes widerspiegelt. In einem Beteiligungsprozess mit der Bevölkerung wurden die Ergebnisse, zusammengefasst in Kategorien wie zum Beispiel Freiräume, Plätze, Nachnutzungen, Diversität u.a., präsentiert.

In der dritten Phase (Wintersemester 2016/17) werden die erarbeiteten Projekte noch einmal auf ihre Umsetzbarkeit und Relevanz geprüft. Es werden jene Projekte mit dem besten Nachhaltigkeitswert vertieft und detailliert ausgearbeitet, sowie nochmals die grundlegenden Fragestellungen präzisiert und/oder erweitert.

Nach der wissenschaftlichen Prüfung, Aufarbeitung und Dokumentation durch das Institut für Wohnbau wird das Forschungsergebnis einen Bestandteil der Grundlagen für den Gestaltungswettbewerb der Stadt Graz bilden. ▪

Projektlaufzeit:
Oktober 2015 bis März 2017
Projektteam:
Stadt Graz, Stadtbaudirektion Graz;
Leitung: Simone Reis, Bernd Schrunner
TU Graz, Institut für Wohnbau;
Leitung: Andreas Lichtblau

insight/inside out_gries

Institute of Housing

The City of Graz carried out a preparatory process for determining the content of an architectural competition in anticipation of a possible redesign of the Griesplatz. In this process, participatory elements, urban-design considerations, and extensive research activity were promoted in the surrounding district "Griesviertel." The Institute of Housing at Graz University of Technology is a partner in the research process that spanned three semesters starting in fall 2015.

During a total of three phases in the period between October 2015 and March 2017, interdisciplinary fundaments and future-oriented architectural projects were developed.

The project contents were based on the existing material, social, and cultural resources found in the Graz district of Gries (core area: Griesplatz and Griesgasse). With the aid of impulse-giving events and surveys on site, the residents were integrated in the process from the outset.

In a first step of the survey (winter semester 2015–16), the Institute of Housing posed "open" questions—from the perspective of various disciplines (ethnography, architectural research, architectural sociology, and cultural history)—to different segments/milieus of the population in order to reveal the existing potentials of this city district. During this research phase, around eighty students were researching historical, objective, and qualitative data (qualitative surveys, spatial analyses, source analyses, etc.). After the collected data was evaluated and interpreted, more concrete project ideas were progressively developed and then examined as to their potential for realization. Here, a special focus was placed on diversity since such diversity in the designs reflected the different potentials of the district. The results were presented in a participatory process with the general public, summarized in categories like open spaces, plazas, continued use, diversity, et cetera.

In the third phase (winter semester 2016–17), the developed projects were once again reviewed as to their feasibility and relevance. Those projects with the best sustainability value were pursued further and in more detail, with the fundamental explorative questions refined and/or elaborated.

Following the scientific evaluation, analysis, and documentation by the Institute of Housing, the research results will partially form the basis for the design competition initiated by the City of Graz. ▪

Project duration:
October 2015 to March 2017
Project team:
City of Graz, Director of City Planning;
leads: Simone Reis, Bernd Schrunner
Graz University of Technology, Institute of Housing;
lead: Andreas Lichtblau

Stadtteilbüro Griesgasse 31: Lebens- oder Straßenraum? | District office Griesgasse 31: Living Space or Streetscape? © i_w

Die Solarhäuser von Konrad Frey: Umweltforschung und solares Wissen im Entwurf

Institut für Architekturtheorie, Kunst- und Kulturwissenschaften

Das FWF-geförderte Forschungsprojekt widmet sich dem österreichischen Architekten Konrad Frey (*1934), der ab Mitte der 1960er Jahre Forschungen zur Nutzung der Sonnenenergie durchgeführt, sein Wissen in einer Reihe von Solarhaus-Prototypen angewandt und 1972 zusammen mit Florian Beigel das erste Solarhaus Österreichs entworfen hat. Freys Werk ist bisher vor allem mit der Avantgarde der „Grazer Schule" identifiziert worden, während seine Bedeutung in der Erforschung architektonischer Solarenergienutzung noch unerforscht ist. Als materielle Basis des Projekts dient der Vorlass von Konrad Frey, den er 2015 dem Archiv der TU Graz übergeben hat und der nun digitalisiert wird.

Das Forschungsprojekt verbindet die Leitgedanken von Freys Werk mit den Ideen der Moderne, wie beispielsweise Funktionalität und Flexibilität, *environmental control* versus *well-tempered environment*, die Frey mit Bezug auf regionale Gegebenheiten und nachhaltige Ressourcennutzung jedoch kritisch hinterfragt. Zu seinen Pionierarbeiten zählen der „Aufruf an alle Grazer" (1960), der „Kuhwickel" (*Cow-icle*, 1967), die

Haus Fischer am Grundlsee/Steiermark | Fischer House at Grundlsee/Styria (1972–1978) © Konrad Frey

Sundome-Schalentragwerke (1970–1971), die Solarhaus-Studien I–III (1970–1985), die realisierten Solarkonzepte Haus Fischer am Grundlsee/Steiermark (1972–1978) und Haus Zankel in Prévessin bei Genf (1976–1985) sowie weitere Bauten wie das Kunsthaus Mürzzuschlag (1989–1992) und der Kindergarten Hart bei Graz (1995–1997). Das Forschungsprojekt untersucht auch Freys internationale Kooperationen sowie seine theoretischen Untersuchungen am Grazer Institut für Umweltforschung, die zur Initiative der Österreichischen Energieberatung geführt haben und als *Handbuch für Energieberater* (1989) veröffentlicht worden sind.

Im ersten Teil des Projekts wird ein umfassendes Werkverzeichnis mit kritischen Kommentaren und einer digitalen Datenbank erstellt, wobei auch neugewonnene bauphysikalische Messdaten ausgewertet werden. Der zweite Teil zeichnet eine intellektuelle Biografie Freys, die sich mit wesentlichen Narrativen des Werkes, seinem wissenschaftlichem Ansatz in der Architektur, seinem Bezug zur Moderne, der Ideengeschichte der Solarforschung und der Instrumentalisierung des Umweltdiskurses beschäftigt. Das interdisziplinäre Forschungsprojekt verbindet geistes- und technikwissenschaftliche Methoden, konkret jene der Theorie und Geschichte der Architektur, der Techniksoziologie und der Bauphysik, um die Bedeutung Freys im architektonischen Diskurs sowie seine Leistungen auf dem Gebiet der Umweltpolitik umfassend zu untersuchen. ▪

Projektlaufzeit:
März 2016 bis Februar 2019
Finanzierung:
Fonds zur Förderung der wissenschaftlichen Forschung (FWF)
(Fördersumme EUR 326.077)
Projektteam:
Anselm Wagner (Leitung), Ingrid Böck, Sophia Walk
Projektpartner:
Ardeshir Mahdavi, Institut für Bauphysik und Bauökologie, TU Wien

The Solar Houses of Konrad Frey: Environmental Research and Solar Knowledge in Design

Institute of Architectural Theory, Art History and Cultural Studies

This research project, funded by the Austrian Science Fund (FWF), is devoted to the Austrian architect Konrad Frey (b. 1934), who as of the mid-1960s started conducting research on the use of solar energy, applying his knowledge in a series of solar house prototypes, and then in 1972 designed the first solar house in Austria together with Florian Beigel. To date, Frey's work has been mostly associated with the avant-garde of the "Graz School," while its significance for the research of architectural solar-energy use still remains unexplored. Serving as a material basis for the project was the estate of Konrad Frey, which he transferred to the archive at Graz University of Technology in 2015 and which is now being digitized.

The research project associates the guiding principles of Frey's work with modernist ideas, such as functionality and flexibility, environmental control versus well-tempered environment, which Frey nonetheless critically questioned with reference to regional conditions and sustainable utilization of resources. His pioneering works include the "Aufruf an alle Grazer" (Call to All Graz Residents, 1960), the "Kuhwickel" (Cowicle, 1967), the Sundome shell structures (1970–71), the Solarhaus-Studien I–III (Solar House Studies, 1970–85), the built solar concepts Haus Fischer am Grundlsee/Steiermark (1972–78), and Haus Zankel in Prévessin near Geneva (1976–1985), as well as other buildings like the Kunsthaus Mürzzuschlag (1989–92) and the Kindergarten Hart near Graz (1995–1997). The research project also examines Frey's international cooperative relationships, along with his theoretical analyses at the Graz Institute for Environmental Research, which led to the Initiative of Austrian Energy Consulting and was published as a Manual for Energy Consultants (1989).

In the first phase of the project, a comprehensive list of works was created with critical commentary and a digital database, which included an evaluation of newly acquired structural data readings. The second phase drafted an intellectual biography of Frey that dealt with the essential narratives of the work, his scientific approach to architecture, his interest in modernism, the ideational history of solar research, and the instrumentalization of environmental discourse. This interdisciplinary research project associates methods from the humanities and technological disciplines, especially as relates to the theory and history of architecture, technical sociology, and structural physics, with the aim of examining in depth the meaning held by Konrad Frey in architectural discourse and also his contributions to the field of environmental policy. ▪

Project duration:
March 2016 to February 2019
Funding:
Austrian Science Fund (FWF)
(Funding amount: EUR 326,077)
Project team:
Anselm Wagner (lead), Ingrid Böck, Sophia Walk
Project partner:
Ardeshir Mahdavi, Department of Building Physics and Building Ecology, Vienna University of Technology

Dissertationen

Felix Amtsberg (2016), *Sensory Parametrics. Beitrag zur Entwicklung digital gestützter Produktionsverfahren zur adaptiven Herstellung doppelt gekrümmter Betonbauteile in kleinen Losgrößen mittels eines Industrieroboters,* Institut für Tragwerksentwurf; 1. Gutachter: Stefan Peters, 2. Gutachter: Martin Bechthold; 307 Seiten, Deutsch.

Carmen Elisabeth Auer (2016), *Transiträume der Toten. Der Bautyp des runden Karners in Mitteleuropa,* Institut für Architekturtheorie, Kunst- und Kulturwissenschaften; 1. Gutachter: Anselm Wagner, 2. Gutachter: Paul Naredi-Rainer; 652 Seiten, Deutsch.

Uta Gelkbe (2016), *Urbane Nullstellen. Der unbestimmte öffentliche Raum und die Utopie des DIY Urbanismus,* Institut für Architekturtechnologie; 1. Gutachter: Roger Riewe, 2. Gutachter: Bart Lootsma; 340 Seiten, Englisch.

Ilir Gjinolli (2016), *Der öffentliche Raum im Kosovo. Transformationen durch die Geschichte,* Institut für Städtebau; 1. Gutachter: Grigor Doytchinov, 2. Gutachter: Hasso Hohmann; 311 Seiten, Deutsch.

Marko Jausovec (2016), *Intelligente Architektur ist mehr als nur Technologie. Vergleichende Bewertungsmethode für verschiedene präfabrizierte Gebäudehüllen für Wohnhäuser–Fallstudien von Solar Decathlon Europe 2012 Gebäudehüllen im Vergleich zum Refe-*

renz Bausystem in Slowenien, Institut für Architekturtechnologie; 1. Gutachter: Roger Riewe, 2. Gutachter: Metka Sitar; 176 Seiten, Englisch.

Martina Tritthart (2016), ***Lichträume. Raummodelle der Wahrnehmung. Phänomene der visuellen Raumwahrnehmung anhand ausgewählter Beispiele der bildenden Kunst und ihr Potenzial für die Architektur,*** Institut für Raumgestaltung; 1. Gutachter: Irmgard Frank, 2. Gutachter: Werner Jauk; 210 Seiten, Deutsch. ▪

Dissertations

Felix Amtsberg (2016), ***Sensory Parametrics: Contribution to the Development of Digitally Supported Production Techniques for the Adaptive Manufacturing of Double-Curved Concrete Elements in Small Lot Sizes Using an Industrial Robot,*** Institute of Structural Design; 1st reviewer: Stefan Peters, 2nd reviewer: Martin Bechthold; 307 pages, German.

Carmen Elisabeth Auer (2016), ***Transit Zone of the Dead: The Round Charnel House in Central Europe,*** Institute of Architectural Theory, Art History and Cultural Studies; 1st reviewer: Anselm Wagner, 2nd reviewer: Paul Naredi-Rainer; 652 pages, German.

Uta Gelkbe (2016), ***Urban Zero Points: Indeterminate Public Space and the Utopia of DIY Urbanism,*** Institute of Architecture Technology; 1st reviewer: Roger Riewe, 2nd reviewer: Bart Lootsma; 340 pages, English.

Ilir Gjinolli (2016), ***Public Space in Kosovo: Transformations through History,*** Institute of Urbanism; 1st reviewer: Grigor Doytchinov, 2nd reviewer: Hasso Hohmann; 311 pages, German.

Marko Jausovec (2016), ***Smart Architecture Is More Than Just Technology: Comparative Evaluation Method for Different Prefabricated Residential House Envelopes; Case Studies of Solar Decathlon Europe 2012 Envelopes Compared to the Reference Construction System Used in Slovenia,*** Institute of Architecture Technology; 1st reviewer: Roger Riewe, 2nd reviewer: Metka Sitar; 176 pages, English.

Martina Tritthart (2016), ***Light Spaces: Spatial Models of Perception. Phenomena of Visual Space Perception in Examples from the Fine Arts and its Potential for Architecture,*** Institute of Architecture Technology; 1st reviewer: Irmgard Frank, 2nd reviewer: Werner Jauk; 681 pages, German. ▪

Übergabe des Habilitationsbescheids durch Rektor Harald Kainz und den Vizerektor für Lehre Detlef Heck |
Handing over the Habilitation Document by Rector Harald Kainz and Vice Rector for Academic Affairs Detlef Heck
© TU Graz, Dampf

Habilitation

Daniel Gethmann (2016), ***Feld. Modelle, Begriffe und architektonische Raumkonzepte,*** Institut für Architekturtheorie, Kunst- und Kulturwissenschaften; Kommission: Milica Tomić, Stefan Peters, Anselm Wagner, Andreas Lechner, Lung Peng; GutachterInnen: Susanne Hauser, Markus Krajewski, Wolfgang Schäffner; 301 Seiten, Deutsch.

Die Habilitationsschrift untersucht die Transformationen, die das Konzept des Feldes aus den Natur- und Kulturwissenschaften bis in die Architektur der Gegenwart durchlaufen hat. Vermittelt über naturwissenschaftliche Modelle und Diagramme, die Vorgänge einer relationalen Verbundenheit in räumlichen Feldern konzipierten, simulierten und illustrierten, entstehen in der Architektur Raumkonzepte, die sich innerhalb eines Bezugssystems von Relationen, von Interaktionen und Möglichkeitsräumen entfalten und dadurch eine objektbezogene Entwurfsauffassung um das Bezugssystem immaterieller Felder erweitern.

Die historische Untersuchung dieser Entwicklung richtet sich auf die Schnittstellen der Übertragung von Modellen, Bildtechniken, Begriffen und Raumkonzepten des Feldes zwischen unterschiedlichen Bereichen des Wissens. Es wird deutlich, auf welchen Ebenen sich Kulturwissenschaftler wie Ernst Cassirer, Kurt Lewin und Pierre Bourdieu auf einen naturwissenschaftlich geprägten Feldbegriff, den Michael Faraday und James Clerk Maxwell im 19. Jahrhundert konzipiert haben, beziehen, um daraus ihrerseits kulturwissenschaftliche Feldkonzepte zu entwickeln. Diese unterschiedlichen Ansätze und Auseinandersetzungen werden anschließend von der architektonischen Raum- und Entwurfstheorie aufgenommen und zu grundlegenden Raumkonzepten für gestalterisches und architektonisches Handeln in der Gegenwart weiterentwickelt. ▪

Habilitation

Daniel Gethmann (2016), ***Feld: Modelle, Begriffe und architektonische Raumkonzepte*** (Field: Models, Terms, and Architectural Spatial Concepts), Institute of Architectural Theory, Art History and Cultural Studies; committee: Milica Tomić, Stefan Peters, Anselm Wagner, Andreas Lechner, Lung Peng; reviewers: Susanne Hauser, Markus Krajewski, Wolfgang Schäffner; 301 pages, German.

This habilitation thesis explores the transformations that the concept of the field has undergone from the natural and cultural sciences to present-day architecture. Mediated through scientific models and diagrams that simulate and illustrate processes of relational connectivity in spatial fields, in the context of architecture spatial concepts emerge that unfold within a referential system of relations, of interactions and spaces of potentiality, thus expanding an object-related concept of design related to the referential system of immaterial fields.

The historical analysis of this development is geared to the junctions where a transfer of models, image technology, terminology, and spatial concepts takes place among the various domains of knowledge. It becomes clear on which level cultural scientists like Ernst Cassirer, Kurt Lewin, and Pierre Bourdieu were referencing a concept of the field informed by the natural sciences, already formulated by Michael Faraday and James Clerk Maxwell in the nineteenth century, in order to then in turn develop cultural-scientific concepts of the field. Lastly, these different approaches and analyses are adopted by architectural theory and spatial design and then further developed as fundamental spatial concepts for design- and architecture-related activity in the present. ▪

Publications

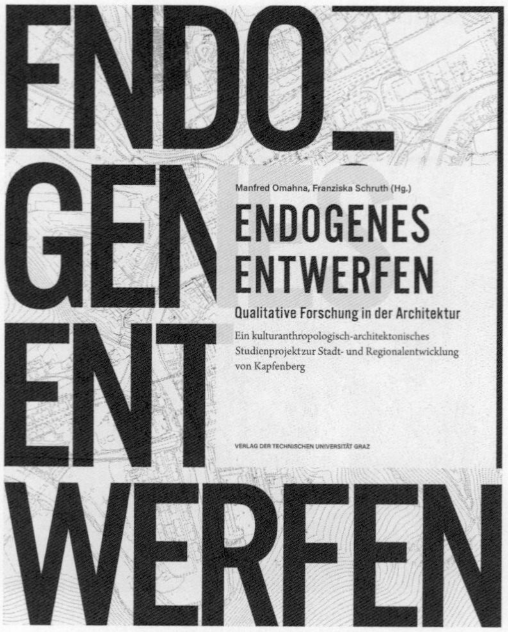

Endogenes Entwerfen. Qualitative Forschung in der Architektur Ein kulturanthropologisch-architektonisches Studienprojekt zur Stadt- und Regionalentwicklung von Kapfenberg

Manfred Omahna/Franziska Schruth (Hg. | eds.)
Graz: Verlag der TU Graz | Publishing Company of Graz University of Technology, 2016
Deutsch, 155 Seiten, broschiert | German, 155 pages, softcover
ISBN 978-3-85125-437-2
EUR 35,00 | EUR 35.00

Dieser Sammelband präsentiert einen neuen Zugang zur Regional- und Gemeindeentwicklung. Auf Basis ethnographischer Methoden sind benutzerorientierte Projekte, sogenannte „theoriegeleitete Projekte" zur Belebung der Innenstadt von Kapfenberg entwickelt worden. In drei Projektstudien haben die AutorInnen mit Studierenden der Kulturanthropologie und Architektur methodisch fundierte Ergebnisse entwickelt und reale Umsetzungsstrategien entworfen. Die Intention hat darin bestanden, komplexe räumliche Analysen qualitativer Forschung mit der Praxis architektonischer Projektentwicklung zu verbinden. Insgesamt sind qualitative Methoden als Instrument für ArchitektInnen ausgelotet worden – denn nur eigene empirische Erfahrungen können übersetzbare Erkenntnisse bilden! Die Zusammenarbeit mit KulturanthropologInnen ist deshalb wichtig gewesen, weil sie die ExpertInnen dieser Methode sind und zentrale Themen, Forschungsfelder und methodische Zugänge bestimmt haben. Die Reserven eines Ortes mittels wissenschaftlicher Methoden zu erheben und sie für zukunftsweisende Planungsaufgaben zu nutzen, stellt ein dringendes Forschungsdesiderat dar. Das Buch vereint aus diesem Grund wissenschaftlich-kulturanthropologische Analysen mit architektonischer Projektentwicklung. ▪

Manfred Omahna ist Architekt und Kulturanthropologe und Universitätsassistent am Institut für Stadt- und Baugeschichte. **Franziska Schruth** ist Lehrbeauftragte ebendort.

This anthology presents a new point of access to regional and municipal development. On the basis of ethnographic methods, user-oriented projects—so-called "theory-guided projects"—have been created to revive the city center of the Austrian town of Kapfenberg. In three project studies, the authors developed, in collaboration with students of cultural anthropology and architecture, methodologically sound results and realistic strategies of implementation. The intention rested in associating complex spatial analyses of qualitative research with the practice of project development in an architecture context. In general, qualitative methods were explored as an instrument for architects—for only one's own empirical experiences can result in translatable conclusions! The collaboration with cultural anthropologists was therefore vital because they are experts on this method and have informed important themes, research fields, and methodological approaches. Surveying the reserves of a place using scientific methods and using them for future-oriented design tasks represents an urgent research desideratum. For this reason, the book unites scientific, cultural anthropological analyses with architectural project development. ▪

Manfred Omahna is an architect and cultural anthropologist who works as a university assistant in the Institute of Urban and Architectural History. **Franziska Schruth** is a lecturer there as well.

Prison Island Goli Otok. A Documentary

Armin Stocker/Roger Riewe/
Ziga Kresevic (Hg. | eds.)
Graz: Verlag der TU Graz | Publishing Company
of Graz University of Technology, 2016
Englisch, 183 Seiten, kartoniert |
English, 183 pages, paperback
ISBN 978-3-85125-445-7
EUR 19,00 | EUR 19.00

Goli otok – Nackte Insel – war der Gulag des Tito-Regimes. Nach Titos Bruch mit der Sowjetunion war Jugoslawien ein autoritärer Staat, in dem man gegen Stalin zu sein hatte. Wer sich dem System widersetzte, verschwand an einen Ort, wo die Menschen zu Gefangenen wurden und die Gefangenen untereinander zu schlimmsten Feinden. Die Internierten wurden ohne Gerichtsverfahren auf die Insel gebracht. In Sichtweite der Urlaubsinsel Rab wurden sie um ihre Individualität und in vielen Fällen auch ums Leben gebracht.

Im Frühjahr 2014 unternahmen Lehrkräfte und Studierende der Fakultät für Architektur an der Technischen Universität Graz eine Reise nach Goli otok, um die Geschichte zu erkunden und die dort herrschende Atmosphäre zu erleben. Das Fehlen jeder dokumentierenden Erinnerungskultur auf der Insel und der Vergleich zwischen dem Zustand von heute und damals führten zu unterschiedlichen Haltungen und Herangehensweisen.

Mit welchen Mitteln können demnach Fachleute aus der Architekturbranche und WissenschaftlerInnen dazu beitragen, dass Geschehnisse aus der Vergangenheit für die Zukunft erhalten bleiben? Ziel war es, auf der Basis architektonischer Eingriffe das Geschehene zu bewahren und gleichzeitig in der Gegenwart zu verankern, um ein Weitermachen ohne Vergessen zu ermöglichen.

Dieses Buch ermittelt und versammelt Möglichkeiten und Methoden, mit den räumlichen und zeitlichen Komponenten von Verschwinden und Erhalten zu arbeiten, mit der Hypothese, dass die Auseinandersetzung mit Erinnerung möglicherweise selbst die Erinnerung ist. ▪

Roger Riewe ist Professor für Hochbau und Entwerfen und leitet das Institut für Architekturtechnologie, an dem **Armin Stocker** und **Ziga Kresevic** als Universitätsassistenten tätig sind.

Goli otok—the naked island—was the gulag of the Tito regime. After Tito had detached from the Soviet Union, Yugoslavia was an authoritarian country where Stalin was to be opposed. Those who rejected his system disappeared to a place where people became prisoners, and prisoners turned into each other's worst enemies. The detainees were brought to the island without court processes. Within sight of the holiday island Rab they were deprived of their individuality and, in many cases, also of their lives.

In spring 2014, supervisors and students of the Faculty of Architecture at Graz University of Technology took a trip to Goli otok to explore the history and experience the atmosphere of the place. The absence of any documenting remembrance culture on the island and the relation between the present and past states led to different attitudes and approaches. Thus, by what means can architecture professionals and scientists contribute to a persistence of past events in the future? On the basis of architectural interventions, the aim was to preserve and simultaneously anchor what has happened in the present in order to move on without forgetting.

This book collates and identifies different methods and ways of working with the spatial and temporal components of fading and preservation, positing that dealing with memory may be the memory itself. ▪

Roger Riewe is a professor for structural engineering and design and heads the Institute of Architecture Technology, where **Armin Stocker** and **Ziga Kresevic** work as university assistants.

In Mind. Räume der Erinnerung

Johanna Regger
Graz: Verlag der TU Graz | Publishing Company
of Graz University of Technology, 2016
Deutsch, 110 Seiten, kartoniert |
German, 110 pages, paperback
ISBN 978-3-85125-463-1
EUR 19,00 | EUR 19.00

Dieses Buch erzählt die Geschichte einer Flucht von Syrien über die Türkei nach Griechenland und durch osteuropäische Staaten nach Österreich. Die Hauptprotagonisten begegnen auf dieser Route unter anderem Wegen, Bereichen, Knotenpunkten, Heterotopien und transitorischen Räumen. Diese durchwanderten Räume und Orte werden in Form einer Graphic Novel analysiert und interpretiert. Sie kommunizieren mit der Leserin/dem Leser über Reime, um den Bildern eine interpretierbare Atmosphäre zu verschaffen. In der Erzählung bewegt man sich in der Welt der Erinnerung, was bedeutet, dass die dargestellten Orte nicht einer objektiven Realität, sondern der Wahrnehmung der Flüchtlinge entsprechen und von Johanna Regger als Filter zeichnerisch interpretiert worden sind. Durch das Medium Graphic Novel ist die Autorin in der Lage gewesen, eine Geschichte der erinnerten Räume zu entwerfen und diese bildlich sowie textlich darzustellen. Das Buch beruht auf Interviews, die mit syrischen Flüchtlingen geführt worden sind, um den Mechanismus der Reise verstehen und analysieren zu können. ▪

Johanna Regger studierte Architektur an der TU Graz. Ihre Masterarbeit *In Mind* wurde am Institut für Architekturtheorie, Kunst - und Kulturwissenschaften verfasst und von Professor Anselm Wagner betreut.

This book tells a story about the escape from Syria to Austria, across Turkey to Greece and some Eastern European countries. The main characters encounter, among other things, routes, areas, intersections, heterotopias, and transitory spaces. These spaces and places are being analyzed and interpreted in the form of a graphic novel. They communicate with the reader through rhymes in order to create pictures with an interpretable atmosphere. In this story, the reader is moving within the world of memory, which means that the represented places reflect the perception of the refugees rather than objective reality and were ultimately graphically interpreted by Johanna Regger working as a filter. The medium graphic novel gave the author the opportunity to draft a story about spaces of memory and to finally show them in the form of pictures and texts. This book refers to interviews conducted with Syrian refugees in order to understand and analyze the mechanism of this journey. ▪

Johanna Regger studied architecture at Graz University of Technology. Her master's thesis *In Mind* was written in the Institute of Architectural Theory, Art History and Cultural Studies and was supervised by Professor Anselm Wagner.

Hilmteichstraße 24. Haus Albrecher-Leskoschek von Herbert Eichholzer

Heimo Halbrainer/Eva Klein/
Antje Senarclens de Grancy
Graz: Clio, 2016
Deutsch, 160 Seiten, gebunden |
German, 160 pages, hardcover
ISBN 978-3-902542-25-0
EUR 24,00 | EUR 24.00

Als modernes Gesamtkunstwerk und Ort eines „befreiten Wohnens" wurde das Haus Hilmteichstraße 24 in Graz 1937 von Herbert Eichholzer entworfen und mit Stahlrohrmöbeln und Stoffen von Josef Frank eingerichtet. Im Wohnraum schuf Axl Leskoschek ein großformatiges Wandgemälde mit verschlüsselten Inhalten und Bezügen zur politischen Situation der Zeit.

Ab 1938 war das Haus Treffpunkt und Postadresse eines Kreises von Kunstschaffenden und Intellektuellen, die in Opposition zum Nationalsozialismus ihre Freiheit aufs Spiel setzten und – im Fall von Eichholzer – dafür mit ihrem Leben bezahlten.

Nach Umbauten und Renovierungen ist die ursprüngliche architektonische Gestalt des Hauses Albrecher-Leskoschek heute nur mehr in den Innenräumen erkennbar. Leskoscheks Wandbild ist hinter einer Übermalung verborgen, lässt sich aber ikonografisch rekonstruieren. Vor dem bevorstehenden Abriss deckt dieses Buch die architektur-, kunst- und zeithistorische Bedeutung eines – nicht unter Denkmalschutz gestellten – Denkmals der steirischen Moderne auf. ▪

Die Architekturhistorikerin **Antje Senarclens de Grancy** lehrt und forscht als Universitätsassistentin am Institut für Architekturtheorie, Kunst- und Kulturwissenschaften. **Eva Klein** ist Kunsthistorikerin und Designerin und am Institut für Kunstgeschichte der Universität Graz als Projektassistentin tätig. Der Historiker **Heimo Halbrainer** ist seit 1996 Leiter des Vereins Clio, der sich als Schnittstelle zwischen Forschung und Vermittlung versteht.

As a modern Gesamtkunstwerk and place of "liberated housing," the building located at Hilmteichstraße 24 in Graz was designed in 1937 by Herbert Eichholzer and furnished by Josef Frank using tubular steel furniture and various fabrics. In the living room, Axl Leskoschek created a large-format mural with encoded content and references to the political situation of the time.

As of 1938, the building was a meeting place and postal address for a circle of artists and intellectuals who, in opposition to National Socialism, jeopardized their freedom and—in the case of Eichholzer—paid for this with their life.

After conversions and renovations, the original architectural design of the Albrecher-Leskoschek building is only still discernible in the interior spaces. Leskoschek's mural is hidden behind another coat of paint, but it can be iconographically reconstructed. In the face planned demolition, this book discloses the architectural, art-historical, and contemporary-historical significance of a—non-protected or listed—monument of Styrian modernism. ▪

The architectural historian **Antje Senarclens de Grancy** teaches and conducts research as a university assistant in the Institute of Architectural Theory, Art History and Cultural Studies. **Eva Klein** is an art historian and designer working as a project assistant in the Institute of Art History at Graz University of Technology. The historian **Heimo Halbrainer** has headed the association Clio since 1996, which is conceived as an interface between research and mediation.

up! Contribution of Vertical Farms to Increase the Overall Energy Efficiency of Cities

Daniel Podmirseg
Göttingen: Cuvillier Verlag, 2016
Englisch, 392 Seiten, Hard- oder Softcover |
English, 392 pages, hard- or softcover
ISBN 978-3-7369-9305-1
EUR 129,80 | EUR 129.80

Seit der Publikation des Manifests von Dickson Despommier wird Vertical Farming kontroversiell diskutiert. Diese Doktorarbeit sucht nach einer *raison d'être* für diese alternative Lebensmittelproduktionsmethode.

Dabei wird die derzeitige Situation der Weltagrarwirtschaft untersucht. Landverbrauch, Potenziale zur Produktivitätssteigerung und die maximale Expansion landwirtschaftlich genutzter Flächen stehen im Mittelpunkt des ersten Teils des Buches. Von besonderer Bedeutung ist die Ermittlung des Energieverbrauchs der globalen Lebensmittelproduktion, welche schließlich mit Vertical Farming in Form einer Potenzialanalyse verglichen wird.

Kultivierungs- und Produktionsmethoden bestehender Vertikaler Farmen werden verglichen, bevor drei Typen parametrisch erstellt und auf ihren Licht- und Wärmeenergiebedarf untersucht werden.

Die Ergebnisse legen das Potenzial Vertikaler Farmen offen und heben erste Entwurfsparameter und deren Einflüsse auf den Energieverbrauch hervor. Diese „ausgiebige Arbeit gibt den derzeit besten Überblick aller Publikationen zu diesem Thema" und „hebt hervor, was es bedeuten würde, wenn alternative landwirtschaftliche Strategien eingesetzt werden, um 9,6 Milliarden Menschen zu ernähren", stellt Dickson Despommier, Professor emeritus an der Columbia University New York, fest. ▪

Daniel Podmirseg lehrte und forschte von 2014 bis 2016 als Universitäts- bzw. Universitätsprojektassistent am Institut für Gebäude und Energie. Seine Dissertation entstand unter der Betreuung von Professor Brian Cody.

Ever since the publication of Dickson Despommier's manifesto, vertical farming has been controversially discussed. Daniel Podmirseg's dissertation sets out to find a raison d'être for this alternative food-production method.

The book investigates the current situation of the global agricultural economy. Land consumption, potential for enhancing productivity, and the maximal expansion of agriculturally used lands are the main topics explored in the first part of the book. Of particular importance is the calculation of energy expended by global food production, which is ultimately compared to vertical farming through potential analysis.

The cultivation and production methods of existing vertical farms are first compared, before three types are parametrically generated and their light and thermal energy demands analyzed.

The results disclose the potential of vertical farms and highlight initial design parameters and their influences on energy consumption. According to Dickson Despommier, professor emeritus at Columbia University in New York, this "copious work offers the best overview of all publications on this topic at present" and "emphasizes what it would mean to employ alternative agricultural strategies in feeding 9.6 billion people." ▪

Daniel Podmirseg taught and conducted research from 2014 to 2016 as a university project assistant in the Institute of Buildings and Energy. His dissertation was written under the supervision of Professor Brian Cody.

Awards

Tongji – International Construction Festival 2016

Das Projekt **„Light-House“** des **Instituts für Grundlagen der Konstruktion und des Entwerfens** belegt den **3. Platz**

TeilnehmerInnen | Involved Individuals © KOEN

Anlässlich des neu eröffneten Kooperationsbüros der TU Graz an der Tongji University in Shanghai wurde die Architekturfakultät der TU Graz zur Teilnahme am „International Construction Festival 2016“ vom 6.–10.6.2016 an das College of Architecture and Urban Planning der Tongji University in Shanghai eingeladen. Die fünf daran teilnehmenden Studierenden wurden in einem anonymen Wettbewerbsverfahren am Institut für Grundlagen der Konstruktion und des Entwerfens unter den Studierenden des 2. Semesters ausgewählt.

Thema des Construction Festivals war der Entwurf und Bau eines Pavillons für eine „Micro Community“. Das vorgegebene Baumaterial beschränkte sich auf 40 Polypropylen-Hohlstegplatten mit den Maßen 180 × 180 × 0,5 cm. Innerhalb von fünf Tagen hatten die Studierenden die Konstruktion zu entwerfen und zu bauen.

Das Projekt „Light-House“ des Grazer Teams beschäftigte sich mit den Themen der Nachhaltigkeit und des minimalen Wohnraums. Der entworfene Pavillon nutzte konstruktiv die maximale Kubatur unter Minimierung des Arbeitsaufwands und ohne Materialverschnitt zu produzieren aus. Ziel war es, bei diesem Projekt keinen Müll zu hinterlassen. Die Konstruktion, bestehend aus zwei Modulen, lässt sich ab- und wieder aufbauen. Der Pavillon ist wetterfest und über die Tür- und Dachöffnung natürlich querlüftbar. Der zweischalige Sandwichaufbau von Wand und Decke isoliert und dämmt. Während des Entwurfs- und Bauprozesses wurden Reststücke der Arbeiten der Studierenden aus allen teilnehmenden Nationen gesammelt, die in zerkleinerter Form den Boden des Pavillons bildeten und damit eine Spur der unterschiedlichen Kulturen in der Micro Community abzeichneten. Untertags dient das transluzente Material als Schutz vor direktem Sonnenlicht und erzeugt ein diffuses Licht im Innenraum, das Piktogramme und Symbole sichtbar werden lässt. In der Nacht wird der Pavillon zum Leuchtkörper.

Rund 58 Teams von 22 Universitäten, in Summe ca. 500 Studierende, nahmen am Festival teil: 35 Teams der Tongji Universität, 16 Teams von anderen chinesischen Universitäten, außerdem sieben internationale Teams: TU Graz (Österreich), Ecole Nationale Supérieure d'Architcture de Versailles (Frankreich), Bauhaus-Universität Weimar (Deutschland), University of Hawaii (USA), McGill University (Kanada), Pusan National University (Südkorea), Universitat Politècnica de Catalunya (Spanien). Abgeschlossen wurde diese intensive Arbeitswoche mit der Preisverleihung: Das Team der TU Graz konnte den hervorragenden 3. Platz belegen. ▪

Teilnehmende Studierende: **Uranbayar Basbayar**, **Jakob Bock**, **Uyanga Boldbaatar**, **Irnes Fatkic**, **Hannes Stockklauser**
Betreuung seitens des Instituts für Grundlagen der Konstruktion und des Entwerfens: **Petra Petersson**, **Claus Plasencia Kanzler**

Petra Kickenweitz

Tongji – International Construction Festival 2016

The project **"Light-House"** by the **Institute of Construction and Design Principles** receives **third place**

On the occasion of the newly opened cooperation office between Graz University of Technology and Tongji University in Shanghai, the Faculty of Architecture at Graz University of Technology was invited to attend the International Construction Festival 2016 from June 6–10, 2016, at the College of Architecture and Urban Planning at Tongji University in Shanghai. The five participating students were selected from among second-semester students in an anonymous competition process in the Institute of Construction and Design Principles.

The topic of the Construction Festival was the design and construction of a pavilion for a "micro community." The prespecified building material was limited to forty polypropylene multi-skin sheets with the dimensions 180 × 180 × 0.5 cm. The students had five days to design and build the structure.

The project "Light-House" by the Graz team dealt with the topics of sustainability and minimal living space. The designed pavilion constructively made use of the maximal cubic volume while minimizing the workload and avoiding the production of material waste. The structure, which has two modules, can be assembled and then dismantled again. The pavilion is weather-resistant and of course there was cross-ventilation above the door and roof openings. The dual-layer sandwich construction of wall and ceiling provides insulation. During the design and building process, remnants of the students' work from all participating countries were collected and reduced to small pieces so as to form the floor of the pavilion and thus represent the many different cultures of the micro community. During the day, the translucent material serves as protection against direct sunlight and engenders a diffuse light within the interior space, lending visibility to the pictograms and symbols. At night, the pavilion becomes a luminous body.

Around fifty-eight teams from twenty-two universities participated in the festival, amounting to around five hundred students: thirty-five teams from Tongji University, sixteen teams from other Chinese universities, and seven international teams: Graz University of Technology (Austria), Ecole Nationale Supérieure d'Architecture de Versailles (France), Bauhaus-Universität Weimar (Germany), University of Hawaii (USA), McGill University (Canada), Pusan National University (South Korea), Universitat Politècnica de Catalunya (Spain).

This week of intensive work concluded with the awards ceremony: the team from Graz University of Technology was able to secure the third-place prize. ▪

Participating students: **Uranbayar Basbayar**, **Jakob Bock**, **Uyanga Boldbaatar**, **Irnes Fatkic**, **Hannes Stockklauser**
In the Institute of Construction and Design Principles, this project was supervised by: **Petra Petersson**, **Claus Plasencia Kanzler**

Petra Kickenweitz

DETAIL Stipendium

Zwei Studierende der TU Graz bekommen **internationales Architekturstipendium** verliehen

Das renommierte DETAIL Stipendium – jährlich ausgelobt und verliehen von der Architekturzeitschrift DETAIL im Kooperation mit Schüco International – ging im Jahr 2016 unter anderem an Stefan Prattes und Angelika Hinterbrandner von der TU Graz. Stefan Prattes, der im Jahr 2015 mit der Interior-Scholarship, dem AIT-Stipendium der Sto-Stiftung ausgezeichnet wurde, hat nach einem Praxisjahr bei RCR Arquitectes in Spanien sein Studium an der TU Graz wieder aufgenommen, während Angelika Hinterbrandner, Studienassistentin am Institut für Gebäudelehre, aktuell für ein Jahr an der Chinese University of Hong Kong studiert, nachdem sie Praktika bei MVRDV und GKK+ Architekten absolvierte.

Stefan Prattes: Landing Naked Island © Stefan Prattes

Stefan Prattes strebt mit seinen Arbeiten Beständigkeit an, Beständigkeit fernab kurzlebiger Modeerscheinungen. Diese Haltung ist auch an seinen zum Stipendium eingereichten Arbeiten, der „Wanderbox Olot" sowie dem Projekt „Memorial Museum – Naked Island", abzulesen. „Memorial Museum – Naked Island" ist eine Auseinandersetzung mit der Thematik des Erinnerns und der Fragestellung, ob die Beschäftigung mit Erinnerung die Erinnerung selbst sein kann. Die am Institut für Architekturtechnologie von Roger Riewe und Armin Stocker im Rahmen einer Projektübung betreute Arbeit wird von der DETAIL Jury als „harte und reduzierte Architektur" beschrieben, die „poetisch und archaisch zugleich anmutet".

Angelika Hinterbrandners Forschungsvorhaben zum Thema „Informelles Wohnen" sowie ihr Projekt „The Island" (von Roger Riewe und Claudia Volberg als Joint Studio mit der Chinese University of Hong Kong betreute Projektübung) überzeugten die DETAIL Jury. Die Jury honorierte besonders den Versuch, „den Traum der einsamen Insel im Grünen in ein urbanes Spannungsfeld zu übersetzen".

Hofft Stefan Prattes einmal behaupten zu können, dass seine Gestaltung eine gute Gestaltung sei, hat Angelika Hinterbrandner in den letzten Jahren „Leidenschaft und ungeahntes Durchhaltevermögen" entwickelt und genießt in der Architektur am meisten, dass sie sich immer wieder auf neue Situationen und unterschiedlichste Ausgangspunkte einstellen muss.

Für beide StipendiatInnen bedeutet die Auszeichnung nicht nur ein gewisses Maß an finanzieller Unabhängigkeit in der Endphase des Studiums, sondern stellt vor allem ein großes Potenzial für die Zukunft durch die Möglichkeit der Außenwirkungen, der mit dem Stipendium verbundenen Publikationen und Veranstaltungsteilnahmen, dar.

Wir gratulieren Angelika Hinterbrandner und Stefan Prattes zum Erfolg! ▪

Armin Stocker

DETAIL Stipendium

Two students from Graz University of Technology are awarded an **international architecture scholarship**

The renowned DETAIL Stipendium—a scholarship granted annually by the architecture magazine DETAIL in cooperation with Schüco International—was given in

Angelika Hinterbrandner: The Island © Angelika Hinterbrandner

2016 to Stefan Prattes and Angelika Hinterbrandner from Graz University of Technology, among others. Stefan Prattes, who in the year 2015 was honored by the Interior Scholarship – AIT-Scholarship of the Sto Foundation, has resumed his studies at Graz University of Technology after spending a year gaining practical experience at RCR Arquitectes in Spain. Angelika Hinterbrandner, in turn, who is a research assistant in the Institute of Design and Building Typology, is currently studying at the Chinese University of Hong Kong after finishing internships with MVRDV and GKK+ Architekten.

In his work, Stefan Prattes focuses on durability—on durability that extends far beyond short-lived fads. This stance is also apparent in his work submitted to the scholarship committee, both "Wanderbox Olot" and the project "Memorial Museum – Naked Island." The latter explores the theme of memory and the explorative question of whether preoccupation with memory can be the memory itself. This work, which was supervised by Roger Riewe and Armin Stocker as part of a master studio in the Institute of Architecture Technology, is described by the DETAIL jury as "hard and reduced architecture" that appears "poetic and archaic at the same time."

Angelika Hinterbrandner's research activity on the topic of "Informal Living" and her project "The Island" (a master studio supervised by Roger Riewe and Claudia Volberg as a joint studio with the Chinese University of Hong Kong) impressed the DETAIL jury. The jury especially acknowledged the endeavor to "translate the dream of a green deserted island into an urban field of tension."

While Stefan Prattes intends to assert his design as good design, Angelika Hinterbrandner has developed in recent years a "passion and undreamt stamina." What she enjoys most about architecture is that she has to adapt, again and again, to new situations and many different points of departure.

For both scholarship recipients, the recognition gives them a certain measure of financial independence in the end phase of their university education; but most importantly, it signifies great potential for the future through the possibilities arising thanks to outside opportunities, such as publications and event series related to the scholarship.

We congratulate Angelika Hinterbrandner and Stefan Prattes on their success! ▪

Armin Stocker

Schlesisches Museum Katowice von | by Riegler Riewe © Wojciech Kryński

Architektur(-fakultät) räumt ab!

Auszeichnungen und Preise für die **ArchitektInnen der TU Graz**

Architekturauszeichnungen und Preise stellen Anerkennung durch die verantwortliche Jury und den Stifter der Preise dar und rücken die ausgezeichneten Leistungen in den Fokus der öffentlichen Berichterstattung. In der Architektur bedeutet das im Idealfall einen weiteren und wichtigen Beitrag zu einer inhaltlichen Diskussion über die Potenziale von Architektur und trägt in Folge zur Stärkung der Baukultur bei. Der Diskurs findet in Form von Preisverleihungen, Ausstellungen und Publikationen statt. Auch in normalerweise architekturfernen Medien wie Tageszeitungen finden sich zum Teil ganzseitige Berichte über die Erfolge der heimischen ArchitektInnen und das nicht nur im meist schnell überblätterten Kurzbericht. Kleinformate berichten in Wochenendbeilagen, Qualitätszeitungen im Feuilleton. Dies bringt die Bauwerke, ihre ArchitektInnen, aber vor allem die Architektur als raumgestaltende und gesellschaftlich wichtige Disziplin auch der Öffentlichkeit näher.

Herausragende Beispiele von Bauwerken und ausgezeichnete Bauten und Projekte finden wir immer wieder auf der Liste der ProfessorInnen der Architekturfakultät. Dieses Mal ist es aber nicht nur ein qualitativ, sondern auch quantitativ mehr als überzeugendes Ergebnis.

Allen voran wurden Riegler Riewe für ihr Schlesisches Museum in Katowice mit insgesamt elf nationalen und internationalen Preisen und Nominierungen bedacht. Darunter befinden sich der 1. Preis des AIT-Awards 2016 in der Kategorie Öffentliche Bauten – Bildung, ein „best architecture award" in Gold, eine Shortlist-Nominierung zum Mies-van-der-Rohe-Award sowie eine Shortlist-Nominierung des World Architecture Festivals 2016.

Ebenso auf der Shortlist des World Architecture Festivals schaffte es das Parkhaus P1 – Kleine Mandel für den Flughafen Hamburg. Diese Kooperation mit Engelsmann Peters Ingenieure als Tragwerksplaner in der Wettbewerbsphase, wurde schon mit einem AIT-Award 2016 (3. Preis in der Kategorie Industrie – Gewerbe) und einem „best architects 16 award" prämiert.

Ebenfalls einen 1. Preis des AIT-Awards 2016 sowie weitere internationale Auszeichnungen erhielt das breathe.team.austria mit Klaus K. Loenhart, Engelsmann Peters Ingenieure und LandLab (Andreas Goritschnig und Bernhard König) für den österreichischen Expo-Pavillon der Weltausstellung in Mailand in der Kategorie Messe – Retail. Der Pavillon, der maßgeblich unter Grazer Führung geplant und entwickelt wurde, verknüpft die Disziplinen Architektur, Landschaftsarchitektur, Kultur und Forschung rund um die Ressource Luft.

Petra Petersson wurde mit ihrem Büro Realarchitektur in Berlin für die Sammlung Boros, eine Bearbeitung eines oberirdischen Bunkers in Berlin, mehrfach mit Preisen ausgezeichnet. Darunter befinden sich der BDA Preis Berlin, der Deutsche Architekturpreis Beton, ein 3. Preis in der Kategorie „Umbau" beim contractworldaward, der Architekturpreis Berlin und eine Nominierung zum Mies van der Rohe Award. 2015 wurde Petra Petersson für einen Wohnbau in Stockholm zum Best Building Award Stockholm nominiert.

Hans Gangoly sanierte und revitalisierte das denkmalgeschützte Chemiegebäude an der TU Graz von

Karl Raimund Lorenz und wurde dafür mit der Geramb-Rose für die Erhaltung qualitätsvoller Baukultur gewürdigt.

Wiederum Riegler Riewe, in diesem Fall gemeinsam mit Arno Brandlhuber, der 2015 bei den jährlichen November Talks an der Fakultät zu Gast war, sind für das Projekt St. Agnes Kunst- und Kulturzentrum/KÖNIG Galerie in Berlin mit dem „best architects 17 award" und dem Berliner Architekturpreis 2016 ausgezeichnet worden.

Nicht nur ein Bester oder eine Beste, sondern viele Beste gemeinsam. ▪

Armin Stocker

Architecture (Faculty) Make a Clean Sweep!

Accolades and Awards

for the **Architects of Graz University of Technology**

Architecture accolades and awards represent recognition by the responsible jury and the sponsor of the awards, shedding light on outstanding achievements through public coverage. In an architecture context, this ideally means another important contribution to a productive debate on the potential of architecture and thus contributes to the strengthening of building culture. This discourse plays out in the form of awards ceremonies, exhibitions, and publications. Even in media that are usually less focused on architecture, such as daily newspapers, sometimes full-page reports on the success of local architects are found, and not only as short reports that are easily leafed over. Small-format papers report in weekend supplements, and quality newspapers in feuilletons. This brings buildings, their architects, but also, importantly, architecture itself as a space-creating and socially vital discipline closer to the public.

Outstanding examples of buildings and excellent structures and projects are repeatedly associated with the list of professors from the Faculty of Architecture. This time, however, it is a more than satisfying result, not only in terms of quality, but also quantity. Most especially, the firm Riegler Riewe was considered with their Silesian Museum in Katowice, which garnered eleven national and international nominations and awards. These included the first prize of the AIT-Award 2016 in the category "Öffentliche Bauten – Bildung" (Public Building – Education), a "best architecture award" in gold, a short-list nomination for the Mies van der Rohe Award, and a short-list nomination for the World Architecture Festival 2016.

Also making the short list of the World Architecture Festival was the Parkhaus P1 – Kleine Mandel for Hamburg Airport. This collaborative project with Engelsmann Peters Ingenieure as structural engineers in the competition phase has already received an AIT-Award 2016 (third prize in the category "Industrie/Gewerbe") and a "best architects 16 award."

Also being honored (with first prize) at the AIT-Awards 2016, along with other international distinctions, was breathe.team.austria with Klaus K. Loenhart, Engelsmann Peters Ingenieure, and LandLab (Andreas Goritschnig and Bernhard König) for the Austrian Pavilion at Expo Milano 2015, in the category "Messe/Retail." The pavilion, which was essentially designed and developed from Graz as base, associates the disciplines of architecture, landscape architecture, culture, and research with the resource of air.

Petra Petersson, with her firm Realarchitektur in Berlin, has received several awards for her work for the Boros Collection, which is housed in an aboveground bunker in Berlin. The accolades include the BDA Preis Berlin, the German Concrete Architecture Award, a third prize in the category "Conversion" of the contractworldaward, the Berlin Architecture Prize, and a nomination for the Mies van der Rohe Award. In 2015, a residential building by Petra Petersson was nominated for the Best Building Award Stockholm.

Hans Gangoly renovated and revitalized the landmarked chemistry building at Graz University of Technology, originally designed by Karl Raimund Lorenz, and was honored for this achievement with the Geramb-Rose for the preservation of quality building culture.

Riegler Riewe, in turn, this time in collaboration with Arno Brandlhuber, who was a guest at the Faculty of Architecture in 2015 for the annual November Talks, received the "best architects 17 award" and the Berlin Architecture Prize 2016 in recognition of the project St. Agnes Kunst- und Kulturzentrum / KÖNIG Galerie in Berlin.

Not just a single best project, but many best projects collectively. ▪

Armin Stocker

GAD Awards 16+

Verleihung des **14. Grazer Architekturdiplompreises** der **Architekturfakultät der TU Graz**

Die Grazer Architektur Diplompreise: GAD Awards werden alljährlich von der Fakultät für Architektur der Technischen Universität Graz ausgelobt und an herausragende Arbeiten des vergangenen Studienjahrs vergeben. In diesem Jahr organisierte das Institut für Architekturtheorie, Kunst- und Kulturwissenschaften die Preisverleihung sowie die anschließende Ausstellung der nominierten Masterarbeiten, die spannende Einblicke in die studentischen Arbeitsergebnisse des letzten Studienjahres an der Architekturfakultät der TU Graz gaben.

Die Veranstaltungsserie der GAD Awards 16+ begann mit einem Abendvortrag des international bekannten Architekten Kjetil Thorsen (Snøhetta, Oslo), der in Graz studiert hat und gerne wieder nach Graz zurückkam, um in den Räumen des XAL-Headquarters einen gut besuchten Abendvortrag zu halten. Nach dieser Auftaktveranstaltung der GAD Awards 16+ beim Leuchten- und Lichtsystemhersteller XAL traf sich die GAD Awards Fachjury: Kjetil Thorsen (Snøhetta, Oslo), Lukas Göbl (göblarchitektur, Krems-Wien) und Anna Popelka (PPAG architects, Wien) im Gebäude der TU Graz in der Kronesgasse 5, um die für die GAD Awards 16+ nominierten Masterarbeiten zu bewerten. Unter der Leitung der Juryvorsitzenden Anna Popelka wählte die Fachjury folgende PreisträgerInnen aus, die bei der feierlichen Preisverleihung am 14. Oktober 2016 im Saal der Kronesgasse 5 ausgezeichnet wurden:

Der 1. Preis, ein Softwarepaket der Firma Graphisoft, ging an Christoph Walter Pirker für seine Arbeit: *Analoge Landschaft: Annäherungen an den verlorenen Raum des Unbestimmten*. Die Jury sprach diesem von Andreas Lechner vom Institut für Gebäudelehre betreuten Projekt den 1. Preis zu, da es sich in Räume des Unbekannten und des Unbestimmten wage und dabei eine eigenständige architektonische Raumfindung vollziehe.

Den 2. Preis der GAD Awards 16+, ein Softwarepaket der Firma A-Null Development, erhielten Simon Platter und Zuzana Töröková für ihre Masterarbeit: *Valley Walls: Ein Refugium in der Abgeschiedenheit*, betreut von Hans Gangoly vom Institut für Gebäudelehre. Dieses Projekt überzeugte die Jury durch die Qualität des Entwurfs, sowie seinen hohen Grad der Durcharbeitung und detailreichen Modellbau.

Mit dem 3. Preis, gesponsert von der Möbelbaufirma Ton, wurde Ana Škrebić ausgezeichnet. Ihre Arbeit mit dem Titel: *Ozymandias Picturesque*, die ebenfalls von Hans Gangoly vom Institut für Gebäudelehre betreut wurde, imponierte der Jury durch die atmosphärische Qualität des Entwurfs und durch die verwendete Darstellungstechnik.

Der Tschom Wohnbaupreis der GAD Awards 16+ ging an Hanife Tepegöz für ihre Masterarbeit mit dem Titel: *KUŞDILI ÇAYIRI: Die Entstehung eines neu interpretierten türkischen Wohnhauses*, die Andreas Lichtblau vom Institut für Wohnbau betreute. Den Hollomey Reisepreis erhielt Florian Landsteiner für seine Arbeit über: *Iterative Prozesse zur Herstellung von wiederverwendbaren Schalungsformen für doppelt gekrümmte Betonbauteile*, die bei Stefan Peters vom Institut für Tragwerksentwurf entstanden ist.

Der Sieger des abschließenden Publikumsvotings war mit den weitaus meisten Stimmen Alexander Gebetsroither, der daraufhin den von Bene Büromöbel unterstützten Publikumspreis der GAD Awards 16+ für seine Masterarbeit: *I-710/I-105 #more than infrastructure* erhielt, die Andreas Lechner vom Institut für Gebäudelehre betreut hat.

Die Ausstellung der für die GAD Awards 16+ nominierten Masterarbeiten aus der Architekturfakultät der TU Graz, die in den Seminarräumen der Kronesgasse 5 noch bis zum 21. Oktober 2016 für das interessierte Publikum geöffnet blieb, gab zahlreichen BesucherInnen einen spannende Einblicke in die jeweiligen Fragestellungen und die unterschiedlichen Entwurfsansätze.

Die Veranstaltungsserie der GAD Awards 16+ schlossen schließlich Vorträge der PreisträgerInnen ab, die am 20. Oktober im Haus der Architektur Graz (HDA) stattfanden. Die von der Jury ausgezeichneten GAD-PreisträgerInnen führten in ihren Beiträgen ihre persönliche Sichtweise auf die Entstehung und Konzeption ihrer Masterarbeiten aus, woraus sich anregende Diskussionen mit dem zahlreich erschienenen Publikum im Veranstaltungs- und Ausstellungsraum des HDA ergaben. ▪

Daniel Gethmann

GAD Awards 16+

Awarding of the **14th Graz Architecture Diploma Award** of the **Faculty of Architecture at Graz University of Technology**

The Graz Architecture Diploma Awards or GAD Awards are bestowed annually by the Faculty of Architecture at Graz University of Technology to honor outstanding work from the previous academic year. This year, the Institute of Architectural Theory, Art History and Cultural Studies organized the awards ceremony along with the ensuing exhibition of the nominated master's projects, which offered exciting insights into the results of student work during the last academic year

Anselm Wagner mit den JurorInnen | with the jurors Lukas Göbl, Anna Popelka, Kjetil Thorsen © Emilian Hinteregger

in the Faculty of Architecture at Graz University of Technology.

The GAD Awards 16+ event series began with an evening lecture by the internationally renown architect Kjetil Thorsen (Snøhetta, Oslo), who studied in Graz and was pleased to return to the city to hold his lecture in the XAL headquarters, which was well visited that evening. After this kick-off event for the GAD Awards 16+, hosted by XAL, a producer of lamp and lighting systems, the GAD Awards jury—Kjetil Thorsen (Snøhetta, Oslo), Lukas Göbl (göblarchitektur, Krems and Vienna), and Anna Popelka (PPAG architects, Vienna)—convened in the Kronesgasse 5 building of Graz University of Technology in order to evaluate the master's projects nominated for the GAD Awards 16+. Under the guidance of the jury chairwoman Anna Popelka, the specialized jury selected the following award winners, who were then honored at the festive awards ceremony on October 14, 2016 in the great hall at Kronesgasse 5.

The first prize, a software package from the company Graphisoft, went to Christoph Walter Pirker's work *Analoge Landschaft: Annäherungen an den verlorenen Raum des Unbestimmten* (Analogue Landscape: Approximating the Lost Space of the Indeterminate). The jury presented this project, which was supervised by Andreas Lechner from the Institute of Design and Building Typology, with the first prize since it dared to enter unknown and indeterminate spaces while pursuing an independent approach to architectural space-finding.

The second prize of the GAD Awards 16+, a software package from the company A-Null Development, was granted to Simon Platter and Zuzana Töröková for their master's project *Valley Walls: Ein Refugium in der Abgeschiedenheit* (Valley Walls: A Secluded Refuge), supervised by Hans Gangoly from the Institute of Design and Building Typology. This project convinced the jury with the quality of its design, along with a high degree of preparation and a model construction rich in detail.

The third prize, sponsored by the furniture-making company Ton, was bestowed upon Ana Škrebić. Her work, titled *Ozymandias Picturesque*, which was likewise supervised by Hans Gangoly from the Institute of Design and Building Typology, impressed the jury with the atmospheric quality of its design and with the representational techniques employed.

The Tschom Housing Award of the GAD Awards 16+ went to Hanife Tepegöz for her master's project titled *KUŞDILI ÇAYIRI: Die Entstehung eines neu interpretierten türkischen Wohnhauses* (KUŞDILI ÇAYIRI: The Creation of a Newly Interpreted Turkish Residential Building), supervised by Andreas Lichtblau from the Institute of Housing. The Hollomey Travel Award was given to Florian Landsteiner for his work *Iterative Prozesse zur Herstellung von wiederverwendbaren Schalungsformen für doppelt gekrümmte Betonbauteile* (Iterative Processes for Producing Reusable Formwork for Double-Curved Concrete Elements), supervised by Stefan Peters from the Institute of Structural Design.

The winner of the subsequent audience voting was Alexander Gebetsroither, with a strong majority of votes. He was then presented with the Audience Award of the GAD Awards 16+, supported by Bene Office Furniture, for his master's project *I-710/I-105 #more than infrastructure*, supervised by Andreas Lechner from the Institute of Design and Building Typology.

The exhibition for the master's projects from the Faculty of Architecture at Graz University of Technology that were nominated for the GAD Awards 16+ remained open to the interested public in the seminar rooms at Kronesgasse 5 until October 21, 2016. The many visitors to the exhibition were given fascinating glimpses of the respective issues and the different design approaches.

As a conclusion to the GAD Awards 16+ event series, lectures were given by the award winners on October 20 at the House of Architecture (HDA) in Graz. The GAD award winners singled out by the jury elaborated in their speech on their personal perspective of the conception and development of their respective master's project. This led to stimulating discussions with the many audience members at the HDA event and exhibition room. ▪

Daniel Gethmann

Trinity: Lovric & Wojciechowska © Manfred Stocker

amm – architektInnen machen möbel

3. Teilnahme der **Möbelwerkstatt des Instituts für Raumgestaltung** an der **Mailänder Möbelmesse 2016**

Sehen, was die anderen machen – wissen, wo man steht! Von 12.4.–17.4.2016 war das Institut für Raumgestaltung mit „amm–architektInnen machen möbel" im Rahmen der Ausstellung „Back Ahead – New Austrian Design Perspectives" zum dritten Mal auf der Mailänder Möbelmesse vertreten. Matthias Gumhalter und Claudia Gerhäusser, ArchitektInnen und AssistentInnen am Institut für Raumgestaltung und Rainer Eberl, Tischlermeister, konnten die Erfahrungen der vergangenen Jahre nutzen, um gemeinsam mit den Studierenden den diesjährigen Auftritt professionell, auffällig und aussagekräftig zu gestalten. Neben fertigen Möbel-Prototypen aus den Lehrveranstaltungen des Instituts wurde der gesamte Entwurfsprozess von der ersten Skizze über Arbeitsmodelle bis zu finalen Detailmodellen gezeigt. Die Studierenden bekamen über die entwerferische Praxis in der Werkstatt hinaus einen Einblick in die Schritte, die nach dem Entwerfen kommen. Als Teil der Ausstellung „Back Ahead – New Austrian Design Perspectives" der Wirtschaftskammer Österreich (WKO) in der Villa Necchi wurde international Aufmerksamkeit erregt. Mit „Back Ahead" präsentiert die WKO Designpioniere aus Österreich der Internationalen Szene: „Rund 60 Unternehmen, DesignerInnen sowie Studierende stellen dort ihre aktuellen Exponate einem internationalen Fachpublikum". Nach den Ausstellungen auf der Satellite 2014, der Ventura Lambrate 2015, beides Messen für junge und zeitgenössische DesignerInnen im Rahmen des Salone del Mobile di Milano, stellte die Präsentation zusammen mit der WKO einen Höhepunkt dar, der kaum zu toppen ist: Die Möbel der Studierenden der TU Graz konnten im Kontext der österreichischen Designspitze ausnahmslos überzeugen. ▪

Leitung: **Irmgard Frank**, **Rainer Eberl**, **Claudia Gerhäusser**, **Matthias Gumhalter**
Studierende: **Max Boos**, **Karina Brünner**, **Mathis Grahl**, **Christoph Gruber**, **Timo Hopp**, **Isa Jollings**, **Nikolaus Kaufmann**, **Valentina Lovric**, **Antonia Lüttig**, **Johannes Moosbrugger**, **Jerneja Muraus**, **Theresa Reisenhofer**, **Alina Rejepava**, **Stella Sattler**, **Katharina Schlick**, **Florian Taumberger**, **Katarzyna Wojciechowska**, **Kathrin Wutte**

Claudia Gerhäusser

amm – architektInnen machen möbel

3rd participation in the **Furniture Workshop** of the **Institute of Spatial Design** at the **Milan Furniture Fair 2016**

Seeing what others are doing—knowing where you stand! From April 12–17, 2016, the Institute of Spatial Design participated in the Milan Furniture Fair for the third time with *amm – architektInnen machen möbel* as part of the exhibition *Back Ahead – New Austrian Design Perspectives*. Matthias Gumhalter and Claudia Gerhäusser, along with architects from the Institute of Spatial Design and master carpenter Rainer Eberl, were able to apply the experience gained in previous years to professionally, strikingly, and expressively design this year's presentation together with the students. Shown in addition to finished furniture prototypes from classes at the institute was the entire design process, from the first sketch to working models to the final detailed models. Students were able to see, above and beyond design-based practice in the workshop, which steps come after design. International interest was sparked as part of the exhibition *Back Ahead – New Austrian Design Perspectives* by the Austrian Federal Economic Chamber (WKO) at Villa Necchi. With *Back Ahead*, the WKO introduces design pioneers from Austria to the international scene: "Around 60 companies, designers, and students exhibit their current pieces there to an international expert audience." On the heels of the exhibitions at Satellite 2014 and Ventura Lambrate 2015, both fairs for young and contemporary designers in the scope of the Salone del Mobile di Milano, the presentation exhibited in collaboration with the WKO was a highlight that can hardly be beat: the furniture by the students from Graz University of Technology without exception proved convincing in the context of leading Austrian designers. ▪

Leads: **Irmgard Frank**, **Rainer Eberl**, **Claudia Gerhäusser**, **Matthias Gumhalter**
Students: **Max Boos**, **Karina Brünner**, **Mathis Grahl**, **Christoph Gruber**, **Timo Hopp**, **Isa Jollings**, **Nikolaus Kaufmann**, **Valentina Lovric**, **Antonia Lüttig**, **Johannes Moosbrugger**, **Jerneja Muraus**, **Theresa Reisenhofer**, **Alina Rejepava**, **Stella Sattler**, **Katharina Schlick**, **Florian Taumberger**, **Katarzyna Wojciechowska**, **Kathrin Wutte**

Claudia Gerhäusser

Space Invader – Schreibatelier im urbanen Restraum

Entwürfe des **Instituts für Architekturtechnologie** im Rahmen der **Ausstellung „Lücken"** im **Architekturforum Oberösterreich, Linz**

Vom 19.4.–2.5.2016 veranstaltete das Architekturforum Oberösterreich in Linz eine Ausstellung zum Thema urbaner Lücken. Das Institut für Architekturtechnologie zeigte in diesem Rahmen Entwürfe aus der Lehrveranstaltung „Entwerfen 1". Unter dem Titel „Space Invader" wurden Projekte für ein Atelier des Grazer Stadtschreibers bzw. Writer in Exile vorgestellt, welche im Wintersemester 2015/16 entstanden. Die Entwürfe setzen sich mit der Nutzung von urbanen Resträumen wie Abstandsflächen, Infrastrukturresten, Systembrüchen und Gebäudenischen auseinander. Diese „Bugs" im städtischen Gewebe wurden – in Referenz zu den Situationisten der 60er Jahre – in Stadtstreifzügen als Raumressource aufgespürt, kartiert, als potenzielle „Bauplätze" analysiert und ihre Qualitäten in eine architektonische Intervention übersetzt. An vier ausgewählten Standorten wurden Raumobjekte entwickelt, die invasionsartig diese „Un"-Orte besetzen, transformieren und weitere Nutzungspotenziale im Stadtraum sichtbar machen. Die noch am Anfang ihres Studiums stehenden Studierenden sollten sich der Stadt nicht top-down nähern, sondern sie bottom-up als Quasi-Naturraum erschließen sowie konventionelle Vorstellungen von Wohnen und Arbeiten entwerferisch hinterfragen. Die so entstandenen Atelier-Objekte waren trotz oder vielmehr aufgrund ihrer spezifischen Artikulation am Ort jedoch nicht deterministisch in Bezug auf ihre Atelier-Funktion, sondern offen angelegt. Sie ließen Spielraum für andere Nutzungsszenarios, Erzählungen und Impulse zu einer informellen Umdeutung und Aktivierung dieser meist unbeachteten Raumfragmente. ▪

Weitere Projekte der Ausstellung waren: „Parasitic-Symbiotic", Studierendenarbeiten der TU Wien, Leitung Alexander Hagner, und „Oase No8 – Ein tropisches Abwärmegewächshaus in Graz" von Markus Jeschaunig

Konzept und Organisation: **Marcus Stevens**
Umsetzung: **Marcus Stevens**, **Wolf-Dietrich Kodella**, **Jakob Siessl**
Studierende: **Marco Asslaber**, **Johann Bara**, **Joachim Eckler**, **Valentin Gigler**, **Daniel Hamza**, **Marco Hedl**, **Jeremias Kappenberg**, **Milan Kremenovic**, **Barbara Moser**, **Silvia Novak**, **Julia Rauch**, **Philip Stadler**, **Georg Steinwender**, **Milana Stojakovic**, **Thomas Tunariu**, **Franz Wurm**

Marcus Stevens

Space Invader. Ausstellung | Exhibition *Lücken*
AFO Linz 2016 © IAT

Space Invader – Writing Studio in Urban In-Between Space

Designs by the **Institute of Architecture Technology** in the scope of the **exhibition *Lücken*** at the **Architekturforum Oberösterreich, Linz**

From April 19 to May 2, 2016, the Architekturforum Oberösterreich in Linz presented an exhibition on the topic of urban gaps. In this framework, the Institute of Architecture Technology showed designs from the Design 1 class. Under the title *Space Invader*, projects for a studio by the Stadtschreiber von Graz or Writer in Exile were introduced that had been created during winter semester 2015–16. The designs explore the utilization of urban in-between spaces like clearance areas, remnants of infrastructure, system discontinuities, and building recesses. These "bugs" in the urban fabric—in reference to the Situationists of the 1960s—were traced and mapped as a spatial resource during forays through the city, then analyzed as potential "building sites," their qualities translated into an architectural intervention. Spatial objects were developed at four selected sites, where they invasively occupied and transformed these "un"-places, making visible additional utilization potential in urban space. The students, who were still in the early stages of their university studies, were asked to approach the city not in a top-down way, but rather from the bottom up, basically as a natural space. They were also meant to challenge conventional ideas of living and working in terms of design. Yet the resulting studio objects were open rather than deterministic in terms of their studio function, despite (or precisely because of) their specific articulation on site. There was leeway for other utilization scenarios, narratives, and impulses for informally reinterpreting and activating these usually unnoticed fragments of space. ▪

Other projects shown in the exhibition were: "Parasitic-Symbiotic", featuring work by students from Vienna University of Technology, lead: Alexander Hagner; and "Oase No8 – Ein tropisches Abwärmegewächshaus in Graz" by Markus Jeschaunig

Concept and organization: **Marcus Stevens**
Implementation: **Marcus Stevens**, **Wolf-Dietrich Kodella**, **Jakob Siessl**
Students: **Marco Asslaber**, **Johann Bara**, **Joachim Eckler**, **Valentin Gigler**, **Daniel Hamza**, **Marco Hedl**, **Jeremias Kappenberg**, **Milan Kremenovic**, **Barbara Moser**, **Silvia Novak**, **Julia Rauch**, **Philip Stadler**, **Georg Steinwender**, **Milana Stojakovic**, **Thomas Tunariu**, **Franz Wurm**

Marcus Stevens

Happening. Wanderung durch die Stadt zum HDA mit Utensilien aus dem Zeichensaal | Happening, with a Stroll through Town to the HDA with Utensils from the Design Hall © Felix Zitter

AZ 247

Ausstellung der **Grazer Architekturzeichensäle** im **Haus der Architektur (HDA)**

„Die Architekturzeichensäle der TU Graz sind seit den 1960er Jahren besetzter und selbstverwalteter Raum von Studierenden verschiedener Semester. Hier wird gezeichnet und studiert, gekocht und getrunken, gelacht und geweint, diskutiert und gespielt. Der temporäre AZ 247 zeigt verdichtet die Bedeutung derartiger Räume für eine vielfältige Architekturausbildung." Unter dieser Aussage konnten die Architekturzeichensäle der TU Graz den fakultätsinternen Wettbewerb des HDA für einen Beitrag zu den Architekturtagen 2016 mit dem Thema „werte/haltung – das leisten wir uns" für sich entscheiden. Dazu stellten die Zeichensäle die Architektur(aus)bildung in den Mittelpunkt ihres Beitrags und gründeten für 24 Stunden den AZ 247. Dieser zeigte verdichtet außerhalb der Universität die Qualitäten und Möglichkeiten des selbstverwalteten studentischen Freiraums. Mit der typischen Bespielung des Zeichensaalalltags wurde ein Fokus auf ein studentisches Erarbeiten von Wissen neben ECTS-orientierten Seminaren gelegt.

06.00: Treffen der Zeichensäler im AZ3. Frühstück; Zeichensaal einpacken
07.00: Happening, Wanderung durch die Stadt zum HDA mit Utensilien aus dem Zeichensaal
08.00: Ankunft HDA, Aufbau AZ 247
09.00: Programmstart
10.00–18.00: Beton-Workshop, Modellbaugruppe, individuelles Arbeiten, kollektive Ablenkung, Kochen, Mittagessen, Kaffeekränzchen
19.00: Vortrag von Klaus Kada über die Zeichensäle
21.00: Party
06.00: Ende

Neben dem individuellen Arbeiten und dem Vortrag mit Klaus Kada gab es auch drei Projekte, die den Tag begleiteten. Beim Beton-Workshop konnten BesucherInnen zusammen mit Studierenden Objekte aus Beton gießen und dabei den Prozess des Formenbaus und des Gießens erfahren sowie die entstandenen Gegenstände in den folgenden Tagen im Zeichensaal abholen. Beim „Zeichensaal für jeden"-Projekt wurden die fehlenden qualitätsvollen Arbeitsplätze für alle Architekturstudierenden anhand eines Modells präsentiert. Dabei wurden anhand eines alternativen Dachausbaus so viele Arbeitsplätze errichtet, dass alle Architekturstudierenden einen permanenten Arbeitsplatz haben. Weiters wurde auch die erste Ausgabe der Zeitschrift „Schauraum.1" vorgestellt, die den aktuellen Entwicklungen in den Zeichensälen sowie dem Thema „Freier Arbeitsraum" nachgingen und von Studierenden geschaffene Architekturcomics präsentierten. ▪

Idee, Konzept & Organisation, Umsetzung: **Die Zeichensäle AZ0, AZ1, AZ2, AZ3, AZ4, AZ5, AZ+, AZTurm**

Jomo Ruderer

AZ 247

Exhibition by the **Architecture Design Halls in Graz** at the **Haus der Architektur (HDA)**

"Since the 1960s, the design halls at Graz University of Technology have been a space occupied and self-administered by students of various semesters. Here they draw and study, cook and drink, laugh and cry, discuss and play. The temporary AZ 247 illustrates, in a densified form, the meaning of such spaces for a diversified education in architecture." This statement by the architecture design halls of Graz University of Technology helped win the HDA competition within the Faculty of Architecture for making a contribution to the Architecture Days 2016 operating under the theme "werte/haltung – das leisten wir uns" (values/stance – achieving this for us). To this end, the design halls focused their contribution on architecture education/training and established, for twenty-four hours, the AZ 247. This demonstrated outside of the university, and in a densified way, the qualities and possibilities of free space self-administered by students. With the typical everyday use of the design hall, a focus was placed on students acquiring knowledge outside of ECTS-oriented seminars.

06.00: Meeting point at the design hall AZ3. Breakfast; pack up design hall
07.00: Happening, with a stroll through town to the HDA with utensils from the design
08.00: Arrival at HDA, assembly of AZ 247
09.00: Start of program
10.00–18.00: Concrete workshop, model-building group, autonomous work, collective diversion, cooking, lunch, coffee party
19.00: Lecture by Klaus Kada about the design halls
21.00: Party
06.00: End

In addition to the individual works and the lecture by Klaus Kada, there were also three projects that played out over the course of the day. At the concrete workshop, visitors could collaborate with students in pouring concrete, thereby experiencing the process of mold-making and casting. The objects created could be picked up several days later at the design hall. In the "Zeichensaal für jeden" (Design Hall for Everyone) project, in turn, the lack of quality jobs for all architecture students were presented by example of a model. Here, an alternative roof construction was used to create enough jobs to employ all architecture students permanently. Moreover, the first issue of *Schauraum.1* was introduced, a magazine that covered the developments in the design halls and the topic "Freier Arbeitsraum" (free working space) and also presented the architectural comics created by students. ▪

Idea, concept, organization, and implementation: **The architecture design halls AZ0, AZ1, AZ2, AZ3, AZ4, AZ5, AZ+, AZTurm**

Jomo Ruderer

Open House – Abschiedsfest für das Haus Albrecher-Leskoschek

Eine Ausstellung des **Instituts für Architekturtheorie, Kunst- und Kulturwissenschaften** im Rahmen der **Architekturtage 2016**

Aufgrund der geplanten Erweiterung des Grazer Landeskrankenhausareals steht der Abriss eines Wohnhauses mit der Adresse Hilmteichstraße 24 bevor. Dieses Haus, ursprünglich unmittelbar am Erholungsgebiet des Leechwalds gelegen, wurde nach Plänen von Herbert Eichholzer 1938 kurz vor dem „Anschluss" fertig gestellt. Der junge Architekt hatte es als modernes Gesamtkunstwerk eines „befreiten Wohnens" konzipiert und mit Thonet-Stahlrohrmöbeln und Stoffen von Josef Frank ausgestattet. Im Wohnraum, der durch unterschiedliche Niveaus in drei funktionale Bereiche gegliedert ist, gestaltete Axl Leskoschek ein großes allegorisches Wandbild. Das Wohnhaus diente in der NS-Zeit als Treffpunkt eines oppositionellen Freundeskreises und als „Deckadresse" des Widerstands gegen den Nationalsozialismus. Eichholzer wurde 1943 hingerichtet, andere Protagonisten des Kreises erhielten lange Haftstrafen oder gingen ins Exil. Nach einem Besitzerwechsel erfuhr vor allem das Äußere des Hauses ab den 1960er Jahren so starke bauliche Veränderungen, dass es heute vom Denkmalamt als nicht schutzwürdig erachtet wird.

Ein vom Institut für Architekturtheorie, Kunst- und Kulturwissenschaften am 5. Juni 2016 im Rahmen der Architekturtage veranstaltetes Open House bot eine letzte Gelegenheit zum Kennenlernen, Begehen und Befühlen des Gebäudes mit Einführungen zur architektur-, kunst- und zeithistorischen Bedeutung des Ortes, einer Fotoausstellung und Musik. ▪

Konzeption: **Antje Senarclens de Grancy**

Antje Senarclens de Grancy

Letzter Besuch im Haus. Originale Schiebetür von 1938 | Last Visit of the House. Original Sliding Door from 1938 © Sophia Walk

Open House – Farewell Party for the Haus Albrecher-Leskoschek

An exhibition by the **Institute of Architectural Theory, Art History and Cultural Studies** as part of the **Architecture Days 2016**

Due to the planned expansion of the Landeskrankenhaus area in Graz, the demolition of a residential building located at Hilmteichstraße 24 is imminent. This house, which was originally situated directly adjacent to a recreational area in Leechwald forested area, was erected in 1938 by Herbert Eichholzer shortly before the "Anschluss" with Nazi Germany. The young architect conceived the structure as a modern Gesamtkunstwerk for "liberated living" and furnished it with tubular-steel furniture by the Thonet company and fabrics by Josef Frank. The living room, which is divided into three functional areas through various levels, features a large allegorical mural designed by Axl Leskoschek. During the Nazi period, the residential building served as a meeting point for a group of friends sympathizing with the opposition and as a "cover address" for those opposing National Socialism. Eichholzer was executed in 1943, while other protagonists from this circle received long prison sentences or went into exile. After a change in ownership in the 1960s, the structure of the house was renovated so strongly, especially the outside, that it is not considered worthy of protection by the monuments office today.

An open house on June 5, 2016, put on by the Institute of Architectural Theory, Art History and Cultural Studies, offered a last chance to become acquainted with the building, to access and experience it, including information about the art- and contemporary-historical significance of the site, as well as a photo exhibition and music. ▪

Concept: **Antje Senarclens de Grancy**

Antje Senarclens de Grancy

Stages of Trust

Eine installative Ausstellung des **Instituts für Architekturtheorie, Kunst- und Kulturwissenschaften** in der **Galerie Zimmermann Kratochwill, Graz**

„Stages of Trust" wurde von den Studierenden des Masterstudios „Metamodernism – A Cultural Cartography of the Present" konzipiert und war von 18.6.–23.6.2016 in der Grazer Galerie Zimmermann Kratochwill zu sehen. Die Ausstellung war das Ergebnis eines Masterstudios, das auf dem von Timotheus Vermeulen und Robin van den Akker geprägten Begriff der Metamoderne aufbaute. Als „metamodern" beschreiben die beiden Kulturphilosophen den Zustand unserer Gesellschaft nach dem Ende der Postmoderne: als ein Pendeln zwischen Ernsthaftigkeit und Ironie, Enthusiasmus und Apathie, Glaube und Skepsis. Die Ausstellung versuchte aber nicht das gesamte Themenspektrum der Metamoderne zu beleuchten, sondern konzentrierte sich auf die Frage nach der Bedeutung von Vertrauen als Voraussetzung jeglicher Form sozialen Zusammenhalts; eine Thematik, die in Zeiten von Fake News besonders aktuell ist. Die Studierenden wählten dazu Werke internationaler KünstlerInnen aus und inszenierten diese in drei architektonischen Rauminstallationen, die verschiedene „Stages" (Stufen/Bühnen) des Themas bereitstellten: „Conditions of Trust", „Performances of Trust" und „Intentions of Trust". Zur Ausstellung erschien ein Katalog mit Texten von Timotheus Vermeulen, Milica Tomić und Florian Scheucher.

Unser besonderer Dank gilt der Galerie Zimmermann Kratochwill, die ihre Räumlichkeiten und gesamte Infrastruktur kostenlos zur Verfügung stellte, sowie den Sponsoren b + p architektur ag, Hechenblaickner Holz & Furniere, Institut für Raumgestaltung der TU Graz, Copyshop der HTU GmbH, bauart architekten, Architekturbedarf Kropf und kleinraum. ▪

Leitung: **Timotheus Vermeulen**, **Anselm Wagner**, **Petra Eckhard**, **Margareth Otti**
KünstlerInnen: **Poklong Anading**, **Annabel Daou**, **Stefan Glettler**, **Zenita Komad**, **Jeanne Silverthorne**, **Milica Tomić**
Studierende: **Džana Ajanović**, **Therese Eberl**, **Melanie**

Heinl, **Isa Jollings**, **Muris Kalić**, **Amir Kozman**, **Andreas Krug**, **Barbara Mayr**, **Brigitte Melek**, **Tina Moser**, **Sarita Mulabdić**, **Carina Reiter**, **Florian Scheucher**, **Johanna Schmeizl**, **Dominik Schraml**, **Christoph Thambauer**, **Marcus Wallner**, **Ramona Winkler**

Anselm Wagner

Stages of Trust

An installative exhibition by the **Institute of Architectural Theory, Art History and Cultural Studies** at the **Galerie Zimmermann Kratochwill, Graz**

Stages of Trust was developed by students from the master studio "Metamodernism – A Cultural Cartography of the Present" and was on show at the Galerie Zimmermann Kratochwill in Graz from June 18–23, 2016. The exhibition was the result of a master studio based on the concept of metamodernism coined by Timotheus Vermeulen and Robin van den Akker. The two cultural philosophers describe the state of our society after the end of postmodernism as "metamodern"—as an oscillation between seriousness and irony, enthusiasm and apathy, faith and skepticism. However, this exhibition did not set out to illuminate the entire thematic spectrum of metamodernism. Instead, it was concentrated on the issue of the meaning of trust as a prerequisite for any kind of social cohesion—a theme that is especially topical in times of "fake news." On this topic, the students selected works by international artists and staged them in three architectural spatial installations that made available various thematic "stages" (levels/scenes): "Conditions of Trust," "Performances of Trust," and "Intentions of Trust." Accompanying the exhibition was a catalogue with texts by Timotheus Vermeulen, Milica Tomić, and Florian Scheucher.

Our special thanks go to the Galerie Zimmermann Kratochwill, which made its rooms and entire infrastructure available free of charge, as well as to the sponsors b + p architektur ag, Hechenblaickner Holz & Furniere, Institute of Spatial Design at Graz University of Technology, Copyshop der HTU GmbH, bauart architekten, Architekturbedarf Kropf und kleinraum. ▪

Leads: **Timotheus Vermeulen**, **Anselm Wagner**, **Petra Eckhard**, **Margareth Otti**
Artists: **Poklong Anading**, **Annabel Daou**, **Stefan Glettler**, **Zenita Komad**, **Jeanne Silverthorne**, **Milica Tomić**
Students: **Džana Ajanović**, **Therese Eberl**, **Melanie Heinl**, **Isa Jollings**, **Muris Kalić**, **Amir Kozman**, **Andreas Krug**, **Barbara Mayr**, **Brigitte Melek**, **Tina Moser**, **Sarita Mulabdić**, **Carina Reiter**, **Florian Scheucher**, **Johanna Schmeizl**, **Dominik Schraml**, **Christoph Thambauer**, **Marcus Wallner**, **Ramona Winkler**

Anselm Wagner

Stefan Glettler: o.T. (Target), 2010, Öl und Graphit/Leinwand; Stefan Glettler: o.T., 2014, Öl/Leinwand; Ausstellungsansicht „Stages of Trust" | Stefan Glettler, Untitled (Target), 2010, Oil and Lead on Canvas; Stefan Glettler, Untitled, 2014, Oil on Xanvas; Exhibition View of Stages of Trust, Galerie Zimmermann Kratochwill, Graz © Ramona Winkler

PreisträgerInnen des Architekturskizzenbuchpreises | Winner of the Architekturskizzenbuchpreis © KOEN

Graz Open Architecture 16

Jahresausstellung und Sommerfest der **Architekturfakultät** am **Campus Alte Technik**

Am 1. Juli 2016 ging ab 11.00 Uhr die Veranstaltung „Graz Open Architecture", eine Kombination aus Sommerfest und Ausstellung, zum dritten Mal über die Bühne. Auch dieses Jahr ging das Konzept eines fehlenden Plan B auf: Livemusik und Gastronomie im Freien konnten wieder auf schönstes Sommerwetter zählen, selbst ein kurzer Regenguss am Nachmittag tat der guten Stimmung keinen Abbruch.

Die 13 Institute der Architekturfakultät präsentierten wie gehabt Studienarbeiten und -projekte aus dem Winter- und Sommersemester; die Architekturzeichensäle trugen mit Musik, Essen und Getränken einen wesentlichen Teil zu einem gelungen Fest bei. Freier Eintritt und allgegenwärtige gute Laune taten ein übriges, viele Architektur-, Kultur- und Kunstinteressierte für einen Besuch des Campus Alte Technik (Rechbauerstraße 12, Technikerstraße 4 und Lessingstraße 25) zu begeistern.

Rektor Harald Kainz, Günter Koberg vom Land Steiermark und Barbara Gigler vom Bereich Kommunikation und Marketing der TU Graz ließen sich den Rundgang durch die Ausstellung mit dem Dekan und den Institutsvorständen der Architekturfakultät nicht entgehen.

Erneut wurde im Rahmen von Graz Open Architecture auch der Architekturskizzenbuchpreis des Instituts für Grundlagen der Konstruktion und des Entwerfens vergeben.
Die diesjährigen PreisträgerInnen sind:
1. Preis: Daniel Laggner
2. Preis: Viktoria Mild und Hannes Stockklauser
Anerkennung: Fatmir Voci
Nominiert waren außerdem noch folgende Studierende: Melissa Bacher, Felix Dokonal, Jovana Dusanic, Klara Hermann, Angela Lehner, Victoria Lehner, Aron Mader, Mario Salchenegger, Lisa Schertler.

Rundgang mit dem Rektor | Tour with the Rector © ITE

Besonderer Dank ergeht auch heuer wieder an das HDA Graz und den Architekturbedarf Kropf für das Sponsoring der Preise. Herzliche Gratulation außerdem an die PreisträgerInnen! ▪

Martina Plank

Graz Open Architecture 16

Annual exhibition and summer festival by the **Faculty of Architecture** at the **Campus Alte Technik**

On July 1, 2016, the event *Graz Open Architecture* was staged for the third time as a combination of summer festival and exhibition. This year as well the concept of a missing Plan B was successful: live music and catering in an open-air setting enjoyed perfect summer weather, and even the brief downpour in the afternoon did nothing to dampen the high spirits.

The thirteen institutes in the Faculty of Architecture presented, as usual, student work and projects from the winter and summer semesters. The architecture design halls decisively contributed to the success of the festival with music, food, and beverages. Free admission and a pervasive good mood also helped to inspire many architecture, culture, and art aficionados to visit the Alte Technik campus (Rechbauerstraße 12, Technikerstraße 4, and Lessingstraße 25).

Rector Harald Kainz, Günter Koberg from the Province of Styria, and Barbara Gigler from Communications and Marketing at Graz University of Technology joined in the tour of the exhibition with the dean and the institute chairs from the Faculty of Architecture.

Once again this year, the Architekturskizzenbuchpreis (Architecture Sketchbook Prize) was awarded by the Institute of Construction and Design Principles in the scope of *Graz Open Architecture*.
This year's award winners are:
1st prize: Daniel Laggner
2nd prize: Viktoria Mild and Hannes Stockklauser
Honorable mention: Fatmir Voci
The following students were likewise nominated: Melissa Bacher, Felix Dokonal, Jovana Dusanic, Klara Hermann, Angela Lehner, Victoria Lehner, Aron Mader, Mario Salchenegger, and Lisa Schertler.

Special thanks are extended to the HDA Graz and Architekturbedarf Kropf for sponsoring the prizes again this year. Warm congratulations to the winners! ▪

Martina Plank

Awaiting Reininghaus

Fotoausstellung des **Instituts für Zeitgenössische Kunst** in Kooperation mit dem **open.lab Reininghaus**

Radikale Fantasie fehlt in unserer Gesellschaft. Ihr Gebrauch kann uns dazu animieren, den Kopf vom disziplinierenden Einfluss der Bio-Macht zu befreien und den Körper in die Lage zu versetzen, auf unterschiedliche Weise mit Räumen in Beziehung zu treten und von ihnen zu lernen.

Das Seminar, als Ergänzung zum Masterstudio „Pavilion" am Institut für Gebäudelehre, stellte mittels Performance und Fotografie (un)mögliche Zukunftsmodelle für das Reininghausgelände vor. Dieses besonders relevante Areal der Grazer Innenstadt erlebt derzeit einen größeren Transformationsprozess, dadurch wird das fotografische Resultat zu einer Matrikel des Transformationsprozesses dieses Orts – und der Studierenden. „Awaiting Reininghaus" ging aus einem methodologischen Ansatz hervor, der architektonische Lesarten eines Geländes durch die Erzeugung eines intensiven Zeiterlebens erweitert – durch körperliche und emotionale Immersion. Diese Methodik operierte auf der individuellen wie auf der kollektiven Ebene, gegenseitiges Vertrauen und kooperatives Verhalten förderten gleiches Wachstum in der kreativen Reaktion.

Erstens sollten die Studierenden bestimmte Aktionen und Performances wie „Becoming Landscape" (Catherine Grau und Zoe Kreye) und „Body Configurations" (Valie Export) nachspielen, um über dieses Instrument im Gelände enthaltene Nuancen und nicht sichtbare Informationen offenzulegen. Zweitens wurde die Beziehung zwischen ArchitektIn und Ort auf ein spielerisches Konzept hin erweitert: nicht nur Bauplatz, sondern Schauplatz für Handlung, Storys und Verschwörungen.

In einer viertägigen immersiven Erfahrung radikaler Fantasie erwuchs kollektive Kreativität aus gemeinsam verbrachter Zeit – Arbeit und Freizeit vermischten sich zu differenziert inszenierten räumlichen Aneignungen. Fünf Fotoserien waren das Ergebnis: „Rein ins Haus", „The Natives Reconquer", „Olympic Games MMIV–MMXVI", „The Car Cracker" und „The Woman in the Cornfield". ▪

21.7–20.11.2016
Performance und Fotografie im Rahmen des IZK-Seminars „Art and Publicness: ‚Tell Me What Will Happen Next'", Sommersemester 2016.

Konzept und Koordination: **Daniela Brasil**
Studierende: **Agnes Nagler**, **Alexander Krischner**, **Andrea Pekovic**, **Anto Petrusic**, **Benjamin Starz**, **Csilla Huss**, **Elisabeth Albrecht-Krenn**, **Ena Kukic**, **Flakrim Lubishtani**, **Idri Tati**, **Maria Kougia**, **Martin Ziegerhofer**, **Maximilian Ebner**, **Paul Plankensteiner**, **Remy Tremouilhac**, **Stefan Perperschlager**, **Teresa Weigel**, **Thomas Breyer**
Fotografien: **Csilla Huss**, **Alexander Krischner**, **Simon Oberhofer**
Beiträge: **Andreas Goritschnig**, **Markus Jeschaunig**, **Johanna Hierzegger**

Daniela Brasil

Die Frau im Kornfeld | The Woman in the Cornfield © Csilla Huss

Awaiting Reininghaus

Photo exhibition by the **Institute of Contemporary Art** in cooperation with the **open.lab Reininghaus**

Radical imagination is missing in our society. Its exercise can push us to liberate our minds from the disciplining power of biopolitics, and also to enable our bodies to interrelate with and learn from spaces in different ways.

This course complementing the master studio "Pavillon" in the Institute of Design and Building Typology proposed (im)possible futures for the Reininghaus through performance and photography. As this particularly relevant place in the city of Graz is undergoing a process of major transformation, the photographic outcome becomes a register of this transformative process of the site—and of the students. "Awaiting Reininghaus" resulted from a methodological approach that enriches architectonic readings of a site by producing an intense temporality—through corporeal and emotional immersion. This methodology operated on both the individual and collective levels, while growing mutual trust and cooperative behavior fostered equal growth in the creative response.

Firstly, students were invited to reenact specific actions and performances, such as "Becoming Landscape" (Catherine Grau and Zoe Kreye) and "Body Configurations"(Valie Export), as a tool to unveil nuances and invisible information contained in the site. Secondly, the relation between the architect and the site was expanded toward the playful notion of the site—not only as a plot of land, but as a plot for action, stories, and conspiracies.

In a four-day immersive experience of radical imagination, collective creativity grew out of shared time—melting work and leisure into critically staged spatial appropriations. Five photographic collections were the outcome: "Rein ins Haus," "The Natives Reconquer," Olympic Games MMIV,", "The Car Cracker," and "The Woman in the Cornfield." ▪

Date: July 21 to November 20, 2016
Performance and photography in the framework of the IZK course called "Art and Publicness: 'Tell Me What Will Happen Next,'" summer term 2016.

Concept and coordination: **Daniela Brasil**
Students: **Agnes Nagler**, **Alexander Krischner**, **Andrea Pekovic**, **Anto Petrusic**, **Benjamin Starz**, **Csilla Huss**, **Elisabeth Albrecht-Krenn**, **Ena Kukic**, **Flakrim Lubishtani**, **Idri Tati**, **Maria Kougia**, **Martin Ziegerhofer**, **Maximilian Ebner**, **Paul Plankensteiner**, **Remy Tremouilhac**, **Stefan Perperschlager**, **Teresa Weigel**, **Thomas Breyer**
Photography: **Csilla Huss**, **Alexander Krischner**, **Simon Oberhofer**
Contributions: **Andreas Goritschnig**, **Markus Jeschaunig**, **Johanna Hierzegger**

Daniela Brasil

Gestickte Zeit: Haus der offenen Tore

Beitrag des **Instituts für Zeitgenössische Kunst** in Kooperation mit dem **Daily Rhythms Collective** zum Volksgarten-Pavillon während des **steirischen herbsts 2016**

Das „Haus der offenen Tore" (24.9.–16.10.2016) wurde unter dem Motto „transkulturelle Gemütlichkeit" von Daniela Brasil und Studio Magic konzipiert und koordiniert. Es wollte unwahrscheinliche, warmherzige Begegnungen auf Augenhöhe ausrichten und fördern – als dialogischer Raum, in dem Menschen unterschiedlicher sozialer und kultureller Herkunft *leibhaftig* bei einer Tasse Kaffee oder Tee zusammenkommen, Beziehungen geknüpft, Vorurteile abgebaut und ein diverser und egalitärer Menschheitsbegriff gepflegt werden kann.

Während des Sommersemesters stiegen Studierende des Instituts für Zeitgenössische Kunst (IZK) aus dem „Encounters"-Seminar in einen Prozess ein, der im Herbst 2015 durch wachsende Zusammenarbeit zwischen einer kleinen Gruppe neu angekommener Menschen unterschiedlicher Generationen aus Syrien und Afghanistan und Grazer KünstlerInnen und KuratorInnen initiiert worden war. Nach einführenden Studien zu einschlägigen, dialogisch angelegten Kunstwerken, die sich mit dem Thema Migration beschäftigen, waren die Studierenden eingeladen, ins ‹rotor›-Zentrums für zeitgenössische Kunst zu kommen und an einer Session des Projects, „The Samovar Activity Café" teilzunehmen – einem vom Daily Rhythms Collective betriebenen Pop-up-Café, das eine gemütliche Umgebung bietet, in der die Gäste Zeit miteinander verbringen, zusammen essen, Fertigkeiten und Talente weitergeben können.

Aufbauend auf der Erfahrung, in einer geschützten Umgebung gegenseitiges Vertrauen herzustellen, trafen sich die IZK-Studierenden und die „Newcomer-Gruppe" regelmäßig an der Universität und kommunizierten per verbalem und nonverbalem Dialog. Ausgewählte Objekte und bestimmte Fragen führten zu spontanen Aktivitäten, es entstanden gemeinsame Momente der Freude. Auf diese Weise wurden Räume der Gemeinsamkeit ohne Wände errichtet. Sie wurden mit vielsagenden Gesten gebaut. Einige dieser Gesten, Objekte und Wörter wurden von TeilnehmerInnen auf kleine Stoffstücke gestickt. Die Stickereien sind eines von mehreren Ergebnissen der gemeinsamen Momente. Für das „Haus der offenen Tore" wurden sie auf handgemachte Kissen appliziert, „subjektivierte Objekte", die zur Behaglichkeit transkultureller Gemütlichkeit beitragen. ▪

Gestickte Zeit – Gemeinschaftswerk von Neuankömmlingen und Studierenden des IZK-Seminars „Design of Spezialized Themes: Encounters", Sommersemester 2016.

Dozentin: **Daniela Brasil**
Studierende: **Ali Sina Muradi**, **Anisa Jafari**, **Asef Hossini**, **Asib Afzali**, **Belinda Kraxner**, **Bernhard Helfried Ogrisek**, **Carina Zangerle**, **Daniyal Ataye**, **Faia Amona**, **Fateme Bakhtiyari**, **Georg Scherrer**, **Gernot Bergant**, **Gülüstan Polat**, **Hamid Ahmadi**, **Hayfa Muhamed**, **Iris Mlakar**, **Isa Jollings**, **Isabella Fuchs**, **Ivana Gavranović**, **Jacqueline Maria Wuitz**, **Katharina Bianca List**, **Lisa-Maria Albrecht**, **Lisa Suppan**, **Mahtab Azimi**, **Marilena Strasser**, **Matthias Kulterer**, **Mina Živković**, **Mohamad Kabir Ahmadi**, **Mohamad Reza Ahmadi**, **Mona Amouzadeh-Ghadikolai**, **Naser Bakir**, **Patrick Vinicki**, **Saber**

Jafari, Sekvan Muhamed, Zahra Hossini
Produktion: **<rotor> Zentrum für zeitgenössische Kunst, steirischer herbst**

Daniela Brasil

Stickereien werden zu Alltagsgegenständen für den Gebrauch durch Gäste | Embroideries Become Daily Objects to Be Used by Guests © Daniela Brasil

Embroidered Time: House of Open Gates

Contribution by the **Institute of Contemporary Art** in collaboration with the **Daily Rhythms Collective** to the Volksgarten Pavilion during **steirischer herbst 2016**

The "House of Open Gates" (September 24 to October 16, 2016) was designed under the motto "transkulturelle Gemütlichkeit" (transcultural hospitality) and coordinated by Daniela Brasil and Studio Magic. This space aimed to host and foster horizontal, unlikely, and warm-hearted encounters—a dialogical space where people of different social and cultural backgrounds can *de facto* meet, where relationships can interweave, prejudices can be deconstructed, and an understanding of humanity as diverse and egalitarian can be cultivated, while guests share a cup of coffee or tea.

During the summer semester, Institute of Contemporary Art (IZK) students from the course "Encounters" entered a process that had been initiated in the autumn of 2015 through a growing collaboration between a small multigenerational group of newcomers from Syria and Afghanistan and local artists and curators. After introductory research on relational and dialogical artworks that deal with the topic of migration, students were invited to come to the ‹rotor› center for contemporary art and join in one session of the project, "The Samovar Activity Café"—a pop-up café run by the Daily Rhythms Collective that offers a comfortable environment for people to spend time together, sharing food, skills, and talents.

Building on this experience of creating mutual trust in a safe environment, the IZK students and the "newcomer group" met regularly at the university, communicating through verbal and nonverbal dialogues. Selected objects and particular questions triggered spontaneous activities, and shared moments of joy arose. In this way, spaces of togetherness were erected without walls. They were built with meaningful gestures. Some of these gestures, objects, and words were embroidered by participants in small pieces of fabric. The embroideries became one of the visible outcomes of these shared moments. For the "House of Open Gates" they were attached to handmade pillows, "subjectified objects" contributing to the coziness of transcultural hospitality. ▪

Embroidered time—collaborative work among newcomers and the students of the IZK course "Design of Specialized Themes: Encounters," summer term 2016.

Instructor: **Daniela Brasil**
Students: **Ali Sina Muradi, Anisa Jafari, Asef Hossini, Asib Afzali, Belinda Kraxner, Bernhard Helfried Ogrisek, Carina Zangerle, Daniyal Ataye, Faia Amona, Fateme Bakhtiyari, Georg Scherrer, Gernot Bergant, Gülüstan Polat, Hamid Ahmadi, Hayfa Muhamed, Iris Mlakar, Isa Jollings, Isabella Fuchs, Ivana Gavranović, Jacqueline Maria Wuitz, Katharina Bianca List, Lisa-Maria Albrecht, Lisa Suppan, Mahtab Azimi, Marilena Strasser, Matthias Kulterer, Mina Živković, Mohamad Kabir Ahmadi, Mohamad Reza Ahmadi, Mona Amouzadeh-Ghadikolai, Naser Bakir, Patrick Vinicki, Saber Jafari, Sekvan Muhamed, Zahra Hossini**
Production: **‹rotor› center for contemporary art, steirischer herbst**

Daniela Brasil

Vertical Farming

Ausstellung des **Vertical Farm Institute** und des **Instituts für Gebäude und Energie** im **Technischen Museum Wien** im Rahmen der **Vienna Design Week**

Das Technische Museum Wien hat das von **Daniel Podmirseg**, einem Absolventen der Doctoral School der TU Graz, gegründete Vertical Farm Institute eingeladen, im Rahmen der von Lilli Hollein kuratierten Vienna Design Week zur Ausstellung „Die Zukunft der Stadt" einen Beitrag zu leisten.

Gemeinsam mit Arbeiten von Studierenden des Instituts für Gebäude und Energie wurde die urbane vertikale Lebensmittelproduktion thematisiert. Die Ausstellung von 7.–10.10.2016 beinhaltete einen historischen Abriss der Entwicklung traditioneller Lebensmittelproduktion seit 1850 und wagte einen Ausblick bis 2050. Wesentliche Entwicklungsschritte der Industrialisierung wurden hervorgehoben. Im Zentrum standen Verknüpfungen der Landwirtschaft mit der Energie- und Rüstungsindustrie, z.B. das Umstellen auf Erdöl und der radikale Umbau während der Grünen Revolution, welche die Produktionsmittel in Größe und Anzahl in die Höhe schießen ließ.

Als Kontrapunkt zur konventionellen Landwirtschaft wurden zwei vom VFI (Verein zur Förderung der Informationswissenschaft) projektierte Vertikale Farmen präsentiert: Die Augartenfarm für Wien, welche eine vertikale Erweiterung des Flakturms im Augarten zur Lebensmittelproduktion vorsieht, und die Vertikale Farm für Innsbruck, welche, als multifunktionelles Hybridgebäude entwickelt, als Grundlage für Forschungsaktivitäten rund um Material- und Energieflüsse dienen soll.

Erweitert wurde der Beitrag mit Projekten und Modellen von Studierenden, welche sich im Sommersemester 2016 am Institut für Gebäude und Energie dem Thema Vertical Farming architektonisch näherten. Sämtliche Projekte des Masterstudios am IGE mit Beiträgen von **Dominik Koll, Nina Habe, Robert Haslmayr, Jaime Comes Diaz, Iris Frank, Tracey Hiu, Ying Lee, Gary Yeung, Stefan Strohmayer, Rejda Terzic, Feni Susic, Lucas Kober, Ophenia Yee Man Wong** und **Anna Hiu Yan** wurden in Form einer Fotoinstallation von **Daniel Podmirseg** und **Alexandru Dan** ausgestellt. Intuitiv-, Konzept- und Massenmodelle stammten von **Dominik Koll, Iris Frank, Stefan Strohmayer, Lucas Kober** und **Anna Hiu Yan**. Die Diplomarbeit mit der Vertikalen Farm „Growing Maribor" von **Tajda Potrc**, die von Prof. Brian Cody und Daniel Podmirseg betreut worden war, ergänzte die Studierendenbeiträge des Instituts für Gebäude und Energie. ▪

KuratorInnen Technisches Museum Wien: **Elisabeth Limbeck, Jürgen Öhlinger**

Daniel Podmirseg

Vertical Farming. Ausstellung | Exhibition Technisches Museum Wien © Daniel Podmirseg

Vertical Farming

Exhibition by the **Vertical Farm Institute** and **Institute of Buildings and Energy** at the **Technical Museum in Vienna** as part of the **Vienna Design Week**

The Technical Museum in Vienna invited Vertical Farm Institute, founded by **Daniel Podmirseg**, a graduate of the Doctoral School at Graz University of Technology, to contribute to the exhibition *The Urban Future* as part of Vienna Design Week curated by Lilli Hollein.

Together with work by students of the Institute of Buildings and Energy, the theme of urban vertical food production was explored. The exhibition, which ran from October 7–10, 2016, provided a historical survey of the development of traditional food production since 1850 and ventured a view to the year 2050. Important developmental steps related to industrialization were highlighted. Taking center stage were links between agriculture and the energy and arms sectors, for example, the conversion to petroleum and the radical transformation during the Green Revolution, where means of production skyrocketed in terms of size and number.

As a counterpoint to conventional agriculture, two vertical farms proposed by VFI (Verein zur Förderung der Informationswissenschaft) were presented: the Augartenfarm for Vienna, which plans to vertically expand the flak tower in the Augarten to accommodate food production, and the Vertikale Farm for Innsbruck, which, developed as a multifunctional hybrid structure, is meant to serve as a foundation for research activities related to flows of material and energy.

The contribution was augmented by student projects and models that architecturally approximated the theme of vertical farming during summer semester 2016 in the Institute of Buildings and Energy. All projects by the master studio at the institute—including contributions by **Dominik Koll, Nina Habe, Robert Haslmayr, Jaime Comes Diaz, Iris Frank, Tracey Hiu, Ying Lee, Gary Yeung, Stefan Strohmayer, Rejda Terzic, Feni Susic, Lucas Kober, Ophenia Yee Man Wong,** and **Anna Hiu Yan**—were exhibited in the form of a photographic installation by **Daniel Podmirseg** and **Alexandru Dan**. Intuitive, conceptual, and mass models were made by **Dominik Koll, Iris Frank, Stefan Strohmayer, Lucas Kober,** and **Anna Hiu Yan**. The diploma thesis focused on the vertical farm "Growing Maribor" by **Tajda Potrc**, which was supervised by Prof. Brian Cody and Daniel Podmirseg, complemented the contributions by student of the Institute of Buildings and Energy. ▪

Curators, Technical Museum in Vienna:
Elisabeth Limbeck, Jürgen Öhlinger

Daniel Podmirseg

Präsentation der Ergebnisse des Workshops in Hongkong an der CUHK | Presentation of the Workshop Results at Chinese University of Hong Kong (CUHK) © IAT

Urban Densities | Ma Liu Shui Waterfront | Hongkong

Joint Studio des **Instituts für Architekturtechnologie** der **TU Graz** und der **School of Architecture** der **Chinese University of Hong Kong**

Im Rahmen der Projektübung des Masterstudios des Instituts für Architekturtechnologie im Wintersemester 2015/16 fand das Joint Studio „Urban densities" mit der Chinese University of Hong Kong (CUHK) unter Leitung von Prof. Wallace Chan (CUHK) und Prof. Roger Riewe (IAT/TU Graz) und Teilnahme von zehn chinesischen und zehn österreichischen Studierenden statt. Die Methode der *Land Reclamation* für die Entwicklung von neuen Wohnquartieren ist in Hongkong seit den 1960er Jahren eine gängige politische Strategie. Allerdings sind seit einigen Jahren immer mehr kritische Stimmen zu hören, die einen sensibleren Umgang sowie Planung von Wohnraum fordern. Daher beauftragte die Regierung die CUHK, eine Evaluierung möglicher Ausnutzung auf dem zu entwickelnden Gebiet bei Ma Liu Shui im Norden Hongkongs und Machbarkeitsstudien für die Planung dieses neuen Wohnraums zu erstellen. Diese Anfrage wurde die Basis der Aufgabenstellung des Joint Studios. Aufgrund der Diversität an Erfahrungen und Herangehensweisen der internationalen Studierenden konnte eine Vielzahl verschiedener Szenarien in der Zusammenarbeit beider Gruppen entwickelt werden. Durch die Festlegung gemeinsamer Parameter wurde eine übersichtliche Evaluierung der Szenarien und Ausloten von Lösungen ermöglicht.

Der gemeinsame Workshop in Hongkong als auch der Besuch in Graz ermöglichte den Studierenden ein Verständnis für internationale Teamarbeit sowie ein Kennenlernen anderer Kulturen und städtischen Lebens. Auch die Besichtigung eines sozialen Wohnbauprojekts in Hongkong sowie die Projektbesichtigung prägnanter Grazer Wohnbauprojekte – von den 1980er Jahren bis heute – schuf ein Bewusstsein auf beiden Seiten der Studierenden für die Einflussnahme von unterschiedlichen Kontexten, Kulturen und sozialen wie politischen Bedingungen auf die Entwicklung von Wohnbaukonzepten. Die gegenseitigen Besuche beider Universitäten waren eine Bereicherung für die gesamte Gruppe, da durch sie Konzepte und Herangehensweisen im europäischen und asiatischen Kontext sowie Lösungsansätze nachvollziehbar wurden.

Die Publikation *The Ma Liu Shui Waterfront*, die die gesamten Arbeiten und somit einzelnen Szenarien darstellt, reflektiert ebenfalls die im Joint Studio entstandenen Freundschaften und die große Bereicherung internationaler Projekte auf fachlicher und sozialer Ebene.

Der Workshop in Hongkong sowie die Projektbesichtigung in Graz wurden von der Servicestelle Internationale Beziehungen und Mobilitätsprogramme der TU Graz gefördert. ▪

Lehrende: **Wallace Chan**, **Roger Riewe**, **Claudia Volberg**

Claudia Volberg

Urban Densities | Ma Liu Shui Waterfront | Hong Kong

Joint studio of the **Institute of Architecture Technology** at **Graz University of Technology** and the **School of Architecture** at the **Chinese University of Hong Kong**

As part of the project exercise carried out during the master studio at the Institute of Architecture Technology during winter semester 2015–16, the joint studio "Urban Densities" was held in cooperation with the Chinese University of Hong Kong (CUHK), under the guidance of Prof. Wallace Chan (CUHK) and Prof. Roger Riewe (IAT/TU Graz). Ten Chinese and ten Austrian students participated in the project. The method of land reclamation for the development of new housing districts in Hong Kong has been a common political strategy since the 1960s. However, in recent years, an increasing number of critical voices have been heard that call for a more sensitive approach to planning living space. For this reason, the government commissioned CUHK to evaluate the possible utilization possibilities for the land earmarked for development near Ma Liu Shui in the north part of Hong Kong and to conduct feasibility studies for the planning of this new housing area. This request became the basis for defining the task for the joint studio. Thanks to the diversity of the international students' experience, and the many strategies employed, a wide variety of different scenarios could be developed through the collaboration of the two groups. A definition of common parameters led to a clear evaluation of the scenarios and an exploration of possible solutions.

Both the joint workshop in Hong Kong and the visit in Graz helped the students to gain an understanding of international teamwork and also to experience other cultures and urban life. A visit to a social housing project in Hong Kong, as well as the inspection of distinctive housing projects in Graz ranging from the 1980s until today, gave both groups of students an awareness if the influence exerted on the development of concepts for housing construction by different context, cultures, and both social and political conditions. The reciprocal visits of the two universities proved enriching for the entire group since the related experiences made comprehensible the concepts and approaches taken, as well as the problem-solving ideas, in the respective European and Asian contexts.

The publication *The Ma Liu Shui Waterfront*, which renders all of the work done and thus individual scenarios, likewise reflects the friendships formed during the joint studio and how highly enriching international projects can be on both technical and social levels.

The workshop in Hong Kong and the project visits in Graz were funded by the International Relations and Mobility Programmes Service Department at Graz University of Technology. ▪

Instructors: **Wallace Chan**, **Roger Riewe**, **Claudia Volberg**

Claudia Volberg

Ein Flüchtlingslager in der Südsteiermark

Masterstudiopräsentation des **Instituts für Architekturtheorie, Kunst- und Kulturwissenschaften** im **HDA – Haus der Architektur Graz**

Im Wintersemester 2015/16 diente der „Fall" der südsteirischen Gemeinde Wagna Master-Studierenden am Institut für Architekturtheorie, Kunst- und Kulturwissenschaften (akk) als Versuchsfeld, um das Prinzip Lager zu verstehen, die Transformation eines ehemaligen Flüchtlingslagers in eine „normale" Gemeinde zu analysieren sowie Kontinuität und Differenz von gegenwärtigen Flüchtlingsgeschichten zu untersuchen.

Der Ort Wagna ist aus verschiedenen, seit 1914 und bis 1963 aufeinander folgenden Lagern hervorgegangen. Straßenraster und -namen, Landeskrankenhaus und Fußballverein, aber auch die Biografien vieler BewohnerInnen erinnern noch heute daran. Im Ersten Weltkrieg hatte das Innenministerium der Habsburgermonarchie zahlreiche Barackenlager für Kriegsflüchtlinge errichtet, jenes von Wagna nahm bis zu 20.000 Personen auf. In der Folge wurden an diesem Ort und in seiner Umgebung immer wieder Lager unterschiedlicher Funktion errichtet, darunter auch ein KZ-Außenlager für Zwangsarbeiter im Rüstungsbetrieb. Ab Sommer 2015 war der nur wenige Kilometer von der österreichischen Staatsgrenze liegende Ort wieder mit dem Ankommen einer großen Zahl von Flüchtlingen konfrontiert.

Die Projekte der Studierenden, die von der historischen und der aktuellen Situation ausgehend eigene Fragestellungen entwickelten, reichten von Untersuchungen über Beziehungen zwischen Waren- und Flüchtlingslagern, der Frage nach dem Wohnraum, der Flüchtlingen zu verschiedenen Zeiten zur Verfügung stand bzw. steht, Bildanalysen der Propagandapublikationen bis zu Familiengeschichten, die durch Mental Maps visualisiert wurden.

Die Ergebnisse des Masterstudios konnten mit digitalen Darstellungsmethoden visualisiert werden und sind als interaktive Website zugänglich. Bei einer öffentlichen Veranstaltung am 3. Februar 2016 im bis auf den letzten Platz besetzten HDA Graz präsentierten die Studierenden ihre Projekte und diskutieren sie gemeinsam mit dem Bürgermeister der Marktgemeinde Wagna Peter Stradner und dem Zeitzeugen und Altbürgermeister Franz Trampusch. ▪

https://iam.tugraz.at/akk/

Lehrende: **Antje Senarclens de Grancy**, **Anselm Wagner**, **Heimo Halbrainer (akk)**; **Jacob Wegerer (iam)**

Antje Senarclens de Grancy

A Refugee Camp in Southern Styria

Master studio presentation by the **Institute of Architectural Theory, Art History and Cultural Studies** at the **Haus der Architektur (HDA)** in Graz

In winter semester 2015–16, the "fall" of the south Styrian town of Wagna served master's students from the Institute of Architectural Theory, Art History and Cultural Studies (akk) as an experimental field for understanding the principle of the camp. The idea was to analyze the transformation of a former refugee camp into a "normal" community and to explore continuity and difference in present-day refugee stories.

The town of Wagna evolved, between 1914 and 1963, through different successive camps. Street grids and names, state hospital and soccer club, but also the biographies of many residents are still today reminiscent of these periods. During the First World War, the interior ministry of the Habsburg Monarchy had built numerous barracks camps for war refugees; the one in Wagna could hold up to 20,000 people. As a result, this place and its surrounding area ended up being the site for various camps of different functions, including a satellite concentration camp for forced laborers in the arms industry. And in the summer of 2015, the site was confronted with the arrival of a large number of refugees since it is situated just a few kilometers from the Austrian border.

The student projects, which developed several explorative questions based on the historical and the current situations, included studies of relations between warehouses and refugee camps, the issue of living space that was/is available to refugees during various periods, visual analyses of propaganda publications, and families stories visualized through mental maps.

The results of the master's studio were visually renderable using digital display methods and remain accessible as interactive website. The students presented their projects at a public event held on February 3, 2016, at the Haus der Architektur (HDA) in Graz, where

Präsentation der Website | Presentation of the Website „Ein Flüchtlingslager in der Südsteiermark" © Alexia Eberl

every single seat was occupied, and discussed them together with Peter Stradner, mayor of the market town of Wagna, and Franz Trampusch, contemporary witness and former mayor. ▪

https://iam.tugraz.at/akk/

Instructors: **Antje Senarclens de Grancy**, **Anselm Wagner**, **Heimo Halbrainer (akk)**; **Jacob Wegerer (iam)**

Antje Senarclens de Grancy

Internationaler Workshop in Suzhou

Eine Kooperation des **Instituts für Raumgestaltung** mit der **Xi'an Jiaotong-Liverpool University**

Im Februar 2016 fand am Architectural Department der Xi'an Jiaotong-Liverpool University in Zusammenarbeit mit der University of Liverpool, der Technischen Universität Graz und dem Politecnico di Torino in Suzhou/China ein einwöchiger internationaler Workshop statt, an dem Irmgard Frank und Claudia Gerhäusser vom Institut für Raumgestaltung und zehn Studierende der Fakultät teilnahmen. Unter der Leitung des Dekans Pierre Alain Croset, eines ehemaligen Kollegen an unserer Fakultät, wurde ein Planungsgebiet entlang des Shantang Rivers auf Basis einer vorliegenden städtebaulichen Studie bearbeitet. In elf Gruppen zu je acht bis zehn Studierenden, gemischt aus allen teilnehmenden Ländern, wurden Projekte im Planungsgebiet entwickelt und am Ende der Woche in einem öffentlichem Forum präsentiert. Über den regen fachlichen Austausch hinaus war die durch die unterschiedlichen Kulturen bedingte Denk- und Herangehensweise für alle TeilnehmerInnen eine wertvolle Erfahrung. ▪

Irmgard Frank/Claudia Gerhäusser

International Workshop in Suzhou

A cooperation between the **Institute of Spatial Design** and **Xi'an Jiaotong-Liverpool University**

In February 2016, a one-week international workshop was held in the Architectural Department of Xi'an Jiaotong-Liverpool University in Suzhou, China, in collaboration with the University of Liverpool, Graz University of Technology, and the Politecnico di Torino. Participating in the workshop were Irmgard Frank and

TeilnehmerInnen des Workshops | Workshop Participants
© Xi'an Jiaotong-Liverpool University

Claudia Gerhäusser from the Institute of Spatial Design and ten students from the Faculty of Architecture. Under the guidance of Pierre Alain Croset, dean and former member of our faculty, a planning area along the Shantang River was explored based on an existing urban-development study. Projects in the planning area were developed in eleven groups with eight to ten students each, mixed from the various participating countries, and then presented at the end of the week in a public forum. In addition to the keen exchange on subject-specific matters, the conceptual and practice-oriented approach, which was informed by the different involved cultures, proved to be a valuable experience for all participants. ▪

Irmgard Frank/Claudia Gerhäusser

K4 Detail- und Firmenforum

Firmenmesse und **Workshop** im Rahmen der Lehrveranstaltung „Konstruieren 4" des **Instituts für Architekturtechnologie**

Bereits zum zweiten Mal fand am 22. April 2016 im Rahmen der Übung „Konstruieren 4" das „K4 Detail- und Firmenforum" im Foyer der Alten Technik statt. Ziel der Veranstaltung war es, den themenbezogenen Austausch der Studierenden untereinander zu stärken und eine praxisnahe Lernsituation zu schaffen. Einschlägige Hersteller von Bauprodukten präsentierten wie auf einer kleinen Baumesse ihre Produkte und standen für detaillierte, projektorientierte Fragen der Studierenden zur Verfügung. Neben den Produktständen wurde im Hörsaal 2 ein Workshop mit allen Lehrbeauftragten der Übung abgehalten, bei dem intensiv und gruppenübergreifend Details und Ausführungsaspekte der einzelnen Projekte diskutiert und weiterentwickelt wurden sowie Hersteller hinzugezogen werden konnten. Es fand ein intensiver Austausch der Studierenden, Lehrenden und Hersteller statt, der den Lernprozess bereicherte und den Studierenden neben den bereits etablierten Baustellenexkursionen in der Übung einen weiteren Blick in die Planungsrealität gewährte.

Für ihre Teilnahme und finanzielle Unterstützung ist zu danken: Schüco, Wienerberger, Schöck, Sto, Synthesa, Gaulhofer, Prefa, Knauf, Mayr Mellnhof Holz und Möding.

Eine Fortsetzung für 2017 ist geplant. ▪

Marcus Stevens

Messestände beim Detail- und Firmenforum K4 2016 | Product stands at Detail and Company Forum © IAT

K4 Detail and Company Forum

Company fair and **workshop** in the scope of the course "Konstruieren 4" in the **Institute of Architecture Technology**

Already for the second time, the "K4 Detail- und Firmenforum" (K4 Detail and Company Forum) was held in the foyer of the Alte Technik building as part of the exercise "Konstruieren 4" (Construction 4), this time on April 22, 2016. The objective of the event was to strengthen theme-oriented exchange among the students and to create a practice-based learning situation. Relevant manufacturers of building products presented their products like at a small building fair and were available to answer detailed, project-oriented student questions. In addition to the product stands, a workshop was held in Lecture Hall 2 involving all instructors associated with the exercise. Here, details and implementation aspects of the individual projects were discussed and further developed intensively and among the individual groups, with some manufacturers also participating. In-depth exchange between the students, instructors, and manufacturers evolved, which enriched the learning process and gave the students further insight into planning reality, above and beyond the already established excursions to construction sites during the exercise.

For their involvement and financial support, thanks go to: Schüco, Wienerberger, Schöck, Sto, Synthesa, Gaulhofer, Prefa, Knauf, Mayr Mellnhof Holz, and Möding.

A follow-up event is planned for 2017. ▪

Marcus Stevens

Jochen Gerz – Arbeit mit der Öffentlichkeit

Buchpräsentation und **Podiumsdiskussion** am **Institut für zeitgenössische Kunst**

Die Präsentation des Buches *Jochen Gerz – Arbeit mit der Öffentlichkeit* und die Podiumsdiskussion im Institut für zeitgenössische Kunst am 11. April 2016 richteten das Augenmerk auf mehrere zentrale Themen: Welche künstlerischen Verfahren ermöglichen die Platzierung von Erinnerungen in der Gegenwart? Welche Rolle übernehmen wir als Gesellschaft in diesem Prozess? Unter den Künstlern, die sich in ihrem Werk ausdrücklich mit Gedenkkultur beschäftigen, nimmt Jochen Gerz durch die Schaffung von Counter Monuments eine zentrale Stellung ein. Mit seiner Arbeit „63 Jahre danach“ in Graz und der Steiermark (2010–2014) richtete er sich direkt an die Öffentlichkeit und lud die Menschen ein, Urheberschaft zu übernehmen. Sein Verfahren bezog PolitikerInnen ebenso ein wie die LeserInnen einer Grazer Tageszeitung. Dementsprechend wurde das Buch nach der Begrüßung und kurzen Einführung von Sandra Wallner-Liebmann in Vertretung von Landesrat Christian Buchmann mit einem Vortrag von Werner Fenz (Herausgeber) und einer Podiumsdiskussion mit Heimo Halbrainer und Milica Tomić präsentiert. Im Publikum saßen Herbert Nichols-Schweiger (Gesellschaft für Kulturpolitik), Birgit Kulterer (Kulturamt Stadt Graz), die Projektinitiatoren Ernest Kaltenegger und Manfred Oswald sowie am Projekt beteiligte PolitikerInnen wie Waltraud Bachmaier-Geltewa, Wolfgang Kasic und Ingrid Lechner-Sonnek.

In diesem Zusammenhang unternahm das Institut für Zeitgenössische Kunst den Versuch, die Entwicklung des Counter Memory-Projekts „63 Jahre danach“ (2010) und seine Demontage (2014) in dem Seminar „Counter Memory and Publicness“ nachzuzeichnen; das Seminar sollte gleichzeitig als Statement des Instituts dienen, weiter auf eine kritische, reflexive, investigative und erkenntnisorientierte Praxis hinzuarbeiten. Es bot die Gelegenheit zu untersuchen und zu diskutieren, was öffentlicher Raum heute ist und ob es infolge von Privatisierung und Überwachung eine allgemeingültige aktuelle Konzeption von Öffentlichkeit gibt. Die Arbeiten der teilnehmenden Studierenden **Mia-Martina Hren, Ajla Imamović, Mila Jović, Sarita Mulabdić, Laura Mutin, Antoine Palayret, Matthias Prosekar, Caroline Puchleitner, Gabriel Tschinkel, Ivana Zivadinović** sind in dem Buch veröffentlicht. ▪

Daniela Brasil

Jochen Gerz – Work with the Public

Book Presentation and **Floor Talk** at the **Institute of Contemporary Art**

The presentation of the book *Jochen Gerz – Arbeit mit der Öffentlichkeit* (Work with the Public) and the floor talk at the Institute for Contemporary Art on April 11, 2016, focused on several central themes: What are artistic methods that can enable the positioning of recollections in the present? Which role do we, as society, assume in this process? Among the artists who are distinctly concerned with memorial culture in their work, Jochen Gerz is taking a central position within the design of counter monuments. With his work “63 Jahre danach” (63 years after) in Graz and Styria (2010–2014) he was directly addressing the public and has invited the people to assume authorship. Politicians were involved in the process just as well as the readers of a Graz daily newspaper. In this sense, the book was presented at the TU Graz with a lecture by Werner Fenz (editor), and a panel discussion with authors Heimo Halbrainer and Milica Tomić after a short welcome introduction by Sandra Wallner-Liebmann in representation of Landesrat Christian Buchmann. Among the audience, Herbert Nichols-Schweiger (Gesellschaft für Kulturpolitik), Birgit Kulterer (Kulturamt Stadt Graz), project initiators Ernest Kaltenegger, Manfred Oswald, as well as involved politicians as Waltraud Bachmaier-Geltewa, Wolfgang Kasic, Ingrid Lechner-Sonnek were present.

„Narben“ des entfernten Monuments | Scars from the removed monument, Graz 2015 © Mia-Martina Hren/Ajla Imamović

In this framework, the Institute for Contemporary Art has attempted to trace the trajectory of the counter memory project “63 Jahre danach” (2010) and its dismantling (2014) within the seminar “Counter Memory and Publicness”, whereby this undertaking has simultaneously served as a statement of the Institute itself to further move towards critical, reflexive, investigatory and knowledge-oriented practice. It was an opportunity to explore and discuss what public space is today and if there is a single contemporary conception of the public due to privatization and surveillance. The work of the participating students: **Mia-Martina Hren, Ajla Imamović, Mila Jović, Sarita Mulabdić, Laura Mutin, Antoine Palayret, Matthias Prosekar, Caroline Puchleitner, Gabriel Tschinkel, Ivana Zivadinović** are published in the book. ▪

Daniela Brasil

Graz Architecture Lectures

Eine Veranstaltung der **Architekturfakultät**, organisiert vom **Institut für Architekturtheorie, Kunst- und Kulturwissenschaften**

Die Graz Architecture Lectures 2016, die nun schon zum dritten Mal stattfanden, brachten zehn internationale ArchitektInnen, KünstlerInnen und TheoretikerInnen nach Graz, um deren neueste Projekte und Forschungen in der Stadtplanung und -forschung, der Kulturtheorie, der sozialen Praxis von Architektur, der Schnittstelle Architektur-Kunst und im Digital Design vorzustellen. Die lebhaft diskutierten Lectures, die am 12. Mai 2016 in der Aula der Alten Technik über die Bühne gingen und auf Einladung der einzelnen Institute unserer Fakultät zustande kamen, spiegelten deren vielfältige Schwerpunkte wider und machten sichtbar, dass hier ein umfassender Architekturbegriff vertreten wird, der das soziokulturelle Leben in allen Bereichen betrifft. ▪

Programm:

Timotheus Vermeulen (Nijmegen, Graz): *Knock knock – who's there?* (Institut für Architekturtheorie, Kunst- und Kulturwissenschaften)

Jörg Friedrich (Hamburg, Genua): *Vom Traum zum Raum – Architektur entsteht im Schlaf* (Institut für Architekturtechnologie)

Veronika Mayerböck (Wien): *LIGHTSCORES_sensing space* (Institut für Raumgestaltung)

Nenad Romić aka Marcell Mars (Zagreb): *Memory of the World* (Institut für Zeitgenössische Kunst)

Murat Tabanlıoğlu (Istanbul): *Recent Works* (Institut für Gebäude und Energie)

Daniel Köhler (Innsbruck): *The Mereological City* (Institut für Städtebau)

Job Floris (Monadnock/Rotterdam): *Make No Little Plans* (Institut für Gebäudelehre)

Almut Grüntuch-Ernst (Berlin, Braunschweig): *Bildung bauen* (Institut für Grundlagen der Konstruktion und des Entwerfens)

Michael Hansmeyer (Zürich): *Tools of Imagination* (Institut für Architektur und Medien)

Martin Knight (High Wycombe/UK): *Bridge Design and a Sense of Place* (Institut für Tragwerksentwurf)

Anselm Wagner

Graz Architecture Lectures

An event by the **Faculty of Architecture**, organized by the **Institute of Architectural Theory, Art History and Cultural Studies**

The Graz Architecture Lectures 2016, now held for the third time, brought to Graz ten international architects, artists, and theorists in order to introduce their most recent projects and research in the fields of urban planning and research, cultural theory, the social practice of architecture, the architecture–art interface, and digital design. The animatedly discussed lectures, which took place on May 12, 2016, in the auditorium of the Alte Technik building and were carried out in our Faculty at the invitation of the individual institutes, mirrored the diverse focus areas and evidenced how a comprehensive concept of architecture is represented here, one that pertains to sociocultural life in all its facets. ▪

Program:

Timotheus Vermeulen (Nijmegen, Graz): *Knock knock – who's there?* (Institute of Architectural Theory, Art History and Cultural Studies)

Jörg Friedrich (Hamburg, Genoa): *Vom Traum zum Raum – Architektur entsteht im Schlaf* (Institute of Architecture Technology)

Veronika Mayerböck (Vienna): *LIGHTSCORES_sensing space* (Institute of Spatial Design)

Nenad Romić aka Marcell Mars (Zagreb): *Memory of the World* (Institute of Spatial Design)

Murat Tabanlıoğlu (Istanbul): *Recent Works* (Institute of Buildings and Energy)

Daniel Köhler (Innsbruck): *The Mereological City* (Institute of Urbanism)

Job Floris (Monadnock in Rotterdam): *Make No Little Plans* (Institute of Design and Building Typology)

Almut Grüntuch-Ernst (Berlin, Braunschweig): *Bildung bauen* (Institute of Construction and Design Principles)

Michael Hansmeyer (Zurich): *Tools of Imagination* (Institute of Architecture and Media)

Martin Knight (High Wycombe in the UK): *Bridge Design and a Sense of Place* (Institute of Structural Design)

Anselm Wagner

Reading the City. Literarische Räume in Graz

Eine Veranstaltung des **Instituts für Architekturtechnologie** im Rahmen der **Architekturtage 2016**

„Raum existiert nicht jenseits sozialer Praxis."
Bruno Latour: *Eine neue Soziologie für eine neue Gesellschaft. Einführung in die Akteur-Netzwerk-Theorie*, Frankfurt a.M., 2007

„Reading the City" untersuchte im Rahmen der Architekturtage 2016 das Verhältnis von Raum und Text. Im Haus der Architektur, das für die Architekturtage auf Initiative von Studierenden der TU Graz zum Zeichensaal AZ247 wurde, diskutierte Armin Stocker gemeinsam mit den Teilnehmerinnen und Teilnehmern und dem Grazer Germanisten Alfons Wrann literarische Orte, literarisierten Raum und deren Bezug zu realen, gebautem Raum in Graz. Anhand von Texten wurde die Frage nach dem Verhältnis zwischen den realen und literarischen Räumen gestellt und besprochen, wie wirklich literarisierte Räume sind und sein können.

Ausgangspunkt der Grazer Spurensuche war ein Forschungsüberblick von Stockers Arbeiten zum Thema Literatur und Architektur mit dem Fokus auf fiktionalisierte städtische Räume in Paris und Berlin und deren zeitliche Einordnung. Die Wechselwirkung von Raum und Zeit, erzählte und erlebte Welt, Fiktion und Wirklichkeit, wurde im Anschluss an Hand von Texten von Reinhard P. Gruber, H.C. Artmann und Wolfgang Bauer von den TeilnehmerInnen im Feldversuch er forscht. Die abschließende Diskussion der Ergebnisse der erwanderten Räume fand unter Stockers Leitung im Forum Stadtpark statt; einem Ort in Graz, welcher der Literatur und der Architektur verbunden ist: literarischer und literarisierter Raum zugleich. ▪

Organisation: **Armin Stocker**, **Claudia Volberg**
Abhaltung: **Armin Stocker**
Beteiligte Institutionen: **Institut für Architekturtechnologie**, **Zentralvereinigung der ArchitektInnen Steiermark**, **Haus der Architektur**, **Zeichensaal AZ247**

Armin Stocker

Reading the City: Literary Spaces in Graz

An event by the **Institute of Architecture Technology** in the scope of the **Architecture Days 2016**

"Space does not exist beyond social practice."
— Translated from Bruno Latour, *Eine neue Soziologie für eine neue Gesellschaft: Einführung indie Akteur-Netzwerk-Theorie* (Frankfrut am Main, 2007)

As part of Architecture Days 2016, "Reading the City" examined the relationship between space and text. At Haus der Architektur—which for the Architecture Days became the design hall AZ247 based on the initiative of students from Graz University of Technology—Armin Stocker together with the participants and the Graz-based Germanist Alfons Wrann discussed literary sites, literature-informed space, and their relations to real built space in Graz. Based on texts, the question of the relations between real and literary spaces was fielded and discussed, including how real spaces informed by literature are and can be.

The point of departure for this quest within Graz was a research overview of Stocker's work on the topic of literature and architecture with a focus on fictionalized urban spaces in Paris and Berlin and their temporal classification. The interaction between space and time, narrated and experienced world, fiction and reality, was then explored by the participants during field work based on texts by Reinhard P. Gruber, H. C. Artmann, and Wolfgang Bauer. The ensuing discussion of the results of the spaces sought out on foot took place, under the guidance of Armin Stocker, at the Forum Stadtpark, a place within Graz that is associated with both literature and architecture: literary and literature-informed space at the very same time. ▪

Organization: **Armin Stocker**, **Claudia Volberg**
Project Execution: **Armin Stocker**
Participating institutions: **Institute of Architecture Technology**, **Austrian Architects Association (ZV)**, **Haus der Architektur (HDA)**, **AZ247 design hall**

Armin Stocker

Gemeinsames Kochen | Common Cooking Event © i_w

insight/inside out_gries: communal residence

Summer School des **Instituts für Wohnbau**

In den letzten Jahren sind im Sinne von Commons, Do-it-yourself und Do-it-together vielerorts zahlreiche unterschiedliche Projekte als „Stadtentwicklung von unten" entstanden. Die Thematik findet derzeit auch immer größere Resonanz in Politik und Verwaltung, weil innerhalb verschiedener (Hybrid-)Formen von Partizipation versucht wird, die Hierarchie von staatlich und marktwirtschaftlich gelenkten Stadtplanungsprozessen zu durchbrechen.

Diese Thematik bildete bereits die Grundlage für die Summer School 2015 an der BTU Cottbus–Senftenberg, die im Jahr 2016 wiederum mit jeweils sieben Studierenden von den drei teilnehmenden Universitäten, der BTU Cottbus–Senftenberg unter der Leitung von Prof. J. Miller Stevens, der Universidade de São Paulo unter der Leitung von Prof. Beatriz Rufino und der TU Graz unter der Leitung von Prof. Andreas Lichtblau in Graz durchgeführt wurde.

Der diesjährige Schwerpunkt der Summer School „insight/inside out_gries: communal residence", die von 18.–27.7.2016 stattfand und sich dem Grazer Stadtteil Gries widmete, setzte sich verstärkt mit Aspekten verschiedener Sozio-Kulturen, Religionen, Generationen und ihren gemeinsamen Möglichkeiten der Aneignung des Raumes eines Quartieres auseinander. Das Thema war in enger Kooperation mit der Stadt Graz entwickelt worden und wird am Institut für Wohnbau bereits seit Wintersemester 2015 als Forschungsprojekt „insight/inside out_gries" durchgeführt. Die Summer School wurde von der Servicestelle Internationale Beziehungen und Mobilitätsprogramme der TU Graz gefördert.

Die Gastfreundschaft des AZ3 bündelte die Studierenden an einem Ort, gab den „incoming"-Studierenden eine besondere Einsicht in die Grazer Zeichensäle und ermöglichte den ProfessorInnen die laufende Supervision der Arbeitsvorgänge.

Aufgrund der Weitläufigkeit des Bezirkes Gries wurden den sieben Gruppen, bestehend aus jeweils einem Studierenden aus Brasilien, Deutschland und Österreich, drei Planungsgebiete mit ihren inhärenten Qualitäten und Anforderungen zur Wahl gestellt: die Griesgasse, das Posthochhaus und die Taggermühle. In den folgenden Tagen erarbeiten die TeilnehmerInnen Konzepte und Strukturen auf Basis der primären Fragestellung nach diversen Möglichkeiten der aktiven Beteiligung von BürgerInnen an der Wohnraumversorgung bzw. -herstellung.

Der Zwischenpräsentation am 22. Juli folgte ein gemeinsames „Kochevent". Die kulinarische Krönung des Abends und gleichzeitig eine Geste der Anerkennung an die gastgebende Region bildete das Dessert: Vanilleeis mit schokoladenüberzogenen Kürbiskernen und Kernöl.

Nach einer gründlichen und inhaltsstarken Schlusskorrektur wurden die Ergebnisse im Stadtteilbüro in der Griesgasse öffentlich präsentiert. Als Co-Juroren fungierten Simone Reis von der Baudirektion der Stadt Graz, Josef Deutsch, Besitzer des „Schwarzen Bären" am Griesplatz, sowie Architekt Thomas Pilz (AAPS).

Alle sieben Projekte zeigten inhaltlich eine intensive Auseinandersetzung mit dem Aufgabengebiet Gries, geprägt durch die jeweiligen Erfahrungen, die unterschiedliche Herkunft sowie die unterrichteten Wissensschwerpunkte der drei Universitäten. Die Ergebnisse und Planunterlagen werden derzeit zur Publikation vorbereitet. Neben der großen Vielfalt an Ideen, Strategien und Entwürfen ist wohl die Erfahrung dieses gegenseitigen Austausches für die Studierenden besonders wertvoll gewesen. Kontroversen wurden und werden als wesentlicher Lernprozess angesehen.

Nach der letzten Präsentation folgte abends noch die Verleihung der Zertifikate und ein gemeinsames Abschiedsessen mit der leisen Hoffnung im Hintergrund, dass diese produktive Kooperation in einer Summer School 2017 in Brasilien fortgesetzt wird. ▪

Studierende: **Johannes Bernsteiner**, **Michael Hafner**, **Alina Kratzer**, **Matthias Raudaschl**, **Florian Scheucher**, **Hana Vasatko**, **Ivana Zivadinovic**, **Charlotte Josephine O'Hara**, **Dorota Maria Baraniecka**, **Irina Solovyeva**, **Karolin Kabelitz**, **Martina Rucinski**, **Sascha Mittelstädt**, **Saskia Bierstedt**, **Clara Oliveira**, **Gabriela Gomes**, **João Fiammenghi**, **Lucas Batista**, **Otavio Melo**, **Pedro Lima**, **Nathalia Lima**

Sigrid Verhovsek

insight/inside out_gries: communal residence

Summer School of the **Institute of Housing**

In recent years, countless different projects have been initiated in various places as "bottom-up urban development" along the lines of commons, do-it-yourself, and do-it-together approaches. This theme is currently experiencing greater resonance in politics and administration contexts, because, within various (hybrid) forms of participation, an attempt is being made to disrupt the hierarchy of state- and market-driven processes of urban planning.

This theme already provided a foundation for Summer School 2015 at Brandenburg University of Technology Cottbus–Senftenberg, which took place again in 2016, this time in Graz with seven students from each of the three participating universities: BTU Cottbus–Senftenberg under the supervision of Prof. J. Miller Stevens, the Universidade de São Paulo under the supervision of Prof. Beatriz Rufino, and Graz University of Technology under the supervision of Prof. Andreas Lichtblau.

The main focus of this year's Summer School, held from July 18 to 27, 2016, was "insight/inside out_gries: communal residence" as applied to the Graz district of Gries. It intensively explored aspects of various sociocultures, religions, generations, and their common possibilities for appropriating the space of an urban quarter. The topic had been developed in close cooperation with the City of Graz and has already been carried out in the Institute of Housing since winter semester 2015 as the research project "insight/inside out_gries." The Summer School was funded by the International Relations and Mobility Programmes Service Department at Graz University of Technology.

The hospitality of the AZ3 united the students in one place, giving the "incoming" students a special inside view of the Graz design halls. It also allowed the professors to continuously supervise the working processes.

Due to the vastness of the Gries district, seven groups were formed, with one student from Brazil, Germany, and Austria respectively. They were given a choice of three planning areas with their inherent qualities and challenges: the Griesgasse, the Posthochhaus, and the Taggermühle. During the subsequent days, the participants developed concepts and structures on the basis of the primary issue according to the diverse possibilities for active participation on the part of local citizens when it comes to supplying and creating living space.

An intermediate presentation on July 22 was followed by a joint "cooking event." The culinary culmination of the evening, also signifying a gesture of recognition for the hosting region, was the dessert: vanilla ice cream with chocolate-covered pumpkin seeds and pumpkin-seed oil.

After thorough and content-focused proofreading, the results were presented publicly at the district office on Griesgasse. Serving as co-jurors were Simone Reis from the building office of the City of Graz, Josef Deutsch, owner of the "Schwarzer Bär" building on Griesplatz, and the architect Thomas Pilz (AAPS).

In terms of content, all seven projects demonstrate an intense exploration of the Gries district as an area of activity, impacted by the respective experiences, the different origins, and the fields of expertise taught at the three universities. The results and planning documents are currently being prepared for publication. Especially valuable for the students, in addition to the great diversity of idea, strategies, and designs, was the experience of this reciprocal exchange. Any conflict was and is considered to be an essential part of the learning process.

After the last presentation, an evening event was held to present the students with their certificates and to share a farewell dinner in the quiet hope of this productive cooperative experience being continued during Summer School 2017 in Brazil. ▪

Students: **Johannes Bernsteiner**, **Michael Hafner**, **Alina Kratzer**, **Matthias Raudaschl**, **Florian Scheucher**, **Hana Vasatko**, **Ivana Zivadinovic**, **Charlotte Josephine O'Hara**, **Dorota Maria Baraniecka**, **Irina Solovyeva**, **Karolin Kabelitz**, **Martina Rucinski**, **Sascha Mittelstädt**, **Saskia Bierstedt**, **Clara Oliveira**, **Gabriela Gomes**, **João Fiammenghi**, **Lucas Batista**, **Otavio Melo**, **Pedro Lima**, **Nathalia Lima**

Sigrid Verhovsek

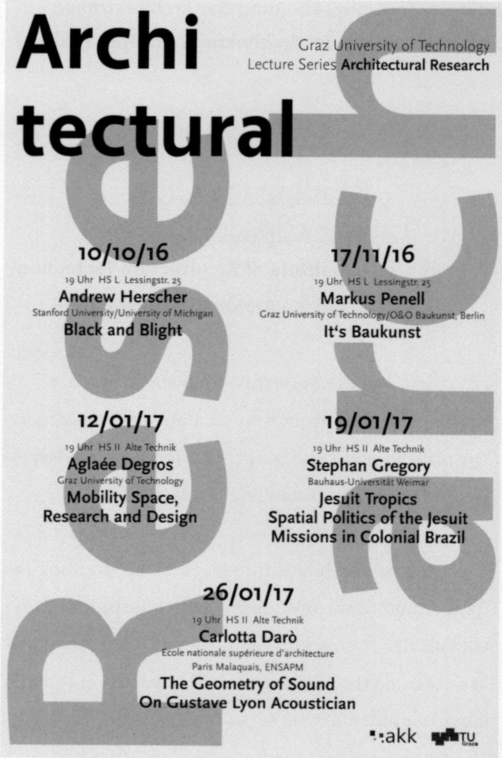

Ringvorlesung Architekturforschung 2016/17

Veranstaltet vom **Institut für Architekturtheorie, Kunst- und Kulturwissenschaften**

Die Ringvorlesung „Architekturforschung" bildet bereits seit neun Jahren einen integralen Bestandteil der Doctoral School Architektur. In Abendvorträgen stellen Lehrende der TU Graz und internationale Gäste aktuelle Projekte der Architekturforschung hinsichtlich ihrer Konzepte, Methoden und Ergebnisse vor. In darauf folgenden Workshops diskutieren die Vortragenden mit den angemeldeten TeilnehmerInnen der Ringvorlesung über ihre Zugänge zur Architekturforschung und die sich daraus eröffnenden Forschungsfragestellungen und Perspektiven. In der diesjährigen Ringvorlesung waren im Wintersemester 2016/17 Andrew Herscher von der Stanford University, Markus Penell von Ortner&Ortner Berlin und in diesem Semester TUG-Gastprofessor am Institut für Gebäudelehre, Aglaée Degros, Leiterin des Instituts für Städtebau an der TU Graz, Stephan Gregory von der Bauhaus Universität Weimar sowie Carlotta

Darò von der Ecole nationale supérieure d'architecture Paris-Malaquais zu Gast. ▪

Daniel Gethmann

Lecture Series on Architecture Research 2016–17

Organized by the **Institute of Architectural Theory, Art History and Cultural Studies**

The lecture series "Architectural Research" has already been an integral part of the Doctoral School of Architecture for nine years now. During evening lectures, instructors at Graz University of Technology and international guests introduce current projects in architecture research and detail their concepts, methods, and results. In the subsequent workshops, the lecturers converse with the registered lecture series participants about their approaches to conducting architecture research and the research issues and perspectives that open up as a result. Visiting lecturers at this year's lecture series were, during winter semester 2016–17, Andrew Herscher from Stanford University and Markus Penell from Ortner&Ortner Berlin, and, during summer semester 2017, the TUG guest professor in the Institute of Design and Building Typology, Aglaée Degros, chair of the Institute of Urbanism at Graz University of Technology, Stephan Gregory from Bauhaus University in Weimar, and Carlotta Darò from the Ecole nationale supérieure d'architecture Paris-Malaquais. ▪

Daniel Gethmann

ArchitekturTheorieTage

Vernetzungstreffen deutschsprachiger Lehrstühle für Architekturtheorie vom 3. bis 5. November 2016
Eine Veranstaltung des **Instituts für Architekturtheorie, Kunst- und Kulturwissenschaften**

Als Wissenschaft mag die Architekturtheorie zwar schon seit 2000 Jahren existieren, als akademische Disziplin hat sie sich aber erst in den letzten Jahrzehnten etabliert. Was kann, was darf, was muss, was soll die Architekturtheorie als universitäres Fach? Worüber reden wir, wenn wir über Architekturtheorie reden?

Diesen Fragen widmeten sich während der ArchitekturTheorieTage vom 3.–5.11.2016 an der Technischen Universität in Graz die VertreterInnen deutschsprachiger Lehrstühle für Architekturtheorie.

Ziel dieses ersten Treffens seiner Art war der Austausch gegenwärtiger Inhalte und Methoden der Architekturtheorie als Lehrdisziplin sowie von Forschungsthemen und -tendenzen. Dieser Austausch erfolgte mittels verschiedener Formate. Die ArchitekturTheorieTage begannen mit „Reality Bytes", dem Eröffnungsvortrag von Bart Lootsma, Leiter des Instituts für Architekturtheorie und Baugeschichte der Universität Innsbruck. Am zweiten Tag wurden Forschungsthemen, Lehrbeispiele und Zeitschriften der angereisten VertreterInnen der Architekturtheorieinstitute vorgestellt; eine Podiumsdiskussion über die Grenzen und Verbindungen der Disziplin Architekturtheorie rundete diesen Tag ab. In internen Workshops wurden am dritten Tag Inhalte zu den Themen Kanon, Lesen+Schreiben, Begriffsanalyse und Organisationsform erarbeitet. Im abschließenden „Forschungsdating" konnten sich die TeilnehmerInnen zusammenfinden, um über gemeinsame Forschungsszenarien zu sprechen.

Die Veranstaltung diente der Vernetzung und Kommunikation der Fachdisziplin Architekturtheorie. Für 2017 sind die nächsten ArchitekturTheorieTage in Hannover in Planung. Dies zeigt, dass die erhoffte Vernetzung und Kommunikation geglückt sind.

„Uneitles produktives Streiten ermöglichen, wie es hier zwei Tage ging, konnte kein leichtes sein. Tausend Dank für dieses Heimatgefühl in der Wissenschaftsgemeinschaft" steht seit den 1. ArchitekturTheorieTagen in Graz im Gästebuch des Dekanats der Fakultät für Architektur, das diese Veranstaltung dankenswerterweise unterstützt hat. ▪

TeilnehmerInnen: **Margitta Buchert** (Leibniz Universität Hannover), **Vera Bühlmann** (TU Wien), **Günther Fischer** (Hochschule Erfurt), **Ole W. Fischer** (University of Utah), **Achim Hahn** (TU Dresden), **Karl R. Kegler** (Hochschule München), **Norbert Korrek** (Bauhaus-Universität Weimar), **Bart Lootsma** (Universität Innsbruck), **Martin Peschken** (TU Braunschweig), **Axel Sowa** (RWTH Aachen), **Anselm Wagner** (TU Graz, akk), **Gernot Weckherlin** (BTU Cottbus), **Richard Woditsch** (TH Nürnberg)
Leitung und Organisation: **Anselm Wagner**, **Sophia Walk**

Sophia Walk

ArchitekturTheorieTage

Networking event for departments of architectural theory, November 3 to 5, 2016, organized by the **Institute of Architectural Theory, Art History and Cultural Studies**

Although architectural theory may have already existed as a science for 2,000 years, it has first become established as an academic discipline in recent decades. What can, may, must, and should architectural theory do as a university subject? What are we talking about when we talk of architectural theory? These are the questions to which representatives of German-speaking departments or institutes of architectural theory dedicated themselves during the ArchitekturTheorieTage from November 3 to 5, 2016, at Graz University of Technology.

The aim of this first event of its kind was to facilitate an exchange of current contents and methods of architectural theory as a teaching discipline as well as of research topics and trends. This exchange occurred in

Eine harmonische Gruppe, die uneitel und produktiv Streiten konnte: Die TeilnehmerInnen der ArchitekturTheorieTage im November 2016 | A Harmonious Group That Was Able to Quarrel Unpretentiously and Productively: The Participants of ArchitekturTheorieTage in November 2016 © Emilian Hinteregger

various formats. The ArchitekturTheorieTage began with “Reality Bytes,” the opening speech by Bart Lootsma, Head of the Institute for Architectural Theory and History at the Universität Innsbruck. On the second day, the research topics, teaching examples, and journals of the representatives who traveled to attend the event were presented; a podium discussion about the limits and links in the discipline of architectural theory rounded out the day. On the third day, the contents of the topics of canon, reading+writing, conceptual analysis, and organizational form were elaborated in internal workshops. In the concluding “Research Dating,” the participants had the opportunity to get together in order to speak about their shared research scenarios.

The event facilitated networking and communication within the specialist discipline of architectural theory. The next ArchitekturTheorieTage are being planned for 2017, in Hannover. This shows that the hoped-for networking and communication were a success. “Facilitating unpretentious, productive disputes, as occurred here for two days, was not an easy matter. Many thanks for this feeling of home in the scientific community,” reads one entry to the guestbook of the office of the Dean of the Faculty of Architecture which generously supported this event. ▪

Participants: **Margitta Buchert** (Leibniz Universität Hannover), **Vera Bühlmann** (TU Wien), **Günther Fischer** (Hochschule Erfurt), **Ole W. Fischer** (University of Utah), **Achim Hahn** (TU Dresden), **Karl R. Kegler** (Hochschule München), **Norbert Korrek** (Bauhaus-Universität Weimar), **Bart Lootsma** (Universität Innsbruck), **Martin Peschken** (TU Braunschweig), **Axel Sowa** (RWTH Aachen), **Anselm Wagner** (TU Graz, akk), **Gernot Weckherlin** (BTU Cottbus), **Richard Woditsch** (TH Nürnberg)
Management and organization: **Anselm Wagner**, **Sophia Walk**

Sophia Walk (Translation: Amy Klement)

Cultural Anthropology Meets Architecture

Internationale Tagung des **Instituts für Raumgestaltung** und des **Instituts für Tragwerksentwurf** der **TU Graz** sowie des **Instituts für Kulturanthropologie** der **Universität Graz** im **Forum Stadtpark**

Am 10. und 11. November 2016 fand im Forum Stadtpark ein wissenschaftlicher Dialog zum Thema

© Sebastian Reiter

„Cultural Anthropology Meets Architecture” statt. ExpertInnen aus den Fächern Kulturanthropologie, Architektur, Kunst, Soziologie und Dokumentarfilm diskutierten über die Grundannahmen und Paradigmen der Produktion von „architektur-anthropologischem“ Wissen sowie der Produktion von Raum. Der Forschungsdialog in Graz sollte zur fächerübergreifenden Bestimmung des Themenbereichs „Kulturanthropologie und Architektur“ beitragen.

Im Mittelpunkt stand ein Gespräch über Formen „fester“ und „beweglicher“ Aushandlungen zwischen Menschen und gebauten Räumen. Das „Nützliche“ der Technik und das „Wunderbare“ des Alltags bilden dabei Hypothesen, die gebaute Räume als bewegte und bewegende Gegenseitigkeiten greifbar werden lassen. Bestimmungen einer Architekturanthropologie lassen nicht nur Erkenntnisse über den gebauten Raum selbst erwarten, sondern auch über Performativität als gelebte und erlebte Praxis.

Der Forschungsdialog zwischen Kulturanthropologie und Architektur fand bereits zum zweiten Mal in Graz statt und zeigte insgesamt neue Zugänge zur Vielseitigkeit der Berührungspunkte zwischen Kulturwissenschaft und Architektur auf und soll Anlass zu weiteren interdisziplinären Diskussionen geben.

Der Eröffnungsvortrag von Albena Yaneva von der University of Manchester mit dem Titel „How to Study the Ecology of Architectural Practice“ eröffnete eine erweiterte Perspektive auf das Arbeitsfeld sowie die Arbeitsweisen der ArchitektInnen anhand einer kulturanthropologischen Forschung über das Büro OMA (Office for Metropolitan Architecture von Rem Koolhaas) und dem Erweiterungsprojekt des Whitney Museum of American Art in New York. Entscheidend ist für Yaneva nicht die Frage, wie ein Gebäude aussieht, sondern viel mehr, was ein Gebäude tut.

Bezugnehmend zur Handlungsfähigkeit von Gebäuden fand im Rahmen der Tagung die Workshop-Präsentation mit dem Titel „Das schnellste Haus“ unter der Leitung von Vera Hagemann statt. Mittels Methoden der Performance entstanden Entwürfe persönlicher Baukörper, die am Ende miteinander ins Rennen gingen. ▪

Tagungsorganisation: **Franziska Hederer**, **Manfred Omahna**, **Johanna Rolshoven**
Vortragende: **Johanna Aufner**, **Regina Bittner**, **Lars Frers, Elisabeth Guggenberger**, **Elke Krasny**, **Benjamin Melcher**, **Günther Prechter**, **Andrea Rieger-Jandl**, **Helmut Voitl**, **Johannes Wohofsky**, **Albena Yaneva**

Franziska Hederer/Manfred Omahna

Cultural Anthropology Meets Architecture

International conference by the **Institute of Spatial Design** and the **Institute of Structural Design** of **Graz University of Technology**, and the **Institute of Cultural Anthropology** of **University of Graz**
at the **Forum Stadtpark Graz**

On November 10–11, 2016, an academic dialogue on the topic “Cultural Anthropology Meets Architecture” was held at Forum Stadtpark. Experts from the fields of cultural anthropology, architecture, art, sociology, and documentary film discussed the underlying assumptions and paradigms of the production of “architectural-anthropological” knowledge and the production of space. The idea was for research dialogue in Graz to contribute to an interdisciplinary determination of the thematic area of “cultural anthropology and architecture.”

The conversation was focused on forms of “fixed” and “flexible” negotiations between humans and built spaces. Here, the “usefulness” of technology and the “miraculousness” of everyday life formed hypotheses that made built spaces more tangible as animated and moving reciprocalities. Determinations of architectural anthropology not only shed light on the built space itself, but also on performativity as lived and experienced practice.

The research dialogue between cultural anthropology and architecture has already been held twice in Graz and, on the whole, highlighted new approaches to the many different contact points between cultural studies and architecture and is meant to provide an opportunity to engage in continued discussion among the disciplines.

The opening lecture by Albena Yaneva from the University of Manchester, which was titled “How to Study the Ecology of Architectural Practice,” opened an expanded perspective on this field of work. It also dealt with working methods favored by architects based on the cultural-anthropological research being conducted by the office OMA (Office for Metropolitan Architecture by Rem Koolhaas) and the extension project by the Whitney Museum of American Art in New York. Decisive for Yaneva is not the question of how a building looks, but rather, more importantly, what a building does.

A workshop titled "Das schnellste Haus" (The Fastest House), headed by Vera Hagemann, was presented as part of the conference and made reference to the agency of buildings. Designs of personal structural bodies were created using performative methods and then raced each other at the end of the workshop. ▪

Conference organization: **Franziska Hederer**, **Manfred Omahna**, **Johanna Rolshoven**
Lecturers: **Johanna Aufner**, **Regina Bittner**, **Lars Frers**, **Elisabeth Guggenberger**, **Elke Krasny**, **Benjamin Melcher**, **Günther Prechter**, **Andrea Rieger-Jandl**, **Helmut Voitl**, **Johannes Wohofsky**, **Albena Yaneva**

Franziska Hederer/Manfred Omahna

Roger Riewe im Gespräch mit | in conversation with Imke Woelk
© Marius Sabo

November Talks 2016 / Think Tank Architecture

Vortragsreihe am **Institut für Architekturtechnologie** in Kooperation mit der **Sto-Stiftung**

Seit 2011 veranstaltet das Institut für Architekturtechnologie unter Leitung und Moderation von Prof. Roger Riewe und in Kooperation mit der Sto-Stiftung die Vortragsreihe „November Talks" an der TU Graz. Namhafte internationale ArchitektInnen haben im Laufe der letzten fünf Jahre aufgrund des speziellen Formats aus Vortrag und Interview ihre Positionen zur zeitgenössischen Architektur in Praxis sowie Lehre über den üblichen Werkvortrag hinaus näher darstellen und in einer anschließenden Diskussionen mit Studierenden und KollegInnen erläutern können.

In Hinblick auf die einschneidenden gesellschaftlichen und politischen Veränderungen ist im internationalen Architekturdiskurs und Schaffen ein Paradigmenwechsel festzustellen, der in den diesjährigen November Talks aufgegriffen und fortgeführt wurde, die sich nun eine Neuausrichtung unter dem Titel „Think Tank Architecture" gaben. Hierbei wurde der Schwerpunkt auf Forschungsfelder und Projekte gelegt, die derzeitige und zukünftige Fragestellungen und Entwicklungen der Architektur zum Thema haben.

Den Auftakt der Neuausrichtung machten an vier Montagabenden die internationalen und facettenreichen ArchitektInnen Luyanda Mpahlwa (DesignSpaceAfrica) aus Kapstadt, Imke Woelk (IMKEWOELK und Partner) aus Berlin, Andrei Serbescu (ADNBA) aus Bukarest und Harald Baumann (u3ba) aus Stuttgart. Sie brachten in ihren Vorträgen und anschließendem Interviews ihre Position zur zeitgenössischen Architektur und Haltung zur Architekturentwicklung sowie ihr Schaffen innerhalb dieses Diskurses näher. Das Format der November Talks ermöglichte im Anschluss weiterführende Gespräche und intensiven Meinungsaustausch, die zum Weiterdenken über den Abend hinaus anregten.

Die Videoaufnahmen der Vorträge auf der Institutswebseite des Instituts für Architekturtechnologie (www.iat.tugraz.at) ermöglichen ein nachträgliches Miterleben des Abends. Die 2017 erscheinende Publikation der November Talks wird in Form einer Broschüre die Transkriptionen der Podiumsgespräche sowie die Biografien der Vortragenden und ausgewählte Projekte überschneidender Themenfelder beinhalten. ▪

Claudia Volberg

November Talks 2016 / Think Tank Architecture

Lecture series in the **Institute of Architecture Technology** in cooperation with the **Sto Foundation**

Since 2011 the Institute of Architecture Technology has been hosting the "November Talks" lecture series at Graz University of Technology under the direction and moderation of Prof. Roger Riewe and in cooperation with the Sto Foundation. Over the course of the last five years, renowned international architects have been able to introduce, thanks to the special lecture/interview format, their positions on the practice and teaching of contemporary architecture in more detail, moving beyond the typical keynote speeches, and to discuss the respective topic during subsequent discussion with students and colleagues.

In view of the incisive societal and political change, a paradigmatic shift has become apparent in the context of international architectural discourse and activity, which was seized upon and continued in this year's November Talks under the title "Think Tank Architecture." Here, the focus was placed on research fields and projects that thematize current and future issues and developments within the field of architecture

The kickoff for this new orientation, on four Monday evenings, was provided by a diverse selection of international architects: Luyanda Mpahlwa (DesignSpace-Africa) from Cape Town, Imke Woelk (IMKEWOELK and partners) from Berlin, Andrei Serbescu (ADNBA) from Bucharest, and Harald Baumann (u3ba) from Stuttgart. In their lectures and the interviews that followed, they familiarized the audience with their respective positions on contemporary architecture, their approaches toward architectural development, and their own creative work. The format of the November Talks facilitated extensive discussion afterward, as well as an intensive exchange of opinions that lead to further reflection beyond that particular evening.

The video recordings of the lectures, found on the website of the Institute of Architecture Technology (www.iat.tugraz.at), allow the evening to be experienced after the fact. The publication of the "November Talks" in 2017 will take the form of a brochure and contain transcriptions of the podium discussions, as well as biographies of the lecturers and selected projected from overlapping thematic fields. ▪

Claudia Volberg

Sam Auinger ist Komponist und Klangkünstler. 1989 gründete er mit Bruce Odland *O+A* und realisiert seitdem permanente Klanginstallationen im öffentlichen Raum, die städtischen Lärm in Echtzeit in harmonischere Klangerfahrungen transformieren. Von 2008 bis 2012 war er Professor an der Universität der Künste Berlin und leitete den Fachbereich experimentelle Klanggestaltung im Masterstudiengang Sound Studies. Danach war er bis 2015 als Associate an der Harvard Graduate School of Design tätig. Seit 2000 entwickelt er gemeinsam mit dem Soundkünstler Hannes Strobl und dem Urbanisten und Medienkünstler Dietmar Offenhuber Klangprojekte unter dem Namen Stadtmusik. Neben seiner künstlerischen Tätigkeit hält er auch Vorträge und Workshops und ist Teilnehmer bei internationalen Symposien zu Stadtplanung, Architektur, Medien, Wahrnehmung und Sound.

Sebastian Behmann ist Architekt in Berlin. Seit 2001 arbeitet er mit dem Künstler Olafur Eliasson zusammen und leitet in dessen Studio die Abteilung für Design und Entwicklung. 2014 gründete er zusammen mit Eliasson das internationale Büro für Kunst und Architektur Studio Other Spaces. Studio Other Spaces fokussiert sich auf interdisziplinäre und experimentelle Bauprojekte sowie Arbeiten im öffentlichen Raum. Zu seinen wichtigsten Projekten zählen: Facades of Harpa Reykjavik Concert Hall and Conference Centre, Island (2005–2011), Kirk Kapital Headquarters, Vejle, Dänemark (Fertigstellung 2017), sowie eine Vielzahl von Installationen, Pavillons und internationalen Ausstellungen.

Karen van den Berg studierte Kunstwissenschaften, Klassische Archäologie und Nordische Philologie in Saarbrücken und Basel. Von 1993 bis 2003 war sie Dozentin für Kunstwissenschaft und wissenschaftliche Mitarbeiterin an der Universität Witten/Herdecke. Seit 2003 ist sie Inhaberin des Lehrstuhls für Kunsttheorie und Inszenatorische Praxis an der Zeppelin Universität in Friedrichshafen. Ihre Forschungsschwerpunkte liegen in den Bereichen Kunst und Politik, kuratorische Praxis, künstlerische Episteme und Studioforschung.

Neeraj Bhatia ist Architekt und Stadtplaner mit Sitz in Toronto. Seine Arbeit ist an der Schnittstelle von Politik, Infrastruktur und Stadtplanung angesiedelt. Er ist Universitätsassistent am California College of the Arts, wo er außerdem an der Leitung des Forschungslabors The Urban Works Agency beteiligt ist. Zuvor lehrte er an der Cornell University, der Rice University und der University of Toronto. Sein Architekturbüro The Open Workshop untersucht Zusammenhänge von Architektur und ihrer territorialen Umgebung und wurde 2016 mit dem Architectural League Young Architects Prize ausgezeichnet. Er ist Mitherausgeber von *Bracket [Takes Action]* (2014), *The Petropolis of Tomorrow* (2014), *Bracket [Goes Soft]* (2014) und Co-Autor von *Pamphlet Architecture 30: Coupling—Strategies for Infrastructural Opportunism* (2010).

Christina Buck ist Doktorandin am Lehrstuhl für Kunsttheorie und Inszenatorische Praxis an der Zeppelin Universität in Friedrichshafen. Sie studierte europäische Kulturgeschichte und „Integrated Media" in Augsburg und Oldenburg und ist aktuell am Institut für Auslandsbeziehung (ifa) im Bereich Dialog und Forschung beschäftigt. Von 2012 bis 2016 war sie kuratorische Assistentin und wissenschaftliche Mitarbeiterin an der Zeppelin Universität Friedrichshafen. In ihrer Doktorarbeit beschäftigt sie sich mit der Vermittlung künstlerischer Episteme jenseits künstlerischer Ausbildungsgänge.

Eric Ellingsen ist Landschaftsarchitekt und Künstler. Er hat Architektur, Landschaftsarchitektur und Philosophie studiert. Von 2009–2014 war er als Co-Direktor des Instituts für Raumexperimente an der Universität der Künste in Berlin tätig. 2009 gründete er sein Büro Species of Space, das sich als Lernlabor versteht, in dem räumliche und poetische Praktiken zusammengeführt werden. Dabei konzentrieren sich seine Lehrinhalte auf das Erleben von Experimenten im öffentlichen Raum. 2017 hat er seine Arbeiten auf der Documenta in Athen und Kassel ausgestellt. Seine Essays und Text-Experimente sind u.a. in *The Chicago Review, Conjunctions on-line, Beloit, Hobart, Landarēfa, Landscape Journal, PANK, Shampoo* und *Scientist* erschienen. Zurzeit lehrt er als Gastprofessor für Landschaftsarchitektur und Stadtplanung am Illinois Institute of Technology in Chicago.

Irmgard Frank ist Architektin und Designerin mit Bürositz in Wien und Universitätsprofessorin an der Technischen Universität Graz. Nach Lehrtätigkeiten an der ETH Zürich (1988–1992), der Hochschule für angewandte Kunst in Wien (1995–1997) sowie der Hochschule für künstlerische und industrielle Gestaltung in Linz (1997) ist sie seit 1998 Ordinaria für Raumkunst und Entwerfen an der Technischen Universität Graz. In ihrer Forschung beschäftigt sie sich mit raumphänomenologischen Überlegungen und untersucht u.a. die Bedeutung von Licht als Gestaltungselement und immaterielle Komponente der Raumwahrnehmung. Sie ist Autorin von *Raumdenken. Thinking Space* (2010) und Herausgeberin von *Raum_atmosphärische Informationen. Architektur und Wahrnehmung* (2015).

Claudia Gerhäusser ist Autorin, Architektin und Lehrende und widmet sich vorrangig Materialien und Prozessen im architektonischen Entwurf. Sie hat an der Bauhaus Universität Weimar und am Fashion Institute of Technology in New York studiert und war u.a. Gastvortragende an der Lebanese American University Beirut (LAU) und der Xi'an Jiaotong Liverpool University Suzhou, China. Bis 2017 war sie als Universitätsassistentin am Institut für Raumgestaltung der TU Graz tätig, wo sie auch an der Herausgeberschaft der Publikation *Raum_atmosphärische Informationen* beteiligt war. Sie ist Mitbegründerin der Künstlergruppe oiXplorer und Kuratorin des Architekturprogramms im FORUM STADTPARK Graz.

Martin Grabner ist Projektassistent und Lehrender am Institut für Städtebau der Technischen Universität Graz. Neben seinem Studium der Architektur in Graz und Wien absolvierte er das Kolleg für Fine Art Photography und Multimedia Art an der Ortweinschule Graz. In seiner Forschung und künstlerischen Arbeit beschäftigt er sich u.a. mit der räumlichen Manifestation sozialer Grenzen im städtischen Raum. Er ist der Autor zahlreicher Texte und Kritiken und hat seine Fotografien in mehreren Ausstellungen in Graz und Wien gezeigt. 2016 erschien sein Dokumentarfilm *Transforming Urban: Tel Aviv*, der die alljährliche Transformation des öffentlichen Raums in Tel Aviv zu Jom Kippur zum Thema hat.

Franziska Hederer ist Associate Professor am Institut für Raumgestaltung der Technischen Universität Graz. Mit ihrer Schrift *An den oszillierenden Rändern der Architektur* hat sie sich 2015 im Fach Raumwahrnehmung und experimentelles Entwerfen habilitiert. In Forschung und Lehre untersucht sie künstlerische Praktiken, insbesondere aus der Performancekunst, als Werkzeuge zur Raumwahrnehmung sowie zur Sensibilisierung des Raumverstandes. Sie realisiert zudem auch performative Arbeiten im öffentlichen Raum und ist im FORUM STADTPARK Graz Programmverantwortliche für die Sparte Architektur.

Shreepad Joglekar ist Universitätsassistent und Fachbereichskoordinator für Fotografie an der Kansas State University. Als Fotokünstler beschäftigt er sich mit der Erforschung von natürlichen, konstruierten und intellektuellen Umgebungen. Seine Fotografien wurden bereits in Galerien in den USA, Kanada, China, Kuba, Ägypten, Deutschland, Indien und

England ausgestellt. Zu seinen aktuellen Ausstellungen zählen *Rural America* am National Center for the Performing Arts Primal Gallery in Mumbai und *Filtered Permeability* an der Indiana University Southeast in New Albany, Indiana.

Klaus K. Loenhart arbeitet multidisziplinär. Seinen systemischen Blick auf die Welt entwickelte er während seines Studiums der Architektur an der Hochschule für angewandte Wissenschaften in München sowie der Landschaftsarchitektur an der Harvard Graduate School of Design in Cambridge, Massachusetts. Sein Interesse an einer multidisziplinären Architekturpraxis wurde während seiner Studienzeit in Harvard als auch während seiner Arbeit bei Herzog & de Meuron geweckt. Seit seiner Rückkehr aus den USA realisiert er am Institut für Architektur und Landschaft sowie mit seinem Büro terrain: architects and landscape architects systemorientierte Projekte, in welchen Architekturentwurf, soziale Praktiken und ein performatives Verständnis von Landschaft sozial ambitioniert miteinander in Verbindung treten.

Malcom McCullough ist Professor am Taubman College der University of Michigan, wo er seit 2001 im Fachbereich Architektur und Medienkunst unterrichtet. Zuvor war er an der Designfakultät der Carnegie Mellon University und für zehn Jahre an der Harvard Graduate School of Design in Cambridge tätig. Er ist der Autor von *Ambient Commons—Attention in the Age of Embodied Information* (2013), einem Buch über Informationsumweltschutz, sowie von *Digital Ground* (2004) und *Abstracting Craft* (1996), zwei breit rezipierten Schriften über digitale Medienkultur. Derzeit arbeitet er an einem Buch zu Microgrids.

Numen/For Use ist ein Design-Kollektiv, bestehend aus **Sven Jonke**, **Christoph Katzler** und **Nikola Radeljkovi ć**, mit Sitz in Wien, Berlin und Zagreb. Seit 1999 entwickeln und realisieren sie Projekte in den Bereichen Stadtraumgestaltung, Ausstellungsdesign, experimentelle Architektur und Bühnenbild. Außerdem waren sie im Bereich des Möbeldesigns für renommierte Firmen wie Moroso, Zanotta oder Cappellini tätig. Seit 2008 liegt der Schwerpunkt der Gruppe auf experimentellen Arbeiten wie der „N-Light Series" und begehbaren Installationen wie z.B. „Tape" (2010–2016), „Tuft" (2012–2015) oder „Tube" (2015/2016).

Dietmar Offenhuber ist Assistant Professor für Kunst und Design an der Northeastern University in Boston, Massachusetts. Er hat an der Technischen Universität Wien und am MIT Media Lab in Boston studiert und promovierte am MIT Department of Urban Studies and Planning. Zuvor war er Research Fellow am MIT Senseable City Lab, Key-Researcher am Ludwig Boltzmann Institut für Medienkunstforschung sowie Professor an der Kunstuniversität Linz. Seine Forschungsbereiche umfassen soziokulturelle Aspekte, Repräsentation und Wahrnehmung städtischer Infrastruktur. Gemeinsam mit den Soundkünstlern Sam Auinger und Hannes Strobl arbeitet er unter dem Namen Stadtmusik zusammen. Seine künstlerischen Arbeiten wurden u.a. am Centre Pompidou in Paris, der Armory Show in New York, der Ars Electronica Linz, beim Sundance Film Festival, in der Secession Wien und bei der Seoul International Media Art Biennale ausgestellt.

Philippe Rahm ist Architekt und lebt in Paris. Seine Arbeiten, die das Feld der Architektur um die physiologische und meteorologische Dimension erweitern, finden vor allem im Bereich des nachhaltigen Bauens internationale Beachtung. Nach seiner Tätigkeit als Headmaster an der Architectural Association in London, begann er 2014 an der Harvard Graduate School of Design im Fachbereich Architektur zu unterrichten. Er hielt zahlreiche Vorträge, u.a. in Yale, an der Cooper Union, der UCLA und der ETH Zürich und präsentierte seine Arbeiten in zahlreichen Ausstellungen weltweit. 2002 vertrat er die Schweiz im Rahmen der 8. Architekturbiennale in Venedig. Zu seinen Publikationen zählen die Monografien *Architecture Météorologique* (2009) und *Constructed Atmospheres* (2014).

Gabi Schillig ist Professorin für Räumlich-Plastische Gestaltung an der Hochschule Düsseldorf. Sie studierte Architektur in Coburg und absolvierte ein postgraduales Studium des Konzeptionellen Entwerfens an der Staatlichen Hochschule für Bildende Künste Städelschule in Frankfurt am Main. Es folgten Lehrtätigkeiten, u.a. in der Architekturklasse der Städelschule und am Institut für Transmediale Gestaltung der Universität der Künste Berlin. Schilligs Raumkonzepte münden in multisensorische, prozesshafte und dialogische Strukturen, die in unterschiedlichen Maßstäben und Kontexten realisiert werden und Materialität und Interaktion auf unmittelbare Weise verbinden. Ihre Arbeiten wurden mit zahlreichen Stipendien und Preisen ausgezeichnet und u.a. in Berlin, Stuttgart, London, New York, Neu-Delhi und Rio de Janeiro ausgestellt.

Marta Traquino ist Künstlerin und forscht als FCT-Postdoktorandin im Fachbereich der Gegenwartskunst an der Universität von Lissabon. In ihrer Forschung konzentriert sie sich auf künstlerische Praktiken, die sich kritisch mit Raumkonzeptionen im Kontext europäischer Städte auseinandersetzen. Seit 1995 unterrichtet sie künstlerische Praxis und Kunsttheorie an verschiedenen Bildungseinrichtungen. Zu ihren Publikationen zählt das Buch *A Construção do Lugar pela Arte Contemporânea*, das 2010 bei Humus Editions erschienen ist.

Samuel Zwerger studierte Architektur in Graz und Lissabon. Sein Forschungsinteresse gilt der transdisziplinären Annäherung von Architektur- und Klangforschung sowie einer kulturwissenschaftlichen Analyse akustischer Architekturen, auditiver Umgebungen und den damit verbundenen Entwurfsmethoden. 2016 schloss er sein Studium an der Technischen Universität Graz mit der Arbeit *How Can Order Be Established Out of Noise? Notation zwischen Klang und Architektur* ab, in welcher er anhand des Philips-Pavillons aufzeigt, inwiefern Iannis Xenakis' Entwurf als Konvergenz von Klang und Architektur am Gebäude ablesbar wird.

Sam Auinger is a composer and sound artist. In 1989 he founded *O+A* together with Bruce Odland. Since then he has been realizing permanent sound installations in public space which reconfigure urban noise into more harmonious sound experiences in real time. From 2008 to 2012 he held a professorship at the University of the Arts in Berlin and after that served as an Associate at the Harvard Graduate School of Design (2013–2015). Since 2000 he has been working on the research project Stadtmusik together with the sound artist Hannes Strobl and the urbanist and media artist Dietmar Offenhuber. In addition to his work as a sound artist, he also gives lectures and participates at international symposia on urban planning, architecture, media, the senses and sound.

Sebastian Behmann is an architect based in Berlin. He has been working with the artist Olafur Eliasson since 2001 and is currently head of the department for design and development at Eliasson's studio. In 2014 he co-founded the international office for art and architecture Studio Other Spaces together with Eliasson. Studio Other Spaces focuses on interdisciplinary and experimental building projects and works in public space. Major projects include the facades of Harpa Reykjavik Concert Hall and Conference Centre, Iceland (2005–2011) and Kirk Kapital Headquarters, Vejle, Denmark (completion 2017), in addition to numerous installations, pavilions, and international exhibitions.

Karen van den Berg studied Art History, Archaeology, and Nordic Philology in Saarbrucken and Basel. From 1993 to 2003 she served as a lecturer in Contemporary Art at Witten/Herdecke University. Since 2003 she has been Chair of Art Theory and Curating at the Zeppelin University in Friedrichshafen. Her research focuses on art and politics, curating, artistic knowledge and labor practice in the arts.

Neeraj Bhatia is an architect and urban designer based in Toronto. His work resides at the intersection of politics, infrastructure, and urbanism. He serves as Assistant Professor at the California College of the Arts where he also co-directs the urbanism research lab The Urban Works Agency. Prior to CCA, he held teaching positions at Cornell University, Rice University, and the University of Toronto. In 2016, his design-research office The Open Workshop, which examines the negotiation between architecture and its territorial environment, was awarded the Architectural League Young Architects Prize. He is co-editor of *Bracket [Takes Action]* (2014), *The Petropolis of Tomorrow* (2014), *Bracket [Goes Soft]* (2014), and co-author of *Pamphlet Architecture 30: Coupling—Strategies for Infrastructural Opportunism* (2010).

Christina Buck is a PhD candidate at the Chair of Art Theory & Curating at the Zeppelin University in Friedrichshafen. She studied European Cultural History and "Integrated Media" in Augsburg and Oldenburg. Currently, she works at the Institute for Foreign Affairs (ifa) in the field of Dialogue and Research. From 2012 to 2016 she served as curatorial assistant and research associate at the Zeppelin University in Friedrichshafen. Her doctoral thesis deals with the relaying of artistic epistemes beyond artistic training.

Eric Ellingsen is a landscape artist. He holds master degrees in architecture, landscape architecture and philosophy. From 2009–2014 he co-directed the Institute of Spatial Experiments at Berlin University of the Arts. In 2009 he founded the practice Species of Space which he understands as a learning laboratory that connects spatial and poetic practices. His teaching focuses on the experience of experiments in public space. In 2017 he participated in Documenta in Athens and Kassel. His essays and text-experiments have been published in *The Chicago Review, Conjunctions on-line, Beloit, Hobart, Landarēfa, Landscape Journal, PANK, Shampoo* and *Scientist.* He is currently Visiting Professor in the field of Landscape Architecture and Urbanism at the Illinois Institute of Technology, Chicago.

Irmgard Frank is an architect and designer based in Vienna and Professor at Graz University of Technology. After teaching positions at the ETH Zürich (1988–1992), at the University of Applied Arts in Vienna (1995–1997) and the University of Art and Design in Linz (1997), she has served as Chair of the Institute of Spatial Design at Graz University of Technology since 1998. Her research explores the phenomenological dimension of space and especially the significance of light as a design tool and immaterial component in the perception of space. She is the author of *Raumdenken: Thinking Space* (2010) and editor of *Raum_atmosphärische Informationen. Architektur und Wahrnehmung* (2015).

Claudia Gerhäusser is an author, architect, and teacher, specializing in the field of materials and their impact on design processes. She studied at the Bauhaus University Weimar and at the Fashion Institute of Technology in New York and was a Visiting Lecturer at the Lebanese American University Beirut (LAU) and at the Xi'an Jiaotong Liverpool University Suzhou, China. Until 2017 she served as Assistant Professor at the Institute of Spatial Design at Graz University of Technology, where she also contributed to the book project *Raum_atmosphärische Informationen.* She is also a co-founder of the artist collective oiXplorer and coordinator of the architectural program at FORUM STADTPARK Graz.

Martin Grabner is a project assistant and lecturer at the Institute of Urbanism at Graz University of Technology. He studied Architecture in Graz and Vienna and completed a lecture course on Fine Art Photography and Multimedia Art at the Ortweinschule Graz. His scholarly and artistic work focuses on the spatial manifestation of social boundaries in the urban context. He is the author of many texts and reviews and has shown his photographs in exhibitions in Graz and Vienna. His documentary film *Transforming Urban: Tel Aviv,* which captures the transformation of Tel Aviv's public space during Jom Kippur, was released in 2016.

Franziska Hederer is Associate Professor at the Institute of Spatial Design at Graz University of Technology. With her study *On the Oscillating Boundaries of Architecture* she received the *venia docendi* for Spatial Perception and Experimental Design in 2015. Her research and teaching focuses on the exploration of artistic practices, especially the performing arts, as tools for spatial perception and for sensitizing our understanding of space. She also realizes performances in public space and serves as the coordinator of the architecture program at FORUM STADTPARK Graz.

Shreepad Joglekar is Assistant Professor and Area Coordinator for Photography at Kansas State University. In his work as a lens-based artist he focuses on the exploration of natural, constructed, and intellectual environments. His photographs have been exhibited in galleries in the US, Canada, China, Cuba, Egypt, Germany, India and the United Kingdom. Among his recent exhibitions are *Rural America,* at National Center for the Performing Arts Primal Gallery in Mumbai, India, and *Filtered Permeability* at Indiana University Southeast in New Albany, Indiana.

Klaus K. Loenhart is a multi-disciplinarian. His systemic interest in our world is based on his studies in Architecture at the Munich University of Applied Sciences as well as in Landscape Architecture and Architectural Theory at the Harvard Graduate School of Design in Cambridge, USA. The idea of a multidisciplinary practice was sparked both while working at Herzog & deMeuron and while studying at the Harvard Graduate School of Design. Since his return from the USA as professor at IA&L and Landlab at the Technical University of Graz, Austria as well as in his design studio terrain: architects and landscape architects, he has been developing system based case studies and projects. Here architectural design, social practice and the performative landscapes merge as the integral part of our societal ambitions.

Malcolm McCullough is Professor of Architecture at Taubman College, University of Michigan, where he has been teaching architecture and media arts since 2001. Previously, he taught at the design faculty at Carnegie Mellon University and for ten years at the Harvard Graduate School of Design in Cambridge. He is the author of *Ambient Commons—Attention in the Age of Embodied Information* (2013), a book on information environmentalism, *Digital Ground* (2004) and *Abstracting Craft* (1996), two widely read books on digital media culture. He is currently working on a book on microgrids.

Numen/For Use is a design collective, consisting of **Sven Jonke**, **Christoph Katzler** and **Nikola Radeljković**, operating from Vienna, Berlin, and Zagreb. Since 1999 they have been developing projects in the fields of urban spatial design, exhibition design, experimental architecture and stage design. They have also collaborated with furniture design companies such as Moroso, Zanotta or Cappellini. Since 2008, they have shifted their focus onto experimental projects such as the "N-Light Series" (2008–2011) and accessible installations such as "Tape" (2010–2016), "Tuft" (2012–2015) or "Tube" (2015/2016).

Dietmar Offenhuber is Assistant Professor of Art and Design at Northeastern University in Boston, Massachusetts. He holds degrees from the Technical University Vienna and the MIT Media Lab and was a PhD candidate at the MIT Senseable City Lab. Previously, he was a research fellow at the MIT Senseable City Lab, key researcher at the Austrian Ludwig Boltzmann Institute and professor for visualization at the University of Art and Design in Linz. His research focuses on the role of visualization and representation in urban governance and civic discourse. Together with the sound artists Sam Auinger and Hannes Strobl, he is part of the collective Stadtmusik. His artistic work has been exhibited internationally, in venues including the Centre Pompidou in Paris, the Armory Show in New York, the Ars Electronica in Linz, at the Sundance Film Festival, the Secession in Vienna, and the International Media Art Biennale in Seoul.

Philippe Rahm is an architect based in Paris. His work which extends the field of architecture from the physiological to the meteorological has received international audience in the context of sustainability. After his position as Headmaster at the Architectural Association in London (2005–2006), he started to teach architecture at the GSD, Harvard University in 2014. He has lectured widely, including at Yale, Cooper Union, UCLA and ETH Zürich. He has participated in a number of exhibitions worldwide and was chosen to represent Switzerland at the 8th Architecture Biennale in Venice in 2002. Among his publications are the monographs *Architecture Météorologique* (2009) and *Constructed Atmospheres* (2014).

Gabi Schillig is Professor for Spatial Design at Düsseldorf University of Applied Sciences. She studied architecture in Coburg and completed her postgraduate studies in Conceptual Design at the Städelschule Frankfurt am Main. Prior to her professorship, she taught at different institutions such as the Städelschule Frankfurt or at the Institute of Transmedia Design at Berlin University of the Arts. Schilligs conceptual approach results in multisensorial, dialogical structures of multiple scales and in different contexts and which establish a direct relationship between materiality and interaction. Her work has received several awards and fellowships and has been exhibited in Berlin, Stuttgart, London, New York, New Delhi or Rio de Janeiro.

Marta Traquino is an artist and a FCT Postdoctoral Fellow in Contemporary Art at the University of Lisbon. Since 1995, she has taught courses and workshops in the practical and theoretical fields of contemporary art. Her research is centered on artistic practices that approach space and place in urban contexts, focusing on critical thinking about public art and public space in European cities. From 1995 onwards she has taught at several schools and other institutions in the practical and theoretical fields of contemporary art. She is the author of *A Construção do Lugar pela Arte Contemporânea*, which was published in 2010 with Humus Editions.

Samuel Zwerger studied Architecture in Graz and Lisbon. His research centers on a transdisciplinary approach involving architecture and sound studies, as well as acoustic architecture and auditory environments analyzed through the lens of cultural studies. In 2016 he graduated from Graz University of Technology with a thesis entitled *How Can Order Be Established Out of Noise? Notation zwischen Klang und Architektur*, in which he shows how Iannis Xenakis's design for the Philips Pavilion converges sound and architectural form.

GAM.

ARCHITECTURE MAGAZINE **14**

CALL FOR PAPERS
Exhibiting Matters

Das Überdenken traditioneller Ausstellungs- und Darstellungsformen beinhaltet einen radikalen Wandel in der Art, wie eine Ausstellung und ihre räumlichen Aspekte generiert, erweitert und wahrgenommen werden. Der Wunsch, die Restriktionen eines „*triomphalisme representational*" (Vincent Normand) zu überwinden, wächst mit den Möglichkeiten, die ein Ausstellungsort als Labor bietet, das die drängenden sozialen und politischen Herausforderungen unserer Zeit zu thematisieren vermag. Das wiedererwachte Interesse an Ausstellungen als Medium, die ihren eigenen, fragilen Entstehungsprozess abbilden, geht auf die 1990er Jahre zurück. Es manifestiert sich in experimentellen und interaktiven Ausstellungen wie Bart de Baeres *This is the show and the show is many things*, die weder einen abgeschlossenen Kunstwerkbegriff noch das Supremat der Urheberschaft gelten lassen.

In seinem Artikel „Art in the Knowledge-Based Polis", 2009 in *e-flux* veröffentlicht, betont Tom Holert, wie wichtig und notwendig es sei, der Öffentlichkeit Positionen vorzustellen, „die eine aktive Mitwirkung im künstlerischen Prozess zulassen, nachgerade dazu auffordern, und zwar in den Produktionsphasen vor der Veröffentlichung, Ausstellung und Rezeption durch Kritiker", um die Funktion der Kunst zu „politischem Druck und Umbruch zu initiieren und zu thematisieren". Die Tendenz zu erweiterter Darstellung und künstlerischer Forschung im Ausstellungsbereich hat für die Architektur (und Architekten) sogar noch größere Relevanz. Denn sie ist eine Disziplin, die, so Robert Goodman, durch das Wirtschaftssystem traditionell auf die Rolle reduziert ist, „kulturell akzeptable Rechtfertigungen für Projekte zu liefern, deren Form und Nutzung bereits von der Immobilienspekulation festgelegt ist." Heute, da die Architektur im Zentrum kapitalistischer Wertschöpfung steht, zwischen marktorientierter kultureller Strategieplanung und dem Immobilienmarkt, da sie die Ungleichheiten und die unausgewogene Entwicklung der Gesellschaft verstärkt, ist es dringend nötig, die Ausstellungsstrategien der (und für die) Architektur zu überdenken, um der Gefahr zu entgehen, auf diese Rechtfertigungsebene allein reduziert zu werden.

GAM.14 wird der Frage nachgehen, wie Ausstellungstätigkeit, kuratorische Recherche und deren architektonische und räumliche Ausdruckformen auf je unterschiedliche Art ineinander verwoben sind. Wie fordern diese Formen der Interaktion den räumlichen, kuratorischen und institutionellen Aspekt des Ausstellens heraus und verändern ihn? *GAM.14* interessiert sich für den politisch-ideologischen Paradigmenwechsel, den wir gegenwärtig erleben und der den „traditionellen" Werkbegriff und die Arbeitsteilung innerhalb bestimmter, zunehmend sich überschneidender Bereiche von Kunst und Architektur in Frage stellt. Mit welchen Mitteln ist der hermetischen Existenz eines Kunstwerks als Ware und seinem Fetischcharakter zu begegnen? Welches Potenzial bergen Crossover-Kollaborationen, die im ökonomischen Bereich von Kunst und Architektur ideologische Gesichtspunkte in den Vordergrund stellen?

Für das kommende Heft von *GAM* erbitten wir Vorschläge für Beiträge, die aufzeigen, wie sich Ausstellungsräume als Orte investigativer Präsentation und Rezeption denken lassen; Orte, an denen sich wissenschaftliche Disziplinen und theoretische Ansätze vermischen und sich das Kunstwerk selbst dagegen wehren kann, als abgeschlossenes Statement betrachtet zu werden. Mit diesem Call for Papers möchten wir die Diskussion für ein breites Spektrum kritischer Sichtweisen öffnen, die traditionelle Ausstellungsformen (in Kunst, Architektur, den Geisteswissenschaften, in Technik und den Naturwissenschaften) im Kontext der vielfältigen Herausforderungen unserer Zeit hinterfragen. *GAM* lädt Sie dazu ein, ein Abstract (max. 500 Wörter) zum Thema „Exhibiting Matters" gemeinsam mit einer Kurzbiografie bis zum **2. Mai 2017** einzureichen. Der Abgabetermin für den finalen Beitrag ist der **3. September 2017**.

Reconsidering traditional forms of exhibition and representation implies a radical transformation of how an exhibition and its spatial aspects are generated, expanded, and perceived. The urge to overcome the limitations of "representational triumphalism" (Vincent Normand) is nourished by the potentials that the site of exhibiting can fulfill as a laboratory space which is able to address the urgent social and political challenges of our time. The renewed interest in the role of the exhibition as a media for displaying its own fragile processes of becoming goes back to the 1990s and manifested in experimental and interactive exhibitions such as Bart De Baere's *This is the show and the show is many things*, which refuted the conception of art as a final product and the supremacy of authorship.

In his 2009 article "Art in the Knowledge-Based Polis," published in *e-flux*, Tom Holert emphasizes the importance and necessity of bringing to the public "positions that permit and actually encourage active involvement in the artistic processes in the stages of production before publication, exhibition, and critical reception" in order to maintain art's function to motivate and address "political urgency and upheaval." This tendency of expanding representationalism and artistic research is even more pertinent for architecture (and architects), a discipline which, according to Robert Goodman, has traditionally been reduced by the economic system "to the role providing culturally acceptable rationalizations for projects whose form and use have already been determined by real-estate speculation." Today, when architecture stands at the very core of capitalist reproduction, between market-oriented cultural policy-making and the real-estate market, reinforcing the inequalities and uneven development of society, there is an urgency to rethink the exhibition strategies of (and for) architecture so as to avoid being reduced to a rationalization of the said.

GAM.14 will explore the different ways in which the practices of exhibiting, curatorial research, and the architectural and spatial expression thereof are entangled. It will ask how these forms of interaction challenge and change the spatial, curatorial, and institutional aspect of exhibiting. It is interested in the political-ideological paradigm shift that we are currently experiencing, which questions conceptions of "traditional" work and the division of labor within specified and increasingly intersecting fields of art and architecture. In what ways can the enclosure of the artwork into commodity form and its fetishist character be challenged? What are the potentials of crossover collaborations that emphasize ideological instead of professional divisions in the economic field of art and architecture?

With the upcoming issue of *GAM*, we seek contributions that show how we can conceive of exhibition spaces as sites of investigative (dis)play and reception, sites where various scientific disciplines and theoretical approaches can intermingle and where the artwork itself can resist being considered a final statement. With this call for papers, we would like to open up discussion to a broad scope of critical views that question traditional forms of exhibiting (in art, architecture, the humanities, technology, and the natural sciences) in the context of the manifold challenges of our time. *GAM* invites you to submit an abstract (max. 500 words) on the topic "Exhibiting Matters" along with a short biography by **May 2, 2017**. The submission deadline for finalized contributions is **September 3, 2017**.